國家出版基金資助項目

中國琉球文獻史料集成

【第四卷】

賀聖遂
李夢生　主編

賀聖遂　李夢生　張喆
秦潔　賀詩菁　熊輝　校點

寧波出版社
復旦大學出版社

第四卷目録

續琉球國志略

〔清〕齊鯤　費錫章　撰

校點説明

《續琉球國志略》五卷首一卷，清齊鯤、費錫章撰。

齊鯤，字北瀛，福建侯官人。嘉慶六年（一八〇一）進士，官翰林院編修。費錫章（一七五二—一八一八），字焕槎，又字西墉，號來庵，浙江歸安人。乾隆四十九年（一七八四）恩賜舉人，授内閣中書，歷官順天府尹，以事降，嘉慶中官工科給事中。著有《賜硯齋集》、《一品集》等。嘉慶十三年（一八〇八），朝廷遣齊鯤、費錫章爲正、副使，往琉球敕封尚灝爲中山王。封舟於閏五月十一日出五虎門開洋，十七日至那霸港；於十月初二日離港，泊馬齒山候風，初九日放洋，十五日入五虎門。

作爲出使歸國向皇帝報告之作，本書沿用乾隆年間周煌著書舊例，故題「續琉球國志略」。前此李鼎元於嘉慶五年（一八〇一）出使琉球，歸後作《使琉球記》，採用日記體逐日記出使事，未能列目成「志」，故本書於奏疏、諭祭文等兼録嘉慶五年事，其餘門目，則直接周煌之作。

本書不同於一般續書的是，作者不僅在時間上收入前書成書後發生的事件，同時對前書遺漏訛誤予以補充訂正。如於「國統」門云：「《中山世鑑》係番字，編於順治庚寅；後改稱《中山世譜》，係漢字，編於康熙辛巳，修於雍正乙巳。」介紹了琉球最重要的史録成書時間，爲前録所未及。又如「封貢」門，記琉球官生例派四人，嘉慶七年（一八〇二）增至八人。琉球派長史等官至閩迎接封舟，始於嘉靖三十九年（一五六〇）；派專船迎接敕書，始於康熙十七（一六七八）年，均有所發明。至於「藝文」類所録詩文，亦頗可重視，如所收周煌詩，即有不見今傳世《海山存稿》者。

本書當刊於嘉慶十三年（一八〇八）作者歸國後不久，因不見碑記、序跋，未能確定刊刻年代。此次校點，以鷺江出版社《傳世漢文琉球文獻輯稿》影印本爲底本，個别錯誤，據所引文原作刊本或文意改正，不出校記。書後附同時人贈行詩文，以供參考。

（李夢生）

目録

續琉球國志略首卷

御書

海表恭藩　嘉慶五年，賜王尚温。

詔敕

嘉慶五年封王尚温詔

奉天承運皇帝詔曰：朕惟撫辰凝績，宅中恢柔遠之經；繼世象賢，裕後重承祧之選。隸藩畿于屬國，鯷壑同風；恢圖域于遐陬，鴻臚獻款。眷懷雁列，律乃有民；誕賁龍光，昭哉嗣服。爾琉球國壤分瀛嶠，職奉溟疆。中山王世孫尚温，率乃祖攸行，篤前人成烈。固圉克堅于申畫，世守封陲；齋心夙拱于宸居，遥通象譯。重洋候律，輪年循奉賮之期；百宿趨朝，菉幣效來庭之悃。兹以序當纘服，奏懇嗣封。謄章循覽夫亹臣，秉節遄馳于海嶼。特遣正使翰林院修撰趙文楷、副使内閣中書李鼎元齎詔往封爾爲琉球國中山王。爾國臣工以暨士庶，尚其輔乃王綏寧茅土，殫竭葵忱。踐修厥猷，厥邦厥民越時叙；毋替朕命，朕心朕德惟乃知。於戲！踰鰈水以褒封，恩垂帶礪；錫龍綸而式典，慶洽屏藩。益勵忠誠，祇承詔示。

嘉慶五年七月十九日。

嘉慶五年封王尚温敕

皇帝敕諭琉球國中山王世孫尚温：惟爾遠界瀛壖，虔修琛貢。嘉象賢于世守，克篤忠貞；綿燕譽於藩維，夙昭恭順。兹以序膺主鬯，表懇承祧。齎壤奠以來庭，敂畺臣而狃悃。念箕裘之立範，詒厥孫謀；眷帶礪之凝禧，繩其祖武。景風式典，俾綏磐石之宗；湛露覃熙，允叶苞桑之繫。特遣正使翰林院修撰趙文楷、副使内閣中書李鼎元敕封爾爲琉球國中山王，并賜爾及妃文幣等物。爾其敬承渥眷，懋紹先猷，益毖肫忱，彌勤翼戴。康乃心而顧乃德，率由典常；視爾師而寧爾邦，慎固封守。嚮風慕義，聿膺褒渥于新綸；守典承休，遥奉聲靈于奕葉。欽哉！特諭。

頒賜國王

蟒緞二疋　青綵緞三疋　藍綵緞三疋　藍素緞三疋　閃緞二疋　衣素緞二疋　錦三疋　紗四疋　羅四疋　綢四疋

頒賜王妃

青綵緞二疋　藍綵緞二疋　粧緞一疋　藍緞素二疋　閃緞一疋　衣素緞二疋　錦二疋　紗四

疋　羅四疋

嘉慶五年七月十九日。

嘉慶十三年封王尚灝詔

奉天承運皇帝詔曰：朕惟聲教覃敷，綏遠懋懷柔之典；藩維永固，褒庸勵翼戴之忱。昭燕翼以凝禧，箕裘載纘；詣鴻臚而獻款，綸綍宜頒。爾琉球國受職中華，符分瀚島。承庥奕葉，壤聳瀛壖。中山王世孫尚灝迪惟前光，用承家以開國；繩其祖武，能移孝以作忠。嚴申畫而拱紫宸，金鼇奠海；矢寅恭而將丹悃，石鉅趨風。共球勿懈於朝宗，帶礪允膺夫疆服。茲以序當主鬯，表懇嗣封。特遣正使翰林院編修齊鯤、副使工科給事中費錫章齎詔往封爾爲琉球國中山王。爾國臣工以暨士庶，其咸輔乃王，益勵恪恭，永延祉祚。綏爰有衆，望協乎宜民宜人；欽乃攸司，勳懋乎維屏維翰。翊皇圖於清晏，式孚三錫之崇褒；保世守以敉寧，長荷九重之渥眷。故茲誥示，咸使聞知。

嘉慶十三年八月初一日。

嘉慶十三年封王尚灝敕

皇帝敕諭琉球國中山王世孫尚灝：惟爾世隸藩維，職修方貢。象賢貞度，迪儀矩于觿辰；燕譽延光，振英聲于寶胄。茲以系膺紹序，誠籲求章。敂闕遥𤥨于鴻臣，夐賫遄伸夫鰈水。雲疆宅宇，虔齎葵表以臚忱；水驛宣綸，俾紹茅封而衍緒。眷忠猷之世篤，詒厥孫謀；昜寵命以時忱，昭哉嗣服。特遣正使翰林院編修齊鯤、副使工科給事中費錫章敕封爾爲琉球國中山王，并賜爾及妃文幣等物。爾其祇承恩賚，敬率典常。聿膺簜節之新榮，允副楓廷之篤眷。修其禮物，攄夙悃於共球；質爾人民，迪前光於帶礪。繩武凜箕裘之訓，亮采有邦；承祧綏磐石之宗，增修厥德。欽哉！特諭。

頒賜國王

蟒緞二疋　青綵緞三疋　藍綵緞三疋　藍素緞三疋　閃緞二疋　衣素緞二疋　錦三疋　紗四疋　羅四疋　綢四疋

頒賜王妃

青綵緞二疋　藍綵緞二疋　粧緞一疋　藍素緞二疋　閃緞一疋　衣素緞二疋　錦二疋　紗四疋　羅四疋

嘉慶十三年八月初一日。

追封故世子尚成制

奉天承運皇帝制曰：景風式典，紹封兼闡夫幽光；湛露覃禧，錫類不忘於繼序。永孝思而請命，載鑒葵忱；眷忠順以推恩，允綏茅胙。爾琉球國權署國事故世子尚成，夙孚民望，攝守藩疆。以稟命之不融，致恩綸之未被。燕翼衍瀛壖之澤，曰篤不忘；象賢綿帶礪之休，毋替厥服。兹特追封爾爲琉球國中山王，錫之誥命。於戲！龍光寵賁，本支慰肯構之思；鴻藻榮膺，奕葉奉來庭之職。克膺茂典，永賁遺徽。

嘉慶十三年六月十五日。

諭祭文

嘉慶五年諭祭故王尚穆文

維嘉慶五年，歲次庚申，六月壬子朔，越八日己未，皇帝遣正使翰林院修撰趙文楷、副使内閣中書李鼎元，諭祭於故琉球國王尚穆之靈曰：朕惟鳳綸錫祚，聿昭柔遠之經；龍節推恩，彌茂飾終之禮。分金符於櫻島，世土增昌；賜玉卺於球陽，天漿沛渥。列爵既申之礪册，愍逝應賚以龍章。爾琉球國中山王尚穆，繼序惟庥，效忠勿替。境環溟渤，誠每切于占風；地近扶桑，心常殷乎捧日。閱四十三年之久，篤矢臣忱；擇三十六姓之材，恭同王會。久荷中朝之寵，應臻上壽之期。何遽悼乎逝波，宜優崇乎享醴。兹加延賞，追念前勳。特舉隆文，用昭鉅典。於戲！式嘉乃德，在遠不遺。瑞泉徵衍澤之長，新潮倍潔；安里見御香之降，古柏皆春。庶享苾芬，式光楹桷。

嘉慶十三年諭祭故王尚温文

維嘉慶十三年，歲次戊辰，六月乙未朔，越十有五日己酉，皇帝遣正使翰林院編修齊鯤、副使工科給事中費錫章，諭祭故琉球國中山王尚温之靈曰：璆册膺符，茅壤錫景風之胙；圭卣賜醊，椒馨推湛露之恩。緬履海以疏封，象胥典屬；睠拱垣以抒悃，燕譽承庥。守祧勿替乎雲礽，制帛用頒夫芬苾。咨爾琉球國中山王尚温，備藩溟澨，稟朔天朝。揆律序以占風，爻閶列賫；效崇朝之順軌，臚句來庭。洊槎使於庚郵，曾馳龍節；覽瓲章之申達，奄戢駒陰。睎影榑桑，指滄波而偕逝；封題英簜，齎丹詔以遐宣。維嗣服之顯榮，宜飾終之稠渥。聿崇妥侑，懋舉彝章。於戲！華嶼分邦，疆索鞏寰瀛之福；瑞泉衍派，淵渟延奕禩之祥。梃桷云遥，瑲瑩如接。式昭嘉薦，冀克欽承。

諭祭故世子追封國王尚成文

維嘉慶十三年，歲次戊辰，六月乙未朔，越十有五日己酉，皇帝遣正使翰林院編修齊鯤、副使工科給事中費錫章，諭祭琉球國故世子追封國王尚成之靈曰：藩條衍緒，銀題碧鏤之封；瀛嶠推恩，玉策金符之命。緬瑞泉之世澤，秀蔚波羅；溯安里之宗支，哲推冢嗣。永念繩承之義，特加軫卹之文。爾琉球國故世子尚成，令德象賢，流光裕後。身荷守祧之寄，待命於朝；序符當璧之名，宜享而國。紀象胥於鞮譯，久切來庭；垂燕譽於邦家，是稱肯構。龍章寵賁，佇承湛露之華；鶴馭長徂，莫返逝川之馭。屬嗣孫之祇服，將使節之榮頒。聿新誕誥之儀，益懋追封之典。晉階王號，允協國常。於戲！帶礪長延，用慰依光之願；箕裘有自，無忘育德之庥。式顧几筵，庶歆芬苾。

加封天后神號諭祭文

嘉慶五年正月二十九日奉上諭：沿海地方崇奉天后，仰承靈佑昭垂，歷徵顯應。溯查乾隆二年加增神號四字，嗣於二十二年、五十三年兩次各加增四字，現在各洋面巡緝兵船及商船往來，均賴神力庇佑，著該衙門再議加增四字，并著翰林院衙門撰擬祭文，即交此次册封琉球正使趙文楷齎往福建，敬謹致祭。欽此。

內閣擬進，欽定四字曰「垂慈篤祜」。

維嘉慶五年，歲次庚申，閏四月癸丑朔，越祭日乙丑，皇帝遣册封琉球國正使翰林院修撰趙文楷，致祭於護國庇民妙靈昭應宏仁普濟福佑群生誠感咸孚顯神贊順天后之神曰：惟神德冠川靈，功參昊綷。誕英奇於宋代，貞稟坤元；資保障於閩疆，信孚坎習。欽茲神力，翊我皇圖。涌澳泉而歡噪三軍，長島水而捷騰七日。靖逆殄鱷鮫之暴，助順徠魚鳥之祥。屢佐鴻勳，疊彰偉績。皇考高宗純皇帝三加懿號，載賁御詩，湄洲展故里之祠，淮甸踵時禋之典。用以答嘉貺，顯明威，懷柔之義昭然，佑相之符爍矣。朕睠綏南服，篤念洪庥。報能禦能捍之功，匪禮臣畺臣之請。特修馨祀，肆晉崇褒。衆人之母曰慈，來蘇其后；萬年所受者祜，合德於天。飭册使以告虔，冀淵祇之效職。雲旗默導，哨巡迅掃鯨鯢；

星炬朗懸，配渡穩移鶺鴒。至於南海，聰明正直之謂神；康我兆民，享祀妥侑以介福。於戲！迓颷車於瀛滏，薦黄蕉丹荔以陳詞；恬波鏡於滄流，佇翠羽金支之來格。懋申豐潔，溥藉靈長。

諭祭天后文

維嘉慶五年，歲次庚申，五月壬午朔，越祭日丙戌，皇帝遣册封琉球國正使翰林院修撰趙文楷、副使内閣中書李鼎元，致祭於護國庇民妙靈昭應宏仁普濟福佑群生誠感咸孚顯神贊順垂慈篤祜天后之神曰：惟神超蹟湄洲，儲靈閩嶠。肇禎圖而表貺，稽祀典以升禋。溯賜額於宣和，延光象宇；洊加封於永樂，覃惠瀛壖。惟我朝遠撫鵬溟，懷柔徧德；每册使遣臨鰈國，衛翊安行。揚帆利涉之庥，神所勞矣；崇德報功之祀，禮亦宜之。駛勁旅於臺灣，夙資祥佑；奉專祠於清口，並晉褒稱。茲以齎詔球陽，汛程溟漲，特修昭薦，冀溥靈徵。鯷壑平瀾，引星槎而遠届；鱗洲候館，衛簜節以遥頒。式是馨聞，尚其歆格。

維嘉慶五年，歲次庚申，十一月己卯朔，越祭日庚辰，皇帝遣册封琉球國正使翰林院修撰趙文楷、副使内閣中書李鼎元，致祭於護國庇民妙靈昭應宏仁普濟福佑群生誠感咸孚顯神贊順垂慈篤祜天后之神曰：惟神升靈上宙，助順洪濤。疏鯷壑以安流，導螺舟而奉貢。每征途之率籲，咸荷聰聞；惟册使之遄行，允資默翊。宵程辨斗，波區循向若之程；晷候占風，沙漏準登潮之信。恩宣簜節，齎特詔以頒榮；典式茅封，引歸帆而復命。允賴神明之佑贊，懋昭赫濯之聲靈。安濟瀛壖，虔稽祭式。載憶臺員剪逆，揚兵迅助英威；允欣淮浦安波，轉漕咸資惠濟。溯元功於岐海，貺表清恬；崇懿號於怡山，誠申妥侑。用陳響報，尚鑒馨香。

維嘉慶十三年，歲次戊辰，閏五月丙寅朔，越祭日辛未，皇帝遣冊封琉球國正使翰林院編修齊鯤、副使工科給事中費錫章，致祭於護國庇民妙靈昭應宏仁普濟福佑群生誠感咸孚顯神贊順垂慈篤祜天后之神曰：惟神象協坤垠，德符坎位。緬升靈於蓬島，恒表貺於瀛壖。禮重懷柔，秩祀徵宣和之典；惠留利濟，晉封昭永樂之儀。惟我朝佑啓鴻圖，崇加懿號；凡冊使承宣鰈國，護賴慈雲。昔贊武於臺灣，合凱繹止戈之義；嗣報功於閩嶠，追褒思飲水之源。茲以詔齎中山，程紆南徼。默祈神明之福佑，懋昭赫濯之聲靈。載泛星槎，觀朝宗於潮汐；試瞻華嶼，涉忠信之波濤。佇揚帆而綸綍遥頒，爰望海而苾芬特薦。用陳肹蠁，尚鑒馨香。

維嘉慶十三年，歲次戊辰，十月癸巳朔，越祭日戊申，皇帝遣冊封琉球國正使翰林院編修齊鯤、副使工科給事中費錫章，致祭於護國庇民妙靈昭應宏仁普濟福佑群生誠感〔咸〕孚顯神贊順垂慈篤祜天后之神曰：惟神功徵既濟，惠普咸孚。疏鯷壑而波恬，導鸞帆而風順。惟川途之遠届，莫測汪洋；而冊使之遄歸，尤資翊衛。亘鯨雲以萬里，宣綸鑒鼊戴之忱；援龍節而雙蟠，順軌紀鼉鳴之候。乘浪過瀛洲之島，國守茅封；歸槎辨鰈水之星，舟浮葉穩。茲旆旌之迅返，皆靈爽之式憑。爰報豐功，聿修祭式。載憶閩疆氛靖，臺臣資助順之威；由來雲嶠瀾平，海賈頌安流之慶。即此重洋利涉，獲往復以綏寧；允宜上宙延光，升馨香以妥侑。式陳蠲潔，藉答神明。

諭祭海神文

維嘉慶五年，歲次庚申，五月壬午朔，越祭日丙戌，皇帝遣册封琉球國正使翰林院修撰趙文楷、內閣中書李鼎元，致祭於南海之神曰：惟神滋源坎德，正位離維。津途環衛乎閩疆，貢道旁通於島服。川宗宣澤，靈孚崇廣利之封；祀事恭禋，秩望晉昭明之號。功恢海望，爵次冠於三神；樂奏瀛安，儀典尊於四瀆。茲以頒封殊域，遠涉重溟，式薦馨香，虔祈翌佑。瀛波東注，納川涵經緯之流；化宇南諧，會極示朝宗之義。引雲帆而遠汛，道指泉崎；衛星使以遄臻，瀾平那霸。風檣露舶，計迅節之兼程；線路沙更，竚歸航之報命。聿修祭式，尚賴神庥。

維嘉慶五年，歲次庚申，十一月己卯朔，越祭日庚辰，皇帝遣册封琉球國正使翰林院修撰趙文楷、副使內閣中書李鼎元，致祭於南海之神曰：惟神育源南徼，通道中山。滙鰈水以朝宗，靖鱗洲之潮汐。輪年奉賫，懍琛申葵向之忱；特使宣綸，迅節紹茅封之典。資靈習吉，瞻赤嶼以開洋；蕆事依程，渡滄溟而順軌。星槎往復，雲嶠綏寧。垂庥默佑乎津途，騫德虔修乎祭式。鯨波率順，平瀾昭重潤之祥；

鴻瀨恭禋，望秩肅升馨之薦。有祈有報，酬景貺以遄臻；是享是宜，荷元符而允賴。功徵利濟，夙綏佑於瀛疆；典重懷柔，彌均禧於海舶。式蠲陳潔，藉報靈長。

維嘉慶十三年，歲次戊辰，閏五月丙寅朔，越祭日辛未，皇帝遣册封琉球國正使翰林院編修齊鯤、副使工科給事中費錫章，致祭於南海之神曰：惟神德符乎坎，位正乎離。滙江漢以朝宗，聯瓊瑶爲島嶼。鯨波日麗，遠覃南服之恩膏；蛟窟雲蟠，近接中山之貢道。粤稽天寶，曾加廣利之封；亦越元和，迺重祝融之祀。兹以分茅殊域，擁節重洋，潔治苾芬，虔祈翊佑。之洲蓬島，衝鴻瀨以遄臻；露舶風檣，敷駿猷而廣被。厚往循敂關之路，水面魚飛；遄歸據達岸之舟，船頭鷺導。佇資靈而蕆事，爰甄貺而迓庥。用薦馨聞，尚其歆格。

維嘉慶十三年，歲次戊辰，十月癸巳朔，越祭日戊申，皇帝遣册封琉球國正使翰林院編修齊鯤、副使工科給事中費錫章，致祭於南海之神曰：惟神育源閩嶠，環衛瀛壖。緊島服之旁通，與球陽而遥接。鑒朱鳶之狃悃，螺旋引萬里之舟；繪鷁首以揚帆，鼇抃奠十洲之路。候風辨斗，循雲嶠以遄征；蹴浪迴瀾，紀星郵而倍速。惟津途之默佑，宜報享以明禋。望秩恒修，順軌昭重淵之潤；隆儀特舉，酬庸崇四瀆之尊。樹旗纛以飛揚，瞻月星之明朗。酬瀛波之東注，瑞起祥飆；通線路於南交，虔甄景貺。爰明祭式，仰答神庥。

續琉球國志略卷一

表奏

臣等謹按：《志略》以請封、謝封表疏附於封貢之後，以前封謝恩各表疏載入藝文，兹特另列表奏一門，具載如左。

普天咸稱神聖，諸水朝宗，歡洽臣民，慶騰宇宙。恭惟皇帝陛下，光華匝地，覆育同天。侯甸要荒，盡入職方之府；躬桓蒲穀，悉歸王會之圖。八埏徧沐仁風，四海皆瞻化日。臣温世叨聖澤，代守海藩。胙土分茅，自古帝王之大典；請封襲爵，於今臣子之微忱。謹遣陪臣向國垣、曾謨等，仰請綸音，望龍墀而悚慄；叩希天眷，瞻鳳詔以遥頒。伏願至德彌崇，覃恩俞廣。建官分職，由内臣以及外臣；合軌同文，因舊典以開新典。將見江河獻瑞，萬方沾熙皡之隆；川嶽效靈，九有覯昭光之盛矣。臣温無任瞻天仰聖激切屏營之至，謹奉表恭進以聞。

嘉慶三年八月十九日。

請封疏

琉球國中山王世孫臣尚温謹奏，爲瀝懇循例封襲，以光世土，以效忠勤事。竊以敝國蕞爾彈丸，渺兹尺土，世沐天朝深仁厚澤，有加無已。臣先祖尚質於順治十一年荷蒙天恩，頒給王爵印篆爲中山王，世奠海邦。臣先祖尚貞於康熙二十一年荷蒙詔敕册封。臣元祖純、高祖益未及請封，早已辭世。臣曾祖尚敬，康熙五十七年恭沐詔敕册封。臣祖尚穆，於乾隆二十一年叨蒙册封爲中山王。嗣爵以來，夙夜惟寅，矢勤矢慎，虔輸忠誠，恪恭匪懈。於乾隆五十九年四月初八日薨逝。臣父哲爲世子時早已辭世。念臣小子温以嫡孫承祧，恭循典例，虔請封襲，謹遣陪臣耳目官向國垣、正議大夫曾謨等趨叩丹墀，虔賫奏請，伏乞聖恩體循臣先祖事例，差遣天使按臨蛟島。俾臣温拜綸音於海表，世守藩疆；膺詔命於波區，代供貢職。則頂祝皇恩浩蕩，世世不朽矣。伏祈睿鑒，敕部施行。臣温不勝惶悚待命之至，謹具奏以聞。

嘉慶三年八月十九日。

嘉慶五年謝恩表

琉球國中山王臣尚温誠懽誠忭，稽首頓首，謹奉表上言。伏以紫閣錫龍章，海嶠之山河焕彩；黄扉頒鳳詔，滄溪之草木生春。五色燦朝霞，共球偕鼎圖而竝峙；十行麗曉日，玉帛共帶礪而長新。歡溢臣民，慶騰宇宙。欽惟皇帝陛下，剛健中正，文武聖神。道貫百王，遠不忘而邇不泄；慮周萬物，正以義而育以仁。臣温嗣守藩封，代供貢職。拜荷芝誥褒封之典，蛟島生輝；仰求御書錫予之榮，蝸居增色。對天使而九叩，望象闕而三呼。拜命增虔，撫躬益勵。謹遣陪臣毛國棟、鄭得功等虔齎土物，聊表芹私。伏願德以日升，政由人舉。惟精惟一，彌勤乾惕於宵衣；來享來王，益廣柔能於王會。將見金甌永固，川方至而日方升；玉燭調輝，天同長而地同久矣。臣温無任瞻天仰聖激切屏營之至，謹奉表稱謝以聞。

嘉慶五年十一月初一日。

謝恩疏

琉球國中山王臣尚温謹奏，爲恭謝天恩事。臣温彈丸小國，僻處海隅。荷沐皇上鴻慈，允臣嗣封。嘉慶五年欽差正使翰林院修撰趙文楷、副使内閣中書李鼎元等持節齎捧詔敕、御書、幣帛，於本年五月十二日按臨敝國。臣温即率百官臣庶於迎恩亭恭請皇上聖躬萬安，奉詔敕、御書安於天使館。擇吉於六月初八日先蒙諭祭臣祖王臣尚穆，隨於七月二十五日荷蒙宣讀詔敕，封臣温爲中山王，欽賜蟒緞等項，並賜妃綵緞等物。臣温率領百官，拜舞叩頭謝恩外，隨請於天使懇留詔敕，爲傳國之寶。蒙天使查驗前封卷軸，依聽許留，付臣一併珍藏。復蒙頒賜御書匾額「海表恭藩」，臣温恭設香案拜受。竊惟聖朝加意撫柔，有同覆戴，臣温曷勝感激。爲此特遣陪臣法司王舅毛國棟，紫金大夫鄭得功，使者向天禧，都通事鄭國鼎，通事魏崇仁、鄭朝選等，齎捧表章，率領官伴梢役，坐駕頭號船隻，裝載土儀：金鶴形壹對，鶴踏、銀岩座各全，盔甲壹領，護手、護膁各全；金靶鞘腰刀貳把；銀靶鞘腰刀貳把；黑漆靶鞘鍍金銅結束腰刀貳拾把；黑漆靶鞘鍍金銅結束鎗拾把；黑漆靶鞘鍍金銅結束衮刀拾把；黑漆洒金馬鞍一座，轡、銜、絡頭、前後牽鞧、屧脊、障泥、鐙俱全；金彩畫圍屏貳對；精製雅扇伍百把；土絲棉貳百束；鍊蕉布叁百疋；土苧布壹百疋；白鋼錫伍百觔；紅銅伍百觔。外緣蒙頒賜御書，特加金鶴形壹對，鶴踏、銀岩座各全。前來赴京，叩謝天恩，仰冀睿慈，俯鑒下悃，臣温無任激切屏營之至，謹上奏以聞。

嘉慶五年十一月初一日。

嘉慶十三年請封表

琉球國中山王世孫臣尚灝誠惶誠恐，稽首頓首，謹奉表上言。伏以丹詔十行，頒恩綸於北闕；星槎萬里，傳寵命於南瀛。隆體統於藩臣，内屏外翰；焕規模於舊制，緯武經文。慶洽蟻封，歡騰蜃島。欽惟皇帝陛下，慮周萬物，道貫百王。制禮制儀，推千古聖賢之精義；教忠教孝，立萬年君父之至言。侯甸要荒，盡入職方之府；躬桓蒲穀，悉歸王會之圖。八埏徧沐仁風，四海皆瞻化日。臣灝世叨聖澤，代守海藩。胙土分茅，自古帝王之大典；請封襲爵，於今臣子之微忱。謹遣陪臣楊克敦、梁邦弼等遠叩龍墀，乞降綸音以准襲；遥登象闕，請差册使而錫封。伏願至德彌崇，覃恩愈廣。建官分職，由内臣而及外臣；合軌同文，因舊典以開新典。將見陽和布地，醴泉與芝草偕生；瑞氣麗天，祥靄同慶雲並見矣。臣灝無任瞻天仰聖激切屏營之至，謹奉表恭進以聞。

嘉慶十一年八月初七日。

請封疏

琉球國中山王世孫臣尚灝謹奏，爲請封襲爵以效愚忠，以昭盛典事。竊以敝國渺兹尺土，建邦海外，代膺封爵，世守藩疆。仰荷皇仁浩蕩難名，感戴無已。臣先祖尚質於順治十一年荷蒙天恩頒給王爵印篆爲中山王，永奠海邦。臣先祖尚貞於康熙二十一年叨荷詔敕册封。臣先祖尚純爲世子時辭世，尚益未及請封棄世。臣先祖尚敬於康熙五十七年恭沐皇恩封襲王爵，及追王尚益。臣高祖尚穆於乾隆二十一年祇受封王。臣曾祖尚哲爲世子時早已辭世。臣祖尚温於嘉慶五年仰蒙册封爲中山王，嗣爵以來，恭勤匪懈，一旦嬰病，醫藥無效，於嘉慶七年七月十一日薨逝。臣父尚成未及請封，遽焉棄世。念臣小子世孫承祧繼統，然侯服有度，不敢僭稱，王業永存，循例請封。俾臣拜綸音於海表，世守藩疆；膺詔命於波區，代供貢職。謹遣陪臣耳目官楊克敦、正議大夫梁邦弼趨叩丹墀，虔齎奏請。伏望聖恩體循臣元祖事例，差遣天使，封襲王爵，上光寵渥之盛典，下效恭順之微忱。庶藩業得以代代相傳，頂祝皇恩世世不朽矣。伏祈睿鑒，敕部施行。臣灝不勝惶悚待命之至，謹具奏以聞。

嘉慶十一年八月初七日。

嘉慶十三年謝恩表

琉球國中山王臣尚灝誠歡誠忭，稽首頓首，謹奉表上言。伏以皇恩丕振，遥頒外國之榮；帝德廣敷，特切中華之仰。焕規模於海宇，錫爵而得正名；隆體統於藩臣，分茅而兼胙土。慶騰宇宙，歡洽臣民。欽惟皇帝陛下，道冠古今，功侔天地。開九重以應籙，聰明仁義作君師；統六合而垂衣，禮樂聲靈宣教化。穹天戴德，薄海霑恩。臣灝嗣守藩封，代供貢職。荷龍章之遠錫，社稷生輝；蒙鳳詔之追封，廟廊增色。凛天威而九拜，望象闕以三呼。謹遣陪臣毛光國、鄭章觀等虔奉溪毛，恭陳謝悃。伏願乾行不息，睿算無疆。如日初升，永集億年之祜；似川方至，長昭亘古之輝。則玉燭常調，同乾坤以交泰；金甌鞏固，比天地之貞觀矣。臣灝無任瞻天仰聖踴躍歡忭之至，謹奉表稱謝以聞。

嘉慶十三年十月初二日。

謝恩疏

琉球國中山王臣尚灝謹奏，爲恭謝天恩事。竊臣灝彈丸小國，僻處海隅。荷沐皇上鴻慈，允臣嗣封。嘉慶十三年欽差正使翰林院編修齊鯤、副使工科給事中費錫章等持節賫捧詔敕幣帛，隨侍員役坐駕海船二隻，於本年閏五月十七日按臨敝國。臣灝即率百官臣庶於迎恩亭恭請皇上聖躬萬安，奉詔敕安於天使館。擇吉於六月十五日先蒙賜誥命，追封王爵於臣父尚成，復蒙諭祭臣祖王尚温、臣父王尚成。嗣於八月初一日荷蒙宣讀詔敕，封臣灝爲中山王，欽賜蟒緞等項，並賜妃綵緞等物。臣灝率領百官拜舞叩頭謝恩外，隨請於天使懇留詔敕爲傳國之寶。蒙天使查驗前封卷軸，照例准留，付臣一併珍藏。竊惟聖朝加意撫柔，有同覆載，臣灝曷勝感激。特遣陪臣法司王舅毛光國，紫金大夫鄭章觀，使者毛維新，都通事鄭嘉訓，通事金文和、蔡世豪等，齎捧表章，率領官伴梢役，坐駕海船壹隻，裝載土儀：金鶴形壹對，鶴踏、銀岩座各全；盔甲壹領，護手、護臁各全；金靶鞘腰刀貳把；銀靶鞘腰刀貳把；黑漆靶鞘鍍金銅結束腰刀貳拾把；黑漆靶鞘鍍金銅結束鎗壹拾把；黑漆靶鞘鍍金銅結束衮刀壹拾把；黑漆洒金馬鞍壹座，轡、銜、絡頭、前後牽鞧、屧脊、障泥、鐙俱全；金彩畫圍屏貳對；精製雅扇伍百把；土絲棉貳百束；錬蕉布叁百疋；土苧布壹百疋；白鋼錫伍百觔；紅銅伍百觔前來，赴京叩謝天恩。仰冀睿慈俯鑒下悃，臣灝無任激切屏營之至，謹上奏以聞。

嘉慶十三年十月初二日。

又請存舊禮以勞使臣疏

琉球國中山王臣尚灝謹奏，爲頒封大典已竣，懇存舊禮以勞使臣事。竊臣灝分藩蟻垤，守壤蝸居。世蒙皇恩允臣嗣封，於嘉慶十三年欽差正使翰林院編修齊鯤、副使工科給事中費錫章等，持節恭奉詔敕、幣帛，於本年閏五月十七日按臨敝國。六月十五日先蒙錫誥命，追封王爵於臣父尚成，又蒙諭祭臣祖王臣尚温、臣父王臣尚成。嗣於八月初一日，荷蒙宣讀詔敕，封臣灝爲中山王，欽賜蟒緞等項，並賜妃綵緞等物。此誠皇上天高地厚之殊恩，而臣灝萬世無窮之榮光也。竊惟天使入國以來，撫綏海邦，約束兵役，舉國臣民，無不感仰。惟所深愧者，臣國邊海，無以將敬，故於宴款之際，代物以金。雖自知乎菲薄，實是緣以爲例。乃使臣屢辭卻還不受，辭嚴義正，不敢復强。在使臣冰兢自矢，允矣有恥，不辱爲天朝使節之光矣。但念使臣間關勞瘁，遠涉風濤，實爲臣灝之故，酬德報功，莫展萬一，殊慚舊禮有缺，寸志莫伸。謹將卻還宴金貳封，共計壹百玖拾貳兩，具本附遣陪臣法司王舅毛光國、紫金大夫鄭章觀等進呈，懇乞聖恩，敕賜使臣收受，庶臣灝藉物表敬，益堅向化之心矣。理合上疏奏明，伏乞皇上睿鑒，敕部施行。臣灝無任戰慄惶恐之至，謹具奏以聞。

嘉慶十三年十月初二日。

國統

臣等謹按：琉球自天孫開國，至宋淳熙間凡二十五代，姓氏不傳。舜天氏起而代之，三傳而仍歸天孫之後英祖。英祖四傳而察度代之，時當明洪武之世，始通中國。察度再傳而尚巴志代之。尚氏賜姓之始。是時國分爲三，故有中山之號。巴志七傳而尚圓起而代之，《琉球世統》云即舜天之後。是爲今琉球王之祖。自尚圓至尚穆凡十四傳，其譜系前志已詳，兹謹録尚穆以來如左。

臣等又按：《中山世鑑》係番字，編於順治庚寅。《中山世譜》係漢字，編於康熙辛巳，修於雍正乙巳，自尚德以前則系以中山，自尚圓以後則云大琉球，《世統》以山北、山南合併已久也。《世統》

之例，載子而不及孫，凡庶孫皆從向姓云。

尚穆尚敬長子，乾隆四年生，十七年立，二十一年受封，五十九年薨。孫尚温嗣。

尚哲尚穆長子，乾隆二十四年生，五十三年卒，未及立。

尚温尚哲二子，乾隆四十九年生，六十年立，嘉慶五年受封，八年薨。子尚成嗣。

尚成尚温長子，嘉慶五年生，八年秋立，冬薨，十三年追封。

尚灝尚哲四子，乾隆五十二年生，嘉慶八年立，十三年受封。

續琉球國志略卷二

封貢

臣等謹按：琉球入貢自察度始，明洪武五年。受封自武寧始。永樂二年。前明貢無定期，或一歲兩進，或五歲一進，本朝定例二年一貢，該國王遵行，世不失職。册封自康熙二年，至今凡六次。其在乾隆二十一年以前者已詳前志，兹謹録乾隆二十二年尚穆受封以來如左。

乾隆二十二年丁丑春，王尚穆遣陪臣向全才、阮超群表貢方物。

臣等謹按：此係丙子年正貢，例以上歲冬進。據《琉球世統》云：以海風不順，是以踰年。

臣等又按：琉球貢使俱用耳目官一員、正議大夫副之，謝封則遣王舅法司、紫金大夫等官。

二十三年戊寅冬，王尚穆遣陪臣毛世俊、鄭士綽表貢方物，並遣官生梁允治、蔡世昌、鄭孝德、金型四人入監讀書。金型、梁允治未幾病故，恩賞銀各三百兩，交毛世俊帶回養贍其家，仍將貢物留作庚辰年正貢。其庚辰年應進表文行令於壬午年應貢之期一同恭進，以丁丑春王尚穆遣馬秉哲、鄭宣哲隨使臣全魁等恭謝册封，並貢方物，奉旨以進到貢物准作戊寅年正貢也。

二十七年壬午冬，王尚穆遣陪臣馬國器、梁煌表貢方物。官生鄭孝德、蔡世昌隨同歸國。

臣等謹按：向例禁蠶絲出洋，至是尚穆附請以本國仰賴内地絲絹爲冠服之用，陳請購買，經部議准歲買土絲五千觔、湖絲三千觔。嗣尚穆又以准買絲觔未有綢緞字樣，於次年再行陳請，復經部議准於原定絲觔八千觔之内量買綢緞。於是該國織紝有資，國用足備，衣裳冠帶，等威秩如，一洗從前之儉陋矣。

二十九年甲申冬，王尚穆遣陪臣向廷器、鄭秉和表貢方物，並謝官生讀書歸國，加進蕉布一百疋、圍屏紙五千張。

三十一年丙戌冬，王尚穆遣陪臣何必振、阮大鼎表貢方物。阮大鼎至山東德州病卒。

三十三年戊子冬，王尚穆遣陪臣毛德儀、毛維基表貢方物。

三十五年庚寅冬，王尚穆遣陪臣毛自煥、魏獻蘭表貢方物。

三十七年壬辰冬，王尚穆遣陪臣向宣謨、毛景晟表貢方物。

三十九年甲午冬，王尚穆遣陪臣向崇猷、蔡懿表貢方物。蔡懿至閩病卒。

四十一年丙申冬，王尚穆遣陪臣翁崇基、鄭鴻勛表貢方物。

四十三年戊戌冬，王尚穆遣陪臣金有華、蔡煥表貢方物。蔡煥至福建浦城縣病卒。

四十五年庚子冬，王尚穆遣陪臣向翼、毛景昌表貢方物，常例外加賞緞二十疋、硯二方、玉器五件、玻璃器十件、甆器一百件。

四十七年壬寅冬，王尚穆遣陪臣毛廷棟、蔡世昌表貢方物。

四十九年甲辰冬，王尚穆遣陪臣向猷、毛景裕表貢方物，常例外加賞御書匾額、如意一柄、玻璃器四件、甆器四件、絹箋四卷、硯二方、筆二匣、墨二匣、洋磁珐瑯盒四件、雕漆盤四件、玉器二件。

五十一年丙午冬，王尚穆遣陪臣翁秉議、阮廷寶表貢方物。

五十三年戊申冬，王尚穆遣陪臣向處中、鄭永功表貢方物，並謝賜御書匾額，常例外特賜《平定金川圖》五十張，加賞御筆福字一幅、玉如意一柄、玉器一件、磁器四件、玻璃器四件、硯二方、筆三匣、墨三匣、絹箋四卷、福字方一百幅、雕漆盤四件。

五十五年庚戌冬，王尚穆遣陪臣馬繼謨、陳天龍表貢方物，常例外加賞大緞二疋、福字方一百幅、絹箋四卷、雕漆盤四件、筆四匣、墨四匣、硯二方。

五十七年壬子冬，王尚穆遣陪臣毛國棟、毛廷柱表貢方物，常例外加賞大緞二疋、福字方一百幅、雕漆器四件、絹箋四卷、墨四匣、筆四匣、硯二方。

五十九年甲寅四月，王尚穆卒。王世孫尚温權國事，遣陪臣向文鳳、鄭作霖表貢方物，並遣鄭國樞告哀，福建巡撫浦霖以聞。

嘉慶元年丙辰冬，王世孫尚温遣陪臣東邦鼎、毛廷柱表貢方物，常例外特賞王世孫各色八絲緞十疋、硯二方、玉器十件、玻璃爐瓶盒一副、珐瑯盌六件、磁器一百四十件、玻璃器十件。又加賞蟒緞二疋、福字方一百幅、雕漆器四件、絹箋四卷、筆四匣、墨四匣、硯二方、玻璃器四件。以陪臣賦詩故。

三年戊午冬，王世孫尚温遣陪臣向國垣、曾謨表貢方物，兼請襲封。

四年己未秋，遣翰林院修撰趙文楷、内閣中書李鼎元充正、副使往封。王世孫尚温遣陪臣梁焕至閩接封。

五年庚申夏，趙文楷等至國諭祭故王尚穆，册封尚温爲王。

六年辛酉春，李鼎元回京，代請官生入學。趙文楷至閩聞訃丁憂回籍守制。王尚温遣陪臣王舅毛國棟、紫金大夫鄭得功隨同謝封，表進方物，並遣向必顯、阮翼表進庚申年正貢。

七年壬戌冬，王尚温遣陪臣向銓、梁焕表貢方物，並遣官生向尋思、向世德、鄭邦孝、周崇鐈四人入監讀書。副官生向善榮、毛長芳、蔡戴金、蔡思恭。

臣等謹按：琉球官生向祇四人，尚温欲加增人數，又恐與例不符，因先咨請禮部，准另選四人作伴，由是始有八人肄業太學，亦可見雅慕文教，樂育情殷矣。

八年癸亥七月，王尚温卒。世子尚成權國事，遣陪臣梁允功告哀，福建巡撫李殿圖以聞。是年十二月世子尚成卒，年甫四歲。尚温弟尚灝權國事。

九年甲子冬，王世孫尚灝遣陪臣毛廷勷、鄭國鼎表貢方物，並遣蔡邦錦告尚成訃。又以壬戌年所遣官生未知下落，再遣官生向邦正、毛邦俊、梁文翼、楊德昌入監讀書，副官生伯恢緒、榮景祉、孫國棟、紅泰熙。

十一年丙寅冬，王世孫尚灝遣陪臣楊克敦、梁邦弼表貢方物，兼請襲封。楊克敦至浙江杭州府病卒。

十二年丁卯秋，遣翰林院編修齊鯤、工科給事中費錫章充正、副使往封。王世孫尚灝遣陪臣蔡邦錦接封，至閩海壇鎮遇風觸礁，舟破漂没數十人。事聞，優卹。蔡邦錦呈請福建巡撫懇借銀兩購辦物件，以備迎詔大典，經巡撫張師誠代奏，奉旨賞給銀五千兩。

十三年戊辰夏閏五月十七日，臣鯤、臣錫章至國，追封故世子尚成爲王，諭祭故王尚温，追封王尚成，册封尚灝爲王。

十四年己巳春二月十二日，臣鯤、臣錫章回京，代請官生入學。王尚灝遣陪臣法司王舅毛光國、紫金大夫鄭章觀隨同謝封，表進方物。

臣等又按：《中山世譜》云：嘉靖三十九年尚元遣長史粱炫、使者馬加等迎接封舟，是爲接封之始。康熙十七年尚貞遣耳目官陸承恩等入京表貢，奏乞增船一隻，迎接敕書及貢使，是爲接貢之始。

典禮

臣等謹按：諭祭、册封各典禮，經前使臣汪楫更定以來，皆有成例，惟此次追封一節，向未舉行。臣等載參前志，酌定儀文，先期諭令演習，皆能將事無誤。又該國款待使臣，向例有宴七次，兹因追封國王，請增一次，臣等諭令與諭祭同日舉行，俾從減省。謹將儀注備載於左。

追封諭祭儀注

先期諭所司備龍亭四、綵亭五，灑掃廟堂，設御案三，中案奉節，左案奉誥命，右案奉諭祭文。設香案於廟中，司香二人。設開讀臺於滴水西首，設開讀位，東向。設中山先王及故世子神位於露臺東首，西向。設世孫俯伏位於神主位之下，北向。設世孫拜位於露臺中，北向。設衆官拜位於世孫拜位之後。設奏樂位於衆官拜位之後。本日黎明，法司官率衆官及金鼓儀仗畢集天使館前，俟啓門參謁畢，迎請龍亭、綵亭入中堂，正使捧節授捧節官，副使捧誥命授捧誥官，捧軸官捧諭祭文二道各奉安龍亭中，捧幣官捧祭絹、祭銀各奉安綵亭中。奏樂，引禮通事官唱排班，衆官行三跪九叩頭禮畢，前導至安里橋。世孫吉服率衆官伏迎於橋頭道左。龍亭暫駐，天使降輿，趨前分立龍亭左右，世孫率衆官行三跪九叩頭接詔禮畢，世孫及衆官前導至廟門外。龍亭由中門進廟中，捧節官脱節衣捧節授正使，捧誥官捧誥命授副使，捧軸官捧諭祭文隨行，至廟内中堂，各奉安御案上。捧幣官捧銀、絹分列於先王、故世子神位之前，天使分立御案左右。捧節官、捧誥官等退立東邊門外，西向。宣讀官立開讀臺下，東向。司香二人，舉香案置御案前，添香。奏樂，引禮官引世孫由東階升，詣香案前，樂止。引禮官唱跪，世孫及衆官皆跪。司香者捧香跪進，三上香訖，奏樂。引禮官引世孫就拜位，率衆官行三跪九叩頭拜詔禮畢，樂止。世孫退立世子尚成神位之下，西向。副使詣前，正中立，捧誥官由東階升，奏樂。副使取誥命授捧誥官，高舉下階，同展軸官、即捧軸官。宣讀官上開讀臺，誥命置案上。宣讀官就開讀位，樂止。引禮官唱跪，世孫、衆官皆跪，俯伏於世子尚成神位之下，北向。引禮官唱開讀，捧誥官捧誥命與展軸官對展，宣讀官讀畢。引禮官唱焚誥，世孫及衆官皆平身，至焚誥所，捧誥官捧謄黄加帛焚之。焚畢，奏樂。捧誥官捧誥命由中門入，交副使，仍奉安御案上。引禮官引世孫率衆官就拜位，行三跪九叩頭謝封禮畢，樂止。正使取節授捧節官加節衣，仍奉安御案上。引禮官唱退班，世孫入廟中，請天使暫憩更衣。追封禮畢。

少頃，行諭祭禮。世孫易皂袍角帶出至先王尚温神位之下，天使分立御案左右，捧軸官立東邊門外，宣讀官立開讀臺下。司香二人舉香案置御案前，添香。引禮官引世孫就拜位，率衆官行三跪九叩頭禮畢，退立於先王神位之下。捧軸官由東階升，天使先取諭祭先王尚温文授捧軸官，捧軸官高舉下階，同展軸官、宣讀官上開讀臺。諭祭文置案上，捧軸官分立案左右，宣讀官就開讀位。引禮官唱跪，世孫及衆官皆跪，俯伏於先王神位之下，西北向。引禮官唱主祭官就位，天使詣先王神位前，從官跪。進香、上香從官跪，進爵、獻爵不行禮。引禮官唱開讀，捧軸官捧諭祭文對展，宣讀官讀畢。引禮官唱焚帛，世孫、衆官皆平身，至焚帛所，捧軸官捧謄黄加帛焚之。焚畢，捧軸官捧諭祭文由中門入，奉安御案上。世孫率衆官就拜位，行三跪九叩頭謝恩禮畢。引禮官唱退班，天使又取諭祭先王尚成文授捧軸官，如前儀禮畢。世孫遣法司官跪請誥命一道、諭祭文二道，留供廟中。天使詣先王神位前行一跪三叩頭禮，世孫率衆官俯伏於位側，禮畢退班，世孫謝天使亦一跪三叩頭，天使答拜。諭祭禮畢，世孫出易服，天使更衣。世孫揖至前堂，行相見禮。天使居東，世孫居西，行一跪三叩頭禮畢，安坐。正使居東，副使居西，俱南面坐，世孫居西面東北坐。不設樂，茶酒皆親獻，天使辭，紫金大夫代獻，天使酬獻，世孫亦辭，引禮通事官代獻。席終，世孫前導，仍至御案前，正使捧節授捧節官安龍亭内，天使隨出至滴水前，與世孫揖别乘輿。世孫先行，率衆官至廟門外，候龍亭過跪送，天使至，出輿揖，衆官跪送。是日世孫遣官詣館謝勞，天使次日亦遣官至府中謝宴。是爲第一宴。

迎送儀注

臣等謹按：封舟到港，向例世孫以守次不出，遣官恭接。乾隆二十一年始行更定，封舟已抵那霸，世孫先至迎恩亭恭請皇上聖安，拜迎詔敕。事（竢）〔竣〕舟旋，仍至迎恩亭拜送，啓請代奏，自後遂以爲例。

學　校 入監讀書附。

臣等謹按：琉球當前明之世，雖通中國，未知有學也。逮至本朝，漸被文教，始於康熙十三年啓建聖廟，五十六年添設明倫堂。及尚温傾慕華風，思廣文治，建國學於王城北，建鄉學於三平等處，設考試之司，置講課之法，文學蒸蒸，居然有彬雅之風焉。

嘉慶三年，尚温諭國相、法司曰：「國家之治，教化爲先；立教之本，學校爲重。今欲建國學、設鄉學以興教化而育人才，其亟圖之。」於是擇地於王城之北，鳩工庀材，以次興建，於嘉慶六年告成。先因五年有册封大典，暫於舊官署舉行。尚温躬自臨視，凡學中員役、講解師及肄業諸生俱賜酒食，以獎勵焉。尚温有訓士子諭，詳載藝文。

國學在首里王城之北，地名龍潭，講堂曰彝倫堂。學舍四楹，東二楹爲國王臨視休息之所。官生無定數，現有五十五名。設講解師一人，由總理唐榮司考取。按司、親方各一員，奉行、中取、筆者各二員，首里縉紳子弟年十六以上得入焉。外府布衣子弟則由法司考取俊秀，始得入學肄業。每月御鎖側即耳目官，又曰帳主。考試一次，或四書文，或五言四韻、六韻詩。國相、法司官四時稽察勤惰，其勤學而詩文佳者升爲學長，以次入仕籍。

鄉學有三：一在真和志平，國人呼爲鄉學。堂曰敷典堂；官生有三十五名。一在南風平，國人呼爲講舍。堂曰敦倫堂；官生有三十一名。一在西平，國人呼爲虎館。堂額曰崇儒重道。官生有三十六名。各設講解師一人，奉行、中取、筆者各二員，凡國之子弟皆造焉。國學生遇行典禮在王左右趨侍，鄉學生等支應雜項差使。

臣等謹按：前録云取士之法，惟憑總理司及諸長史僉辭薦舉，即許出身，無考試詩文之例。今則按月會課，詩文並試，良由該國沐浴聖澤，涵濡雅化，所津逮者匪淺云。

附入監讀書

琉球國入監官生向例祗有四人，嘉慶七年以王尚温陳請，部議准增副官生四人。舊例凡入監者俱於唐榮係閩中七姓所居。選取，王尚温以首里係王親族所居。子弟亦須造就成材，特更定唐榮二人、首里二人，副官生亦如之。

臣等又按：琉球不設科目，不學制義，所欲講明者四書五經、小學、《近思録》等書，及學爲詩賦論序而已。雍正八年遣鄭秉哲等入監，教習官但教以制義，歸國不副所願。至乾隆二十二年又遣鄭孝德等入監，始聲明情由，自是令讀書學古律詩駢散文諸體，頗有成章可觀者。

政刑

琉球自舜天以武定國，始著武事。至今先王廟中舜天位前有箭一枝，相傳是其遺意。迨自山南、山北併於中山，尚氏一姓相傳，争端絶少，至臣事我朝以來，重熙累洽，共樂太平且數百年，不見兵革，武備久闕而不講，故志略莫可詳焉。惟生齒日繁，地利漸出，擘畫漸多，亦賢王仰體列聖生息休養之恩，勵精勤治，其意不可没云爾。

雍正四年，王尚敬命法司向和聲至山南察視地形，鑿溝引泉，泉出山南與座村。於是東風平間切不憂旱焉。

雍正十三年，王尚敬命法司蔡温至羽地改修川隄，又至北谷、讀谷、越來、名護、今歸仁等處教民培植山林之法，以該處民人向未嘗知樹藝故也。

乾隆元年，王尚敬命法司向汝楫巡視國中，改正田地。先是有均田之法，立制未詳，經界屢混，至是法司蔡温重修舊法，命向汝楫行諸郡邑，釐定疆界，均分田畝，山林原隰之沃始盡出焉。

乾隆五十一年，王尚穆命國相尚和、法司馬宣化等編成褒奬例一本、科律一十八本，以爲賞罰。蓋即中朝部頒則例中之明白易曉者，摘取數十條，録以球字而用之，前此固未有也。

乾隆五十八年，王尚穆命法司巡視中頭及國頭、杣山，飭令曲水焦枯盡行芟除，依法栽植培養，以成大木，以棟梁之材不足於用故也。

官制

臣等謹按：琉球官制，定於尚真之世，簪別金銀，冠分黄紫，秩爲九等，前録詳之。其掌政柄而位尊者爲王相，緣明洪武時察度之相亞蘭匏奉表入貢，奏請乞授品秩，太祖允之，令稱王相，秩視中國王府長史，後遂因之。近則以法司官有三員，舊稱阿司多部，明季改稱法司官。當國，位雖在王相之右，而權過之。國相一員，冠赤地五色花錦，前録作二員，誤。凡錢穀兵刑之事，皆聽決焉。國王間日一理事，覽奏而受其成。其稱總理唐榮司者，專主文移、禮儀及考試事。

臣等又按：乾隆十三年王尚敬於玉陵門外在王城西南，弘治十四年尚真建。建屋宇，置黄帽二員，每年交代，是爲守陵官。五十二年王尚穆於淑順門外王府大門，始建未詳。造屋一楹，令下庫里筑登之一人輪班值守，是爲門官。皆前此所未設也。

臣等又按：《中山世譜》云：尚巴志以山北一帶地係險阻，令第二子尚忠監守之，設有府署，稱之曰今歸仁，自是歷世因之。至尚圓時一仍其制，而專令世子監之。康熙年間，以晏寧已久，始移居首里而遥領其地。凡世子未嗣位以前，總稱今歸仁王世子云。

府署

臣等謹案：《隋書》稱國王所居曰波羅檀洞，其初固未有屋宇也。逮後風氣漸開，遞經締構，上通中國，規撫體制，始有堂殿門宇之名，今則垣墉樸斲，堅好精良，亦既大擴前模，不安簡陋，特地處重洋，颶颱間作，府居不宜高大，故無飛甍峻宇之觀耳。以云攸芋，或庶幾焉。兹謹述剏建之由，前録所未詳者以備參考。

明宣德三年，尚巴志始建國門，榜曰中山。

正德十年，尚真始建西御殿，以爲待天使之所。

嘉靖二十三年，尚清於王城美福門外加門一重，題曰繼世。二十六年，又建大美殿於首里，即在歡會門外。凡子女誕生及居喪事於此舉行。

萬曆十七年，尚永於首里門榜曰守禮之邦，取制詞内語。遇册使來則易之。平日仍用首里二字。

國朝康熙二年封使張學禮、王垓至國，首里門外始定榜用守禮之邦四字。

康熙十年，王尚貞備國殿。先是蓋屋皆用木板，至是始易以瓦。

臣等謹按：球地屋宇礪石爲垣，内無磚墻，門壁皆以木板，惟屋頂多用甋瓦。王府民居皆然。

雍正七年，王尚敬重修國殿，仍西向，設王座於正中。

乾隆四年，王尚敬建漏刻門，命法司蔡温至幸地邑帽子峰立表以測日景，考節候，改正刻分，設於門樓。

乾隆十九年，王尚穆改奉神爲左右三門。

附礮臺隄工

嘉靖三十二年，尚清以屋良座森即那霸港。係江口緊要之所，創築雉堞。即兩礮臺。

景泰二年，尚金福命國相懷機築長虹隄，自安里橋至伊嘉麻橋。即長虹秋霽，中山八景之一。

續琉球國志略卷三

祠廟 寺院附

臣等謹按：琉球祠廟創建於有宋之時，今舊址皆已不存。明初上通中國，漸知禮教，猶以寺爲廟也。成化時尚真改造國廟、家廟，别置佛寺，其制始略備。爰及國朝，代有修建，然基址狹隘，久米聖廟、首里三大寺外，每處不過室三四楹而已。所供神佛像，多奉自閩中，先師、關帝、天后之外，有辨才亦作戈。天女、即中國斗姥，在圓覺寺。國人云神昔著靈異，號辨戈天女，能易水爲鹽，化沙爲米，以禦外患。某天使至，改稱辨才天女，遂不驗。大士、各寺多有。天滿大自在天神、天神供奉板閣一楹，常閉不開，神像未詳。三首六臂天孫不動王、善興寺。雷聲普化天尊、護國寺。手劍而立不動尊、安禪寺。龍神、天后宫内。金剛天王寺。諸像。至於祈福禳災，則皆以石爲之。神嶽叢祠之所，多有陰崖灌莽，巨石離立，供獻牲醴膜拜其下。今將祠廟之大者詳考其興建之由，具載於左，其已見前志者不復及焉。

至聖廟，在久米村泉崎橋北，康熙十三年建，乾隆二十四年增修。向稱夫子廟，乾隆二十一年從使臣周煌言改今稱。旁有啓聖祠，康熙五十七年建。改稱崇聖祠。臣等每月朔望於是廟行禮，仲秋上丁恭祭，俎豆禮器咸備，惟琴瑟鼓鐘羽籥尚未肄焉。

天后宫向稱天妃宫，乾隆二十二年始改今稱。一在久米村，曰上天妃宫，明嘉靖中册使郭汝霖建。右楹爲關帝神堂，大門之左供龍王。臣等朔望於是廟行禮。一在那霸，曰下天妃宫，明宣德間尚巴志建。一在姑米山，乾隆二十二年使臣周煌致國王代建。

先王廟，在泊村安里橋東。臣等謹按：諭祭之禮始於察度，其初無廟，臨期陳設於萬壽、天界等寺，後又專以慈恩寺爲之。成化時尚圓始創先王廟於泊村，自舜天而下凡即王位者奉安此廟，春秋二祭，遇諭祭時於此行禮，自後因之，是爲國廟。此外圓覺寺供諸王主，自尚圓而下，爲本宗香火。天王寺供諸王妃主，係雍正年間尚敬改建。是爲家廟。並仿中國制，每遇朔望佳節及先王、王妃忌日，國王於此二廟行香焉。

風俗

臣等謹按：古者輶軒之使，必采風以備金匱石室之藏。琉球雖處海外，而職貢賦，奉正朔，猶吾郡國地也。徐録最爲詳悉，翁長祚謂三省四嶽之外，尚有四森，可見搜討所及，不無挂漏之患，况風俗今昔不同，球地涵濡聖化，必有蒸而日上者，前志所載已非蹋蹄媟主之舊矣。兹更就闕者補之，以見海隅日出，漸成於變，時雍之美焉。前志云國中人十三四歲皆以僧爲師，習字讀書，近則久米人多開館授徒，首里人亦有家自延師者。書籍則有《十三經註疏》、《欽定詩書傳説彙纂》及唐宋詩文。每逢二八月丁祭，至聖座前必有數種官書陳設，士大夫家頗有購藏者。讀經書，寫漢字，作五言詩，那霸十之二三，久米、首里十之七八。

球人名帽曰八卷，向無纓絆，乾隆五十六年尚穆仿中國制，以纓繫帽，王用黄絲組，王子、按司青絲組，自法司以下至諸士秀才俱黑絲組，座敷以下用黑棉座。

衣名曰衾，制詳前録。近以内地綢緞許其購買，士大夫頗有以各色紬綾作襯衣者。惟外袍則夏秋以葛，冬春以紬，皆純紺色。履則自國王以下皆著草鞁，國王惟行禮時著韡，以中國之屨不適於足故也。

男女皆作髻，或正或欹。《中山世譜》云：舜天氏右鬢有瘤如角，常結髻於右以掩其瘤，故國人皆效之。夏録云：首里人髻偏右，久米髻居中。徐録云：綰小髻於頂之正中，首里與久米人無異。以今驗之，殊不盡然。

生日以十二年爲紀，自始生至十二歲爲一紀，自是二十四、三十六以至六十爲大慶。國王是年受各屬島慶賀，民間亦然，與中國以十紀者不同，故平居不知有生日也。

臣等謹按：《遼史》有再生儀，以歲星一周舉行，正與此同。

嫁娶必以五更，不用樂，猶存古意。不以十月，俗謂是月爲無神月。

正月節，王府中有烟火戲，始於弘治年間松氏比屋勢頭。人名。

五月五日競渡，始於閩中賜姓。九月朔日始放風箏，亦與閩同。

徐録謂正月有板舞戲，李記中謂從客某亦曾見之，詢之球人，則云其法不傳，已有百餘年，近時老人亦無見是戲者。今昔不同，固不可以概論。如七宴中演劇，向來止有桿舞、菊舞、扇舞等戲，近則有舞獅、跳猴諸技，視昔爲較精矣。

久米竹籬爲中山八景之一，前使臣多有題咏。近則竹籬之外多圍以礪石短垣，蓋久米人深以爲陋而諱之，且有闤闠而辨者，若中島蕉園亦日就湮廢矣。

前録謂渡海者家立長竿，置小木舟，作風輪五葉安船首尾以候風，歸乃撤之。近則球人多有求畫虎而旁加柳一枝者，云虎取其風從行速，柳取其平安早歸。凡家中有出外之人則懸之，歸而卷之，習俗相沿固已久矣。國中通行錢名鳩目，二十爲一貫，順治十三年尚質所鑄，然以銅少，用寬永錢者居多。來自東洋。銀亦以目計，一兩則曰十目。

國中有堪輿而無星卜，有僧而無道士、尼姑。中元節有盂蘭祀，家有喪事，延僧誦經禮懺。

臣等謹按：《中山世譜》云：宋咸淳年間有僧名（下闕）

人物

琉球素稱守禮之邦，自明初通中國，沐浴涵濡數百年矣。周煌《志略》輯人物爲一卷，發潛闡幽，不以異域而遺之，迄於今聲教覃敷，益喁喁向化。臣等留心採擇，勿尚新奇，凡所爲有合乎倫紀之常，所學有本於詩書之澤者，謹識於篇，以見小國之醇風，皆天朝之雅化焉。

尚質，尚賢弟。順治五年聞世祖章皇帝定鼎燕京，喜中國有聖人出，即遣使歸誠，繳前明敕印，兼請册封。帝命册使至其國封之。在尚敬前。以上賢王。

尚象賢，尚質從弟。聰明才俊，佐其姪王尚貞夙夜匪懈，甚著勞績。作《中山世鑑》，後尚穆改稱《世譜》。

蔡堅，久米人。官紫金大夫。始繪聖像，率鄉之紳士祀之。

金正春，久米人。官紫金大夫。康熙間請王立文廟，卜地久米村，鳩工庀材，塑聖像及四配。二年工竣，請令儒臣行釋奠禮。

蔡温，字文若，久米人。讀書篤信程、朱之學，一言一動必蹈規矩，殫心啓沃，裁定國制，王甚尊信之。擢法司，入居首里，食采數縣。著有《澹園集》、《要務類編》等書。按蔡温附見前志文苑。以上賢臣。

龜壽，玉村臣里川庇椰長子。玉村按司妻有美色，八重瀨按司欲奪其妻，襲殺之。妻遣子小按司逃入平安名大主家，乃自縊。龜壽既聞變，復聞八重偵小按司所在，欲潛師往勦，遂走報平安速爲備。平安召其下吉田問計，吉田曰：「事急矣，誠得一人肯以死代君，可徐圖也。」龜壽請以身代，吉田乃縛龜壽獻八重。八重怒，命速斬壽。壽大詈，八重益大怒，乃下之獄，欲徐苦而後殺之。日親近吉田，會玉村大臣波平大主亦起兵復仇，聞縛獻事，不信，至平安見小按司，乃大喜。因密約吉田爲内應。時八重新舉子，日爲淫宴，兵既至，八重醉不起，就床上斬之，出龜壽於獄。以上忠義。

貴壽，伊佐大主長子。伊佐妻生貴壽死，繼妻生嵩壽，愚甚。貴壽善事父母，有令名。繼母妬之，日短貴壽於伊佐，伊佐惑焉，欲死貴壽，以悅其意。守僕謝名堂聞之，匿貴壽於家，往諫伊佐，不聽。伊佐知謀已洩，乃逐貴壽。貴壽日夜號泣，欲自盡，又恐彰母惡。值天雨雹，病殭於道，有潮平御鎖者巡行見之，覆以衣，甦，詰其故，不答，予之食而去。初御鎖微聞貴壽事，至是見言語支吾，遣人訪得其狀，乃集村人，繫伊佐繼妻至，數之，且將告諸王。貴壽奔求御鎖，乃釋而勸諭之。婦感悟，遂爲母子如初。以上孝義。

蔡文溥，字天章，康熙間入監讀書，歸以其所學教久米村及國人，人多化之。著有《四本堂集》。又有蔡應瑞，著《五雲堂集》，金堅、鄭國觀皆有詩集。文溥附見前志文苑，溥作浦。

梁允治，字永安。官外間親雲上。少從蔡鐸學，日夜忘寢食，遂以其意繪身心性命圖，又倣朱子《或問》法著《服制辨義》。乾隆二十二年來入學，一字一句必求至是，詩文亦可觀。又有鄭孝德、蔡世昌，皆能詩文，前後來入學。以上文苑。

普德，萬壽寺僧，有戒行。姑場村有陶姓子名松瑞者，穎悟喜讀書，年十五父母遣就傅首里，道出浦添，暮雨驟至，遠望燈火出林間，遂冥行借宿。至則少女燭而應門，室内闃然，兒徘徊不入。女延之，欲具酒食，兒伏案假寐，女輒來相迫，兒力拒之，乘間逸。覺後有追者，奔至寺前大呼求救。普德納而坐諸方丈中，遣其徒置鐘門外，女躑躅不敢進，鐘忽躍起覆女。天明啓鐘，則死貍在焉。以上方外。

物産

臣等謹按：琉球地瘠民貧，未通中國以前，惟恃與朝鮮、日本諸國相貿易以資國用。據《中山世譜》云：自尚寧以後，諸國不相通，僅有日本屬島度佳喇商民來球互市，一切器用皆自彼來，故稱度佳喇爲寶島。本國自五穀、六畜、蔬菜、魚蝦、蕉苧之外，別無殊産。今即《志略》中所未詳者參考之，具補於左。

海松、海柏　《志略》仍前録系於石下。按海松色如糙米，有枝無葉，枝上出，短而尖，或三四、或五六爲一叢，如松花之含苞未坼。細孔纍纍，質硬如石，叩之有聲，是爲海松。海柏純赤色，枝葉扶疎，與側柏無異，極軟脆，摺之有滋液迸出，是爲海柏。右二種其根皆蟠結石上，久遂合而爲一。別有形如蜂窠，色如雞冠花，或純白，附著根旁，是爲海石。疑即石芝。又有純黑色，枝細長作秋柳形，是又於松柏之外別出一種，球人概以海松名之，殊未深究也。《傳信録》云海松、海柏有紅白二種，臣等所見海松有白、有緑、有藍而無紅，海柏有紅而無白。初出水時腥不可近，既而腥漸消，色亦漸褪，枝又脆而易摺，誠如前志所云不能致遠，故不貴也。

阿呾呢　一名鳳梨，葉似棕櫚，實如瓜，色黄，膚紋作釘稜，一稜至八九稜不等。舊志云皆六稜，細數之亦不盡然。

萬壽榮　葉似秋葵，本如梧桐，莖中通，有雌雄二種。雄者開花似蓮瓣，合尖色白；雌者結子如瓜，色緑，其實與根皆可食。球人云出自吕宋，嘉慶六年有飄風船帶回，非向時土産也。

福木　樹身直上數丈，四時不凋，球人云可以禦風，必令堪輿視方向所宜而後植之。亭亭在目，比户皆然。實如橘，可食。

國中多畜馬，小如蜀駒，球人翦其鬉削其尾，遠望之如羸然。

螺貝　大小百有餘種，土人亦不能指名，特就其形色而別之。其大者或以爲盎，或以爲釜，其小者或磨之令光潔以爲酒器。

毛魚　海中成陣。舊志云惟七月朔、八月朔爲然。球人云六月朔先有成陣者，每歲不爽。

鷹　以寒露乘東北風來。舊志云白露，誤。

球地椀盒多以獨木爲之，亦不甚堅緻。陶器極麤劣，自萬曆年間以高麗人爲師，始有陶甎，數百年來未有踵而增美者。凡宴會所用，皆購自閩中也。

球地豆腐出山北各島，作法不以豆而用芋，連皮和肉搗之成泥，置大盆中，浸以雪水，雪惟山北隆冬有之。過冬融化，以石壓之，令其堅實，然後刀切成塊，風之使乾，可以致遠。其平日所市者與内地同。

緑菜　細如髮，宴會中與紅菜並用。前志止載紅菜。

針　路

琉球處大瀛之東，自閩出五虎門至彼國姑米始有山可寄椗，其中歷溝逾洋，水天萬頃，非可以臆計度也。前明惟夏子陽封舟不落北漈，餘皆多用卯針。至本朝使臣汪楫深鑒前轍，著録搯衷，使臣周煌復參定舊規，敬謹將事，故針路比前愈加精密。臣等兹役歷考汪、周二臣所用而酌行之，往返皆不越旬日，良由天語賁臨，陽侯效職，同舟供役，咸能踴躍奉行，不致隕越。皇上覆載之恩，臣等實深受其賜，用謹詳針路顛末，以附於後。

前海行針路記考

明夏子陽録云：梅花所開洋，過白犬嶼，又取東沙嶼，丁上風用辰巽針八更取小琉球山。未上風乙卯針二更取雞籠山。申酉上風用甲卯針四更取彭家山。亥上風用乙卯針三更，未上風用乙卯針三更取花瓶嶼。丁未上風用乙卯針四更取黄尾嶼。丙上風用乙卯針七更，丁上風用辰巽針一更取姑米山。又辰巽針六更取土那奇、翁居里二山。在馬齒之西。又辰巽針一更取馬齒山，到那霸港。

國朝汪楫使録云：乙辰八更取雞籠山。用辰多辰巽三更取梅花嶼。單卯十更取釣魚臺北邊過。乙辰四更取黄尾嶼。甲卯十更取姑米山。乙卯七更取馬齒山。甲寅并甲卯針取那霸港。

徐葆光録云：二十二日自五虎門放洋，丁風帶午日入至進士門，夜至九漏轉丁未風用乙辰針三更半。二十三日日出，丁未風用乙卯針二更。二十四日日出，丁午風仍乙卯針。是夜風益利，用乙卯針八更半。二十五日日出，丁未風輕，用單乙針二更，乙卯針一更半，夜至四漏轉正南風，用單乙針一更。二十六日日出，正南風，日未中轉丁午，逾時丁未風微起，用單乙針一更，晚晡轉丙午風，用乙卯針，風靜船停不上更，日入風微起，至四漏轉丁午風，用乙卯一更，至八漏又用單卯二更。二十七日日出，丁午風，日中風靜，船停，日入丁午風起，至二漏轉丁風，用乙辰針二更半，共用卯針二十七更半，應見釣魚臺、黄尾、赤尾等嶼，皆不見。二十八日，改用乙辰針，日未中丁未風，行二更半，見山一點，在乙位。日入風轉丁午，用辰巽針二更。二十九日日出，見東北小山六點，始悟用卯針太多，船東北下葉壁，乃順風迴針東南行。

周煌《志略》：六月初十日，早潮出五虎門，過官塘進士門開洋，單午風乙辰針，至日入行船六更，夜單午風單乙針，行船五更，見雞籠山。十一日上午，坤未風單乙針三更，下午單酉風單乙針，至日入行船四更，見釣魚臺，夜單丙風單乙針，行船四更。十二日，單午風單乙針一更，見赤洋，轉單丁風單乙針，至日入行船五更，夜單午風單乙針四更，是夜過溝。十三日，丁午風甲卯針，行船二更，見姑米山，風輕，單午風單乙針，日入行船一更，夜丁午風乙卯針二更。十四日，單甲風，姑米山下椗。以下遇暴。

李鼎元記：五月初七日五虎門放洋，午風單辰針。初八日午刻丁風，仍辰針，入夜用乙辰針。初九日丁未風單乙針。初十日丁未風單乙針，午刻東北風，船不進，申刻仍轉西南風，單乙針。十一日丁未風單乙針，見姑米山，由山南行用乙卯針。十二日過馬齒山，用甲寅針入港。

今次封舟閏五月十一日早潮出五虎門，過官塘開洋，正南風，單辰針行船三更，三見東沙，日入又行船一更，夜西南風，單辰針，行船四更，五見半架島。十二日，天明西南風，卯辰針一更五，見二林山，又二更，見花瓶嶼，從山南過，午刻午未風，用辰卯針，至下午行船一更半，入夜行船二更，見梅花嶼。

十三日，天明見釣魚臺，從山南過，仍辰卯針，行船二更，午刻見赤尾嶼，又行船四更五，過溝祭海，申刻轉西北風，夜半轉東北風，船欹側危甚。十四日，下午轉東南風，仍不能進。十五日，雞鳴回西南風，仍辰卯針，十五日黎明見姑米山，行船九更五，從山南過，仍辰卯針，行船三更五，至馬齒山下椗。縋水四十托不到底，日入風微，起椗收篷，順風蕩漾，十六日行一更三至那霸港外下椗。十七日進港。共七日，實行船四日，以風暴停一日，以兩處下椗耽遲二日。

臣等謹按歷來五虎開洋，其用針皆以乙爲主，而參用辰卯。今封舟則專用辰卯，自五虎抵馬齒，四日徑到，極爲穩捷，竟不用乙針，與前諸録不同。大要總在相風用針，詳加斟酌，不可拘泥成說。初出洋時用辰多，須防太上，汪録云：幾近臺灣，今本舟夥長亦慮之，以風甚和而免。過釣魚臺後用卯多，須防落漈，徐録詳載。後之行者尚其審之。今次封舟已抵那霸，不能進口，致停兩日，亦因船行太落北之故。

後海行針路記

臣等謹按：封舟夏至乘西南風自福州五虎門放洋，以冬至乘東北風自琉球回閩。南風和，北風猛，兼之水勢又有順逆之異，故歸程尤難，載稽前志，遇颶居多，針路殊無準的。惟前使臣全魁等歸舟安吉，針路詳明。庚申之役，遵而行之，亦甚穩速。今次前事可師，針路一一符合，至於靈鳥來翔，大魚雙挾，雖有過船之浪，了無飄泊之虞。是則皇威之赫濯，神力之保持，固非可專言人事矣。具載如左。

《志略》：正月三十日率三舟開洋，乙卯針行三更，至馬齒山安、護浦下椗。二月初四日，單癸風，用午針出澳，巳刻轉丑風，單辛針三更，午時過姑米山，單申針五更。初五日，早乙辰風，單辛針五更，夜辰巽風，單辛針六更，過溝祭海。初六日，單艮風，辛針三更，申刻大霧不見山，寄椗。初十日，霧開見台州石盤山，用未針，見温州南杞山。十一日，東北風，單辛針七更，下羅湖下椗。十二日，申針，收入定海。

李記：十月十五日登舟，二十日東北風利，自那霸放洋至馬齒山安護浦下椗。二十五日，由馬齒放洋，子丑風，用辛針，酉刻過姑米山。二十六日，早風與針如故，巳刻轉寅卯風，仍用辛針。二十七日，辰刻轉已卯風，午刻轉辰卯風，針皆如故。二十八日，寅刻轉辰巳風，舟不能行，辰刻風轉子丑而微，仍用辛針，未刻霧大起。二十九日，風微大霧，針如故，巳刻霧開見温州南杞山，入暮北風大至。十一月初一日，早到官塘，申刻泊定海。

今次十月初二日登舟，初五日駛至馬齒，因北風甚緊，恐有暴，於安護浦下椗。初九日，由馬齒開洋，東北風，用辛針，戌刻過姑米山，行船三更半。初十日，早東南風，用辛針，行船三更，午刻東南風盛，用辰針，至十一日天明行船四更。十一日，東風微，仍辛針，行船一更，入暮過溝祭海，夜東北風盛，仍辛針，至十二日早行船五更。十二日，狂風大作，浪從船上過，針不能定，入夜稍平，仍辛針，至十三早行船十更。十三日，早東北風和，仍辛針，至十四日早行船八更，見南杞山。十四日，風針如故，行船八更，夜至定海下椗。十五日，辰刻乘潮進五虎門。自初十至十二日二號船相離不過數十里，十二日以風猛不可復見，十四日夜至定海會齊。

靈蹟

臣等謹按：琉球自通貢以來，册封之使遠涉重洋者，或以紅光示現，或以魚鳥告祥，靡不仰藉神庥，用資佑助。迄本朝德威遠播，靈貺益臻，輶軒所届，履險如平，舊録所載，詳哉其言之矣。我皇上如天之福，海波不揚，而册遣微臣，輒蒙温旨禮䘏，俾得往來無滯。至於褒崇祀典，無不俯徇所請，錫以恩綸，故顯應之徵，視昔有加焉。臣幸膺斯役，寶筏慈航，身受生成之德，謹增輯前志所未備者，著之於編，以誌不忘。

臣等謹按：高宗純皇帝《御製文三集》有《右旋白螺贊》，註云：每年藏中喇嘛於新正及萬壽節進丹書，所陳供器，時有獻右旋法螺者，以爲奇寶而不多見，涉海者攜帶於舟則吉祥安穩，最爲靈異。前大學士貝子福康安進勦臺匪林爽文時，首蒙頒賜，往來順利，靈助非常。蕆事後，留貯福建督臣署中，前次趙文楷等奉命册封尚温爲王，恩准督臣所請，奉以渡海。臣等此次又蒙恩賞，敬謹安奉舟中，果復往來順濟，仰見我皇上體恤使臣，無微不至云。

前使李鼎元《使琉球記》云：天后父名愿，字維慤，宋時官都巡檢。母王氏。宋寶祐五年封父積慶侯，母顯慶夫人。嘉慶五年五月初十日封舟過赤尾嶼，大雨雷以震，風轉東北，柁無主，舟轉側危甚。

使臣焚香跪禱，默祈靈祐轉風，回日當籲請加封神之父母。不半刻，風雨頓止，仍轉西南風。差旋，恭摺奏聞，奉旨加封父爲積慶公，母爲積慶公夫人。

臣等封舟閏五月十一日放洋，十四日將至姑米山，北風暴起，船身欹側，舉船惶恐。臣等焚香叩禱天后暨拏公像前，默祝平安，回日當據實奏聞，恭請御書匾額，以答神庥。瞬息間仍轉東南風，次日即過姑米。聞同日二號船遇暴亦然，文武員弁虔叩尚書神像前，乃免於厄。按尚書陳姓，名文龍，福建興化人。宋咸淳四年廷對第一，官參知政事，知興化軍，爲賊所執，不屈死。明時顯靈護救封舟，封水部尚書，立廟閩省南關外。國朝册封琉球，向例請天后、拏公神像供奉頭號船，請尚書神像供奉二號船。此次猝遇風暴，化險爲平，二號船來往俱早到半日。臣等恭摺奏聞，與天后、拏公並請賜御書匾額，得旨允行。

十月初一日回舟，泊馬齒山候風。初九日放洋，時二號船已循山而西，頭號船離山僅數尺尚未摺回，群呼船已迫山，立成虀粉。臣等危急之際，默祈神佑，倏忽間船至山邊，若有引之而西者。咸謂海船重逾二十萬觔，非神力不能然也。

十月初十日爲水仙暴，老舵工云最准，遲早必在三天前後。初九日放洋，時天日晴霽。十二日過黑水洋，是夜颶風大作，一晝夜不止，白浪如山，飛壓船面，鍋竈皆没，舵動搖不定，針盤亦屢移。臣等在風濤簸蕩中，虔心求禱，合船誦佛號不絶。十三日黎明風稍息，考之針路，已斜走數百里矣。幸蒙神佑，捩舵仍用原針，十四日即望見温州山。

前録及《志略》俱載放舟後魚鳥之異，兹役自五虎門開船，次早即見白鳥似燕而大，五六爲群，飛繞前後，若導引然。過赤尾嶼，有二大魚傍舟行。黑溝遇風，舟後有大鳥黄色，踏一朽木相隨，風静即不見。詔書所在，百靈擁護，皆聖德懷柔之感云。

續琉球國志略卷四

藝文上

春鶊秋蟀，各效歌唫；火浣冰蠶，皆充職貢。凡兹天籟，不隔海隅。惟聖朝宏無外之規，斯薄海普同文之治，况扶桑日窟，奉節經年，牛女星墟，浮槎萬里。緣情之作，投贈之章，宜其各出體裁，無分畦畛者也。臣等謹按前志，謂國中撰著，間存甄録，而凡中國人士有事東洋，記載吟咏，悉加採取，所以網羅故實，以資博聞。兹故更循舊例，詳加採擇，備載於編，以繼其後。

國學訓士子諭

中山王尚　温

稽古之學校，天子曰辟雍，諸侯曰泮宫，皆所以興行教化，作育人材，典至渥也。今予國都自古以來未建泮宫，典尚闕如，應建國學，興教化育人才，以臻美備。然現今國財未裕，不遂興建之志，故於舊官署權爲國學，著派按司向國藩、紫巾官向元佐充爲國學奉行，並令當座官金世裕、麻克昌偕爲中取役，督理學務。既又簡派紫巾大夫蔡世昌以爲學師，公同議立學規，董勸諸生，務期風教修明，賢才蔚起，庶幾棫樸作人之意。今蔡世昌不幸病故，乃命中議大夫林家槐充補學師，特製訓言，警飭諸生，其各諦聽。蓋古之學者先立品行，次及諸藝。爾諸生幼聞庭訓，長列鄉學，朝夕誦讀，寧無講究？必也，躬脩實踐，砥礪廉隅，敦孝順以事親，秉忠貞以立志。窮經考業，勿雜荒誕之談；取友親師，務化驕盈之氣。常防蕩軼，毋事逸遊。苟行止有虧，雖讀書何益？若夫宅心弗淑，行己多愆。或蜚語流言，惑聽官長；或營私獻媚，出入權門；或依附勢豪，欺孤凌弱；或招呼朋類，樹黨爲援。又以當悲當恨之行，反爲得計，而不公不道之事，罔顧害人。乃若此人，名教不容，鄉黨勿齒，縱幸脱褫革，濫竊章縫，返之於衷，寧無愧乎？種種弊端，深可痛恨。故反復惓惓，特宣訓言，使爾等共體予心，恪遵明訓，一切痛加改省，争自濯磨，勤學積行，逢時得志，不特爾身有榮，即爾祖先亦增光寵矣。若乃玩愒勿儆，暴棄自甘，則是爾等冥頑無知，終不能率教也。致負栽培，復干咎戾，國法具在，予亦不能爲爾等寬矣。自兹以往，無論名門與寒陋，如有積行勤學，爲國宣猷者，則雖布衣子弟，我將舉而用之；如或敗檢踰閑，不遵明訓者，則雖貴族子孫，我將退而去焉。凡各學奉行、師長並宜傳集諸生，多方董勸，以副予懷。否則職業勿修，咎亦難逭，勿謂予言之不預也。爾多士尚敬聽之哉！尚温於國學講堂内題額曰「海邦養秀」，聯曰：「教育英才，人龍國瑞；琢成德器，豐劍驪珠。」

大安禪寺碑記寺已廢。

明冊使内監柴　山

宣德五年，柴山奉使遠造東夷。東夷之地離閩南數萬餘里，舟行累日，山岸無分，茫茫之際，蛟龍湧萬丈之波，巨鱗漲馮夷之水。風濤上下，捲雪翻藍，險釁不可勝紀。天風一作，烟霧忽蒙，潮瀾洊湃，波濤之聲振於宇宙，三軍心駭，呼佛號天。頃之忽有神光大如星斗，高掛危檣之上，耿煥昭明，如有所慰，然後衆心皆喜，相率而言曰：「此乃龍天之庇，神佛之光矣，何以至是哉！是咸賴我心崇佛好善，忠孝仁德之所致也。」迨夫波濤一息，河漢昭明，則見南北之峰遠相迎衛，迅風順渡，不崇朝而抵岸焉。既而奉公之暇，上擇岡陵，下相崖谷，願得龍盤虎踞之地，以爲安奉佛光之所，庶幾以答扶危之惠。於是掬水焚香，得其地於海岸之南，山環水深，路轉林密，四顧清芬，頗類雙林之景。遂闢山爲地，引水爲池，球之陝陝，築之登登，成百堵之室，闢四達之衢，中建九蓮座金容於上，供南方丙丁火德於前，累石引泉，鑿井於後，命有道之僧董臨其事。内列花卉，外廣椿松，遠吞山光，平挹灘瀨，使巢居穴處者得以觀其光焉，此酬功報德者之所爲也。且東夷與佛國爲鄰，其聖跡海靈鍾秀者有素矣。此寺宇之建，相傳萬世無窮，良有以夫。

瑞泉記

中山陪臣鄭孝德

王城之中有泉曰瑞泉，嵌鐵龍於泉眼，水從龍口噴出，故一名龍泉。泉側有石巖峭屹丈餘，巖上多鐵樹，鬱葱而叢茂，其勢彷彿蒼龍隱於青雲之中，蚴蟉而欲騰。是泉也，碧澄而甘醴，雖旱弗竭。烹茗而茗清香，釀酒而酒清冽，宗廟朝廷莫不需焉。前後册封天使飲而嘉之，勒碣二，曰中山第一，又曰雲根石髓，志瑞也。凡官吏登朝，道必出乎斯泉之旁，遠而聞之，其聲琤琮然，如鼓瑟弄絃，聞於城郭之外；近而觀之，其脉瀺灂然，若跳珠飛雪，灌於金溝之中，誠足以清塵耳，沁詩脾也。若乃徑圓覺寺觀蓮橋直滙於龍潭，民間賴以灌田圃，屢亨歲豐之樂，其又瑞之所由溥歟？是惟我王至誠不貳，敬事天朝，故能措國家於磐石之安。邇自三山，遐及三十六洲，靡不沐浴膏澤，敬宣教化。繇是其泉滃然而清，永表瑞於億千萬葉耳。微臣欣覩斯泉之溥博無窮，而竊歎至誠之無息也，爰綴文以記之。

那霸港記

鄭孝德

王城之西有江焉，潮汐震蕩，浩浩湯湯，源遠派别，厥利無疆。在那霸南數十步之近，故名那霸港。其東北徑唐榮泉崎橋泊江以通城北山川村，其東南過豊城真玉橋國場極新城下津嘉山之前，吞溟海，達諸江，凡入貢天朝與外島入貢之舶，賈貨之船，靡不會兹，洵中山之咽喉也。港之左曰屋良座，其後有閣曰住吉，亭右曰見城，其旁構院曰臨海寺。登見城而西望，則遥岑聳翠，出没於雲霞之間者，馬齒山也。其偏東平地數百畝，沙光耀銀，浮於滄瀛之中者，奇洲也。登屋良座而東眺，則層巒嵯峩，有亭飛聳，鄰雲霄而枕緑波者，波上山也。其偏北青嶼十餘里，横流於碧瀾之内者，讀谷山崎也。港後一二里，古松鬱葱，峙於中流者，奥山也。其南筆架峰麓，遥聞水聲琤然出松林，直灌江流者，落平泉也。朝嵐暮靄，一碧萬頃，天高水闊，氣象萬千，此固霸港之奇觀也。至若港腹中流有暗礁礙舟，砌石爲表，謂之馬喀牙。夾江皆鐵板沙，嵌空嵯岈，自馬喀牙直達大瀛，波濤衝激，怒號澎湃，如萬馬之騰空。潮長則没，舟誤觸無不立碎者。港崖左右築長堤，建兩礮臺，雉堞翼如，有龍蟠虎踞之勢，其天之所以付以金湯，俾奠國祚於無疆也乎？德不敏，竊有感於《大易》設險之文，遂書以爲記。

久米村記

中山陪臣蔡世昌

久米村一名唐榮，即古之普門地也。明洪武賜唐人三十六姓聚族於此，故曰唐營，又以顯榮者多，故改曰唐榮。國王厚其裔，世其糈，故取世禄之義曰久米。村之中有長道紆回數里，其南口港堤突出，圓廣如唇，泉崎水縈帶其間，島石卓立如印，洵所謂天馬行空者，故是村有文明之象，而俊髦輩出，嶄然見頭角也。村之中有文廟，紫金大夫金正春請王建之。厥宇背林，厥位面陽，殿堂墻扉，黝堊丹漆皆如法。殿外爲露臺，後楹爲神座，塑王者像，垂旒搢圭，而署其主曰至聖先師孔子神位。左右二龕，四配各手一卷，則《詩》《書》《易》《春秋》四經也。廟之左有明倫堂，紫金大夫程順則啓建之。堂中北壁分三小龕，奉啓聖王及四氏神主。兩廡設學，選立二師，一曰講解師，一曰訓詁師，村中通事秀才及童幼皆從業於焉。師生有舍，庖廩有次。人知嚮學，争自濯磨，改粗鄙之俗爲儒雅之風，皆廟學之賜，而吾村之盛跡也。自村口而入，行數十步，有神廟曰上天妃宫，嘉靖中册使郭汝霖所建。寬不過數畝，周圍繚垣，殿宇宏敞。其正中爲天妃神堂，其右爲關帝位座，其左爲久米公議地。凡中朝使者及一切渡海官民，莫不賴天妃靈佑，故使者皆謁廟行香，立匾聯以酬之。廟東門之内有小院，爲龍神廟，香火亦盛。至於首對奥山，尾注大瀛，出大門，村别名。望山翠，登波上，觀海瀾，則遊人之適情者多吟咏焉。其天鍾秀於兹，以俟唐人之居，而開百世之盛者歟？不書所由，使勝跡鬱堙，是貽唐榮之愧，故記之。

中山賦有序

國朝册使周　煌

臣煌言：臣聞古者王人使於下國，所以奬善忠宣上德也。然若周、秦八月常奏方言，春秋五善兼稱咨事，入國而問俗，陳詩以觀風，先王採焉，以辨八方，有由然矣。臣昧道菁學，忝職史館，謬荷選擇，銜命球琉，慮負明恩，夙夜祇懼。臣謹案，琉球介在海表，自隋以來，始見簡策，歷世而降，史官沿列名號，而前明始通職貢。至我朝恭順有加，前此奉使者多訪攬殊俗，筆之於書，以識遐異，而諧以聲韻，播之詞章，闕有間也。臣汎剽單慧，不自揣量，輶軒所莅，博考廣搜。或聽覩所閱，或諏詢所及。凡山川形勢，都邑宮室，與夫典禮制度，物産人風，各附其俗，攝其體統，以成斯賦。非敢務采色夸音聲而已，抑將庶幾古詩之流，合乎採風之意。雖辭理野質，不足以承高天之垂聽，宣册府以永留，要惟慺慺之誠，蘄以宣讚盛化，光闡幽末，故敢陳聞闕廷，冒顔奏御，伏惟萬幾閑燕，賜觀覽焉。臣煌無任惶悚屏營之至。其辭曰：

惟大清百有十三載，累盛光乎烈駿，冠三五而登閎，被萬億以赫震。有飛車以稟朔，或測水而納賮。散景耀以矚幽，胥砥礪而率順。于時百越之表，大壑之東，國曰琉球，實惟海邦，易世繼祚，稟於王朝，以丐庸封。我聖皇鑒之，乃稽舊章，涣大號，頒鵠纓，降鳳詔。選使星於鑾坡，載龍節於海嶠。肅奉皇靈，遥臨虎户，韎韐成圍，舳艫按部。挂帆百尺之梢，覘風五兩之羽。晷漏定辰，南針指道，馬銜避旗，陽侯應禱。望雞籠之巔，自閩五虎門放洋，十一更見雞籠山。歷花瓶之島。花瓶嶼，近雞籠。冏鳧翼以霞征，掣鯨波而電掃。釣魚之臺，自花瓶十更見釣魚臺。渺若玦環；黄尾、赤尾，釣魚臺四更見黄尾嶼，十更見赤尾嶼。泱漭其間。姑米點墨，自赤尾六更見姑米山。馬齒浮鬟。馬齒有東西二島，爲入琉門户。趄漲截泂，曁乎中山。夫中山者兆基太古，萌柢大荒。洪濛絪緼，天孫啓疆。闢黿鼉之居，踞蛟龍之磧。三男二女，神人是宅。歷萬七千八百餘年，世更代易，至於舜天乃卓犖而光赫。《中山世鑑》：始有一男一女，生于大荒，自爲夫婦，生三男，伯爲王，稱天孫氏，叔爲官，三爲民。二女皆三首六臂，姊名君君，爲天神，妹名祝祝，爲海神。傳二十五代，歷萬七千八百二年。後因其臣利勇簒立，日本人舜天爲浦添按司，舉兵討之。迺疆迺理，既庶既繁。勝國初建，奉詔稱藩。明洪武五年遣行人楊載齎詔至國，於是中山王察度遣其弟表貢方物。巴志中起，中山自元延祐中國分爲三，洪武中三王並封。山南佐鋪按司巴志滅三王，奉其父爲王，永樂二十年嗣位，賜姓尚及冠服。推亡固存。隨風乘流，内附中原。洎逢盛世，歸命一尊。通冠冕於上國，傳帶礪於外垣。爾其地勢則散涣夷陸，嵔瘣嵗磈。上當牛女，分野斯在。琉球分野與揚州吴越同屬女牛星紀之次。洲渚沇溶，巖峻堀礨。南北廣斥，袤延數倍，施靡曼衍，四百餘里。狀如長虬，浮乎積水。隋使羽騎尉朱寬望其地形如虬浮水中，故始曰流虬。所以取類錫名，職方附紀也。芒芒甈甈，呀呷相呑。臨崖周流，四屬無垠。洪潮迴復，澎濞雷奔。修鯢妖蜃，嘘噏雲昏。環以崇島，三十六所。監撫鎮之，各島酋長外嵗遣監撫官莅之，太平、八里、大島各三員，馬齒二員，餘小島各一員。無有齟齬。星羅棋布，縈衛周禦。於是層淵爲池，襲險爲阻。鐵沙限其門，將至那霸港，皆鐵板沙。金城崇其堵。跨三省中山分山南、山北，爲三省。以帶坰，指五嶽國中辨嶽、八頭嶽、佳楚嶽、名護嶽、恩納嶽爲五嶽。

以鎮宇。茂區域之畈章，按經途而即敘。其山南則有兼城、大里、豐見、小禄、真壁、佐敷，振溪通谷，曰具志頭，曰麻文仁，曰喜屋武。南隅之瀕，汩雲城之玉泉，在玉城村，國王每歲祈雨於此。翁觸石而雲吐。遵常雩於龍見，應皇舞而興雨。山南省間切十二，大里、玉城、豐見城、小禄、兼城、高嶺、佐敷、知念、具志頭、麻文仁、真壁、喜屋武。其山北則歸仁都會，治始金武，久志、羽地，旁帶本部，歷大宜味以暨國頭，維邊陲之險棘，極湫湄於陰陬。山北省間切有九，金武、恩納、名護、久志、羽地、今歸仁、本部、大宜味、國頭。若乃首里居中，長世守器。那霸泊津，冕紱攸萃。西原中城，環列後蔽。前倚久米唐榮之地，三十六姓中朝之賜。世舉茂才，敷納明試。乃有閟宮，在真和志。原廟衣冠，守祧是寄。於左則南風之原，東風之平，澶漫靡迤，拱向作屏。於右則枕輢北谷，結湊勝連，與那有城，具志有川，越來、美里，緜屬纚聯。中山省惟首里、泊、那霸、久米四村不入間切，真和志、南風原、東風平、西原、浦添、宜野灣、中城、北谷、讀谷山、勝連、與那城、越來、美里、具志川，共間切十四。間切間切，球音麻吃力，譯言府也。之號，三十有五，綺繡相錯，脣齒相輔。采地是頒，世禄是取。獻穗納秸，以奉其主。號爲村頭者，蓋以百數。雖伍保而一屬，等神州之小部。要統轄之有定，亦蜂屯而蟻聚。其山則南起高嶺，隱轔鬱律。表以八頭，鍔鍔列列。連岡呼國吉，山名。中瞻辨嶽。鬱乎漸漸，踞土中以偃蹇。俯而觀呼浦添，眺恩納之崛錡，軼雲雨而北起。名護鞠其峩峩，又林岑以嵾嵯。佳楚巍巍以造天，日月經於岩窵。歷倒景而絶神，焱厥高慶而不可乎彌度。與夫儀間姑場，七里萬松，龜山櫻島，石火金峰，皆山名。運天屹巇，在今歸仁，亦名運天。砂岳辨華。在大嶺砂川海中一里許。干青霄以飛翠，吐丹氣而爲霞。比方壺與崑閬，恍松喬之所家。其陂澤則有霸江、爲中山咽喉，兩礅臺夾峙。玉湖，即玉泉。許田、有湖在許田山下。饒波，在石火山下，水東北流。大榮通津，在宇勝山下。富藏長河。在金武山下。宛潭膠盭，浹渫盤渦。控清引濁，灌注陂陀。滈滈乎若星畢之下澤，渭布濩而滂沱。於是毛魚布陣，極小，七八月朔前後五日出海，餘月則否。文鰩戾空。有翼能飛，俗呼飛魚。海膽似蝟，背生刺如蝟，蠕蠕能運行。鰝蝦如龍。大可一二尺，形極似龍。石鮔叉手，首圓，下生八手。針魚淬鋒。頭戴針，亦名鱵。文螺紫貝，蛼螯玳瑁，詭類殊質，彩錯錦繢。振鬐奮甲，拜浪揚風，喚喁贔屭，聱耴乎其中。鳥則太和異雞，王母烏鳳。鳥名，一名王母鳥。元鳥秋來，燕常以七月至，不巢人屋。海鷹颸送。白露日從日本隨風飄至，應期不爽。容蕊雀名。黑首，麻石雀名。白眉。緑毛辨莫讀史雀名，亦呼莫讀吏。之異，金羽翽古哈魯雀名。之儀。翻翗頡頏，隨波刷蕩，濯翮珠灑，鼓翅雲颸。沸卉軿訇，來往於其上。其獸則牛羊犬豕，野猿山猪，馬不齧豆，馬終歲食青，不識棧豆。鹿乃化魚。六月沙魚躍岸化爲鹿。鹿畏熱，亦化爲沙魚。其蟲豸則蚯蚓寒唱，蟋蟀春鳴，毒虵添足，蝎虎作聲。聲洪如雀。元螘腹水，蟻腹有水。花豹冬雷。蚊四時皆有。蜥蜴朱丹，厥耀皚皚，緣延榛莽，趯踔窪隈。爾乃皐澤坱圠，林藪趺蔓。異萼灌叢，榮色晃炫，煌煌扈扈，更盛迭蒨，飶馞四時，肸蠁萬變。花則佛桑、山丹，石竹、銕錢，吉茄、土名雷山花。火鳳，人家墻上多植之，以辟火。帚桃、帚桃似郁李而尤小。猿莛。一名山蘇花。青陽菊芳，白露梅妍。歡冬之花，仙人之竿，美人紅蕉，名護香蘭。名護嶽出蘭。吐芬揚烈，宗生族茂。抑若沉麝競爇而馥郁觸鼰，貝錦散彩而繁豔錯繡。其嘉卉則油樹、實不可食，用以榨油。鐵樹，即鳳尾蕉。烏木、紅木，鬬鏤、舒黃，土名呀喇菩。常盤染緑。一名福木，可染绿色。梯姑吐菜，葉大如柿，每葉抽作品字形，花葉如紫木筆。地分含毒。地分有毒，可藥魚。古巴梯斯，一名戊土。悉達慈姑。葉類桃，子如葡萄，深藍色，不可食。福滿卑結，木高數尺，葉似木槿而差小。右納高株。樹高三四丈，花如黄石葵。攢柯拏莖，蔚若鄧林，輪囷虯蟠，橚矗蕭蔘。或從風而鳴條，或映日而垂陰。連卷巖碕之岊，羃㠩潭淵之潯。其果則枇杷迎春，枇杷熟最早，常以元日食新。芭蕉結夏。蕉實如手揸指，一名甘露。鳳梨津潤，阿呾呢葉長旁刺，其實一名鳳梨，云即波羅密別種。芝子圓寫。如橡栗而小，一名櫧子，又名椎子。甘至滿房，實落被野。陸獻桃梅，隰儲蔗藕。任土所麗，亦莫不有。其蔬則女蒡、辛蕎，茯苓、松露，松根所産蕈。麒麟、雞脚，石花、昆布。四種俱海中苔藻之類，各就其形似名之。瓜疇菜畦，縝紛軋芴。陽蘁陰敷，隨時代茁。若其原野則畛畷鱗接，墳衍瓜分。百穀條暢，蔭翳鋪菜。山種豆而卒歲，隴刈麥而方春。黄粱當暑以登圃，绿秧負霜而懷新。土冬煖，常以十月插秧。其賄貨則麻姑草簟，大島木棉。麻姑即太平山，大島土名烏父世麻。供蕉布於刀尺，土人織蕉爲布。流日本之鐶鋌。市用倭國寛永錢。太平甘醞，密林紅黏。廩栖北谷北谷多稻田。之稻，國榷宜野之鹽。宜野灣，曬鹽處。其寶利珍怪則硫磺，烏島所出。紅銅，海螺、石松，有紅白二種，馬齒人没水取之。珊瑚交柯，産自八重。隱賑葳蕤，精曜陸離。誠節慎以經理，良賈貿而咸宜。若乃荒陬詭譎，倜儻罔已。紅日墜而生泉，牧志村有泉，相傳見紅日入地而生。白沙化而爲米。金武村有千手院，一僧泛海至，大著神異，民歌曰：神人遊子，自沙化米。石變金以築宫，謝名村有金宫，察度王母行其地，見石物皆黄金銀，其父取作金宫樓閣。劒騰光而出水。親泊村有獲劍溪。是其幽遐極異，旁魄衆態，禹鼎之所不圖，山經之所不載。

倘神農之未知，雖伯益其猶昧。烏可以鑿甄其形，仿像其概。若乃觀其内奥，浮游中區，豐蔚所盛，惟王之都。亘崇墉之巘巘，越岑嶺而特建。標龍岡與虎崒，近王宫左右石壁鎸「龍岡虎崒」字。託喬基之漫漫。繚垣緜聯，峥嶸紊輯。霞駮雹烻，皜曜赩歙。通門四闢，增崖臨磴。左啓水門，右顧久慶。俱王城門名。宏璉廓落，緜蠻黝糾。東極繼世，王府後爲繼世門。跨躡于後。其前則歡會西向，歡會，王府前門名。義取朝宗，中華日仰，忠順恪共。瑞泉、刻漏，二門名，俱歡會門内。廣福、奉神，俱近王殿内門名。重闈洞出，爌烑嶙峋。霐寥窅以中處，九房王殿九間，俱西向。環句而連櫨。累層構以庨豁，赫昈昈以宏敞。駢密石與雕碣，互磊砢而相扶。瓌材攢羅以叢倚，仡戢舂而枝柱。刊層平堂，颮颸是防。木無綈錦，土無壁璫。廣庭砥平，連闥對廊。用覲陪貳，布教頒常。於是波臣助理，毗代作楨，上自國相，法司權衡，大夫謁者，庶務經營。下逮百司，登仕有程。峩紫巾，曳錦帶，戴華簪，飛翠蓋。蹡蹡濟濟，直事聽理，以出入高門者衆矣。徒觀夫王城之外，比屋連甍，里巷四達，街衢相經，瓬瓦茅簷，竹簾籬屏。亦有甲第，當道横陌，柱列樫木，墻壘礪石，户設重版，室布層席，粉箋木壁，滲緑界白。匠斵之費，動鏹千百，向、翁、毛、馬，此之是宅。班列肆於辻山，辻山在那霸，女集地。會日中而競走。集魚蝦而駢坒，委懋遷於女手。并所任之重輕，咸有戴而無負。若巨鼇之冠山，時疾趨而矯首。濟有無以常偏，侈化居之充阜。雜喧嘩以喤呷，渾袖幕而紛蹂。若其舊俗，良辰吉日，始春終冬，炫奇鬬巧，以樂熙雍。擊毬場歲初女子皆擊毬板舞爲戲。而珠颺，驚雹響於月杖。横巨板以對舞，若飛仙之上舉。飫飲海濱，士女繽紛，麗服葱菁，照水暎雲。撫華舟而競渡，犯巖淵以拔河。舊録六月有月之夜士民皆拔河爭勝。鏦金鼓以揚旌栧，憚夔龍而感蛟鼉。乃迎祖師，火炬炘炘，秋而盆祭，七月十三日夜家列火炬二以迎祖神，十五日盆祭。熛訛碩麟。引大年以久在，待廣廷而拜月。八月家家拜月，謂可益壽。羅蕡實於華籩，焚椒蘭之漨勃。守天孫以鍵户，舊録白露先後三日守天孫。懼毒螫之難逃。奉粢餅而餉鬼，臈日餉鬼餅。謂獝狂之不可遭。汲新潮，探雪崎，正、三、五、九月婦女相率雪崎洞拜水神祈福。饗巨石，拜叢祠。徘徊降靈，君君祝祝，天神颫颫，厥臂有六。宿麥既秀，新穀既嘗，一日之蜡，御彼女王。舊録國中有女王者，王之宗屬，世由神選以相代。五穀成時，女王渡海至姑達佳山，探其熟者嚼之，各處乃敢穫。鉦鼓響，箏笛和，太平唱，落鴈歌。落鴈，笛曲。梵唄激，殷嘍囉，巫覡舞，翩婆娑。神遟迡，福嵯峩，膜拜具，鑾顔酡。所以希錫羨、樂嘉祐者，汾沄沸渭於前，故荒俗之繆訛也。然其君子温恭明懿，恪共典憲，附麗皇極，緣督自勸。望帝紘而北面，嚴庶翼於等威。隔歸墟之渤潏，凜天顔之不違。爾乃乾元聖節，履端始辰。清臺授時之日，職方貢篚之晨。服其荒服，蹈舞揚塵。儼璇樞之遥燭，爰端拜而稱臣。然後坐層臺，班士揖，鞮鞻嘈囋，吁喁翕習。酌清醥以獻壽，齊曲跽而擎拳。授饔餼以大饗，亦命爵而割鮮。尊卑歡樂，軌物昭宣。已事而竣，徧爲德焉。及將奉禋祀，獻精誠，豐融暗藹，介爾昭明。搢守圭，整皮弁，拂石鼎以炷香，詣木亭而馨薦。望於山海，偏隅所瞻，貍沉疈辜，徠祇綦嚴。大川、玉城，知念、久高，率有攸報，取血啓毛。《中山世鑑》：久高島、知念、大川、玉城諸處，春稻夏熟，至今在彼春夏四度蜡祭。慨霜露之既濡，聿感物而增思。省崇元之梵宇，崇元寺即先王廟，左間監司香火。妥先靈而罔匱。致敬恭於明神，合群祀以咸秩。懋顧德而允懷，祚多福以元吉。若夫泉崎之官，俎豆莘莘，命教後學，釋菜是遵。庠序既設，典籍紛紜，惇誨師傅，於兹爲群，啓發舊章，校理同文。於是生徒祁祁，陶化染學，習華音而訓詁，漸立志於禮樂，苟不安於蠕惷，克興道而慕義。更漸摩而就將，徵茂德之廣被。是以絲綸下賁，赫濯遐荒，懷憓奉恩，雍肅祇莊。上舞下歌，頒斌咸戻，躡踵接肩，揄裳連襼，稽顙樹領，扶服蛾伏者，莫不蒸聖風而草靡，欽德音而麗奕世。頒玉之儀既備，幣餘之錫既逮。登降宴飫，式禮毋廢。乃復增修貢職，仰答皇賚。移珍來享，傾城面内。于斯之時，疏俗同熙，含和吐詞，頌聖人之在上，慶滄嶼之安流。景昭光之振耀，羌風翔兮雲游。環大瀛以爲家，奄窮髮與重舌。裁員嶠之文錦，佩瑶池之玉玦。頻伽鳴於元墀，紕罽陳於紫闥。焉獨蠻陬外隅，仰辰光之末哉！

續琉球國志略卷五

藝文下

册封禮成恭紀

國朝册使全　魁

聖澤涵濡四海同，紫泥親捧大瀛東。天連辨嶽春雲緑，地近扶桑海日紅。島服屏藩歸鞏固，朝廷典禮識優崇。花冠錦帶迎恩早，願得千年漢節通。

灑露堂開瑞靄晴，御書樓殿倚峥嶸。九霄鳳舞龍飛字，萬歲嵩呼華祝聲。視草臣原香案吏，皇華歌到化□城。衣冠後日圖王會，舊使還應認姓名。

五虎門放洋次副使周煌韻

全　魁

使節承天寵，封舟出海門。風帆凌浩渺，雲樹隔川原。荒島鼉更静，層樓蜃氣昏。萬靈齊擁衛，方識聖朝尊。

閏九月同副使周煌從客王文治徐傅舟游湧田崎不果雨中至城嶽因過察侍紀官馮纉宅次韻二首

全　魁

山寺溪橋一徑幽，肯因微雨阻清游。争誇客有鍾王筆，文治工書。敢説仙同李郭舟。絶域風光仍澹宕，佳時海國暫淹留。登高未羡龍山會，親到金鼇最上頭。

蓬山花草自清新，臨水園亭愛絶塵。乘興更裁尋菊序，移情先對抱琴人。傅舟善彈琴。箋分護壽吟初就，酒釀林禽味劇真。薄醉不辭歸路晚，濛濛烟翠欲沾巾。

封舟到那霸港王世子親率陪臣出迎恩亭祗迓紀事

周　煌

詔書東下大瀛州，祗命王儲禮數修。五色仗開雙雉尾，三呼聲動六鼇頭。翘瞻漢節依香案，恍識天顔拜玉旒。往日拘牽傳守次，如今亭共聖恩留。

先師廟行香恭紀

周　煌

三山霑聖澤，萬世仰人師。「萬世師表」額今摹懸其上。俎豆猶循魯，宫墻詎陋夷。升天階莫及，觀海水難爲。不是遭明盛，桴浮若爲隨。

册封禮成恭紀四首

周　煌

扶桑初旭放新晴，佳氣葱籠入島城。遠捧天書金錯落，高擎内帛玉縱横。龍亭乍過群神伏，鳳蓋旋臨列騎縈。盛典幾人親再見，華顛呼似作嵩聲。

八幡橋接萬松岡，嗣服趨迎守禮坊。坊距歡會門半里，世子例跪迎於此。虎士隊中森棨戟，騶官聲裏簇旂常。四家向、翁、毛、馬爲大族。勳舊承新澤，七姓蔡、鄭、梁、金、林、毛、阮，皆明初賜籍。班聯近末光。故國會從何處見，樹人樹木歲年長。

錦幄連雲喚仗齊，傳宣朝命上丹梯。諸侯自不用夷禮，天子元來輯介圭。賜有拜登嚴咫尺，容無俯仰謹端倪。即看震兑宫開處，知是葵心總向西。王宫殿皆西向，中國在海西也。

御書樓出殿高層，奉使儒臣此一登。銀牓久懸天露渥，金泥常惹海雲蒸。聲靈已自隆三錫，典禮寧惟重百朋。歡宴北宫歸路晚，蓬瀛山色碧崚嶒。

諭祭禮成恭紀

周　煌

醲露灑扶桑，覃恩卹故王。作屏雄震位，輯瑞翊乾綱。廣樂聞何所，遮須夢未央。爰因予纘服，特用沛旌良。哲嗣初繩武，皇仁重錫光。永言推不匱，曠典出非常。明幣頒天府，朱提降尚方。苾芬凝酒醴，朗潤燦圭璋。彩旭暄宗祏，松雲護古岡。衣冠增僾愾，階戺盛趨蹌。儐爾馳工祝，休哉肆享嘗。

龍文欽寶籙，執事蕆焚黄。

中秋宴即事

周　煌

北宫秩秩啓賓筵，卜晝還兼卜夜便。桂向小山寧借月，時九月四日。燈開秋節不須年。是夜放烟火。一時蘭麝香煙上，百尺樓臺蜃氣連。猶有堪誇三五夕，醉人扶路火城邊。

重陽宴即事

周　煌

桄榔樹葉暗龍潭，烏榜紅舷倒影涵。蜃氣正收山點碧，蛟涎未斷水拖藍。乍催鼉鼓横流發，旋拂霓旌取道探。芳荇自開蘭桂入，浴鳧分散綺羅參。在田見處爻占二，燒尾成時浪躍三。巖旭漸低光不夜，頷珠頻奪睡猶酣。騎鯨客路如相導，乘鯉仙人本素諳。忽憶一槎天海闊，長風何日馭〔西南〕。

九日奥山登高用杜牧之齊山詩韻

周　煌

久見煙林一葉飛，登臨磴道尚依微。海門翻雪鶴初到，洞口沉雲龍不歸。舊爲蛇窟，僧心海來住，蛇相率遠去，故名龍渡寺。藉草還來尋勝地，寺東北松下前使憩飲之所。挂帆直擬送斜暉。蓬山暑氣何當歇，九日高頭未授衣。

馬齒山看日出

周　煌

泰山日觀何孱顔，欲往從之修且艱。昨者乘軺出其下，但聞鷄鳴欲出千里一瀉同朱殷。朅來海上浮楂去，云何亦苦天緣慳。初如坐井與窺牖，心目眩晃難爲堪。强從扶持出艙外，望望已復高三竿。頗疑此願竟不遂，僮僕爲我司温源。連朝走報東方啓，天水一色如流丹。以雲爲車雨爲馬，倏忽蔽掩收金丸。我聞神龍見尾不見首，變態出没虚無間。蘇公守登看海市，見由所感不見亦偶然。晨發姑米夕馬齒，輕風送我生微瀾。仙人脚踏羅與紈，促渡烏鵲鞭文鸞。時正七夕。海中有雲更無數，獅象一一朝天門。須臾赤霞開左右，下照魑魅如犀燃。扶桑頂上陰火燃，格格不吐猶將吞。逡巡斗大出萍實，非珠非彈流晶盤。執規秉矩亦何有，體其方也用其圓。日初出望若方體，光滿後始圓。六螭就御騑而驂，羲和率職無尸官。世人之論日長如年，烏知夫其終無既，始無端。我初讀書《天保》篇，獲福義取朝光暾。乃知古今貞明者，惟用其晦明斯懸。今朝喜得天地全，平昔守管安足存。吁嗟乎，平昔守管安足存。

遊善興寺

周　煌

當年支許有前因，我亦人間不住身。展卷發興憐古寺，寺剏建見汪、徐二録。聞鐘早暮結比鄰。得從晴日扶藜暇，且取花光飫眼新。後者視今今視昔，三生石上坐傷神。

冬至月霸港候風遊臨海寺示太演上人

周　煌

我昔閱圖經，末吉稱最勝。道遠未遑遊，徒思佛火瑩。鬱鬱萬松中，演師演上乘。積翠薄南樓，郵詩抒清興。臨海偃波心，曾試金瓏鐙。皛溺蕩吟襟，萬頃恣高瞪。浮天怵心目，石欄隨意憑。門外葺草深，策馬下回磴。爾時師未來，搬柴龜嶺磴。閱日報信調，奉節臨津庭。可奈舶竣遲，潮定風無定。躅悶上霸岸，古寺紆沙徑。山花笑欲迎，林鳥遥相認。頓息鄉國愁，微風酒力醒。演也新住此，前詩出印證。三衣凈塵坱，泠泠數聲磬。重參話莫墮，醉筆輕持贈。

留別中山士大夫二首有序

冊使趙文楷

東風昨夜，蕭然旅客之魂；秋雨連朝，凄絶離人之緒。僕也乘槎東至，持節西歸。挂海上之孤帆，望刀頭之明月。然而浮屠桑下，欲別殊難；那霸江邊，重來未必。諸大夫惠而好我，舉國人皆不棄予，荷長亭摺柳之情，值大海迴瀾之候。經年爲客，慨援筆以增愁；七子從君，請賦詩而見志。倘能報玖，定擬藏珠。

七星山上望中原，瘴雨蠻烟氣吐吞。甲帳未應留夢住，弓衣見説有詩存。路經馬齒看山色，天入龍沙落漲痕。十丈蒲帆風力健，去來安穩載君恩。

相逢傾蓋忍言歸，後會重期是也非。雪渚鴻泥遲我跡，海天龍雨濕人衣。一尊酒盡寒潮急，九月霜清落木稀。珍重漫湖隄下水，垂楊垂柳最依依。

圓覺寺古松

明隨封從客胡　靖

知是天工巧自栽，遥瞻海色迴蓬萊。孤根勁挺亭三尺，古幹横斜蓋一臺。夜静龍鱗明月照，天空鶴影片雲來。菁葱已濕千年露，曾見山花幾度開。

册封禮成兼贈紫金大夫鄭秉哲

國朝隨封從客王文治

大瀛三島外，小界九州東。合沓山蟠踞，𣸉淪氣鬱葱。有王稱守禮，奉職最輸忠。正朔滄波遠，名藩辨岳雄。夔曾重譯獻，琛已百年通。纘緒修侯服，封章達帝聰。璽書儀部發，使命侍臣充。秉節將天語，揚帆駕海風。迎恩冠蓋肅，適館豆籩隆。蠲吉開丹詔，凌晨啓雪宫。前驅黄繡纖，後騎紫花驄。周道平如砥，連橋曲似虹。街臨椰子碧，牖出佛桑紅。處處垂朱箔，家家結綺櫳。拜瞻來父老，喧笑聚兒童。次第穿雲磴，迴翔轉錦幪。建邦良已古，喬木盡成叢。鞏閣聞銀漏，刻漏門。蛟涎滴石泓。瑞泉門。大廷宣聖訓，香案表臣衷。黄紙題緘鳳，彤墀序列鴻。趨蹌如對闕，舞蹈聽呼嵩。内殿開筵敞，官厨辦膳豐。錯惟酋長貢，三十六島之長歲貢方物，悉以宴賓。鮮得獸人罿。奔走俱膚敏，盤飧逮僕僮。是日使臣僕從俱有宴。歌徵弦嚦嚦，樂奏鼓逢逢。簾捲山光秀，窗延海色融。杯行歡已接，火繼讌方終。小相趨章甫，儒臣倚鄭崇。詩書鄒魯士，鬚鬢綺黄翁。石鼓曾披蘚，金臺舊剪菘。秉哲曾入國子監讀書。

翩翩鸞入掖，噦噦鳥鳴桐。君意勞傾蓋，予慚類轉蓬。鵁居厭鐘鼓，鸚鵡避樊籠。汗漫身何託，風塵面久蒙。星槎隨幕府，蠻語學參戎。雪暗孤鴻過，天高一鶴翀。乾坤青眼在，山海碧雲空。冷露馨巖桂，清霜變岸楓。相期攜酒榼，還與遞詩筒。一笑人間世，交親氣概中。

渡海吟

王文治

海門一揚帆，浩蕩不能止。地維天軸乍低昂，老魚屈曲潛虯起。元氣頃刻風雨驚，天外罔兩陰陽爭。眼中誰辨路遐邇，耳邊但聽擊雹轟雷聲。羲和騰御於朝潮之內，顧菟委照於夕汐之外。大千世界若浮空，一髮中原定安在。川后陽侯，倏往忽來，金支翠旗，靈光洞開。赤鱗白鳥前導而後送，天神欲降心徘徊。忽將黯慘變瑤碧，黑水之溝深似墨。渾沌如遊邃古初，元黄不辨乾坤色。那須燃犀更照耀，颯颯陰風戰毛骨。方知中外有分疆，設險惟天界殊域。我聞百川萬派清濁殊，於廓靈海常委輸。奔騰日夜不肯歇，機關運轉如轆轤。偷閒我欲問真宰，問渠東去將何如。

圓覺寺題壁三首

王文治

野梅枯盡白蓮荒，天女橋邊海色涼。片片辭柯巖際葉，被風都捲過迴廊。

王家宮殿鎖雲深，寺有龍淵殿，奉歷代先王木主。日暮輕烟罩薄陰。松檜乍疑雷雨響，鐘魚齊作水龍吟。

不借軍持逸興孤，舍人詩句半模糊。壁間有前册使林舍人「虚廊雙不借，静案一軍持」之句。行藏老衲休相問，萬里中原一釣徒。

筍崖月夜聽徐傅舟彈琴

王文治

大海無人處，月明生暗潮。孤琴時一奏，薄霧曖層霄。夜静水逾澹，秋凉天更遥。鮫人如解聽，清露濕冰綃。

恭慶聖母皇太后七十萬壽詩

中山官生鄭孝德

球藩奕葉荷絲綸，累譯來王拱紫宸。萬里風恬波静海，三山日暖草回春。惠覃遠塞休聲徧，恩覆炎荒壽宇新。喜值慈寧綿聖算，叨隨屬國頌皇仁。

華府琉球王殿名。門前膺册封，一方阜壽沐恩隆。三平村琉球村名。酒千家碧，萬歲山取聖闕嵩呼之義。花四野紅。地應離明長捧日，天瞻乾極遠呼嵩。今朝恭慶璇宫福，躬沐春暉虎拜同。

文教遥敷島嶼邊，辟雍詔許沐陶甄。手摩鼓碣春光暖，身託槐陰舊廕妍。豢養恩波深似海，栽培德化博如天。幸邀聖母長庚日，同效華封祝萬年。

炎徼常懸向日心，喜將姓字附青衿。履長共慶徽音遠，稱壽同霑聖澤深。玉宇祥雲浮鳳闕，瑶池瑞靄徧雞林。從知海屋添籌永，難老松齡邁古今。

律轉初陽繡綫長，九霄慶靄正無疆。聖皇孝德高千古，壽母慈暉照萬方。日下尊親同覆載，春臺頌祝偏梯航。自欣陪隸隨多士，恭上南山壽一觴。

聖壽緜緜慶九圖，純祺稠疊錫慈幃。珠連五緯明丹陛，璧合雙輪擁紫微。閬苑書繙瓊玉檢，瑶堦綵試衮龍衣。共歡天意同人意，於萬斯年仰懿徽。

禹拜臯颺頌母儀，許陳任韎奏侏㒧。兩階羽雜氍毹舞，六律鐘調韶濩詩。歡洽敷天長燕喜，慶流薄海普鴻慈。謳歌此日同中外，歲歲年年祝介禧。

萬國車書拱帝京，普天齊唱九如聲。春明露掌開瑶席，日麗彤墀捧兕觥。錫類無窮綿景福，推恩有永洽皇情。虎闈幸聽康衢頌，山皐歌吟喜載賡。

入學呈教習

中山官生梁允治

奇文詔許共窺探，萬里從遊意興酣。海外長瞻星聚北，帷前真喜派分南。藏書有庫常兼四，淑世餘肱已摺三。更羡同門人濟濟，春風春雨灑青藍。

遊趙殿撰所題巢雲園册使趙文楷題額。

中山陪臣鄭永泰

芳園多勝景，更羡署巢雲。□接蓬瀛近，書從閬苑分。爲邀滄海使，重寫擘窠文。雅望詞林重，高懷漱石群。山房憑徑轉，谷響隔巖聞。此日逢才子，棲遲日欲曛。

遊善興寺

中山秀才馬執宏

尋幽來古寺，旭日照松門。石髮翠踰頂，山丹紅到根。偶聞清磬落，已遠俗塵喧。四壁琳琅滿，都成不朽言。

久米竹籬

馬執宏

久米籬編竹，當年藉作垣。北南山所界，卅六姓之村。海氣侵茅舍，文光拱聖門。及肩墻叠石，漫説聚廬藩。

長虹秋霽

馬執宏

雨過塵初斂，晴暉浸碧流。撥開千仞霧，洗出一天秋。翠滴橋頭樹，霞烘水面樓。漸看新月上，隔岸夕陽收。

志　餘

臣等謹按：前《志略》志餘一册，節録舊聞，旁搜軼事，雖以資談苑之助，而於使事亦間有裨益。

我國家體恤外藩，厚往薄來，凡供億一切節次裁省，視前朝最爲詳盡，故天章所臨，莫不讋慄，琛賫之忱，世世罔懈。今時之著録，即後起之徵信。敢次見聞，以存參考。

正副使奉命册封，例許隨帶從客醫士等，正使跟丁二十名，副使跟丁十五名，經禮部奏定有案。臣等查前使張學禮從客陳翼授王世子、王婿輩琴操，醫士吴燕授國人醫理，徐葆光從客陳利川授那霸官毛光弼琴法。但球人質樸好文，使臣將命後，求詩求字，日不暇給，從客長於筆墨者，自不可少，其他不必求備，至僕從人等，不過以壯觀瞻而已。臣等此次各帶跟丁十名，已可敷用，緣彼國供應頗繁，從客有廩給，跟丁有口糧，宜酌減以省縻費。

前明册封琉球，渡海每帶兵數百不等。國初始定水師兵二百名，此次又添礮手二十名。向來帶武弁二員，用守備、千總等官，嘉慶五年用都司一員、守備一員，此次用遊擊一員、都司一員，隨帶千、把總四員，愈昭慎重。究之前此琉球初通中國，恐有叵測之慮，今則臣服已久，恭順之極，所帶弁兵衹以壯國威而已。

國朝初次册封時，先期造舟，必合使臣年庚，動帑督修，大需時日。嗣改用戰船，近又改用商船，准船户帶貨壓儎以爲水脚之資。商船甚堅固可用，但貨物定例每船只一千一百石，不許私帶多貨，到球後交該國評價館公平交易，不得擡價勒銷。至該國所用寬永錢文，例禁私帶回閩，返棹日先出示嚴禁，球人皆深以爲便。

向例封舟隨帶匠役俱交武弁管束，嘉慶五年添從九品一員，令武弁管兵，文員管匠役，較爲周密。

但匠役從前爲數甚多，節次裁汰，此次又減鼓手八名，艦匠、艌匠等十名。蓋邇來球人頗習工技，除成衣匠、刻字匠、剃頭匠必須中國帶往，此外皆非必需，即各項書役、轎班人等，尚可再減，舟中既無擁擠之患，海外更省騷擾之虞，誠爲妥便。至閩省向設柔遠驛，俗名琉球館。接待陪臣入貢，其附近舖户與球人交易，間有被其賒欠回國者，每逢封舟蒞球，此輩輒來應募匠役，到彼索逋，紛紛滋擾，殊失體統。此次嚴行示禁，嗣經督撫奏明禁止，此後可絕其弊，亦體恤之一端也。

臣等謹按：前使録所載封舟以夏至往，以冬至歸，有遲至次年二月者。此次查兩船人數不下四百餘名，少住一日，省彼國一日之費，故自八月朔日恭行册封大典後，即飭兵役船户料理歸棹之事。立冬後東北風大盛，遂定於十月初二日開船。中山王遣陪臣再四敦留，臣等宣諭皇上德意，體卹小邦，並告以吉祥白螺在舟，必無他虞，決計登舟，候風放洋，七日夜即抵五虎門。閩省臣民咸謂天威神力，感應如響，從來歸舟無此神速。琉球謝恩貢使隨同開行，至姑米山停泊觀望，於十月二十四日始到，已離冬至不遠矣。

附録

戊辰夏送齊北瀛太史出使琉球

梁同書

獸錦宫袍寶帶鞓，詞臣銜命出東瀛。弓刀列隊鯨鯢静，英簜前頭蜩象迎。萬里宣風真浩蕩，重幃稱慶有光榮。君堂上具慶，祖母八十四歲。明年期過西陵驛，傾耳高談海外程。

（清嘉慶刊本《頻羅庵遺集》卷三）

題費西墉給諫奉使册封琉球圖册

潘奕雋

乾隆四十九年歲次甲辰，高宗純皇帝巡幸江浙，於時費京兆西墉以諸生應召試，賜舉人，授内閣中書，歷官至順天府府尹。嘉慶十三年，琉球國世子嗣位，請封于天朝。禮部請堪膺是選者，天子臨軒策遣，先生奉命崇行，禮成而返，繪圖賦詩，在廷諸臣復相與作歌詩以贊美，傳之海内，士林艷稱之。昔余在薇省，與西墉爲同寮。奉使過吴，訪余三松堂。今先生歸道山已數年，先生弟石屏出圖索題，余以爲皇華四牡，世人以爲榮，而古人以爲未易副靡盬之思，靡及之懷，所爲深也。先生遭際昇平，躋三事，擅九能，揚仁風於海外，垂令聞于無窮，洵不朽之盛業。而余所心欽者，尤在卻金、釋囚二事。夫卻金前後離合之蹤，今昔存没之感，不復具論云。

是國之作，非一身之榮，乃邦國之光也。若夫行邁之光華，駪征之勞勩，與夫彼土山川之形勝，吾兩人

義也，釋囚仁也。仁則懷之，義則畏之，合於九經之義。於以對揚天子，綏輯四方之休命無愧焉。然則

（清嘉慶刊本《三松堂集》卷三）

送費西墉册封琉球序

秦　瀛

嘉慶十有二年秋，琉球國王表請封爵，特命編修齊君鯤爲正使，而以給事中費君副之。舊例，副使多簡用内閣、禮部諸臣，今特簡君，蓋重其選也。逾年春二月，君陛辭，將戒行矣，先期來過余，余不可無一言以贈。

琉球在福建泉州東海島中，明洪武中其國分爲三，皆遣使朝貢。永樂中，尚巴志合爲一。入我本朝，歲修職貢，稱恭順。康熙中汪舟次檢討、林石來舍人同奉使册封國王，漁洋先生以詩贈行。時鄭逆未靖，先生詩所謂「見説彭湖嶼，元戎竚捷勳」者也。余惟歌行邁紀風土，皆史官之事，君由臺垣出使，儀觀壯偉，音吐洪暢，其平日尤能通知古今，熟悉天下事。故曩直機廷，屢隨廷臣有事各直省，天子早知君，其同列多陟顯仕，而君猶爲五品官，意朝廷嚮用君，方自兹始，而君之足爲朝廷用亦於是行卜之。方今天下，中外一家，區宇敉寧，而海澨獷猂之俗，偶有未馴，姦民因得孽芽其間。君所至遇地方大吏，出其所見，當爲一一諗之，并入以告於我后也。余於齊君之行既彷漁洋體賦五言詩以贈，而君於

余尤雅，故用贈以文，蓋不獨璽書章服、騶從之盛不足爲君榮，而惟是宣布德意，歌行邁紀風土，如舟次諸公，蓺林侈爲美談，尚未足以盡君也。是爲序。

（清道光城西草堂刻本《小峴山人詩文集》卷一）

遥送費西墉給諫奉使册封琉球

許兆椿

衮衣玉節拜明光，遠册中山異姓王。恩重五朝隆帶礪，波恬萬里下梅洋。魚龍静護星槎穩，日月平臨水伯藏。記取清時增勝事，天風三日過扶桑。康熙朝汪舟次出使，揚帆三日而至。

中國當陽有聖人，螺舟蝭䗖總來賓。朝推威望霜臺柏，天與風光驛路春。風雨合離蹤已遠，前與君共使事已閱十四年矣。雲龍上下意長親。祝君那壩迴帆日，老筆重書晝錦新。君星軺必經浙中。

（清道光雨青草堂刊本《秋水閣詩集》卷七）

送費西墉同年奉使册封琉球序

吴　鼒

古今之學有數端，曰性命之學，曰經濟之學，曰經學，曰詞學，最下爲科舉之學。鼒年廿二，以嚴命求友於四方，多識異人通彦，爲此數端而卓然有所成就者，各有其人，其談性命而淪於老佛，治經而局於章句者，著書雖多，無取焉。若夫通古今成敗之由，悉生民利病之實，必先明於性命之源，不决防，不膠柱，原本經義，以匡俗濟物爲己任，則此數端，理無歧出，亦立乎其大者而已。

吾友西塘給諫用獻賦起家，早能爲揚、馬之文，韓、杜之詩，而恥以詞人名。常謂儒生以致用爲實學，病顧寧人《天下利病全書》徵引博而未觀其備，抄撮詳而未據其要，乃復取十四經本文與二十三家史、郡縣志，暨漢以後一家之言，詳考博證，擇其格物精，論事確者，編録成書。又審古今之異宜，中邊之異俗，緩急之異勢，參錯權衡，證以跋涉所歷，見聞所周，務求不漏不竄，以利實用，蓋立體大而用心苦矣。天子夙知其才，適嘉慶丁卯琉球國嗣子請封，大臣各舉所知以備使臣之選，都察院官列銜例在後，奏上時君名居十一，上特簡用，朝野咸服聖人知人。往者楚蜀小憝未靖，君出參戎幕，軍書旁午，決勝奇中，幕府將請於朝，以君補四川道員，君力辭。蓋君汲汲於澤物而不亟於求進，是真能立乎其大而不蔽於曲學者矣。方今皇風無外，重洋賓服，非如漢、唐使臣出疆必示威重，厲氣節，而後能達命。以君殫心時務，所過齊、魯、吴、楚、閩、越，登其山川，知其利弊，河海之要領，可以燭照數計，明年歸，必有嘉謨之獻，以慰天子求莫之虚衷，又不徒筆之於書而已。此所可爲君慶，兼爲蒼生慶者也。

戊辰二月朏，鼒與同歲生祖帳張宣武門外，酒行樂止，爲斯文以端其行。

（清光緒江寧藩署刊本《吴學士詩文集》文集卷三）

齊北瀛編修惠琉球竹箑楊補帆爲我作翠微圖詩以謝之

石韞玉

卜宅吴山第一峰，小樓深隱翠微中。邦人唤我西湖長，不讓苕溪桑苧翁。

當代丹青楊補之，此心解與白雲期。二豪盤薄高樓上，正是山中話雨時。

客自琉球國裏回，寄將小扇當瓊瑰。清涼絶勝龍皮扇，如挾風濤海上來。

（清乾嘉刻本《獨學盧詩文集》三稿詩卷二）

送齊北瀛太史奉使琉球便道歸省四首

杜堮

金蓮燭影下銅樓，詔册藩王外九州。帝澤久漸天左界，使星先出海西頭。我將破浪驅蛟蜃，君果乘槎問女牛。琉球分野與閩同。正是春明好圖畫，送行車馬遍瀛洲。

溟海波恬浴曉暾，錦衣初共綵衣温。中天綸綍宣鼇禁，舊里雲霞對虎門。封舟皆自虎門放洋。三日家園春色在，四方弧矢壯懷存。樓船東下長風便，許國原酬兩大恩。

騶官虎士簇雲旗，五嶽齊呼萬歲時。琉球有五嶽。使者口傳天雨露，遠人心揺漢威儀。乘軒太史風觀野，擁節諸侯守在夷。好勵丹忱同戴斗，明年珍重祝鴻鼇。

一闋鈞天動玉堂，皇華銜命紫泥香。蓬壺最憶魚龍夜，瑣闥重追鵷鷺行。海外詩名聞揺柳，日邊仙侣話扶桑。版輿兩奉升平第，聖主恩如渤澥長。

（清同治刊本《遂初草廬詩集》卷二）

送齊北瀛編修册封琉球戊辰

吴嵩梁

詔遣中山使，仙才出禁垣。乘槎指南斗，賜印服東藩。虹采雙龍節，潮聲五虎門。臣家臨海國，寸草亦承恩。

海邊花萬樹，酌酒獻重闈。親見封舟發，真逾晝錦歸。怪風收水母，靈火拜天妃。預報平安信，銜巢白鳥飛。君以便道歸省。

天際扶桑路，遥山翠一簪。梅花渡洋闊，姑米入雲深。沙雨玻璃漏，帆風乙卯針。似聞鯨背上，跂脚正高吟。

七宴停雲館，群仙侍綵毫。泉崎臨夜逈，城嶽與秋高。妙舞翻花索，嚴裝贈衮刀。《孝經》藏本在，持以靖風濤。國初使臣徐葆光書。

異域同文久，輸琛此獨誠。神魚知擁櫂，貢馬早歸耕。司典吾何補，陪臣學未成。望君宣聖澤，歌舞徧唐營。陪臣梁文翼、楊德昌、毛邦俊、向邦正以入監肄業，出余門下。

（清道光刊本《香蘇山館詩鈔》卷六）

送齊北瀛編修册封琉球便道歸省

孫爾準

詞臣銜命出螭頭，八極凌雲信壯遊。鼓楫不驚蛟蜃窟，册書遥賁鳳麟洲。垂螺綴羽紛前導，撒殿清廬共仰流。海外波臣争受吏，區區嚴助下東甌。

寵錫斑麐一品衣，中山城畔詔親齎。争看擁節迎天使，真見宣風格島夷。青吕干時巖潨浄，黄封拆處海雲低。要知柔遠無窮意，番舶新聞賜裹蹏。

國朝前事記汪徐，夜采陳風一卷書。挂月貫星通碧漢，鰩飛鯨跋壯黄輿。試從察度輸忱後，爲訪歡斯譜系初。不把歸裝矜陸賈，只攜吟卷壓輶車。

摺得榑桑作杖材，歸航帆轉引蓬萊。到家彩鷁乘潮捷，供母紅魚入饌來。冠冕一鍼通北極，歌詩千首譜南陔。王風此日真無外，已識源從教孝開。

（道光刊本《泰雲堂集》詩集卷五）

送齊北瀛太史費西墉給諫奉使册封琉球詩并序

陳文述

皇帝御宇之十有三年，玉燭陽明，璣鏡朗曜。日月出入，偏安鶉居，裨瀛内外，咸樂轂飲。南被鑄銅之區，北輝銜燭之門，東界榑木之津，西連若英之域。莫不順天綱，飫地釐，延喜有贄，昭華受祉。合嬰壤而入𤥨，陳菉幣以來會。惟時琉球世子臣某遵朝例遣陪臣奉表請封，聖天子懷柔遠藩，錫之典寶，爰簡儒碩，用將朝命。於是太史齊北瀛先生銜命以行，給諫費西墉先生副焉。太史蘭典受書，芝檢作頌。偉蓬瀛之文藻，蘊山海之靈秀。給諫學綜五際，才貫九能。内直樞密之地，外嫺軍旅之務。竝膺世華望，爲國瓌寶。挹爐香而聯襶，承龍節而接武。於以揚恩命，宣德意。金册綖綬，布九重柔遠之化；白狼槃木，慰萬里歸義之慕。國之華也，臣之職也。太史閩人，給諫浙人也。衡其山川，言尋釣遊之地；拾其香草，用展桑梓之敬。昔翁叔守會稽，而父老親綬；長卿諭巴蜀，而亭吏負弩。以今視昔，有其過之。矧太史庭闈有具慶之喜，高堂有重慈之壽。其行也，既定省因便；

其歸也，特休沐賜暇。俾介眉壽，賡燕喜，尤朝廷曠典，臣子榮遇矣。昔歲在庚申，修撰趙君、中翰李君奉使册封琉球世孫尚温，道出武林。述與族兄曼生同在阮中丞琅嬛仙館，承命賦詩，中丞爲梓，寄厦門，兩君載之封舟，遠示屬國。白太傅之詩集，遠播雞林；温子昇之文章，流傳土谷。才遜古賢，遇優曩哲。今太史、給諫之出都也，東京祖道，賦《小雅》者六卿；南國人倫，拜《皇華》之五善。鉛槧百軸，珠璣萬言。校之兩君，抑又盛矣。猶復采及葑菲，索我巵言。不揣檮昧，竝爲喤引。咸屬徵實之語，無取溢美之作。若夫溯歡斯渴剌之系紀，梅洋葉壁之程，考唐榮漢譯之典，覽星棋華嶼之勝，採之軒輶，形之歌詠。他日者同歸八月之槎，共鐫一品之集，述不敏，更將援筆而序之。

瀛海安瀾日，懷柔被八埏。聖皇千萬壽，嘉慶十三年。屬國金鵝貢，天書紫鳳宣。二臣銜命出，閶闔五雲邊。

太史文章伯，聲華重玉堂。才應涵渤海，家亦近扶桑。雲幔聞天樂，仙霞擁壽觴。慈顔應有喜，歲月國恩長。

給事邦之彦，東南大雅才。直廬簪筆去，西嶽挂弓回。綫路紅螺穩，鍼程翠羽開。鳳池舊遊處，雲氣接蓬萊。

昔在琅嬛館，相逢兩使星。詩吟暮雲碧，書寄遠天青。籌筆人重至，封藩節又經。仙槎指歸路，東望極滄溟。

（清道光刊本《頤道堂集》詩外集卷三）

送齊編修使琉球序

陳壽祺

琉球作藩東海，百有餘祀，世世惇誠，被我黼繡。今上四年，與勾驪、農耐先後款關，乞賜印綬，尋遣酋豪子弟入學。十二年西寧野番底定，南掌獻馴象，楚中苗生請立鄉試解額，西南夷嘓隴麻里之屬求納皮馬内附，於是琉球世孫請封之使再至。詔擇茂材可使外國者，以編修侯官齊君往，給事中歸安費君貳之。典禮懋洽，遐邇朋悦。故事，使者秋銜命，明年春乃發京師，往返踰歲，候風以二，至涉萬里，出入鯨鼇之穴，其艱勩什伯於他域。齊君家都會，與譯館鄰，出郭門不百里則登五虎門飄，大海波濤之險，視猶衽席，侏儷之俗，習爲桑梓，符節所寄，有由然也。

蓋聞長老言，琉球國小而貧，無珠犀翠羽琅玕之瑋寶，每易世請號，其始必科斂屬島，豫積數歲之儲偫，乃能備壤奠以充庭實。今八稔之閒，兩納方贄，履危歷難，竭國以奉，又當敬事天使，廩食厮卒，燕饗贈犒，供帳送迎，罔不肸飾，其力易絀而忠不衰。故國家所以鎮撫之者，亦踰於諸蕃也。曏者疆吏具使舟憚於興造，或募商舶，誘以便利，柁師榜人，競籠百貨，乘埶交市，責償倍蓰，爲夷民病。君固素知之，嘗思所以矯其失而恐不可得，意氣悃悃，形於顔色。其志識若是，既至其國，則必能上以體懷柔中以示恭讓，下以訓廉約，然後夷歌慕義，海若輸靈，波羅之主，鼂鼉之嶼，殞恩信而被豐登，歸報天子，以宏功德，古之所謂膚使，其在斯乎？若乃呈表怪麗，掞張珍瑰。訪兩面之客，辨長臂之衣。説條支之産，記毗騫之齒。此象胥之舊章，不足爲使者多也。君有祖母，年已耄耋，二親康强，過里得獻壽爲樂，此亦四牡之雅義，非以爲使者私也。余是以略之，而獨明外蕃之情，述使者之所熟於鄉而以答於朝者，區區自附於贈言之誼焉。

（清刻本《左海文集》卷六）

送費西墉給事副使琉球錫章

陳壽祺

丹詔通窮髮，黄門奉賜衣。聲明踰日本，鎮撫帶霜威。不識波濤險，何論雨雪霏。灰遲風自信，鍼定渡如飛。海若朝星使，天書護水裴。鑾宫拜圭璧，番舶卻珠璣。故事汪舟次周海山繼，家山吴越歸。君看蘭矢外，橋柱有光輝。

（清刻本《左海文集》附《絳跗草堂詩集》卷三）

送齊北瀛太史奉册封琉球

端木國瑚

玉璽金符剖大荒，星臣銜詔漢明光。刀迎鬼子紅毛國，節擁神魚黑水洋。衣上御香飄翠羽，日中王字照丹桑。八年重拜三山使，碧眼倭奴豔欲狂。

丹鳥紅蕉拂旆斜，珊瑚百尺挂銀槎。臣心澄似天邊鏡，詩句摛爲海上霞。雲護玉皇香案吏，春開王母絳桃花。歸省大母八十壽。十洲歸獻清平頌，五色宫袍爛紫蛇。

（清光緒刊《兩浙輶軒續録》卷三十四）

送齊北瀛太史奉使册封琉球四首

龔豐穀

鳳詔下丹霄，行行建節旄。聖恩優屬國，人望協詞曹。幕府張牙纛，宫門賜錦袍。羡君此投筆，萬里著勳勞。

綿邈球陽路，奇觀海外游。島明迎日出，浪遠拍天浮。人是來壺嶠，查同泛斗牛。綸音宣邕處，感戴遍荒陬。

炎徼瞻南邁，行程却是歸。蜺旌來故國，鶴髮慶重闈。珂里開新第，瓊筵拂綵衣。應知天眷渥，許令暫停騑。奉旨使旋之日准其便道省親。

報國原初志，斯行實壯哉。當年題柱客，此日勒銘才。功已垂南紀，名應列上臺。風塵憐故我，岐路獨徘徊。

（清道光刊本《聽雨山房詩存》卷上）

齊北瀛編修鯤費西墉給諫錫章奉使琉球詩以送别

童　槐

許停龍節拜重闈，照海青春晝錦輝。一品朝衫千日酒，恩榮殊勝探花歸。

平苗一劍陣雲收，更泛仙槎上斗牛。文武威風三萬里，函關西峙海東流。西墉曾參陜西戎幕。

氣吞滄海量涵春，龍虎魁儀被蟒麟。定使島夷驚下拜，天朝人物是天人。邵雙橋副憲以君儀觀甚偉，足懾外夷，故特薦之。

（清同治刊本《今白華堂詩集》卷五）

齊北瀛編修鯤費西墉給諫錫章奉使琉球詩以送別

童　槐

綏藩自古仗儒臣，特選金閨第一人。手捧太平天子詔，梅花洋外去頒春。
榕陰如水漾樓臺，帆近三山畫幛開。恍憶瀛洲春草路，神仙何處不蓬萊。
樞省黄門盼使君，麟衫歸映玉墀雲。去來秖仗風三日，唾手皇華第一勳。

（清同治刊本《今白華堂詩集》補編卷五）

費西墉給諫錫章使琉球詩三首

吴榮光

綏遠邦之典，皇仁東海揚。外藩奉冠帶，使者簡賢良。豸服辭三省，鸞書捧十行。歡斯卅六姓，寶册慶豐穰。

如鏡波恬晏，羅鍼指卯辰。蛟龍馴溟涬，島嶼走嶙峋。萬里天涯路，重洋海外臣。國門開廣福，稽首拜征塵。

虎岺龍崗地，蒼然儼舊虬。三山據形勢，八載重懷柔。絳節威儀肅，瓊筵禮數稠。却金亭畔水，清澈待歸舟。

贈費西墉給事使琉球

劉逢禄

玉璽龍符剖大荒，星臣柔遠下明光。中山花鳥通王會，南極風雲護拜章。海外雄文龍變化，日邊丹詔鳳翱翔。定知葆節遥臨處，島嶠晴飛白簡霜。

（清道光筠清館刊本《白雲山人詩集》卷六）

送費給諫錫章冊使琉球

葉紹本

（清道光刊本《劉禮部集》卷十一）

懷柔盛典遍遐方，丹詔新承到夕郎。萬里波濤通玉節，九重雨露護金章。春深温語辭螭陛，日暖輕帆泛鷁航。指點星槎東去路，朝暾明處是榑桑。

歡斯遺跡古風存，那壩江清對海門。鯷壑風高浮島嶼，鵬霄天豁壯乾坤。圭符世世藩封恪，琛賮年年典則惇。好語聖朝綏遠意，左臨蟠木右崑崙。

（清道光刊本《白鶴山房詩鈔》卷六）

東瀛百詠

〔清〕齊鯤　撰

校點説明

《東瀛百詠》一卷，清齊鯤撰。

齊鯤生平及出使琉球情況，已見前《續琉球國志略》介紹。

齊鯤出使歸國後，除與副使費錫章撰《續琉球國志略》以補周煌所作外，將自己自領命出京、航海到琉球至册封事竣返閩所作詩，附偕費錫章所作與中山王却金文，編爲《東瀛百詠》，於嘉慶十三年（一八〇八）刊行。齊鯤以閩人出使，披一品服，八騶喝道，返程後又奉諭旨回鄉省親，極一時之榮，故詩編成後，當時閩中鉅公莫不爲之作序，書前序達六七通之多，揄揚表彰，可謂不遺餘力。

齊鯤所作詩，阿林保稱「皆和平中正之音，無海上纖塵染其筆端，抑何其實而不華，文而有體也」，褒奬尚屬公允。其詩之風格，朱桓序總結爲「韻秀清腴，淩轢於嘉州、輞川之間」，亦不致過于溢美。齊鯤詩確多王維詩意，如《長風閣即事》云：「沙印穿林屐，烟迷出浦橈。」又云：「嵐光沉几席，雨氣暈烟裳。」又云：「露重晴如雨，風凉夏亦秋。」均體物入微，平淡雋永，富涵畫意。至于寫海上景觀，又得岑參之豪壯，如《航海八咏》之《五虎門》云：「雲開程九萬，潮射弩三千。」《赤尾嶼》云：「跳躍龍門浪，吹嘘蜃市雲。」《馬齒山》云：「樹暗圍松島，沙明捲雪濤。」均明快絢麗，語出天成。其《中山雜咏十首》，分咏房屋、服飾、飲食、物産等，將異邦民俗風情娓娓道盡，前此諸使均有同題之作，此作可稱探驪。

此次校點，以鷺江出版社《傳世漢文琉球文獻輯稿》所影印嘉慶十三年刊本爲底本。

（賀詩菁）

目録

序

阿林保

嘗觀國初張立庵兵垣《使琉球紀》，覺海水山立，魚龍躍於紙上，政如談虎色變，聽者皆爲撟舌，似天下之至奇險者莫海若矣。蓋是時車書甫定，荒服乍賓，海若陽侯，尚未識中朝御史驄也。今則聖人之澤涵濡益久，聲教所訖，山澤通氣，腥風怪雨之鄉皆成鏡水石帆之境，觀於北瀛太史之使是邦也尤信。北瀛奉揚王休，往返皆以七日。我朝五度封舟，無其神速。聞有巨魚、靈爵輔之而行，觴咏臨流，如登春泛，良由貫月一查，天子威靈所格，而忠信涉波，遠夷拱化，非蓬島僊人，雅不足以副斯任矣。大禮既舉，中山王以兼金爲壽，峻却之，偕副使費君整帆而歸。出所著百篇，皆和平中正之音，無海上纖塵染其筆端，抑何其實而不華，文而有體也。余謂北瀛還朝，必有聯襼褰裳，争詢波濤之勝者，盍再作《續使琉球紀》，俾知今日安流鼓棹，夷險迥殊，他時譾頭歧舌重譯而來，向五鳳樓拜舞而言曰：海不揚波久矣。則太史氏一書，信而可徵，較之《四牡》、《皇華》僅歌慰勞者，厥功不更偉歟？讀其詩畢，爰贅數語，弁之簡端。

時嘉慶十有三年歲在戊辰長至月，雨窗阿林保。

又

張師誠

嘉慶之十三年夏，齊太史北瀛奉命册封中山，五閲月禮成而返。太史家閩中，因得俞旨歸省，暇日彙其近詩，自出京至竣事共若干首，末附偕西墉給諫與中山王札稿都爲一集，徵序於余。余惟太史此行邀賜服之寵，符晝錦之慶，中外榮之，顧讀其所著，則忠孝之悃，廉静之操，揚淑問於殊疆，極專對之俊選，一舉而數善備焉。余忝撫此邦，竊聞封舟往來情事，已欽慕之，證之此集而益知太史之榮在此而不在彼也。古所稱出使絶域與可爲將相同科，豈不信哉！抑又考我朝凡六封中山，以閩人而持使節者則自林石來舍人始，而太史繼之。林舍人曾執業於新城尚書之門，以詩名，今太史以雋望清才，後先輝映，殆有過之無不及者，即可於此集卜之。他日者編詞林之掌故，備來哲之楷模，當不僅爲晉安風雅已也。同館弟張師誠拜序。

又

景　敏

蓋聞上林三奏，惟相如能賦《大人》；汾水一篇，獨李嶠可稱才子。墨真磨盾，争振采於葩壇；筆已成椽，恰蜚聲於翰苑。鴻才衮衮，喜賡八伯之歌；鳳藻翩翩，快壓三唐之句。斯固騁雄思於七步，卜昌運於萬年也。方今聖天子奉三無以出治，統九有而來同。遐邇向風，中外禔福。梯山航海，重譯趨王會之圖；望日瞻雲，中國仰聖人之象。維彼球陽，首依定鼎，居然島嶼，踵賀垂裳。繼嗣而甫進郵章，鑒誠則旋頒睿詔。皇華遣使，爰簡群工；綸語生春，特遴太史。西清侍從，常探虎觀之書；東閣評章，不愧龍門之筆。詞曹星朗，八騶擁天上之雲；騶館風清，五鳳播樓中之句。一路湖山經眼，還鄉博衣錦之榮；千尋波浪掀空，飛舸動扣舷之興。是以犀能消怪，牛渚初燃；魚正沿流，鼉梁輒駕。喧天鉦鼓，福曜遥臨；夾道衣冠，邊藩獨肅。洒九天之雨露，草木休鶩；奠百雉之金湯，冰淵常矢。却金亭畔，凜楊震之四知；敷命堂邊，倣元龍之百尺。歸裝檢點，欝林之石堪珍；披卷晶瑩，崑岡之玉乍剖。傳千秋之盛事，振百代之鴻文。金石峥嶸，雷霆精鋭。上以宣揚主德，下以楷範士林。則御扆已書君奭，經術行召倪寬。地位愈高，著述益進。不特畫山飛響，晏水流聲，而超鮑俊之芳塵，軼班香之素軌。副諸記室，掌以典籤。佇增鳳館之光，自噪鷄林之價。捧瑶編而朗誦，真人間未見之書；鐫玉楮而披芬，恍海上飛來之勝。

嘉慶戊辰仲冬，長白愚弟景敏拜序。

又

王紹蘭

皇上御極十有三年，德洋恩普，覃及海表，日出日入之區，悉主悉臣，罔不懷畏。爰舉册封琉球典禮，以太史齊君爲正使，給諫費君副之。琉球距閩東北三千里，重瀛浩瀚，天水無際。太史以閏月往，以孟冬還，其間諭祭、册封，却宴金，禁繹騷，辭餽贐，五月禮成。七日來復，風伯助順，雲將效靈，巨魚負舟，白燕導艦。皆由天威式憑，神靈昭貺，亦以使者忠信之素，貫澈波濤，清亮之節，昭察上下，故能不疾而速有如此也。太史既歸，休沐珂里，披一品衣，侍重闈親，色笑光榮莫與比。以壬子之役紹蘭與同薦焉，因命序其詩歌。紹蘭受而讀之，自出都以迄蕆事，即景抒懷，因情見性。隔年而憶絲綸，則身在東溟，心依北闕也。望雲而咏含飴，則顧瞻原隰，眷戀庭幃也。禮成書事，則德威遐邑，遠人恭順也。《停雲樓即事》，則寮友賡唱，同寅協和也。《航海八咏》，版圖遼廓，中外一統也。《長風閣五君咏》，舊懷蓄積，今昔一致也。仁義之人藹如其言，忠孝之情油然而發。渢渢乎和而婉，淵穆以清，其《國風》二《雅》之遺音乎？至會致中山王一札，宣皇仁而恤遠裔，勵臣節而感神明，大義凛然，聲動海外，能使頑者廉，能使懦者立，其事必傳無疑，其人其札其詩亦必傳無疑也。紹蘭一行作吏，十五年矣。簿書鞅掌，學殖荒落，何能含豪操觚序太史詩？惟以景慕風人，流連盛事，仰惟聖主柔遠之經，俯察外藩嚮化之誼；遠徵海若佑順之誠，近覩儒臣晝錦之盛；備聞漢廷四知之盟，深喻廉泉一勺之旨；忘其檮昧，綴厥讕言，奮筆書之，以應太史之命云爾。年愚弟王紹蘭拜序。

又

陳觀

昔陸賈使南粵，尉佗贈賈橐中裝千金，他贈亦千金，賈並受以歸。班史賢之。張奂爲屬國都尉，羌豪帥上馬二十匹，又遺金鐻八枚，奂召主簿於諸羌前，以酒酹地，曰：「使馬如羊，不以入厩。使金如粟，不以入懷。」悉以金、馬還諸羌。范史賢之。夫尉佗可受而先零不可受，其故何也？南粵富饒，而迫欲交驩於上國，受之所以洽其情；西羌貧薄，而久疲供億於官司，却之所以紓其困。揆時度勢，有以知二子之易地皆然矣。雖然，人臣銜天子命奉使絶域，必首以風節自重。使望之者如深山大澤之不可測量，然後外藩識朝廷之尊。孟子曰：「可以取，可以無取，取傷廉。」故與其爲陸賈之通，無寧爲張奂之介也。海外諸邦，琉球之事中國最爲恭順。顧其土地磽确，民風朴素，同南粵之濱海而遜其富，殊西羌之負固而有其貧，固聖主之所爲軫念也。歲戊辰，命太史北瀛齊公充正使，賫詔册立其世孫尚灝爲中山國王。先是，每使舟東渡，從人叢百貨於舟，至則責以數倍之價，太史悉爲禁絶。故事，其國爲使者設七宴，宴則餽金，準古侑幣酬幣之禮，使者歸則各餽黄白數千，蓋亦古贈賄之遺意也。太史並堅却弗受，夷人大悦。是役也，舟至姑米洋，颶風忽起，天吴邀路，馬銜當蹊，舟人惶惑失措，俄而雲斂天清，揚帆逕過。有是哉，蠻貊可行，波濤可涉，忠信之爲用也宏矣！自出都及蕆事，往返逾半載，途次得詩若干首，裒爲一集，並綴却中山王贈金書一篇於卷末，歸閩，出以見示，殆《皇華》之序所謂言遠而光華者歟？傳曰：使能造命，登高能賦，可以爲大夫，能兼之者尠矣。太史之不爲利疚，其風節峭厲也如彼，而發爲詩歌，其詞旨温麗也又如此，可不謂通材乎？其學之深，養之粹，出而馳驅皇路，入而羽儀天朝，固其宜也。

時嘉慶戊辰年十一月，年愚弟陳觀序。

又

朱桓

昔韓魏公以相人治相，作晝錦之堂，刻詩於石，歐陽公爲之記，數百年來，嘖嘖在人口。太史齊君北瀛以名翰林奉使册封琉球國，道琉球者必於閩，太史蓋閩人，擁使節還桑梓，披一品衣拜重慶下，至海邦宣布聖天子柔遠仁恩，成禮而還，昔人所謂使命不辱，殆邦家之光，非特閭里之榮也。而旗旐導前，騎卒擁後，歐陽公所謂富貴而歸故鄉，古今人咸艷稱之。余以壬子與太史同舉於鄉，癸丑余厠詞垣，得與閩之先後輩訂交，即耳熟太史名。至辛酉，獲與太史同館，志相同，情相洽也。及余改言官，繼出守昭武，宦轍各别，我兩人亦稍契闊矣。今年余移守三山，太史以使事還，請假在家，與余相過從若平生歡，豈漆園叟所謂有數存焉於其間者耶？太史出所作詩示余，余讀其詩，自奉使出都門，由山左歷江之南北、浙之東西而至於閩，復由閩而航海，凡紀恩紀程，與夫山川景物，海水沸立，魚龍出没，叫嘯燕饗，登臨贈答，皆一一載於篇。其詩之韶秀清腴，凌轢於嘉州、輞川之間，固凡有識所共賞，而遺中山王一書，與却餽遺、戒僕御諸什，尤得古名使之餘風。其抵家椒酒介眉，依依於重闈夙夜間，字字原於至性，《皇華》、《四牡》、《白華》、《南陔》義足以兼之，知不獨今日外國流傳已也。惜余於歐陽無能爲役，顧與太史誼至切，因念韓公垂紳正笏，措天下於泰山之安，别有豐功駿烈，足以銘彝鼎而被絃歌者在，願太史更有進焉，亦古人寓頌於規之意也夫！於其歸朝，書以弁其詩之首。

時嘉慶十三年戊辰嘉平，年愚弟朱桓拜序。

題詞

游光繹

遊好紀群間，星槎喜迅還。舟還前一日方與太翁同席，有以舟至五虎門告者，太翁尚疑其誣也。驚看才似海，遮莫浪如山。酒間談及波浪之大。忠孝開雙美，集中多性情之言。文章動百蠻。上台行自致，鴻筆稱崇班。

同學愚弟游光繹拜題。

出都紀恩留別七律四首

儒生何以答昇平，持節今看萬里行。四海車書通日窟，九霄雨露沛春城。絲綸帝命宣風遠，章服臣叨賜錦榮。不獨輶軒勤史職，爲敷天澤到蓬瀛。

楊柳桃花烟雨霏，君恩詔許到庭幃。差便乞假歸省。舊時竹馬嬉遊慣，此日春風次第歸。入眼青山重省識，登堂白髮慰瞻睎。球陽故事臣能述，猶憶含飴膝下依。福州舊設琉球館，幼時聞祖父言中山事甚詳。

待漏聯鑣八載同，河梁争控玉花驄。諸公衮衮皆天上，遊子勞勞竟海東。贈策難忘詩百疊，歌驪忍聽曲三終。瀕行諸公皆有贈言，都門祖餞，極冠蓋之盛。霜華馹館春寒早，迴首觚稜曉夢中。

帝錫平安共濟舟，陛辭日奉聖諭：爾等平安來往，同回復命。涉波忠信傲滄洲。風清渤澥覘神雀，槎泛星墟指女牛。琉球星次牛女之墟。王會有圖天子喜，海疆無事遠人柔。三呼萬歲環川嶽，歸祝蓬萊最上頭。明歲皇上五旬萬壽，春間差竣旋京，隨班叩祝，琉球國王亦恭遣陪臣進都謝恩。

揚州吴太守于宣招遊平山堂五律二首

三月下揚州，春光住客舟。大江明日渡，勝地片時留。冠蓋聯新侣，鶯花話舊遊。櫂歌歌不斷，簫鼓徹中洲。

六載江南夢，匆匆醉綺筵。二分明月夜，十里晚春天。亭閣空中景，松篁畫裏烟。平山堂下望，清境最澄鮮。

姑蘇汪撫軍日章舒關部明阿胡方伯克家李觀察奕疇招飲滄浪亭即席賦謝

滄浪亭子舊聞名，况值花光照眼明。此地由來盛歌舞，諸君今日集簪纓。神仙世界春無價，烟雨樓臺晚更清。蓬島歸槎期後約，吴門重聽早鶯聲。

阮芸臺中丞招飲望湖樓賦呈七律二首

畫舫摇空十里烟，瓊樓高處啓華筵。拓開胸次超塵表，收盡風光到眼前。花鳥應憐羈客倦，湖山還仗使君賢。殷勤念我浮槎遠，爲賦南樓飲餞篇。

詁經精舍扁重題，雨露新滋桃李蹊。先生今春服闋又撫浙中，重開詁經精舍於西湖上。此地都成鄒魯國，前賢漫説白蘇隄。湖頭花暖開旌節，天上星明聚璧奎。更乞奇書傳絶域，文光海外燭雲霓。瀕行贈新刻書數種，帶往中山。

蘇嶺和前使周文恭公韻贈實修上人

茂林修竹叢，峻嶺崇山路。話舊僧白頭，六十年來住。上人年六十餘。

倒疊前韻

星槎昔往還，此中曾小住。六度我重遊，爲訪來時路。予過蘇嶺已六度矣。

過仙霞嶺和周櫟園先生七律原韻四首

縱目東南第一峰，峰峰環繞削芙蓉。連番竹影屏如畫，不斷泉聲碓自春。霞彩終朝沈鳥道，仙關從古顯神蹤。竭來應接真無暇，迴首山陰意轉慵。

戰馬當年歷此途，鬱葱佳氣百靈扶。國初耿藩不靖，王師入關，傳聞山靈顯迹。雄關鎖鑰通閩越，絶徼烽烟靖耿吴。甌脱一家今日盛，梯航萬里古時無。中山舊有題詩使，海島浮青入望孤。廟有中山使臣蔡鐸題詩。

星軺南望白雲長，持節人誇泛斗張。過嶺便生桑梓敬，山爲閩浙交界。到家正及艾蒲香。故山猿鶴迎前路，新服麒麐賜上方。雨露天邊春澤渥，濯纓未敢問滄浪。

鳥語嵐光面面通，朝暾策馬映曈曨。旌旗戍堞王程裏，劍佩蓬山客夢中。謂都中同館諸公。絶磴盤旋迴地軸，層霄結構奪天工。問津兩度人重至，庚申歲前使李墨莊前輩過此，亦有和作。題句匆匆印雪鴻。

南浦晤梁五芷鄰贈七絶二首即和其韻

征衫僕僕倦塵埃，邂逅清風好友來。客裏相逢翻惜別，蒼茫雲海首重回。

新篇贈我緑樽前，無限雄心付一鞭。更欲從君傳彩筆，題詩便當勒燕然。

五月二日抵福州省城喜作五古二首

六載宦京華，鄉關縈夢寐。昔歌遊子吟，今喜征夫至。薰風吹遠陌，蒲艾交荷芰。西郊捧絳節，十里喧鐃吹。迢迢迎恩亭，填溢來輿騎。圜觀累千百，雜沓遍市肆。謂此故鄉人，居然天子使。君恩錦賜衣，祖德門容駟。嘖嘖聞道旁，怵惕心滋愧。受命不宿家，傳舍身如寄。適館還授餐，殷勤煩長吏。言過桑梓邦，益凛冰淵意。三復《皇華》篇，咨諏良不易。

四牡趨王程，鞅掌忘家室。占風過故里，春暉滿蓬篳。兩親聞我至，雙扶大母出。數載望雲心，含飴欣繞膝。顧慚負米身，奔走少暇逸。高堂勗我言，帝命端征吉。感兹曠典榮，靡盬心專壹。更爲述彝訓，艱難陳一一。勿矜赤芾華，勿忘素絲質。再拜別重闈，語不及私暱。此來惜匆匆，轉瞬風從律。十月歲云暮，天際歸帆疾。皇仁深似海，定省許旬日。火棗與蟠桃，携歸當懷橘。

閏五月初三日南臺開行步費西塘給諫韻

南臺笳鼓迎龍節，夾道旌旆擁勁卒。登舟捷比超乘豪，忽如鷹揚如鶻突。年來海表頻奏功，諸公矯矯多勳伐。此行聊以壯國威，讙呼不作從軍別。臨歧慷慨語同袍，指日萑苻朝食滅。新傳大舸獲餘皇，更喜覆巢掃殘孽。時官兵新破蔡逆，獲其大舟，並擒百餘人。又聞朱逆亦有投誠之信。我承帝命過故里，詔選舟師戒玩忽。防邊節制凜森嚴，薄海風聲消狡譎。況今中外同一家，星槎安穩探日窟。懸弧有志天地寬，衣錦重還桑梓説。挂帆紫澥指壺嶠，回首青山認閩越。西南風動送樓船，歲在戊辰閏五月。

航海八咏

太平港

萬派朝宗地，安瀾紀太平。此間無濁水，自古錫嘉名。瀨紀投金美，心同飲馬清。廉泉留一勺，相送到東瀛。向例封舟到此投金取水，此次淡水足用，僅載一石，以應嘉名。

五虎門

屹立嘯風烟，盤空五虎連。雲開程九萬，潮射弩三千。浩蕩凌波壯，巉巖没羽堅。金城排石壁，設險果天然。

雞籠山山在臺灣府後。

猶是中華界，蒼茫四望空。萬濤圍鳳舸，一髮認雞籠。獨立雲垂北，長鳴日在東。何當振雙羽，軒舉九天風。

釣魚臺

釣鼇人已往，但見釣魚臺。絶島重重峙，滄波滚滚來。誰邀湖海侶，獨占水雲隈。應笑披裘者，登臨亦小哉。

赤尾嶼

赤尾連黄尾，參差島嶼分。頳魚身半露，紅日欻如焚。跳躍龍門浪，吹嘘蜃市雲。夾舟有神助，三兩自成群。是日有大魚隨舟而行。

黑溝洋

大海無中外，渾然劃一溝。合黎通異派，分水滙同流。金鼓昏中震，羔豚暗裏投。馮夷原效順，不必耀戈矛。舊録云過黑水溝投生羊豕以祭，且威以兵。兹但于昏時望祭，無所用兵。

姑米山此山入琉球界。

忽覩流虬狀，西來第一山。半天峰斷續，八嶺路迴環。海霧微茫裏，船風瞬息間。球人欣指點，到此即鄉關。舟中有接封球官，望山喜躍。

馬齒山山爲琉球門户。

中山風引到，保障兩峰高。樹暗圍松島，沙明捲雪濤。印須舟子集，禮接大夫勞。彼岸登非易，潮聲竟夕號。

渡海吟用西墉題乘風破浪圖韻

大地不滿東南方，茫茫萬頃難測量。我家閩嶠近澤國，觀海有志空望洋。邇來馳驅十六載，蓬壺侍直依帝鄉。側身東向望日出，扶桑萬丈霞光長。中山開國重瀛表，恭順迥異古夜郎。春明承旨遠錫命，載咏雨雪披星霜。樓船峩峩出五虎，西南風動大旆揚。一波未平一波起，空中陡落千丈强。雞籠山過中華界，針盤遥指牛服箱。忽而俯闞蛟龍窟，忽而仰捫星斗旁。雹光雹響瞥眼過，風雨驟至雲雷張。黑溝之洋深且黝，祭以剛鬣投以羊。波濤黯淡水倒立，鑿開渾沌遊洪荒。陰風離合元氣蕩，金支絳節紛飄颺。免朝牌懸耀鷁首，黿鼉逃匿鯨鱷僵。馮夷海若倏來往，虹霓爲旌日月常。詔書在舟百靈護，乘風破浪憑翱翔。天威所到非人力，珠宮貝闕騈禎祥。洋洋在上在左右，有魚有鳥有神光。開船後白燕前導，大魚隨行，夜間黑雲四塞而光明如晝，若有神光然。鴉班捷若猱升木，健卒袴褶縛戎裝。我來舟中整以暇，促襟危坐盤胡床。朝登將臺暮倚舳，傴僂而走如循墻。三千里路五晝夜，蕩胸豁目欣親嘗。浩歌一曲和我友，壯遊到此誌勿忘。

閏五月十七夜進那霸港和西墉韻

長風西南來，相送浮槎客。水程五十更，到岸正良夕。維時月當天，潮滿没巉石。豁然見雙崖，疑是巨靈擘。左右列炮臺，鐵板沙乘阸。港口建兩炮臺，下有鐵板沙，最爲險要之地。導引資土人，傾國來趨役。三接夷官恭，無言但脉脉。獨木刳作舟，舟子集千百。其形如喘牛，其聲如鳴蝪。自晡迄夜深，牽曳隔咫尺。傍山斜入港，愈進路愈窄。直從渤澥腰，轉入崑崙脊。列炬舟爲梁，迎恩圍錦幘。世孫肅九拜，習禮殫思斁。沓觀動盈萬，匍伏驚心魄。捧節適使館，高閣鋪重席。回首海天空，萬里澄清碧。

長風閣五君詠閣爲正使所居，汪舟次太史題額。

張副理學禮　**遼陽漢軍人，順治十一年頒敕，康熙二年來球。**

萬端難創始，况乃海中行。破浪驅蛟蜃，乘風狎鱷鯨。波瀾歸筆墨，神怪護旄旌。十載賢勞久，搜奇紀載成。國朝初次册封，時海氛不靖，十年始克將命，歸著《紀略》二册，頗矜奇異。

汪太史楫　**江南儀徵人，康熙二十二年來球。**

客館傳佳話，題名最上頭。海天三日度，翰墨百年留。封舟三日到球。閣額長風，蓋誌喜也。信史藏中秘，使旋進《中山沿革志》。詞曹倡後遊。至今誇八士，聯步到瀛洲。翰林出使此邦自先生始，至余凡同館八人。

海太史寶　**滿洲鑲白旗人，康熙（二）〔五〕十八年來球。**

一朝三遣使，曠典古無聞。康熙朝三次册封中山。本以嘉名錫，因成絶域勳。大千量世界，尺五測天文。時有天文生同行。最羡慈航穩，春秋報祀勤。使旋，恭請天后春秋祀典。

全侍講魁　**滿洲鑲白旗人，乾隆二十一年來球。**

雲海留題處，經今五十春。曾携探花客，同作泛槎人。閣東楹題扁曰「雲海空青」，係從客王夢樓前輩代書。桃李承新化，簪纓溯舊因。識途逢老馬，不憚問津頻。先生姪佛柱現任祭酒，督教琉球入學官生，嘗爲余言家有老僕，丙子歲曾隨渡海。

趙殿撰文楷　安徽太湖人，嘉慶五年來球。

海邦懷舊德，我亦景前賢。詩價雞林貴，文名鳳閣傳。風清虬島月，霜冷雁門天。行篋搜遺牘，登樓忽憮然。先生奉使爲此邦遺愛，余去秋札詢梗概，方謹奉爲前事之師，而今春先生已卒於雁平道署矣。

和西墉停雲樓即事五古原韻樓爲副使所居。

客館對樓居，尋君問奇字。不知夏日長，但覺嵐光膩。雲停客亦停，出岫兩無意。磅礴解衣豪，送迎唯倒屣。卧看四圍山，坐臨百尺地。鴻爪認前人，百三十年事。前使林石來舍人題額在康熙癸亥年。君自登樓來，圖書左右置。群經百家史，便便藏腹笥。酒酣話疇昔，過眼逢場戲。扈蹕憶灤河，炎光如火熾。中樞星月忙，絶塞山川異。短衣策匹馬，來往迹如寄。旋復賦從軍，帷幄勤掌記。傳檄定三秦，仗劍揮萬騎。功成不受賞，此乃致身義。帥府薦擢道員，力辭不就，仍請回都供職。大器貴深沈，雄才兼密緻。揭來役球陽，山巔復水次。征衫舊痕深，吟牘新墨漬。識君恨不早，執鞭從此始。按圖計歸期，壯心共無既。壁上有從客黄覺庵寫銷暑圖。

諭祭追封禮成書事七律四首

紫泥遥降海天濱，帝德先昭錫類仁。藩國百年沾雨露，閟宫兩代沐絲綸。恩深泉壤連番賁，爵重躬桓奕葉新。夾道讙呼千騎過，松蕉如幄草如茵。

楹桷巍然煥大觀，況承帝賚列珠槃。陳來内府金三品，捧出中朝幣百端。禮部頒賜祭品並白金二百、黄絹百疋。鼉吼鯨鏗雄鼓吹，梟趨鵠立肅衣冠。九年兩度叨優恤，上國威儀識漢官。

龍節高擎瑞彩融，德音唱入五雲中。鴻文悱惻憐凋謝，鸞誥褒榮惜幼冲。故世子尚成僅四歲。玉檢金泥長捧日，循例請文誥留供廟中。素衣角帶切呼嵩。繼繩總荷帡幪久，卅六巖疆表海雄。琉球屬三十六島。

禮儀卒度戒前期，咫尺天威凜職司。大有肅雍將事意，儼如蹌濟入朝時。高曾矩矱慈孫守，神聖聲靈絶域知。飲胙言歸賓館静，殷勤爲紀采風詩。

長風閣即事五律十首

霸港停舟日，賓樓掃榻初。人來重譯國，地是列仙居。玉案尊符節，瑶函護簡書。紫巾黄帽侣，鞠跽遍堦除。

雅有聯床意，東西望對楹。居然高百尺，相與話三生。西墉對樓而居，時相過從。愛月停琴佇，敲詩刻燭成。游仙誰夢到，此境即蓬瀛。

牕外清溪遶，樓前俯臨江岸。簷頭白粉描。渾如船小泊，忽訝雪初消。球俗以白粉抹簷角，望如積雪初晴。沙印穿林屐，烟迷出浦橈。凭欄無一事，逸興托漁樵。

幽禽聲不斷，面面對青山。亘似鼉梁架，平如雉堞環。球山不甚高，四圍望如城墻。嵐光沈几席，雨氣暈烟鬟。待得秋容浄，扶筇幾度攀。

草色遶窗前，推窗萬樹連。都成蒼翠景，恍坐蔚藍天。偃蹇全遮日，扶疏不記年。此中銷夏好，斷續數鳴蟬。

膽瓶供客玩，獻自野人家。荷紫晚無色，榴紅秋有花。嘉名仙掌擅，艷采佛桑誇。蝶影連番過，尋芳傍碧紗。

文螺收海渚，羅列遍胡床。暈作雲霞采，堆成錦繡光。海濱螺殼形狀奇絶，文采亦佳。探珠凌貝闕，拾月指榑桑。漫結珊瑚網，休疑薏苡裝。

左圖兼右史，萬卷擁樓頭。奏議編唐宋，碑銘辨褚歐。静消閒歲月，富傲小諸侯。翻笑班超陋，臨邊筆遽投。

静坐宜良夜，星河素影浮。蟲聲空處咽，暑氣晚來收。露重晴如雨，風凉夏亦秋。客眠愁未穩，欹枕擁輕裯。

持節來兹土，名王禮意勤。心還依北闕，夢亦戀南雲。舊館遲晨夕，新知擴見聞。笛聲何處起，西望又斜曛。

中山八景

泉崎夜月

頓覺塵襟洗，空明見此泉。江村新月夜，秋色早凉天。密樹藏低屋，危橋繫小船。遥知沙磧外，萬頃浄無邊。

臨海潮聲

海外來觀海，蒼茫對暮潮。波濤千丈落，塊壘一時消。遠勢摇孤島，雄聲激怒飆。錢塘回首望，寥泬碧天遥。

粂村竹籬

匝地緑陰繁，疎籬護短垣。横斜千萬竹，斷續兩三村。婦織聲當户，童喧笑應門。故鄉卅六姓，易地亦孳蕃。久米村皆閩人遷此，明洪武時所賜。

龍洞松濤

龍洞響蕭騷，松梢捲翠濤。陰連滄海闊，風送暮天高。勢挾千巖動，聲兼萬籟號。猶疑蓬島外，破浪放舟豪。

城嶽靈泉

尋幽訪城嶽，有水獨稱靈。洞闢雲巖古，流穿石磴青。松篁都秀潤，蘋藻亦芳馨。好共參心迹，清泠策騎經。

筍崖夕照

飛鳥斜陽外，悠然見筍崖。霞光濃若染，黛色浄于揩。縹緲天邊插，玲瓏水面排。頻添幽興絶，畫本與詩牌。

長虹秋霽

此路跨滄洲，長虹亘上流。最宜烟雨霽，一望海天秋。爽氣開鰲背，華光漾蜃樓。榑桑朝日麗，歷歷眼中收。

中島蕉園

緑天開別島，屋角遍芭蕉。鳳尾千叢密，秋聲一夜驕。成陰還漠漠，不雨亦蕭蕭。棖觸歸心動，鄉園客夢迢。

球陽秀才以海濱紫石見遺爲賦五排一首

片石誰持贈，主人滄海東。凌波欣采采，吐氣望融融。蚓竅千盤密，蜂窠百孔空。石形如是。浮來紅葉岸，拾向紫芝叢。鳳頂含烟麗，雞冠帶霧烘。扶桑朝射日，華渚暮凝虹。瑞彩沈鮫室，奇光徹蜃宮。蠙珠嵌錯落，璞玉映玲瓏。綱詎三年結，裝宜七寶籠。精英誇地產，渲染奪天工。玩貯胡床上，歸携客袖中。支機傳織女，文采豈能同。

七月初五日去年此日西苑賢良門外引見，奉命充册封正使。

盍簪憶昔集西園，時同引見者十有三人。天子臨軒闢四門。瀛海游從前度定，絲綸語憶隔年温。熊侯校射三秋典，是日門外觀射。龍節綏藩萬里恩。望闕心殷頻計日，觚稜回首北辰尊。

海外七夕七截三首

飄然一葉逐浮萍，秋雨秋風幾度經。此夕最增羈客感，況從海外望雙星。琉球在牛女之墟。
烏鵲橋横雲錦張，銀河有路認仙鄉。人間畢竟輸天上，回首蒼茫水一方。
金風玉露説佳期，乞巧寧教拙婦知。不拜疎星拜明月，初三十八夜闌時。球俗每月初三、十八、廿三望月而拜。

偕西墉遊善興寺和壁間韻三首

涼秋空翠合，蘿薜挂柴門。戛爾鳴孤磬，蕭然浄六根。烟霞通海氣，泉石絶塵喧。見慣乘槎客，山僧淡不言。

右和前使汪舟次先生韻。

聽鐘頓覺悟來因，結伴同參自在身。海外幾人尋雪印，樓頭終日對蘭鄰。寺在天使館後墻。神仙翰墨烟痕古，翰苑諸公多有題咏。瓶鉢生涯眼界新。花雨天香禪味永，蒲團偶坐亦清神。

右和前使周文恭公韻。

風流前輩昔遊賒，梵宇留題淡墨斜。絶域也知名士句，籠紗猶説舊探花。

右和王夢樓前輩韻。

册封禮成書事贈中山王五古八十韻

嘉慶十三載，仲秋月初吉。琉球尚氏孫，詔許襲王秩。先時蕞爾邦，多難憂弗戢。弱冠不永年，前王尚温在位九年，僅十八歲。委裘暫權國。故世子尚成四歲攝位一年，未及請封。繼祀周子賢，表海齊侯職。遣使遠籲封，浮槎復乘馹。帝命侍從臣，錫以衮與黻。王程歷東南，地勢轉東北。琉球在閩省東北方。樓船風引到，渤澥歡聲溢。先敷錫類仁，旋布懷柔德。久米士大夫，習禮心專壹。册封典禮皆久米村各官專司。涓期典册頒，將事儀文飭。是日秋色清，風光明瑟瑟。天書捧五雲，海氣迎初日。仙仗護重重，霓旌排一一。鳴騶擁八座，執戟列千卒。焚香鐃吹間，結幔松蕉側。蜑女曉簪花，鮫人夜停織。龍岡連虎峷，聚觀齊屈膝。中有一老翁，皤皤飄鶴髮。二見漢官儀，扶杖重感泣。乾隆丙子至今五十餘年，三次册封，前正議大夫鄭永保年八十餘，自言身見其盛。王宫山之陽，西向巍雙闕。琉球在中國之東，宫殿皆西向以表恭順。前有守禮坊，忠悃昭若揭。宫前有坊榜曰「守禮之邦」。靈蹟啓瑞泉，歡會門外有瑞泉，味頗甘冽，國王每日送供天使。高門標漏刻。奉神門外有門西向，榜曰「刻漏」，上設銅壺漏水。名王迎道旁，匍伏但屏息。詔書從天降，羽蓋肅清蹕。百尺開讀臺，瑞彩望葱鬱。黄麻展玉檢，高唱宣綸綍。其下設重茵，咫尺凛對越。紫巾及錦帶，執事咸翼翼。或趨如駿奔，或肅如鵠立。或充香案吏，氤氳薦芬苾。球官二人司香。或捧上方賜，錦繡珍什襲。四人祗受賜幣。或伏東堦旁，長跪請鳳敕。二人奉前代詔敕呈驗，恭請照例留爲傳國之寶。或列露臺上，屹立護龍節。二人立露臺兩旁守護節案。

主臣式莫愆，僚庶儀不忒。懋哉禮樂備，逖矣聲教訖。煌煌御書樓，樓在正殿之上。瞻拜來絶域。銀鈎鐵畫姿，鳳翥鸞騫式。遥望紫泥香，如歸青瑣闥。北宫開嘉宴，交疏結複室。推窗望瀛海，清風吹習習。肆筵逮僕從，設几旅庭實。樂師四五人，操縵以侑食。獨絃聊自賞，重譯不能詰。謂唱太平歌，海外占同律。黄帽五人操琴搊箏而歌，詞不能辨，詢云皆慶樂太平之意。金杯斟福酒，中山酒名。珍羞遍羅列。山猪獸名。赤若烘，海馬白勝雪。魚身馬首，有足無毛，肉色如茯苓。佳蘇削魚脊，馬叉魚切塊晒乾名曰佳蘇。乾腊烹蛇骨。海蛇色黑，性能殺蟲去風，球人以供食品。石鮔横八叉，石鮔形如海螵蛸而大，雙鬚八手。毛蠏燦五色。球地産蠏，種類最多，有五色者。蕉果大於掌，色黄味甘，形如駢指。櫧子果名。小似栗。六稜剖鳳梨，土名啊呾呢。千顆堆秋橘。橘熟最早，秋初即可食。席前陳方丈，更僕數難悉。三爵興告辭，勸客猶汲汲。殷勤禮意周，詎肯别倉卒。念兹王業新，忠告心所切。此邦素恭順，獉狉泯知識。淳樸古爲徒，飲食民之質。邇來生齒繁，風氣漸狡黠。教養良不易，啓迪兼撫卹。首基慎勿壞，明哲實作則。愛賢不愛寶，去惡如去疾。山田苦瘠薄，王其勤稼穡。文物待脩明，王其矢無逸。毋忘在筥戒，風雨思沐櫛。毋忘朽索馭，監史箴治忽。自天福禄康，絶島賚琛集。共球趨帝廷，道路遵皇極。來享匆二三，繼序期千億。方今德威暨，梯航極四塞。朝鮮奉朝正，越南貢方物。暹羅通瓊海，緬甸款滇僰。中山信世臣，密邇若堂闥。百年玉帛陳，六度星槎達。故國磐石安，新恩雨露浥。嘉禮一朝成，盛事千秋述。我來奉錫命，皇華咏原隰。摹天愧管窺，觀海慚蠡測。采風使者職，紀事史臣筆。持以勗賢王，繼承懋大烈。

中秋宴夜歸口占七截六首

華筵嘉宴啓中秋，殿宇高寒結綺樓。碧海青天凉夜静，此身真似到瀛洲。

公子翩翩玉樹春，錦衣羅韈十分新。歌喉不作鶯聲囀，學步邯鄲更傚顰。琉球梨園皆戚臣子弟，未嫺曲調，唯長袖善舞耳。

球陽故事演開藩，魔女禪僧梵唄喧。説到神仙還縹緲，君君祝祝溯天孫。是日多演開國故事。

笙歌纔徹綺羅場，樂事連番頌聖皇。天下太平通海外，良宵烟火賽維揚。演劇開場唱太平歌，是夕烟火又有「天下太平」四字。

銀河耿耿夜迢迢，金碧屏風白蠟燒。爆竹一聲燈萬盞，花光塔影壓星橋。

更闌風景恣流連，十里松蕉澹暮烟。絳炬兩行明似晝，八騶歸去月當天。

九月三日國相尚大烈法司毛國棟招飲同遊辨嶽五律二首

萬松圍絶頂，俯視衆山幽。雨過嵐光膩，烟沈海氣收。祠壇留太古，眼界换深秋。三五提壺至，朋簪盍貴遊。

留客竹深處，廬中小有天。鑿池泉水活，剪葉樹陰圓。插架排書畫，飛觴逐管絃。清遊歡竟日，不覺醉酡然。

初六日王叔尚容法司馬異才招飲同遊末吉山七律二首

峰巒重叠聳層穹，雲磴斜穿石徑通。榕蔭全遮天際日，松濤直捲海邊風。空亭坐佛香烟静，高閣凌秋氣象雄。小憩頓教心目豁，名山回首惜匆匆。

貴戚連番倒屣迎，華筵又聽管絃清。同朝冠蓋添遊興，異地風光慰客情。歸燕浮蹤偏似我，驚鴻舞態劇憐卿。梨園子弟皆善舞。當歌對酒歡無極，瑟瑟林梢已月明。

紅海松和西墉韻

球官饋海松數盆，色極鮮紅，腥氣殊不可近。西墉以清水灌之，旬日後臭味漸減，濯濯然有生機矣。

宇宙之大難意揣，奇觀況乃窮滄海。潮來潮去露槎枒，紅松盤鬱吐芒彩。托根巨浸摇洪濤，螭宫蜃壑屯其膏。羲和火鞭雷母鏡，鍊成霞彩燭不毛。龍鱗老作丹赤色，望氣直與榑桑高。漁師舟子競攀摺，長鈎利刃大力捩。老蚌潛蛟不敢棲，珊瑚網滴猩猩血。球官手植贈我友，洗濯腥臊挺脩潔。差池臭味胡不聞，由來草木别蕕薰。移從鮑肆歸蘭室，如香熏勝旃檀焚。歲寒三友開圖畫，竹茂梅芳擁絳雲。

中山雜咏十首

斗屋當空四角懸，樓居雅欲慕神仙。重重布席無餘地，脱履偏誇脚踏棉。球俗席地而坐，凡入户必須脱履，名曰脚踏棉。

闊帶長衣腹袖寬，莫嫌草鞁步蹣跚。金銀簪子朝班列，紫幘黄巾更錦冠。

白酒相邀即洽歡，居然陋巷與瓢簞。火爐烟礶成三事，貴客當前各一盤。有客入室，先具火爐烟盒一盤，獻於客前。

山田瘠薄馬能耕，鳳詔頒來慶太平。十雨五風都應節，薯田四熟榖豐成。琉球每請封後必得豐年，今歲大熟。

讀書却似梵僧聲，秀才讀書聲如僧諷經然。早起樓頭聽最明。小院斜陽風定後，棋枰落子又丁丁。

沙岸迢迢水一灣，晚來攜伴樂閑閑。操絃對月三更静，匝地齊歌《菩薩蠻》。月明之夜歌聲四起。

笑喧陣陣趁墟場，椎髻蓬頭健婦妝。戴重不嫌山壓頂，竹籃便是女兒箱。墟場貿易皆婦女，各頭頂一筐。

聞道搊筝勝鼓琴，紅衣顛倒恣謳吟。只因夜識金銀氣，曉起都抛玳瑁簪。紅衣土妓簪用玳瑁，有中華客主于其家，則易戴銀簪。

蟲鳴都似雀争鳴，咽露吟風各有情。唧唧夜深撩客思，墻頭屋頂共秋聲。蜥蜴、壁虎鳴聲皆如雀。

不斷風風雨雨飛，秋深仍復扇交揮。少寒多暑前人道，十月南歸尚葛衣。舊録云我衆十月南歸，身猶衣葛。

重陽宴即席賦謝是日先游龍潭觀競渡，旋到王府演劇開宴。

樂遊逢九日，勝會集中山。鷁首旂三色，龍潭水一灣。清歌聞打槳，曲沼望迴環。綽約憐公子，雲衣擁翠鬟。

路轉王城近，筵開綺閣深。良辰宜菊酒，雅意感苔岑。百戲魚龍舞，三秋蟋蟀吟。故園何處所，憑眺暮烟侵。

重陽後一日爲予生辰中山王及球官饋物致祝概謝未領避客於臨海寺聽潮竟日賦七律一首留贈寺僧太真

古寺柴門碧蘚斑，避喧遥指白雲灣。人來匹馬斜陽外，境在天空海闊間。萬里雲濤雙眼豁，三秋風景一身閒。頭顱依舊年華邁，慚對烟蘿馬齒山。山在海中，立寺前可望見。

秋杪遊護國寺觀潮和壁間周海山先生七律原韻

旅館頻驚落葉秋，尋幽蘭若偶遲留。窗中山色長天浄，寺外潮聲大地浮。羈客行蹤隨老馬，高僧心事付閒鷗。題詩波上寺前山名，可望海。籠紗在，五十年前憶舊遊。

題黄覺庵懸弧小照覺庵係閩人，寄籍浙中，爲西墉從客。

偶爾萍踪合，交疎意轉親。同爲浮海客，况是故鄉人。韜略胸無負，丹青筆有神。覺庵善畫山水。太平天子詔，宣出物皆春。册封大禮充宣詔官。

和前使徐澂齋先生贈中山蔡文若大夫七律原韻

海外如公竟絶倫，皤皤黄髮辟塵巾。東宫講學傳虚席，蔡大夫學問頗優，爲前中山王師。北闕承恩迓錫綸。耆舊典型風自古，孫曾門第澤猶新。長洲太史澂齋係長洲人。題詩在，傾蓋當年氣味親。

瀕行贈久米村諸大夫村皆閩人賜姓後裔所居。

榕城支派衍遐方，久米村前世澤長。話舊還敦桑梓誼，移家都在水雲鄉。窗前日曉書聲朗，屋角陰濃樹影蒼。異地相逢偏戀我，扁舟歸去意難忘。

中山留别四首

客館遲留半載中，歸帆安穩挂東風。倚閭不獨重闈喜，柔遠恩敷慰聖衷。

盡日樓頭對落暉，扁舟西去轉依依。飄然身似辭巢燕，十月風霜旅客歸。

傾蓋諸公笑語親，蒼茫別緒霸江濱。故鄉他日相逢處，重結萍蹤未了因。琉球使者進都路經閩省。

異域名藩禮意深，望舟宴罷列南琛。使臣敢説心如水，故事亭前憶却金。明給事陳侃使中山，臨行贈金不受，球人爲立却金亭，故迹尚存。此次予與西墉遵旨體恤外藩，非獨景仰前賢而已。

附致中山王札稿 嘉慶戊辰九月念六日。

大禮備舉，榮列藩封，已泯形迹之嫌，敢布腹心之素。前者宴金屢却，非有他腸，祗以貴國九年之中，兩遭大故，封舟再至，卿行旅從，脯資餼牽，疲於供億。春間陛辭時，蒙皇上申諭再三，凡事優加體恤，至今謹識勿忘，已曾面告紫金大夫鄭章觀，未知果否轉陳左右。我聖主如天胞與，在遠不遺，使者入境諏咨，盟心倍切，是以數月以來，概從減損，嚴禁驛騷，而言語不通，恐貴藩尚未深悉此意，或致生疑，用特明白奉告。又聞瀕行餽贐，辭而不受，則易白以黃，中途暗致，此掩耳盜鐘之事，使者更所不爲。昔漢廷楊震，人遺之金，曰：「暮夜無知者。」震曰：「天知地知，爾知我知，何謂無知？」若使者此去，萬里風濤，更有大海，又不僅於震之四知，違聖諭而潤私囊，非惟寸衷所不安，亦實神明所不佑。惟王曲諒下忱，勿踵前事，免致臨時唐突，幸甚，幸甚。順候英祉，不宣。某某仝啓。

跋

梁章鉅

齊北瀛太史前輩奉使中山歸，彙梓近詩若干首，官吾閩諸鉅公各爲之序，而屬館後進章鉅跋其後。章鉅雖不文，不敢辭。因憶嘉慶庚申間，余方與君同習舉子業，時趙介山修撰、李墨莊中翰亦以中山封使駐閩中，當其諏吉戒行，披一品之衣，擁八騶之卒，護龍節而出臺江也，觀者塞途，余與君亦踵其後。君目而偉之，顧謂余曰：「仕宦之榮，斯爲極矣。若出於吾邦士夫，則其榮當有加者。抑余聞諸古聖人，以不辱命與有恥二者概爲士之大端，而學優則仕者，又以不能專對爲慮，靡徒蘄達於政已也。是故《四牡》、《皇華》，於鄉飲酒則歌焉，於燕飲則歌焉。君以此教其臣，父兄以此教其子弟。不寧惟是，杜元凱嘗曰：古之聘問他國者，必備威儀，崇贄幣，賓主以成禮爲敬。使重而事敬，故禮篤而國尊。其或將事而誤，則主君弗親饗食以媿厲之。蓋使事之難也如是。夫使事，重事也，使海外國尤使事之重者也夫！夫也，必其習於此者乎？」余韙其論而竊壯其志也，笑應之曰：「使以君當此，則所謂邦家之光，非閭里之榮者，舍君其誰屬哉？」相與軒渠久之。如是者九年，今是役也，君之私願既酬，而初心亦遂。然則君固已無恧於余，而余之所以論君者又能易君之前説而遁於修褉之詞哉。君之出都也，都人士之餞言者多以古義相期，今是集出而君之素所蓄者無一不明，與夫中外之所期於君者又無一不稱，每讀協揆戴蓮士師贈句云：「到日風宣諸島肅，歸時月載片帆輕。」誠有味乎其言之而益歎當之者之無媿色也。然則謂是役也，君特舉其前説而措之，其義寧有所未盡哉？若夫揄揚國恩，鋪張家慶，則中朝詩歌已爲盡致。至於指陳情事，評品詩律，則官吾閩諸鉅公之文又各詳焉。余與君友而戚者也，故得獨述其少賤盟心之語，以進於久要不忘之義，而他皆從略也。戊辰仲冬二十有四日，侍愚弟梁章鉅謹跋。

一品集

〔清〕費錫章　撰

校點説明

《一品集》二卷，清費錫章撰。

費錫章生平及出使琉球經歷，已見前《續琉球國志略》介紹。

費錫章使事畢返福建後，與正使齊鯤一樣，即將自己所作編輯成集，因出使琉球例賜一品服，故將集題名「一品」，以彰寵耀。集初步成編於福建，當時爲齊鯤集作序之張師誠、王紹蘭、阿林保等閩中高官亦多爲費集作序。序的内容亦大抵相同，除褒揚使事外，不厭其煩地稱贊使臣急公好義，却贈金，減供億，砥廉隅，磨頑鈍。其實拒收琉球國贈金，實爲使臣應循之規。正統七年，余忭往封尚忠爲中山王，就因受黄金、沉香、倭扇，爲偵事者所覺，並下吏，杖而釋之。各朝使臣亦多有却金書札，齊鯤、費錫章只是從例而已；更何況歷來琉球國必將所却金派人送至中國，奏請皇帝令使臣收下，皇帝也大致予以批准。

費錫章爲浙江名士，所作詩以鋪叙見長，雜以議論，體近樂府而多宋詩習氣。即如被諸家序所譽爲經世之典的《南河述語》，歷道論河、培堤、修壩、坦坡、改道等，實則爲湊韻之治河議，正不必作詩看。航海及在琉球所作，間多佳篇，誠如王紹蘭序所稱「舟届球陽，贊其山川景物，歲時俗尚，麗以韻語，醇深淵懿」，如《姑米洋候風》「天圓低似蓋，水活碧於油」，亦有詩趣。歷朝出使琉球者均作有

「中山竹枝詞」或「琉球雜詩」，題咏風物習尚，費錫章亦作有多首，語簡味永，新人耳目，如詠民居云：「長簷矮脊界分明，門角全憑粉砑成。一色樓臺迷遠近，捲簾渾似雪初晴。」（《琉球雜詩》之二）富有民歌風味。

《一品集》今見刊本題「嘉慶己巳（十四年，一八〇九）春仲恩詒堂稿本」，藏北京大學圖書館，此次校點即以之爲底本，書中有個別疑誤之處，因無校本，一仍其舊，明顯錯字則徑行改正。

（李夢生）

目録

序

馮　培

西墉給諫以亮拔閎通之素，持節海邦，八騶問俗，輶車所至，觸事成吟，自仲春出都，三月杪行抵吴門，已得詩六十餘首，抒懷則宣闡德意，攬古則發揮史裁，篤故舊之崇情，晰河渠之秘要。香山諷諭，兼以少陵悃款，非泛然紀程酬應之作。過兹以往，逾兩澥，届七閩，凌大洋之波，搜中山之典，必更有奇麗雄瑋，鬱爲不刊者。俟其旋轅，當再快讀之。穀雨後二日實菴弟馮培題。

又

張師誠

昔歸崇敬使新羅而貿易悉絶，郭崇韜使鎮州而賂遺無受，誌美前史，稱聞勿衰者，曰能不辱命而已。夫使臣清節自矢，萬里之外，不忘君言，則其播之詠歌，託諸豪素，孰非可傳之作乎？西墉同年使流虬歸，道閩，出大集見示。余讀之竟，而嘆君之盡心於使事者，誠不異夫古所云也。流虬孤懸海嶼，國褊而貧，每乞封天朝，必預謀數歲之儲，歛集諸島之産以備縻用。比者九年之間，兩遭嗣立，而敂闕請命，弗懈益虔，故國家所以優䘏之者亦視他蕃爲倍至。曩聞使舟渡洋，則篙師榜人，群攬百貨，求償於倍蓰之值，夷人難之。其他旅館之供億，歸舟之餽遺，亦或有不給於求者。君之耿介廉隅，獨能舉一切而屏除之。自始事以逮終事，相與晏然，使彼國之人不疲不讟，觀其詩歌所矢，勵清心於如水，敬宸命以如天，而致中山王一書，辭義凛然，尤足見一介之不苟，則斯集之作，豈僅稽物、數典、紀域、徵程云爾哉！獨媿余治閩二年，於君往返過從，顧無異蹟成效足爲故人告語，而集中見贈二作，猶過爲奬許之詞，衹滋恧耳。斯行也，君又纂《治平要略》二十卷，並繪航海諸圖，定有足補《中山傳信》之録與海外使程之記者，博識之士尤將争先覩以爲快，又不第玆集之傳已也。時嘉慶十有三年歲在戊辰小陽月，年愚弟張師誠拜題于榕城節署。

又

王紹蘭

士之通達治體者，淹以貨財，不更其守，在朝廷之上則爲左右獻納之臣，其使於方國也則砥廉隅、磨頑鈍，使國體以尊而王靈震叠，意興所寄不求工，磐帨之間，作爲文章，形諸歌咏，使讀者開心胸而廣見聞，此其抱負非偶然也。琉球居東南大海中，其主恭順而國瘠貧，恃朝命以鎮撫其社稷。而使者遠臨，賓從之供，牢禮饔飧之費不貲。皇上御極以來，琉球兩遭國故，航海請益篤。天子念小國之誠款，慎選臣工，臨軒而諭遣之。給諫費公持尺一之書，適萬里之外。公清心人也，正己率物，戒僕從勿繹騷，瀕行堅辭餽贐，貽書中山王，宣揚德意，縷陳使臣不敢受金，義正辭嚴，盟四知而歸。至閩，出紀行一帙以相示，古誼拳拳，皆可法者，爰受而卒讀之。軺車所指，與海内耆宿紀恩話别，咏史賦懷，攬治河之方略，析防海之機宜，建蓮之籌民食，恒言之權義利，可謂見其大矣。舟届球陽，覽其山川景物，歲時俗尚，麗以韻語，醇深淵懿，洵辰告之遠猶也，徒以引宫流徵，含英咀華賞之，陋矣。嘗觀古大臣之畏簡書也，夙夜盟心，使小邦頌天子有知人之明，大夫有能造命之美，故有朝拜命而夕飲冰者，非矯也。甚者指天日以明之，曰：「使馬如羊，不以入厩；使金如粟，不以入懷。」前史傳爲美談，非有定力者能之歟？給諫又篹《治平要略》並繪航海諸圖，未付剞劂。蓋讀書既富，更事益多，政典邊防，實有心得，可見施行，二書流布，吾知鷄林賈人争先快覩，都中之紙貴有日矣。戊辰十月南陔王紹蘭拜序。

又

慶格

西墉二兄誠篤君子也，其立志事事必求實效，而不肯稍涉虚浮，故於諫垣退食之餘，輒手抄書史數十種，蓋欲考千古之得失，辨四方之異宜，使讀者按時勢而補其偏，以與斯民共沐聖天子休和之澤，其立心行事固可概見其微矣。戊辰春奉命赴流求，還過錢塘，出囊中使集詩見示。余受而讀之數過，而竊嘆其持身風世之旨之甚深也。夫使者馳驅周道，莫不藉歌詠以紀行程，然大抵譜寫山川草木之殊，風俗人情之異而已耳。獨西墉涉重洋，宣德意，减供億，却遺金，炳著於篇，其風節有卓然不可幾及者，孰非由生平立志之不苟而盡心使事以發爲詩歌也哉！且其信道之篤，愛君之誠，本諸性情，法乎雅頌，不求工而其工彌至，吾知其詩品爲最高焉。讀集中過泰山論河渠留别紀事諸篇，其足以勵使臣之節，洽外藩之情，敦忠愛之心，而示人以篤行實踐之學也至矣，雖與《四牡》、《皇華》之什並垂不朽，其誰曰不然？西墉於途中復篹成《治平要略》二十卷，此其經濟之大略也。余雖未能借讀，其即書史之精義，且與作詩之旨相爲表裏者歟？因爲之序於簡端，以志余知之深而慕之至焉。於其使車將發，貯諸囊而還之。愚弟慶格拜題。

又

費　振

人情莫不欲樹奇節於當代，播令名於無窮，然而有其時與地焉。不得其時與地則爲善小而僅足以自淑其身，得其時與地則爲善鉅而利及於家國。天下君子知其然，故恒預儲其非常之識，以俟夫非常之遇而不惑。余讀家來菴所著《一品集》，見其與琉球國王却金書及自記與正使北瀛太史會銜事，一舉而衆善具焉。假令地非外藩，時非奉使，則賢者優爲之矣，奚足爲來庵稱哉！顧處來庵之時與地則善無有大于是者。儒者局促牖下，至老不得與於域外之觀，幸而有其遇，無其識則爲辱滋甚，若來庵所爲，可以見大朝懷遠之仁焉，可以見聖人知人之哲焉。《禮》曰：大夫有善，薦於諸侯；諸侯有善，歸之天子。是則來庵善之大者，而非其識之精則亦不足以副其遇之奇，而收時與地之助也。異日若其集中所載諸什，言情述事，駸駸風雅之遺，其天懷洞達，志存經世，尤非可以詩人求之者。異日爲國良弼，錫福蒼生，斯編兆之矣。余雖衰老，於吾宗有厚幸焉。己巳正月十一日鶴江振漫題。

跋

章翼曾

西墉二兄之使流求也，余留京師，賦詩送之。及其反也，乞假省墓，留十日始行，余已旋里，又往送之。於其祖席，出詩集見示，自出都至使旋作也。且諗余曰：是集也，獨抒胸臆，不求問世，將以爲子孫藏。余讀集中詩數過，其忠愛之誠，經濟之大略，保身之要旨，備著篇什。後附却餽一書，以漢廷楊震自比。震欲以清白吏貽子孫，而君之高風峻節，照耀海外，視古人曷多讓焉。諺云：「遺子黄金滿籯，不如教子一經。」君之第二子余女婿也，年雖稚，頗聰穎，君將於旋京後令就外傅，承庭訓而紹家學，余尤有望於後人。姻愚表弟章翼曾謹跋。

題詞

阿林保

西墉二弟之使球陽，余既作歌以榮之矣。比其反也，舸艦無驚，七日來復，而清風亮節，炳耀海邦，却兼金之餽，禁黷貨之擾，奉揚休命，澤被外藩，洵使臣中所僅見也。因復贅二律頌西墉，且以志邦家之光。

萬里重洋七日過，果然忠信涉洪波。蛟龍聽令卿雲爛，魚鳥迎恩旭日和。聞有巨魚、神雀扈封舟而行。擁篲藩封求治略，君方纂《治平要略》一書。攀車執法奏清歌。集中有國相法司招飲之什。中山别有皇華頌，陸賈休誇使趙佗。

遠望虬川一點青，海邦新表却金亭。辭中山國王餽贐一書，大義凜然，尤堪寶貴。迴瀾力大關風氣，霽月光澄見性靈。持節如行平地水，前生合是丈人星。衍波箋上龍蛇影，好向同朝説與聽。

愚兄阿林保跋。

又　游光繹

破浪乘風去，何如博望槎。使才兼著述，詩思挾雲霞。意氣天涯倍，文章海外誇。閉門曾覓句，一笑井中鼃。

西墉二兄年丈前已以紀行詩見示，兹復得海外諸作，讀之佩服之餘，敬志數語。

年愚弟游光繹拜草。

又　陳觀

聖人在上同文軌，薄海内外運臂指。懷柔萬國仰聲靈，要使恩膏被遐邇。費君銜命渡重洋，忠介潔清以自矢。天吴效順迅來歸，衹覺臣心如止水。歸來行篋富吟箋，不獨鷄籠供纂紀。片詞隻語皆真誠，誦之不厭手屢抵。自古皇華美使臣，諏謀詢度勤所事。惟兹耿介嚴志操，行己有耻可謂士。三復書辭意肅然，慷慨自命談非侈。蠻夷君長欽高風，亮節巍巍標馬齒。

年愚弟陳觀拜題。

又　葉紹本

一代黄門筆，雄才孰與儔。星槎經萬里，雪紙記千秋。德意中朝溥，文章絶域留。卻金高節罕，姓氏軼前修。

開卷風濤湧，光芒百怪生。鮫宮羅世閥，鯨窟辨郵程。文貝形堪相，古有相貝經。佳蘇味可羹。談天鄒衍口，眼底見墉城。

執手河梁別，思君又幾年。誰知西掖客，忽泛大瀛船。竹葉團鄉話，梅花照祖筵。趨朝恩更渥，揚對近堯天。

愚弟葉紹本拜題。

又

阮　元

先生奉使行萬里，清節稜稜照海水。停雲樓下千黄金，却以封函一翻紙。歸帆豈有陸賈裝，祇此新詩數卷耳。我對先生自愧矣，刻鵠不成楊伯起。

年愚弟阮元拜題。

又

孫樹本

皇華真御史，海外一編傳。辭凜埋金牒，吟豪拾月篇。蛟龍雲氣護，翡翠露華鮮。遥想還朝日，緋魚玉詔宣。

世愚弟孫樹本拜題。

自序

戊辰獻歲，余既有球陽之役，僚友祖餞無虚日，行篋摒擋，盡付奴輩，賦詩言别，媿未遑焉。二月十八日出都，輿中無事，輒爲補述，益以塗路所經，三月杪行抵吴門，得詩六十餘首，汪中丞梅巖前輩題曰「一品集」，紀恩榮且以誌期望也。球陽長夏，重加删削，并道閩渡海諸什彙爲一編，以時省覽。蓋是行奉揚聖德，式播懷柔，漢官威儀，匪是弗稱，故名仍汪舊云。時嘉慶十有三年歲次戊辰七月既望，西墉費錫章自識於琉球使館之停雲樓。

一品集卷上

將出都門感懷自述

號令三軍肅，威儀八座尊。采風周太史，持節漢黄門。忠信天能鑒，平安帝有言。陛辭時來有「平安回來」之諭。敢誇渾是膽，疇昔事戎軒。

促坐留歡久，含情醉酒深。一年離别意，滿酌友朋心。盛集追前輩，少司馬周東屏先生叙述文恭公當時祖餞之盛。餘閒訪舊林。蒙恩賞假十日省視墳墓。征程何所羡，一路得長吟。

正好杏花天，離家月下弦。半生長跋涉，何處得安便。乞米空留帖，看囊不賸錢。那能無顧戀，萬里祝豐年。

開府吴中貴，汪首禾中丞。轅門揖故交。還攜舊詩句，重與細推敲。顧影魚同隊，投林鳥認巢。可能長記憶，飽食大官庖。每日克食羊肉，惟予與中丞飽啗。

又指錢塘路，星回十二年。嘉慶丙辰。即令思往事，從此締良緣。時汪稼門爲方伯，未締姻也。鄉味烏程酒，漁歌網釣船。東南民力在，猶頌使君賢。

出都五首以碑到百蠻開爲韻

男兒志四方，奉命惟所之。矧兹大琉球，尚在海之涯。我行暢皇威，百靈謹護持。樓船下九天，雹掣星與馳。不問内外洋，化險爲平夷。維帝有恩言，慎重簡舟師。上以蔡、朱二逆未擒，諭於到閩後傳知督撫，精選官兵隨往。何物作不靖，惟當摺箠笞。姑米産大石，吾將勒吾碑。

海外重文章，端在因勢導。側聞治熙朝，久已興學校。使者勵精勤，更爲闡至教。俾知東海濱，原是聖人燾。六書偶舛譌，五音或顛倒。豈無問奇客，寧惜陳秘要。享宴徹牲牢，餽贐却賄勞。無作天子羞，肯貽屬國誚。寄語紅衣人，萬里今日到。楊誠齋奉使事。

大海亦何奇，只是水所積。元氣與盤旋，兩潮爲翕闢。當其天宇浄，萬里混一碧。柁師視針程，兢兢審咫尺。濤頭高似山，盡水何有石。乃知天地間，凡事皆有迹。人境所窮極，思路可尋繹。不然十洲寬，誰是常游客。沙線辨微茫，此語本故籍。吾將拚長夏，從頭理舊册。點檢北來裝，已有卷盈百。余行篋中携帶手抄廿四史、《籌海圖編》等書數十種。

憶昔從軍時，兩載歷萬艱。烽火徹晝夜，戎帳心安閒。歸來話舊容，親朋笑吾頑。今我泛瀛表，或者添蒼顔。且復理游帙，東海續南山。祇愁新詩成，參軍語帶蠻。

我友魁奇姿，謂北瀛。仙籍本蓬萊。乍見如舊識，談笑無嫌猜。此行建龍旗，同登上將臺。客星横一雙，照耀凌三台。安知前詩讖，余四十年前題同郡韓君《乘槎圖》詩有「客星一雙横斗杓」之句，蔡侍講之定祖餞時簡舉以爲詩讖。不爲異日媒。臨風舒長嘯，直須飲百杯。鄭和奄寺耳，到處名王陪。三使涉重洋，島夷遍招來。何況中朝貴，儀度廷臣推。使臣例以儀度修偉、學問優長者充選，禮部原題也。吉語帝親贈，平安去復回。請看五虎門，面面祥雲開。

道　旁

古廟臨道旁，云是舊里社。墻欹半坼磚，簷虛欲墮瓦。有神尚儼然，泥裳不蔽踝。香火倦頭陀，枯坐何爲者。或言神聰明，或言神聾啞。災患不知恤，福禄不肯假。因之報賽稀，酒漿日以寡。清泉一掬慳，守此將傾厦。余笑謂田父，雞肋那便捨。五尺偶人耳，何堪供描寫。我將告天公，移之配宜榭。夢神名。

西鄰有叢祠，金碧照路衢。絳炬燃百數，繚繞香滿爐。堂下陳羊豕，跳躑舞村巫。謂神來享格，衆色欣愉愉。翁媪紛雜遝，跪拜簇庭隅。祝祠不可辨，但見千頭顱。問神果何靈，僉曰神實殊。南鄉苦久旱，欲雨蘇焦枯。北里遠行客，畏雨涉泥塗。甲言桃李實，忌風摇高株。乙言帆檣具，願與好風俱。所求各有異，一一祈神扶。神也太狡獪，感應良不誣。淅淅飄夜闌，杲杲明朝晡。寂寂鎮籬落，浩浩吹江湖。所求各有遂，一一與心符。變通妙仁術，以此相歡呼。余聞重太息，爾神真野狐。

過泰山邑令先期請示登岱與否余以時方東作重勞民力辭之事神以誠不在一瓣香也

五嶽視三公，本是神明胄。岱宗主東方，長養萬物茂。先王重報功，祀典隆俎豆。後世侈登封，鋪張嗤元狩。道藏始徵奇，謂與天齊壽。像設倍尊嚴，搢圭被衮繡。有赫炳靈公，翊衛擐介胄。妙應碧霞君，崇號媲天后。或言能延年，或言能致富。濫觴自前明，奄豎爲煽構。齋醮修青詞，誰更爲詰究。有舉莫敢廢，習俗猶沿舊。至今三月間，士女如雲輳。使者未經由，吏已先期扣。余謂天地間，何處非神佑。東境昨頗旱，幸喜春膏透。少壯正翻犁，忍令輟耕耨。勞民事禱祈，諒非神所右。何况飾厨傳，崎嶇遠祇候。輿馬復紛紜，靈境遭踐蹂。多人有不潔，滋恐貽神詬。不如静齋心，内省轉無疚。因之罷登臨，垂簾度清晝。持以示同儕，我言當不謬。

羊流店叔子故里。

不謂輕裘客，名心亦未忘。江流無日夜，人世本匆忙。遺愛碑能墮，交情酖可嘗。平吴功未與，天幸遜諸王。

泰安府懷前太守沈前輩琨

畏説征塵指泰安，故人天際路漫漫。三年報最虚前席，一事陳災拂上官。抱郭汶流雲外繞，捲簾岱色雨中看。浮萍畢竟皆離散，處世分明忍最難。

宿嶅陽作是日進館翻輿。

沙途款款趁新晴，一帶山光隔去程。茅店幾間花滿樹，夕陽影裏讀書聲。野薺春蔬滿市區，到來何事又狂趨。人生蹉跌原無定，不在高山在坦途。

沂州府晤克太守什訥丙辰年按事浙江正知寧波府同勘蕭山沙地今已一星終矣

人生會合總前緣，回首錢唐倍惘然。舊跡茫茫圖霸地，秋雲淡淡過江天。一時同輩俱開府，汪制軍、秦少寇。賸我征途尚着鞭。相見各驚顔狀换，不禁彈指又辰年。

宿蘭山驛寄輓宋小坡給諫澍

揮手征途涕淚新，那堪重話去來因。名高大諫偏無禄，壽甫中年况有親。往事烟雲真若夢，異時桃李可成春。時三月六日，初八士子入場矣。清泉一勺君知否，同是西臺被劾人。

武侯故里旁又一碑，書晉孝子王祥故里。

三國多畸人，蜀漢人最盛。亦惟前將軍，許身最光正。炎興風后求，殷開伊尹聘。三顧草廬時，君臣已共信。數語括三分，全局筭早定。豈惟王佐才，大處見孔孟。我行過瑯琊，故里肅起敬。深刻峙崇碑，博陸但書姓。後來王太傅，何足相輝映。微嫌巫峽中，多事留八陣。

郯城早發

漠漠輕塵渺渺波，傍隄十里水烟拖。時方春半花初放，路近江南雨漸多。老去久忘三宿戀，再來又是一年過。無端棖觸增離思，欲采柔條奈爾何。

永清橋在峒峿。

朝發郯子城，午抵江南界。市橋初竣工，行李齊稱快。有客正書丹，圍觀同衛玠。勒馬顧匆匆，約略吴興派。三百青銅錢，一一姓名挂。雖然衆所哀，美基慎勿壞。凡事盡如斯，難成而易敗。憑添數尺欄，臨流映圖畫。月白風清時，留與漁樵話。

仰化集道中喜見菜花

自甲辰通籍後不見菜花已二十五年，以京師少油菜也。

爛漫黄雲鋪野田，不隨桃李共争妍。貧家日日同甘苦，相見翻遲廿五年。早是春回淑氣催，麥苗未長菜花開。不須與爾嗟同色，我爲蒼生帶雨來。途中三次大雨，自德州至清江一律深透。

自遣

幾年踏遍帝京塵，歸到江南眼倍新。一路悤悤君莫笑，種田時節看花人。蕭然久作打包僧，恩命頒來氣象增。比似劉安初得道，一家雞犬盡飛昇。從人例有頂帶。

清江開船

日日車塵馬足前，今朝安穩上吴船。人惟閲歷知甘苦，水到奔騰總變遷。花事闌珊春漸老，鏡痕依約月初圓。過江兄弟誰迎我，欲見偏遲倍惘然。

至今嗚咽水，猶自暗通潮。

跨下橋 按跨下《史記》作袴下。

能忍始真勇，争傳跨下橋。高歌荆軻筑，乞食伍員簫。異世悲同調，斯人恨未消。至今嗚咽水，猶自暗通潮。

南河述語

過清江時，與徐宫保端談及南河情形，略悉大概。宫保固熟於河務者，知非影響之言。舟中無事，約成韻語，以備遺忘。惟是黄流變遷靡定，安知後之不異于今，則是詩仍爲陳言耳。

河源出昆侖，伏流溯和闐。奔騰入中國，爲患數千年。神禹不再世，安瀾總恃天。自漢及元明，累代多變遷。愈久患愈亟，運道實毘連。一決輒梗阻，不獨傷民田。譬之胸與背，脈絡相絆牽。黄强則清弱，黄入清不前。借黄以濟清，黄退清已填。古者重疏防，餘力事節宣。今者日不暇，處處事補偏。又如人久病，百骸成拘攣。氣逆咽必噎，中滿腹必堅。庸醫輕嘗試，狂藥姑熬煎。安得來和鵲，一劑便豁然。吾鄉潘尚書，全書久流傳。吾朝靳文襄，奏議亦雕鐫。兩人功禹下，至今祀豆籩。公也踵後塵，何不事纂編。詩家愛西崑，尚思作鄭箋。何況平成績，鹵莽無真詮。黄鵠一振翮，天地見方圓。治河籠全河，計全河斯全。淮揚百萬家，夜夜高枕眠。

右論河。

築堤堤束水，水束水刷沙。古人創良法，誰能指微瑕。江南南北岸，二千餘里賒。堤久漸蟄陷，凹凸翻浪花。夏秋盛漲時，往往飛蛟蛇。欲資保障功，莫若高寬加。有基期勿壞，原非志願奢。當其風雨驟，兇懼紛亂麻。高寬以丈計，膽壯静不譁。萬心并一心，護堤如護家。以次逮高堰，厚培無欹斜。金錢六百萬，底績宜可誇。不見豐碭境，大堤爲蔽遮。年來快寧居，整齊同官衙。

右培堤。

水急逼之趨，水滿導之瀉。妙想悟前賢，嘉名錫減壩。以玆龍尾捲，殺彼濤頭射。兵法出不意，横攻不厭詐。文章有旁敲，全題自變化。江境舊規模，修復宜及暇。毛城王家營，譬如身兩胯。外高内則仰，鑿河引使下。然後相傾欹，次第補其罅。庶幾異漲來，倉卒得馮藉。

右修壩。

簇簇鱗披魚，青青髻盤螺。就岸卧斜勢，偏側爲陂陀。海防稱埴水，河防號坦坡。用以避衝激，名異實不訛。洪湖當盛夏，萬派來漩渦。雄濤挾巨浪，快如狼奔窩。守望稍不慎，淮揚併一河。焉有聖明世，民猶唤奈何。捍禦期永逸，役重理則那。萬有四千丈，寧恤勞者歌。請看堤後石，所費竟孰多。

右坦坡。

水性亦如人，出入有常路。强欲挽狂瀾，必至失故步。人猶聽箴規，水安能覺悟。江境雲梯關，萬水所歸赴。硬沙凸磯心，鐵板同堅固。城門將軍石，京城各門中間俱安大石，俗呼將軍石。行旅何嘗忤。猥因流不深，輒思大舉措。微論力難施，正復誰受雇。或云築長堤，兩兩逼之怒。庶幾挾沙行，千里快奔注。築室聚道旁，此錯真鐵鑄。河患所自來，豈一朝夕故。河底惟日高，河流始多沮。病非剛不茹，乃在柔不吐。咽喉先壅塞，尾閭遂凝涸。妙手治痞膈，疏消固先務。既從天上來，還使天外去。不則千萬緡，徒然竭府庫。安肯昧機宜，轉被浮言誤。

右改道。

過鎮江

紛紛冠劍滿城趨，昨夜將軍下火符。官兵站隊遠接。吴楚咽喉留重鎮，江山指點見浮圖。鄰舟漸覺鄉音熟，薄醉渾忘笑語粗。九十春光剛過半，喜添櫻笋入行厨。

過常州訪玉樹祖姑於聽彝堂姑爲先五河公長女與余同歲嫁毘陵莊氏不見已三十年

相見各忘老，頑如少小時。抱孫偏傲我，余諸子尚幼。教子自爲師。六十年期近，三千里路遲。從頭話存殁，愁起故園思。

中丞阮公元招飲望湖樓甲辰召試時寓此。

盡攬全湖勝，居然有美堂。文心爲締構，取勢肯尋常。草樹呈新緑，亭臺送夕陽。昔年辛苦地，回首不能忘。

武林感舊

正是湖邊社散回，争看御仗萬人堆。故鄉擁傳君休訝，不比相如諭蜀來。
百感關心借濁醪，幾曾暫息客亭勞。劉郎前度匆匆去，零落元都舊種桃。
尚書門第令公孫，苦滯邗江竟孰論。我似昌黎銘少監，傷心惟有淚雙痕。
荷戈西去幾時還，聽説君恩擬賜環。寄語清光留些子，好教生入玉門關。

嚴子陵釣臺傚袁簡齋

直接淮陰後，添成兩釣臺。赤眉群盜去，一脚故人來。老樹婆娑盡，寒潮寂寞回。層梯今漸没，誰爲翦蒿萊。

江山船傚簡齋

出門諱言貧，對酒諱言老。甘爲牡丹死，相見何不早。咿啞柔櫓聲，别去太草草。不老又不貧，試問同年嫂。
九姓錮漁船，孽自陳友諒。舵師及篙工，厥祖皆良將。而何陷溺深，入水即變相。儂心秋波清，郎意江潮漲。爲語同行人，毋留高曾様。

明初正紀綱，創造魚鱗册。儒宦竄墮棚，一一按成格。遂令色目人，婚喪供賤役。側聞世宗朝，皇恩許落籍。無如習染污，安土難爲客。官私兩部蛙，墮民以捕蛙爲業，故越人深諱之。含愁情脈脈。

孔雀啄大雞，文采中含毒。至今嚴家山，在甘肅涇州。怡然忘恥辱。款段不出都，厥罰亦太酷。我欲重科條，力爲變其俗。或曰如君言，誰唱《凉州曲》。

過仙霞關和壁間韻 北瀛已先過一日。

海江中合起奇峰，枉著仙人戴紫蓉。屋小可能留客住，民稀應有隔年舂。尚書保障餘殘壘，李鄴園先生。故老傳聞話舊蹤。來此衹宜同上達，相期努力莫辭慵。

荆棘芟除盡坦途，肩輿那更倩人扶。星分婺女旁通楚，勢走錢唐直至吴。心是空明方自在，詩惟名勝不能無。篔簹萬个圍僧屋，惹我西窗客夢孤。

三衢營制入閩長，牙錯居然右翼張。營汛係浙江管轄。助我清吟甘澗響，引人饞思荔支香。龕留古佛成千刼，路起叢臺鎮一方。直是上天天更遠，松聲先作海浪浪。

扶桑萬里一帆通，此去剛迎旭日曨。趁取清光來眼底，好收夷俗入詩中。汝南品望歸朝定，周亮工。司馬文章過海工。前使海珊先生。凡事但從高處看，不留形迹是冥鴻。

大水行爲同年諶太守昌緒作

黑雲挾雨來如潮，傾盆直瀉天爲滔。戰鼓十萬殷地軸，風伯乘勢翻洪濤。小樹離披大樹拔，輪囷塞滿山之坳。飛電掣練霹靂劈，掀開窟六騰潛蛟。三郡之水一河匯，其勢欲與城争高。城中夜半驚且泣，人聲嘈雜犬聲嘷。建寧太守乘城坐，令丞簿尉齊奔跑。傳呼里社集牌鍤，女墻隙處圍周遭。來固洶湧去亦駛，遠望漸露浮圖椒。我行剛值雨初歇，中有天幸非人佻。羊腸曲曲繞對岸，不然魚腹其何逃。太守殷勤遣致語，道阻未克迎旌旄。予言民事聖所切，使臣到此宜分勞。憶昔辛酉偶大水，躬親三月盧溝橋。恩賜白金助煮賑，是役共用五千餘金，適月官江西，從九何某繳銀八百兩，得旨賞給，前後計賑男婦大小三十九萬口有奇。散以餅餌飼以餻。往事至今猶在目，敢嫌越俎遲代庖。須臾消盡水復故，中流容與來輕舠。相逢一笑見不易，且同小飲開醇醪。市橋已斷公無渡，欲問前途俟詰朝。以橋梁被衝，留住一日。

過蚺蛇灘在延平府，俗訛亂石灘。

上灘與水争，下灘與石讓。有灘號蚺蛇，厥稱肖其狀。吐舌似頸長，睒睒惡相向。果然鐵艄公，諺云：紙船鐵艄公。竟敢與之抗。一橈讀若招。船傾攲，兩橈船震蕩。恰好罅縫間，跳脱作閘放。始時色若驚，睹此神轉王。惜乎天正晴，尚未值異漲。能者想無難，不知又何樣。或曰姑俟諸，且看大海浪。

建蓮

菡萏長陂塘，閩俗種以田。秋成計豐歉，亦有大小年。包匭實筐篚，裨販到窮邊。庸醫記方書，清心必建蓮。人謂利源溥，吾意殊不然。閩地素瘠薄，富庶惟漳泉。齒繁蓋藏少，全賴澎湖船。風濤二千里，往往多稽延。鼻息仰他人，當躬了無權。本自鮮膏腴，而又重棄捐。有心籌民食，曷不事補偏。拔蓮藝五穀，穀熟仍糶錢。庶幾備無患，民亦得安便。客言近迂闊，積習何能悛。不見淡巴菰，明季始留傳。至今十室九，吐納噓雲烟。掘斷蒙恬脈，開盡商鞅阡。其廣且百倍，于蓮何責焉。我聞長太息，持論遂不堅。凶歲偶然耳，畢竟還恃天。

按福建民田一十二萬八千二百七十頃八十七畝，以畝穀二石計算，應穀二千五百六十五萬四千一百七十四石，一米二穀，實共米一千二百八十二萬七千零八十七石。人丁四百七十一萬三百三十九口，户部黄册。計口授食，人以三石六斗爲率，應米一千六百九十五萬七千二百二十石四斗，歲共不敷米四百一十三萬零一百三十三石有奇，而年穀之豐歉，生齒之蕃滋不與焉。况田有定地，齒無定數，即使盡種禾稻，盡獲豐收，民食之不足，尚虞日甚一日，獨奈何以可耕之田種蓮種菸耶？録詩既畢，附記及之。

福州與張中丞師誠同年話舊

驄馬無端橫海行，壯遊到處累逢迎。同年惟我長爲客，當代如公合作卿。苦耐辛勤留本色，縱談經濟見平生。老懷漸覺頹唐甚，但有新詩待細評。

恂恂儒雅尚書生，坐鎮全閩七十城。衆喜小心持大體，自言干道本人情。牙門寂静花銜雀，鈴閣清閑子落枰。似此何嫌三月住，海邦久望使星明。接封陪臣於去冬至閩。

初食荔支用東坡韻

堆柈未噉已胡盧，恰來潤我枯腸枯。瓊漿迸出香滿室，呼童先把蒼蠅驅。雙手那及解袍襦，但想柔荑玉手凝。脂膚軟温雞頭勝，雪白不知二者誰爲姝。我本榕城一事無，生憎肉食烹娵隅。余性不嗜魚，而閩俗每膳必具。得此居然足一飽，狂吞活剥忘其麤。直是驪龍長熟睡，盡摘頷下徑寸珠。江瑶河豚原錯擬，東坡詩《遯齋閑覽》誚之。仙子豈比凡夫腴。即論水族亦未盡，尚有西施長舌松江鱸。不如楊梅枇杷作鼎足，解紛試繪三友圖。

慶廉訪保招飲即席賦贈甲寅年兩同按事。

悵遠榕城路，相思不記年。世家天尺五，臬事汝三千。厩養龍沙騎，裝輕鹿港船。君任臺灣多年，清貧如昔。相門還出相，阿堵肯留連。

勿謂重瀛隔，辛勤未有涯。故人半宿草，甲寅同事半已作古。老眼尚看花。客久詩腸澀，情深酒力加。不知謝蝴蝶，君畫蛺蝶最精。肯爲染吴紗。

贈阿制府林保雨窗先生

征途勞頓雨經旬，握手翻遲見故人。開府十年貧似□，通家兩世誼加親。令嗣瑞司馬在京，不時過從。收來木屑寧無用，種到甘棠自有春。聽説朝天在旦晚，東南民力待敷陳。

江湖兩浙海山閩，帝爲巖疆遣重臣。偶以小詩資嘯傲，每從大事見經綸。畬田隙處桑麻長，村店稀時壁壘新。聞道長鯨行就縛，朱逆有投誠之信。歸舟擬作釣鼇人。

一品集卷下

閏五月初三日南臺開行

中山使者持絳節，高坐南臺點士卒。當街一踴上舳艫，異軍五百蒼頭突。兩舟共五百十二人。龍旗御仗列滿船，萬目睽睽金鼓伐。笑指南風淅淅來，回身再與諸公別。當今聖主釐南邦，安民要使鯨鯢滅。蔡、朱二逆。已聞釜底剩游魂，莫使島間留遺孽。窮蹙思歸非至誠，時朱逆有投誠之信。此輩行蹤最飄忽。從來欲撫必先勦，慎勿遷延墮詭譎。我今行矣憑皇威，橫截蛟宮與蜃窟。臣心如水涉波濤，忠信平生差可說。臨歧肯作兒女態，衆謂精神倍發越。休論何日到中山，且看海外初三月。

過太平山

向例於此取水，此行以淡水足用，揚帆徑過。

漸覺雲開海外天，祥飈習習送樓船。使君真箇清于水，不費山靈一勺泉。

黑溝洋中外分界處。

執豕牽羊付濁流，舵師鞠𣭪禱船頭。無端破我游仙夢，鉦鼓喧天過黑溝。

姑米洋候風

海中無可灣泊，惟有隨風蕩漾，所恃者一桅片帆而已。

萬濤圍一葉，四顧更無舟。不辨魚龍氣，真成日夜浮。天圓低似蓋，水活碧於油。欲問蓬萊路，神仙未可求。

落帆後詢知本日乃係暴期旋見黑雲層疊大風擁之南來舟中無不失色雲既漸近忽又摺而北去一似有所避者然益信御書在舟百靈呵護而是日他舟之有無遭風不能問矣

雷聲隆隆響地穴，電光閃閃九霄掣。黑雲層疊壓泰山，大風鼓蕩勢横絶。正是重洋起暴期，文武倉皇齊吐舌。水聲人聲誦佛聲，但覺智盡能亦竭。余時倚枕念生平，我弟無言手暗捏。指點空中已漸遥，似將直逼忽一摺。舟子乘暇轉船頭，鎮静將軍鐵力捩。海舟舵神號鎮静大將軍。須臾皎日現榑桑，泰然無恙群歡悦。我思帝語賜平安，况有仙螺白似雪。恩賜右旋白螺，敬奉渡海。封舟十丈百靈扶，不知何處孽龍孽。誠恐後至戮防風，萬里慌忙趨絳節。行行倏覯免朝牌，船頭例懸免朝牌。旋轉雲車去竭蹷。奔走鼀鼉魚鼈蝦，水府威儀那成列。此事親歷非荒唐，酒邊好作齊諧説。

舟中無事黄明經本中出示懸弧小照輒題四韻

不信三年别，同爲萬里行。九章明算術，一昔悟針程。有弟同研究，輸君獨老成。腰間弓幾石，借我射長鯨。

進那霸港

萬里奉恩綸，到岸即爲客。那知指顧間，還須遲一夕。云有鐵板沙，其堅過於石。舟行同暗礁，誤觸兩分擘。丫攬新森城，南砲臺有番碑刻此五字。天然設險阸。封航未進港，衆島先奉役。曳以獨木船，徐徐順地脈。其人殆盈千，其舟亦逾百。蜿蜿游蛟蛇，點點浮蜥蜴。洪濤互吐吞，進丈仍退尺。非徒兩厓高，直是雙門窄。耶許聲不停，皇遽汗流脊。維時已三更，圜觀尚重迹。球王盛冠裳，奔走盡赤幘。膜拜肅起居，雖行三跪九叩禮，舉手有似膜拜。舊典循無斁。初來未日中，至此沉月魄。載登停雲樓，副使所居。匆匆布枕席。倦極且高眠，東方天放碧。

題家弟錫輅乘風破浪圖

男兒墮地志四方，東西南北無限量。古未云海不可渡，胡乃咋舌變色嘆望洋。我弟弱冠游帝鄉，齊國晏嬰六尺長。顧其身小智則大，談天壓倒靈臺郎。弟精算學。棘闈久困不得意，荏苒經今二十霜。去年聞我使球島，興高采烈眉飛揚。但得大觀而無憾，此事原憑膽志强。今年虎林重握手，指點襆被囊與箱。離家百里不歸視，隨我直至閩海旁。是時西南風正盛，龍旗大斾九帆張。黑溝行過中華界，鳴金伐鼓投猪羊。見天見水不見地，渾淪一氣疑洪荒。銀濤十丈陡起落，有如糠粃受簸颺。賓僚盡作深猷吐，奴僕一一籍湜偃。惟弟與我不改素，飲食言笑如平常。船頭群鳥飛若導，船尾雙魚泳且翔。後者于舟爲擁衛，前者爲人呵不祥。九重丹詔百神護，靈潮吐納皆恩光。那霸港前歌戾止，停雲樓上卸嚴裝。與君暫別已五載，且借異國話聯床。世間萬事有定數，境非親歷終騎墻。宗慤徒然作豪語，畢竟寄興非身嘗。天地之大有如此，弟今目擊其毋忘。

過杭時阮中丞以詩贈行依韻奉答

棠陰處處口碑同，民物都歸鑒照中。顧我遠遊同陸賈，祝公他日繼姚崇。畬田新熟皆閑土，經舍重開比澤宮。未嘆此身來海外，故鄉猶得被仁風。

拾月篇

球陽消夏，僕人於海濱拾得螺蛤數百枚，奇形異狀，頗足賞玩，因取詩人「挂席拾海月」之義，作拾月篇。

流虬屬島三十六，地瘠遠遜日本倭。彈丸黑子絶殊産，文貝大蛤左旋螺。往時作貢三千具，筐盛錦襲馱以贏。我來辰夏門五日，炎官火繖張天羅。渾身疿瘤密於疹，奇癢惟有雙手搓。僕夫喘汗不敢近，相率逃暑山之阿。乘暇拾得繡紋殼，歸來擎獻避譴訶。余也長日正無事，欲學攤飯防睡魔。得此儘足供消遣，老拳毒手頻摩抄。僕言潮退觸目是，蚯蚓出竅蜂鑽窠。一人創獲十人繼，始稱罕見後漸多。或翠如孔雀，或緑如鸜哥。或紅如丹砂，或白如玉瑳。或如毘耶帽，或如織女梭。養以瓷盎刷以帚，硃研粉蘸隃糜磨。圖成愧乏郭璞贊，興到亦復思吟哦。此行一百五十日，但願日日撿括毋蹉跎。佳者有賞惡者罰，已出酉入同催科。還家羅列粲兒女，昔汝懊惱今歡麼？

海濱文蛤有形如荷葉者潔白勝玉因令貯水以養碧魚魚細不及半寸而蔚藍可愛亦客居一韻事

棐几芸窗浄掃除，樓居終日列仙如。使君刻意求新樣，玉蛤爲盆養碧魚。

爲藍爲白總天然，入畫須知分外妍。我本案頭無俗物，分明玉水漾青蓮。

停雲樓即事

高樓顔停雲，前使八分字。康熙二十二年舍人林麟焻題。布席滿室中，平滑無纖膩。名曰脚踏綿，質朴饒古意。從者躡梯升，入户即脱屣。何殊又坐船，兩足不著地。初至空空如，更苦無所事。徐而察所宜，帖妥爲位置。横施七尺床，勺排五經笥。静以玩螺紋，動以觀魚戲。螺、魚俱見前詩。饘斯粥於斯，頓忘炎威熾。人惟習未慣，慣則了不異。憶昔扈灤陽，往往蕭寺寄。晝作消暑圖，月日從頭記。圖窮代及瓜，恰好整歸騎。今兹役不同，株守固一義。吾友黄覺庵，寫圖更精緻。渾淪法太極，右旋爲序次。一百五十日，日日嫣紅漬。如月被雲遮，以漸周而始。客若問歸期，請看食之既。

恒言誡弟

世人處處圖便宜，俗以利益爲便宜。心計得失争銖錙。諺云惟利不可獨，豈真我黠人皆癡。鼓鐘在宫聲在外，盗鈴掩耳誰弗知。中原富貴不自致，到此逐逐無乃轉被異域嗤。即使捆載返故里，辱於祖考慚於師。阿兄于禮先一飯，昔所聞見常嗟咨。頭銜一紙書不盡，身敗名裂往往由于斯。我今告弟學喫虧，爲所當爲有不爲。辨别是非權義利，毫芒分析堅忍持。初苦勉强後自易，眼空世界光琉璃。守此非徒少蹉跌，餘澤還爲子孫遺。恒言不文幸勿哂，願弟日夕深長思。

初至使館終朝清寂半月後鳥雀啁啾不絶于耳從客云自遠來巢事頗吉祥余謂館本空閑今吾人衆多喜於得食而已毋爲侈談也

徒將蠣粉泥去聲簷牙，野樹扶疎不見花。方朔一囊來上國，滿窗晴日雀移家。

未數日又有猫挾數子而來驅之不去其志蓋亦求食也

郇厨豐腆艷賓筵，聽説人流口角涎。球地米少，民間多食地瓜，以供役使館爲喜。自古悲辛唯冷炙，却教襁負到烏圓。

和北瀛海濱紫石即次原韻

沐日爲靈液，茫洋浸大東。自然奇石顯，必有瑞光融。排比松針密，虚明鶩管空。其形如是。潤非資玉質，色已奪花叢。炙手勢疑熱，凝眸艷若烘。天吴原伴鳳，陳寶本如虹。琥珀辭丹地，珊瑚去紫宫。可能儕鵲抵，未免嘆鴻瓏。想像波濤拆，凄迷煙霧籠。一朝逢節使，萬目詫神工。陸賈《新書》外，張騫博望中。歸裝輕似葉，還與鬱林同。

蟻

一般求口食，辛苦欲何之。引類群鑽隙，忘身競處脂。幾時柯夢醒，終日磨旋遲。物命輕嘗試，休言過海奇。《傳信録》云：蟻之有水。終未曾試。

蚊

薨飛擾晝夜，紙帳製渾成。球人多以紙帳避蚊，有遮一室者。非股亦錐刺，有風寧扇擎。幸殊勾踐喙，其嘴甚小，不比淮揚之長。徒作越椒聲。應喜中華客，都無太瘦生。余與北瀛體皆胖。

蠅

群飛宜竈下，而亦傍紗帷。臭味人殊好，馨香爾獨知。衣新翻受污，墨飽每如癡。奉節非須赦，毋煩化小兒。

文螺嘆

文螺拾海濱，天然絶雕飾。類族拔其尤，清供留硯北。乘暇爲爬搜，消閑亦拂拭。或言酒作兵，韓偓詩「酒衝愁陣出奇兵」。去垢同去賊。誰知未一時，黯黮喪顔色。奇采散不收，恍如月被蝕。物理固難窮，對之徒嘆息。本期玉于成，乃竟苦相逼。宜乎五行家，時時講生尅。

諭祭追封禮成書事

帝澤覃荒服，恩綸慰閟宮。春秋歸檖重，昭穆析珪同。簜節頒朝右，樓船出澥東。剛柔先卜吉，小大盡從公。先日演禮廟中。主器能將祀，前期豫飭躬。所司恒翼翼，執事倍融融。尸祝庖人治，例給銀兩，自備祭品。鐘懸胄子通。紫巾奔若駿，絳炬燦如虹。備腯牲牢潔，馨香俎豆豐。五年循舊典，前使係五年來。兩世奠遺忠。愷澍沾存歿，哀榮盛始終。恭擎奎藻麗，高唱德音洪。肹蠁雲濤外，君臣雨露中。鷹揚宜表海，虎拜又呼嵩。輯端珠囊映，傳家玉檢崇。循例恭請詔敕留供廟中。天孫綿奕葉，颶母靜狂風。寵震鄰邦聳，疆聯屬島雄。聖慈宏錫類，長此荷帡幪。

禮成後循例飲宴歸途口號

迤邐平岡曙色開，歡聲男女殷如雷。長松夾道先王廟，九載重瞻使節來。

果然形勢似長虬，隋使朱寬至國，見地形如虬浮水中，故名流虬。安里橋邊一望收。二十四王同逝水，皇恩直到海東頭。

揖讓從容禮數加，長筵處處曲屏遮。行人莫更勞重譯，賓主無言已日斜。

溫慈曲體仰堯聰，陛辭日蒙聖諭優加體恤。四海原歸睿照中。一扇未嘗非地産，欲教披拂受華風。

按定例七宴，此次諭祭追封若分兩日，則于向例應增一宴，因與北瀛商議，同日舉行，俾省一宴。宴畢後，世孫循例致送看桌五面，蔬菜二席，福酒滿罈，席金十二兩，西洋布五疋，摺金三兩。木香十觔，摺金二兩。腰刀二把，苧布五疋，蕉布五疋，紙扇十柄，亦祇受酒肴、紙扇，餘皆璧反之，以副聖慈優加體恤之意。

琉球八景和北瀛韻

泉崎夜月

蓬瀛望不極，復此憩流泉。共許心如水，相看月在天。歸雲籠島樹，遠火黯漁船。回首中華路，幾疑傍斗邊。

臨海潮聲

吾鄉曾射弩，云是伍胥潮。駕海聲猶怒，憑秋氣肯消。喧豗殷地軸，推助借風飈。欲問從來處，依然萬里遥。

粂村竹籬閩中七姓所居。

不耕惟事讀，編竹當墻垣。婦女諳重譯，朱陳住一村。曉光常罨户，野色欲侵門。更拓窗前地，留添春草蕃。

龍洞松濤

盡作之而勢，横空捲亂濤。響欺山澗静，寒逼海天高。挾雨爲鷩湃，因風起怒號。老龍睡醒未，試認鳳池豪。

城嶽靈泉

環海皆鹹磧，流甘得地靈。何人爲疏鑿，終古自空青。農喜禾苗溉，神依俎豆馨。幾時攜活火，來此訂《茶經》。

筍崖夕照

朝天班玉筍，秋氣薄千崖。返景赤如炙，漏雲青可揩。魯公碑字勒，武肅石銜排。薄暮遊蘭若，山僧乞水牌。

長虹秋霽

萬水正東注，昂然截衆流。恍如天外亘，移作眼前秋。指點浮洋舶，依稀辨海樓。何當淩健筆，併入畫圖收。

中島蕉園

一島似拳聳，名園遍種蕉。緑陰當户静，爽氣入秋驕。結社宜銷夏，題齋合姓蕭。迥殊聲在樹，虚枕夜迢迢。

黑荷花

墨花狼藉滿池翻，豈是朝朝洗硯渾。結社僧來忘白足，採蓮人去怨黄昏。簾垂一桁秋殊色，露滴三更月有痕。亦自倚闌嬌欲語，六郎風貌竟誰論。

停雲樓五君詠

王行人垓，山東膠州人，順治十一年頒敕，康熙二年來。

鄭孽稽誅日，南天滯使星。行人一介重，絶域十年經。海氣尋常識，濤聲少小聽。擘窠留駐節，聞近刦金亭。舊使館有公題「駐節」二字，今已不存。

林中翰麟焻，福建莆田人，康熙二十二年來。

無林不開榜，姓氏幾人傳。風利來三日，聲稱越百年。瀕危神佑護，涉險帝矜憐。倚枕瞻留墨，光晶向日懸。樓額係公手書。

徐太史葆光，江蘇長洲人，康熙五十九年來。

鶩脰湖邊客，才名盛昔時。遺文家塾誦，傳信島人思。公著《中山傳信録》。摹繪魚龍變，雕鏤樹石奇。弓衣如可織，一卷聖俞詩。

周文恭公煌，四川涪州人，乾隆二十二年來。

嶽嶽未少貶，初終志節完。險曾驚破冢，姑米洋沉舟幾溺。學本障狂瀾。雅飲無同輩，儒餐有大官。峩眉天半雪，清氣得來難。

李中翰鼎元，四川綿州人，嘉慶五年來。

蓬萊逢小刧，吹墮鳳池頭。清切絲綸掌，辛勤菽水謀。十科遲後進，正使趙後君十科。萬里濟同舟。《球雅》成書地，中山第一樓。

琉球雜咏

前使汪、徐兩先生俱有《中山竹枝詞》，已數十年，風俗不免小變，因成雜咏十首，凡二公所曾咏者不再作也。

陰陰緑樹繞迴塘，短竹籬笆礪石墻。瓦砌高低匀玳瑁，窗移左右作鴛央。屋瓦俱紅黑色，窗則上下限刻雙溝，左右推移以爲啓閉。

長簷矮脊界分明，鬥角全憑粉砑成。一色樓臺迷遠近，捲簾渾似雪初晴。凡屋簷脊多以蠣粉塗壂，遠望如積雪初消。

一榼雙承共輓推，倒行逆施任君猜。偶然倚著高樓望，大似猩猩送酒來。肩輿式皆矮小，着扛木于轎頂，兩人前後舁之，易肩則倒行，再易則又順矣。遠望如籠榼，不知其中有人也。

四蹄得得注山坡，鬣似松針尾似梭。若使龜兹王遇見，定嘲非馬又非贏。球馬善于登陟，惟翦去領鬃，尾亦芟削使細，遠望如贏。

漫説男兒墮地難，一星終後保平安。俯躬只少三岐木，遺俗分明做契丹。球俗生日按十二年稱慶一次。考《遼史·禮志》有此，名曰再生。琉球明以前不通中國，惟與高麗往來，或倣宜年之制，亦未可知。又夷官每自稱小底，亦契丹語。

不誦詩書不種田，游人日暮滿堤邊。東風無力南風競，六月炎天放紙鳶。球地操作全是婦女，男則甚逸，四時俱放風箏。余所目擊，正在六月，較《傳信録》所述又早三月。

亦有蟬鳴七月天，盂蘭勝會自年年。紙幡對舉兒童鬧，夜半開門候祖先。中元節盆祭祀先，兒童各手一小紙幡，對立招展，以爲迎送。

中華遥望比仙都，破浪全憑十幅蒲。楊柳簡書誰會得，獅王不挂挂於菟。球俗遠賈他處，家懸一虎，旁畫楊柳，詢其故，則以風從虎，但求順風而已。若楊柳則相沿如是，並不知取義。

苧布蕉衫各自紅，女閒三百比齊風。銀簪插遍如花貌，不拌丹砂飼守宫。民間婦女插玳瑁簪，不准用銀，以三品以下命婦所戴也。惟紅衣土妓，華人有遺之者，弗禁，妓女藉以爲榮。守宫甚大而多，夜則群鳴如鵲。

扶疎遶屋樹交加，萬壽榮開滿院遮。生理果奇男女别，一邊結了一開花。萬壽榮長葉三角，開花者爲男木，結子者爲女木。球地昔日所無，嘉慶七年始從吕宋移植，今已家家有之。《傳信録》所稱阿呾呢分男女木者，非是。阿呾呢乃鐵樹。又所謂男木者亦猶中土種瓜，華而不實，呼爲雄花，非如萬壽榮之判然各别也。

紅海松

世間異物難理揣，松不在山轉在海。輪囷蟠屈勢夭斜，龍宫夜夜騰光彩。想當日月浴波濤，萬彙沉浸醲如膏。馮夷手種天吴植，染將青鬣成紅毛。奇材不肯自埋没，風來突與潮争高。潮退漁人恣競摺，七尺珊瑚硬拗捩。夷官持贈種甆盆，淋漓猶滴蛟螭血。初時腥氣撲人衣，日久亭亭漸修潔。不知我游鮑肆兮久不聞，抑亦松來我室兮善良薰。攜歸中土耀殊産，芸窗日夕芝蘭焚。雖無南粤千金橐，且載東溟一片雲。

善興寺和前使舟次先生韻

落日不知晚，海雲時到門。僧閒温梵咒，樹老露虬根。頓覺塵囂遠，惟餘鳥鵲喧。蘭奢如欲問，我有筆能言。原詩「蘭闍僧不解，相對總忘言」，按闍字筆誤，應作奢。

龍渡寺和前使潄齋先生韻

平地凸山骨，初疑海氣通。寺緣峰匼匝，徑以石璁瓏。曲沼浸天碧，繁花映日紅。安禪毒龍制，我欲問宗風。

雙扉終日掩，客至不聞聲。蹟擅中山勝，詩留太史名。澄觀波浩蕩，了徹鏡空明。悟得無生理，方知物外生。

野色四圍合，空青湧作岑。塹來清聽滿，何處俗塵侵。雨過窗餘潤，雲移樹減陰。老僧枯坐慣，鐘磬夜沉沉。

沙平直到海，風浪汕成灣。新月魚驚上，斜陽鳥倦還。涼殊中外界，秋在有無間。暇日攜游屐，藤蘿應許攀。

冊封禮成恭紀

舊俗沿君祝，君君、祝祝，開國之神。新圖辨女牛。康熙五十八年測量。五朝忠悃著，九載聖恩稠。多難承祧重，前王尚成薨甫四歲。推賢錫命優。臨軒頒使節，挂席下瀛洲。喜氣從天降，歡聲匝地浮。儀文久米肆，禮物太平修。島名，物産所聚。盛事傳三島，皇華擁八騶。瞻雲原近日，湛露正當秋。綵幣充庭麗，黄麻掞藻遒。真王侔特進，異姓媲元侯。制下親王一等。奏雅音諧鳳，觀光杖集鳩。冠裳增肅穆，履蹈倍夷猶。以次延賓閣，相將覲敕樓。氤氲香案繞，焕爛御書留。大典才颺拜，初筵又獻酬。丁寧辭好貨，先曾辭卻宴金。雜遝薦珍羞。景擅銅鞮勝，花開柏寢幽。瑞泉靈液滴，仙實古巴抽。永胙山如礪，常懷水載去聲舟。野歌歸宋父，始願逮孫周。佇覯經猷布，行知福禄求。估檣風習習，農陌黍油油。曼壽方同慶，名藩普迓庥。身封鄰海屋，歲歲看添籌。

以球刀二柄分贈吴游擊安邦陳都司玉龍因系以詩

我昔籌筆駐秦褒，百金遠購紅毛刀。卓地彎環直挺戟，寒光四射森毫毛。我友中丞正討逆，見之艷羡嗟創獲。自言得此斧蝟螗，一揮可使頭畢白。我時脱贈無吝辭，男兒原貴心肝赤。故人宿草已多年，此刀定知早棄擲。今兹奉節來球陽，球刀持贈來球王。雍容禮遜天朝大，摺衝那用寸鐵防。二君水犀領艅艎，佩此或者生吉祥。凡物有用各有主，譬如脂澤宜紅粧。刀兮刀兮我語汝，殺賊當如殺犬羊。餘勇寧且拔而助，臨事毋言善以藏。從來軍務最譎詭，衹是私心存彼此。果能横海斬鯨鯢，成功何必分人己。

中秋日口號

守禮與陶情，界限截然判。守禮如處子，寸步不可亂。陶情任所之，脱帽或叫唤。我來奉皇威，初非事燕衎。體恤中朝寬，忽略夷官謾。尚未見君勤，先已同日旰。《左傳》：日旰君勤，可以出矣。于此少依違，竊恐友朋粲。大事不糊塗，請君看鐵漢。

九月初三日國相尚大烈法司毛國棟招游辨嶽歸同飲宴觀劇即席賦謝

地接王城近，人傳辨嶽尊。山靈留窟宅，里老賽雞豚。鄂博原無廟，憑依自有村。昔年争戰地，往事爲重論。

曲讌徵歌舞，娱賓興共酣。菜搴三島菜名。秀，酒挹八重山名。甘。見慣儀從減，情親語漸諳。採風猶未畢，官禮問聃郯。

初六日王叔尚容法司馬異才招游末吉山同宴演劇仍用前韻

末届重陽節，先游末吉村。詢途聞好語，小飲得清樽。晉國公行貴，長沙太傅尊。殷懃還攝榼，綽有古風存。

縱目天無際，回頭日向南。榕圍山作徑，神據社爲龕。海物隨時辨，民風以次探。歸途鈎未斂，已過月初三。

按《傳信録》，龜山下有末吉村，今但呼末吉山，爲國王祀社之所。

重陽日龍潭競渡

笑比黄河莫漫猜，長筵設處幾遲回。老夫不是無心看，曾奉先皇競渡來。乾隆甲辰，南巡兩浙，臣民預備龍舟競渡。

游臨海寺贈太真上人

樓居罷登臨，有徑都忘踐。我友劇招攜，無事聊慰遣。馬蹄得得忙，不知路幾轉。忽覩臨海寺，游興復不淺。此處看潮生，中山成故典。丈室净無塵，敷坐脚踏輭。午過鳥語微，冬近蚊喙善。球官具壺觴，沙彌供茗荈。百二十日中，此樂亦殊鮮。聞昔演上人，大乘于兹演。今來剩一僧，亦頗事經卷。殷勤乞詩牌，將以署楣扁。愧非韓昌黎，潮州識大顛。叶。僧能振宗風，次第開條件。何用導師導，只在辨才辯。語言文字外，妙義本昭顯。忽忽正俶裝，累我鬚頻撚。

留别琉球臣民

行行驄馬又歸來，早見祥雲海上開。我本鈍人安鈍拙，祗祈五日到南臺。

泉崎橋頭萬井連，浮屠桑下記因緣。南窗看遍高低屋，歸去難忘雪後天。球地多以粉塗屋脊，望之一似雪後。

馬齒雞籠一水連，中山世土胙瀛壖。七字皆御書匾額。賢王多福臣民壽，同我皇清億萬年。

琉球紀事一百韻

積水通暘谷，横流劃大荒。山從波底拔，人向島間忙。噴薄魚龍氣，昭回日月光。溯源盤古埒，戡亂舜天强。琉球與日本同爲人皇後裔，天孫氏之世，其臣利勇擁衆自立，舜天討而誅之，衆推爲主。遺種滋蕃育，餘黎寖熾昌。《隋書》名始著，《明史》氏初彰。永樂中賜姓尚氏。久矣懷中夏，幡然恥夜郎。艱危勤櫛沐，宛轉達梯航。蚡冒纔開楚，椒聊已詠唐。翼緣侵沃滅，虢亦恃虞亡。自此連三省，舊爲山南、山北、中山三國，明永樂時併而爲一，今稱三省。因而擅一方。辨戈開國神名。承系統，當璧驗真王。世業經興替，私衷倍悚惶。首先依定鼎，順治三年即進表請封。踵接賀垂裳。序次勾驪右，班聯御幄傍。衮旒施祖考，幣帛逮嬪嬙。奉朔遵時憲，于東奠土疆。戚休縈眷注，災患許扶匡。習俗沿蒙昧，專員代測量。康熙五十八年，遣八品官平安測量，與吴越同屬女牛之次，俱在丑宫。地稽吴越近，星訂女牛祥。屬籍刊盟府，功宗紀太常。五朝修職貢，七姓效劻勷。明洪武間賜閩人三十六姓爲通事，今存七姓。厥篚陳蕉苧，充閑罷驌驦。向例貢馬，康熙二十二年奉旨停免。蠻箋繙側理，陰火劚硫磺。扇冀皇風拂，刀呈武庫藏。以上所貢物。鑒誠恒獎納，厚往必優償。睿藻頒題額，彤雲擁畫梁。戰圖麟閣貯，輟賜雀屏張。彝器鎛兼卣，奇珍琥與璜。繽紛周黼黻，斑駁漢琳瑯。以上歷朝賜物。既普菁莪化，向准官生入監讀書。還貽翰墨香。凡兹宏在宥，孰是感能忘。迺者遭多難，嗟哉悼幼殤。告哀循故典，嗣服進郵章。舉國知重耳，群情愛子臧。痛維藟庇本，敢謂雁分行。攝位仔肩荷，殫精庶政康。愼封虔鎭撫，主鬯妥烝嘗。惟帝恢無外，宣綸出未央。八騶迎簜節，雙舸下虬洋。存歿均燾怙，君臣儼對揚。祭憐新鬼小，前王尚成甍甫四歲。恩溥舊邦長。載啓延賓館，咸升敷命堂。天使館堂名。瓦瓶攢玳瑁，瓦色。門牡閟鴛鴦。上下刻雙溝道，左右啓閉。圜棘姑羅樹名。幹，崇墉礪石墻。赳桓屯虎旅，甌脱坼蜂房。笳吹晨昏劇，旟牽旦夕將。輓輪劃獨木，船。供億頂柔筐。凡物戴而不負。亟見臺來餽，翻愁跣用傷。赤足無履。醰醰澄酒醴，霍霍伺猪羊。束縛蛇皮黑，支撑蟹距黄。鮔烘乾噬腊，米咂膩含漿。漫説頻加飯，何曾虀徹薑。蔬菜之外無一不腥。平生幾食料，異域具膏粱。好詎游仙夢，遐思選佛塲。敲棋疑鵠至，仿帖眩鸞翔。文憚韓蘇健，詩驚李杜芒。沁脾咀蔗尾，燥吻擘瓜瓤。不暑晴添熱，非秋雨送涼。蛟涎朝更毒，蜃霧晚尤滄。蜥蜴聲如鵲，蚊蝨陣若蝗。但逢寒燠换，便覺起居妨。吟嘯消岑寂，登臨展眺望。攜童尋勝蹟，杖策步層岡。迤邐停舟港，參差繫馬柳。兩崖排鐵板，沙。百雉鞏金湯。融結成都會，衣冠萃濟蹌。歸仁島名，王子分守之地。藩份壯，守禮王城名。燕詒慶。井養疏泉竇，師貞戢劍鋩。第一寶劍，彼國歷世珍之。申宮嚴禁衛，徼道設亭障。弼教爰增律，新定刑律十八册。譽髦並建庠。新建學宮，前此但有至聖廟。富須廣樹藝，暇即浚池隍。欲繼前規擴，全憑治法良。順途招父老，憩坐話農桑。亦有土絲。質樸形殊瑣，兜離語却詳。公田卿以下，世禄俱有采地。偕樂歲之穰。薯蕷貧家糗，鳧茨野處糧。錢輕鳩目錢名。刮，筆硬鹿毛僵。剔抉螺稱貝，陶鎔錫號鋼。民厖羞狗盜，境無盜賊。里美賤狐倡。紅衣人皆來自外島，本地無之。志録猶仍誤，咨諏待細商。迢遥南暨北，荏苒露爲霜。聆樂偏惆悵，聞雞每激昂。掃除徐孺榻，點檢鬱林裝。贈賄儀終褻，堅辭意豈僡。七次宴金二百六十二兩，贐儀銀五十兩，俱峻却之。裒編庋蓋篋，纂《治平要略》，已得二十卷。叢繪襲巾箱。繪渡海册封及各種文螺大蛤等圖。客静搜殘帙，奴頑笑澀囊。駢倉深比穽，麻力海船坐卧之處。矮於牀。吉果圓揉粉，彩球音讀若釵。糕滑糝餹。菜肥搴苜蓿，麪潔磨桄榔。皆所贈行糧。信宿奚求備，綢繆且預防。喧呼伐鉦鼓，踴躍挂帆檣。隱念祈呵護，齋心默禱禳。再看濤滚滚，又涉浸茫茫。熟路滄溟闊，恬瀛聖澤瀼。回頭夷壤杳，屈指嶺梅芳。曼壽皆歡喜，千官正拜颺。微忱徒綣繾，傫直後趨蹡。縹緲瞻壺嶠，晶熒認角亢。乘槎旋海屋，願晉萬年觴。

附致琉球國王書

大禮備舉，榮列藩封，已泯形迹之嫌，敢布腹心之素。前者宴金屢却，非有他衷，祇以貴國九年之中，兩遭大故，封舟再至，卿行旅從，脯資餼牽，繁於供億。春間陛辭時，蒙大皇帝申諭再三，凡事優加體恤，至今謹識弗忘，已曾面告紫金大夫鄭章觀，未知果否轉陳左右。我聖主如天胞與，在遠不遺，使臣入境諏咨，盟心倍切，是以數月以來，概從減省，嚴禁繹騷，而言語不通，恐貴藩尚未深悉此意，或致生疑，用特明白奉告。又聞瀕行餽贐，辭而不受，則易白以黄，中途暗致，此則掩耳盗鈴之事，使者更所不爲。昔漢廷楊震，人遺之金，曰：「暮夜無知者。」震曰：「天知地知，爾知我知，何謂無知？」若使者此去，萬里風濤，更有大海，又不僅於震之四知，違聖諭而潤私囊，非惟寸衷所不安，抑實神明所不佑。惟王曲諒下忱，勿踵前事，免致臨時唐突，幸甚，幸甚。順候英祉，不宣。

是札脱稿後，客有勸余單致國王者。余謂兩人奉使，必聯銜方符體制，遂持示北瀛。北瀛讀竟，大喜曰：「一路偕行，諸承關照，此舉尤足剖明心跡。」因即慨然會銜。蓋隨封兵吏匠役皆北瀛鄉人，禁約稍嚴，不免謗讟，後竟以此稿懸示大堂，而衆議始息。今又刻入《東瀛百詠》中，識此以見吾友之勇于爲善，而待余加親，亦以是云。已巳正月十日嘉興舟次記。

浮生六記·中山記歷

附冊封琉球國記略

題〔清〕沈復　撰

校點説明

《浮生六記》，清沈復撰。

沈復（一七六三—一八〇八），字三白，蘇州人。以遊幕爲生，足跡遍天下，所著以《浮生六記》聞名遐邇。

《浮生六記》在近代始被發現，止存《閨房記樂》、《閒情記趣》、《坎坷記愁》、《浪遊記快》四記，後又續出《中山記歷》、《養生記道》二記，後二記經學者反復考證，確定是僞作。其《中山記遊》一篇，實係糅合嘉慶五年（一八〇〇）册封副使李鼎元所作《使琉球記》而成，開端敘言亦據楊芳燦序改寫。

沈復未曾隨李鼎元赴琉球，其赴琉球或云乃嘉慶十三年（一八〇八）受册封使齊鯤聘往。近年發現沈復同時代人《記事珠》手稿，中有有關沈復和《浮生六記》之記載，其中《册封琉球國記略》一篇，研究者認爲當即抄録《海國記》（《中山記歷》）之稿本，已由人民文學出版社整理出版。《中山記歷》所據之李鼎元《使琉球記》本書已收；《册封琉球國記略》所述，基本與齊鯤、費錫章《續琉球國志略》及李鼎元記等同，故此對其内容不再介紹。齊鯤將使琉球詩編爲《東瀛百詠》，費錫章則有《一品集》，然均無與沈復倡和之作，亦無提及沈復處，其原因尚待考。

此次將《中山記歷》收入，以供參考，並附《册封琉球國記略》，係據人民文學出版社二〇一〇年版，前者校以李鼎元《使琉球記》，後者參校齊鯤等《志略》。謹對出版社及整理者蔡根祥先生致以謝意。有關情况並可參蔡先生前言。原本錯誤不少，今校核改正，仍將原文加（　），改文加〔　〕標明，不出校記。

按《册封琉球國記略》據介紹出自錢泳《記事珠》，未見其他記録，今細讀全文，未出徐葆光、周煌、李鼎元、齊鯤等出使録之外，故本文是否沈復所作，仍不能斷定。

以上結論爲綜合近人研究而成。然考石韞玉《獨學廬三稿》詩卷三有《題沈三白琉球觀海圖》云：『中山瀛海外，使君賦皇華。亦有乘風客，相從貫月槎。鮫宫依佛宇，龍節出天家。萬里波濤壯，歸來助筆花。』石韞玉典沈復爲詩友，集中多有贈答之作。而齊鯤使琉球在嘉慶十三年（一八〇八），沈復即卒于該年，如從齊行，不得有《觀海图》之作及此後石韞玉爲其圖題詩事。據此，沈復是以從客身份隨李鼎元赴琉球，不能排除李鼎元《使琉球記》亦出自沈復之手。《中山記歷》作者問題，仍待進一步考證。

（秦　潔）

中山記歷

嘉慶四年，歲在己未，琉球國中山王尚穆薨。世子尚哲先七年卒，世孫尚温表請襲封。中朝懷柔遠藩，錫以恩命，臨軒召對，特簡儒臣。於是趙介山先生（名文楷，太湖人，官翰林院修撰）充正使，李和叔先生（名鼎元，綿州人，官内閣中書）副焉。介山馳書約余偕行，余以高堂垂老，憚於遠游，繼思游幕二十年，遍窺兩戒，然而尚囿方隅之見，未觀域外，更歷瀴溟之勝，庶廣异聞。禀商吾父，允以隨往。從客凡五人：王君文誥、秦君元鈞、繆君頌、（楊）〔王〕君華才，其一即余也。

五年五月朔日，隨（蕩）〔簜〕節以行，祥飆送風，神魚扶舳，計六晝夜，徑達所届。凡所目擊，咸登掌録。志山水之麗崎，記物産之瑰怪，載官司之典章，嘉士女之風節。文不矜奇，事皆記實。自慚譾陋，甘貽測海之嗤；要堪傳言，或勝鑿空之説云爾。

五月朔日，恰逢夏至，袯被登舟。向來封中山王，去以夏至，乘西南風；歸以冬至，乘東北風，風有信也。舟二，正使與副使共乘其一。舟身長七（尺）〔丈〕，首尾虚艄三丈，深一丈三尺，寬二丈二尺，較歷來封舟幾小一半。前後各一桅，長六丈有奇，圍三尺；中艙前一桅，長十丈有奇，圍六尺，以番木爲之。通計二十四艙，艙底貯石，載貨十一萬斤有奇。龍口置大炮一，左右各置大炮二，兵器貯艙内。

大桅下横大木爲轆轤，移炮升篷皆仗之，輂以數十人。艙面爲戰臺，尾樓爲將臺，立幟列藤牌，爲使臣廳事。下即舵樓，舵前有小艙，實以沙，布針盤。中艙梯而下，高可六尺，爲使臣會食地。前艙貯火藥貯米，後以居兵。稍後爲水艙，凡四井。二號船稱是。每船約二百六十餘人，船小人多，無立錐處。信風已届，如欲易舟，恐延時日也。

初二日，午刻，移泊鰲門。申刻，慶雲見於西方，五色輪囷，適與樓船旗幟上下輝映，觀者莫不嘆爲奇瑞。或如玄圭，或如白珂，或如靈芝，或如玉禾，或如絳綃，或如紫紽，或如文杏之葉，或如含桃之顆，或如秋原之草，或如春湘之波。向讀屠長卿賦，今始知其形容之妙也。畫士施生，爲《航海行樂圖》，甚工。余見兹圖，遂乃擱筆。香崖雖善畫，亦不能辨此。

初四日，亥刻起碇，乘潮至羅星塔。海闊天空，一望無際。余婦芸娘，昔游太湖，謂得天地之寬，不虚此生，使觀於海，其愉快又當何如？

初九日，卯刻，見彭家山，列三峰，東高而西下。申刻，見釣魚臺，三峰離立，如筆架，皆石骨。惟時水天一色，舟平而駛，有白鳥無數，繞船而送，不知所自來。入夜，星影横斜，月光破碎，海面盡作火焰，浮沉出没，木華《海賦》所謂「陰火潛然」者也。

初十日，辰正，見赤尾嶼。嶼方而赤，東西凸而中凹，凹中又有小峰二。船從山北過，有大魚二，夾舟行，不見首尾，脊黑而微緑，如十圍枯木，附於舟側。舟人以爲風暴將起，魚先來護。午刻，大雷雨以震，風轉東北，舵無主，舟轉側甚危，幸而大魚附舟尚未去，忽聞霹靂一聲，風雨頓止。申刻，風轉西南且大，合舟之人，舉手加額，咸以爲有神助。得二詩以志之。詩云：「平生浪迹遍齊州，又附星槎作遠游。魚解扶危風轉順，海雲紅處是琉球。」「白浪滔滔撼大荒，海天東望正茫茫。此行足壯書生膽，手挾風雷意激長。」自謂頗能寫出爾時光景。

十一日，午刻，見姑米山。山共八嶺，嶺各一二峰，或斷或續。未刻，大風，暴雨如注，然雨雖暴而風順。酉刻，舟已近山。琉球人以姑米多礁，黑夜不敢進，待明而行，亦不下碇，但將篷收回，順風而立，則舟蕩漾而不能退。戌刻，舟中舉號火，姑米山有人應之。詢知爲球人暗令，日則放炮，夜則舉火，儀注所謂得信者，此也。

十二日，辰刻，過馬齒山。山如犬羊相錯，四峰離立，若馬行空。計又行七更船，再用甲寅針，取那霸港。回望見迎封船在後，共相慶幸。歷來針路所見，尚有小琉球、鷄籠山、黄麻嶼，此行俱未見。問知琉球夥長，年已六十，往來海面八次，每度細審，得其準的，以爲不出辰卯二位，而乙卯位單乙針尤多，故此次最爲簡捷，而所見亦僅三山，即至姑米。針則開洋用單辰，行七更後用乙卯，自後盡用乙，過姑米，乃用乙卯。惟記更以香，殊難憑準。念五虎門至官塘，里有定數，因就時辰表按時計里，每時約行百有十里。自初八日未時開洋，訖十二日辰時，計共五十八時。初十日暴風停兩時，十一日夜畏觸礁停三時，實行五十三時，計程應得五千八百三十里，計到那霸港，實洋面六千里有奇。據琉球夥長云：海上行舟，風小固不能駛，風過大亦不能駛。風大則浪大，浪大力能壅船，進尺仍退二寸。惟風七分，浪五分，最宜駕駛，此次是也。從來渡海，未有平穩而駛如此者。於時球人駕獨木船數十，以縴挽舟而行，迎封三接如儀。辰刻，進那霸港。先是，二號船於初十日望不見，至是乃先至，迎封船亦隨後至，齊泊臨海寺前。夥長云從未有三舟齊到者。

午刻登岸，傾國人士，聚觀於路，世孫率百官迎詔如儀。世孫年十七，白皙而豐頤，儀度雍容，善書，頗得松雪筆意。按《中山世鑒》：隋使羽騎尉朱寬至國，於萬濤間見地形如虬龍浮水，始曰流虬，而《隋書》又作流求，《新唐書》作流鬼，《元史》又作瑠求，明復作琉球。《世鑒》又載，元延祐元年，國分爲三大里，凡十八國，或稱山南王，或稱山北王。余於中山南山游歷幾遍，大村不及二里，而即謂之國，得勿夸大乎？琉人每言大風，必曰颱颶。按韓昌黎詩：「雷霆逼颶䬈。」是與颶同稱者爲䬈。《玉篇》：「䬈，大風也，於筆切。」《唐書·百官志》：「有䬈海道。」或係球人誤書。《隋書》稱琉球有虎、狼、熊、羆，今實無之。又云無牛、羊、驢、馬，驢誠無，而六畜無不備，乃知書不可盡信也。

天使館西向，仿中華廨署，有旗竿二，上懸册封黄旗。有照墻，有東西轅門，左右有鼓亭，有班房。大門署曰「天使館」，門内廊房各四楹。儀門署曰「天澤門」，萬曆中使臣夏子陽題，年久失去，前使徐葆光補（出）〔書〕。門内左右各十一間，中有甬道，道西榕樹一株，大可十圍，徐公手植。最西者爲厨房。大堂五楹，署曰「敷命堂」，前使汪楫題。稍北葆光額曰「皇綸三錫」。堂後有穿堂，直達二堂。堂五楹，中爲副使會食之地，前使周公署曰「聲教東漸」。左右即寢室。堂後南北各一樓，南樓爲正使所居，汪楫額曰「長風閣」；北樓爲副使所居，前使林麟焻額曰「停雲樓」。額北有詩碑，乃海山先生所題也。周礪礁石爲垣，望同百雉。垣上悉植火鳳，幹方，無花有刺，似霸王鞭，葉似慎火草，俗謂能避火，名吉姑羅。南院有水井。樓皆上覆瓦，下砌方磚，院中平似沙。桌椅床帳悉仿中國式。寄塵得詩四首，有句云：「相看樓閣雲中出，即是蓬萊島上居。」又有句云：「一舟剪逕憑風信，五日飛帆駐月槎。」皆真情真境也。

孔子廟在久米村，堂三楹，中爲神座，如王者垂旒搢圭，而署其主曰「至聖先師孔子神位」。左右兩龕，龕二人立侍，各手一經，標曰《易》、《書》、《詩》、《春秋》，即所謂四配也。堂外爲臺，臺東西拾級以登，柵如櫺星門。中仿戟門，半樹塞以止行者。其外臨水爲屏墻。堂之東爲明倫堂，堂北祀啓聖。久米士之秀者，皆肆業其中，擇文理精通者爲師，歲有廩給，丁祭一如中國儀。敬題一詩云：「洋溢聲名四海馳，島邦也解拜先師。廟堂肅穆垂旒貴，聖教如今洽九夷。」用伸仰止之忱。

國中諸寺，以圓覺爲大。渡觀蓮（塘）〔橋〕，橋亭供辨才天女，云即斗姥。將入門，有池曰圓鑒，荇藻交横，芰荷半倒。門高敞，有樓翼然。左右金剛四，規格略仿中國。佛殿七楹。更進，大殿亦七楹，名龍淵殿。中爲佛堂，左右奉木主，亦祀先王神位，兼祀祧主。左序爲方丈，右序爲客座，皆設席，周緣以布，下襯極平而净，名曰踏脚綿。方丈前爲蓬萊庭。左爲香積厨，側有井，名不冷泉。客座右爲古松嶺，異石錯舛，列於松間。左厢爲僧寮，右厢爲獅子窟。僧寮南有樂樓，樓南有園，饒花木，此乃圓覺寺之勝概也。

又有護國寺，爲國王禱雨之所。龕内有神，黑而裸，手劍立，狀甚猙獰。有鐘，爲前明景泰七年鑄。寺後多鳳尾蕉，一名鐵樹。又有天王寺，有鐘，亦爲景泰七年鑄。又有定海寺，有鐘，爲前明天順三年鑄。至於龍渡寺、善興寺、和光寺，荒廢無可述者。

此邦海味，頗多特産，爲中國之所罕見。一石鮔，似墨魚而大，腹圓如蜘蛛，雙鬚八手，攢生兩肩，有刺類海參，無足無鱗介如鮑魚。登萊有所謂八帶魚者，以形考之，殆是石鮔，或即烏賊之别種歟？一海蛇，長三尺，僵直如朽索，色黑，狀猙獰，土人云能殺蟲、療痼、已癧，殆永州异蛇類，土俗甚重之，以爲貴品。一海膽，如蛹，剥皮去肉，搗成泥，盛以小瓶，可供饌。一寄生螺，大小不一，長圓各異，皆負殼而行，螺中有蟹，兩螯八跪，跪四大四小，以大跪行，螯一大一小，小者常隱，大者以取食，觸之則大跪盡縮，以一大螯拒户。蟹也而有螺性，《海賦》所云「（環）〔璅〕蛣腹蟹」，豈其類歟？《太平廣記》謂蟹入螺中，似先有蟹，然取置碗中以觀其求脱之勢，力猛殼脱，頃刻死，則又與殼相依爲命。造物不測，難以臆度也。一沙蟹，闊而薄，兩螯大於身，甲小而缺其前，縮兩螯以補之，若無縫，八跪特短，臍無甲，尖團莫辨，見人則（凹）〔凸〕雙睛，噀水高寸許，似善怒。養以沙水，經十餘日，不食亦不死。一蚶，徑二尺以上，圍五尺許，古人所謂屋瓦子，以殼形凹凸，像瓦屋也。一海馬，肉薄片回屈如刨花，色如片茯苓，品之最貴者不易得，得則先以獻王，其狀魚身馬首，無毛而有足，皮如江豚。此皆海味之特産也。

此邦果實，亦有與中國不同者。蕉實狀如手指，色黄，味甘，瓣如柚，亦名甘露。初熟色青，以糖覆之則黄，其花紅，一穗數尺，瓤鬚五六出，歲實爲常，實如其須之數。中國亦有蕉，不聞歲結實，亦無有抽其絲作布者，或其性殊歟？

布之原料，與制布之法，亦有與中國異者。一曰蕉布，米色，寬一尺，乃芭蕉漚抽其絲織成，輕密如羅。一曰苧布，白而細，寬尺二寸，可敵棉布。一曰絲布，摺而棉軟，苧經而絲緯，品之最尚者，《漢書》所謂蕉筒荃葛，即此類也。一曰麻布，米色而粗，品最下矣。國人善印花，花樣不一，皆剪紙爲範，加範於布，涂灰焉，灰乾去範，乃着色，幹而浣之，灰去而花出，愈浣而愈鮮，衣敝而色不退。此必別有制法，秘不語人，故東洋花布，特重於閩也。

此邦草木，多與中國異稱，惜未携《群芳譜》來，一一辨證之耳。「羅漢松」謂之樫木，「冬青」謂之福木，「萬壽菊」謂之禪菊。「鐵樹」謂之鳳尾蕉，以葉對出形似也；亦謂之海棕櫚，以葉蓋頭形似也；有携至中華以爲盆玩者，則謂之萬年櫻云。鳳梨開花者謂之男木，白瓣若蓮，頗香烈，不實；無花者謂之女木，而實大如瓜，可食，或云即波羅蜜別種，球人又謂之阿旦呢。月橘，謂之十里香，葉如棗，小白花，甚芳烈，實如天竹子，稍大，聞二月中紅纍纍滿樹，若火齊然，惜余未及見也。球陽地氣多暖，時届深秋，花草不殺，蚊雷不收，荻花盛開。野牡丹二三月開，至八月復花纍纍如鈴鐸，素瓣，紫暈，檀心，圓而大，頗芳烈。佛桑四季皆花，有白色，有深紅、粉紅二色。因得一詩，詩云：「偶隨使節泛仙槎，日日春游玩物（畢）〔華〕。天氣常如二三月，山林不斷四時花。」亦真情真景也。球人嗜蘭，謂之孔子花，陳宅尤多異産。有風蘭，葉較蘭稍長，篾竹爲盆，挂風前即蕃衍。有名護蘭，葉類桂而厚，稍長如指，花一箭八九出，以四月開，香勝於蘭，出名護嶽岩石間，不假水土，或寄樹椏，或裹以棕而懸之，無不茂。有粟蘭，一名芷蘭，葉如鳳尾，花作珍珠狀。有棒蘭，綠色，莖如珊瑚，無葉，花出椏間，如蘭而小，亦寄樹活。又有西表松蘭、竹蘭之目，或致自外島，或取之岩間，香皆不減蘭也。因得一詩，詩云：

「移根絶島最堪誇，道是森森闞里花。不比尋常凡草木，春風一到即繁華。」題詩既畢，并爲寫生，愧無黄筌之妙筆耳。

沿海多浮石，嵌空玲瓏，水擊之，聲作鐘磬，此與中國彭蠡之口石鐘山相似。

閒居無可消遣，與施生弈，用琉球棋子。白者磨螺之封口石爲之。内地小螺拒户有圓殼，海螺大者，其拒户之殻厚五六分，徑二寸許，圓白如硨磲，土人名曰封口石。黑者磨蒼石爲之子，徑六分許，圍二寸許，中〔凹〕〔凸〕而四周削，無正背面，不類雲南子式。棋盤以木爲之，厚八寸，四足，足高四寸，面刻棋路。其俗好弈，舉棋無不定之説，頗亦有國手，局終數空眼多少，不數實子，數正同。相傳國中供奉棋神，畫女相如仙子，不令人見，乃國中雅尚也。

六月初八日辰刻，正副使恭奉諭祭文及祭銀焚帛，安放龍、綵亭内，出天使館東行，過久米林、泊村至安里橋，即真玉橋，世孫跪接如儀，即導引入廟。禮畢，引觀先王廟。正廟七楹，正中向外，通爲一龕，安奉諸王神位。左昭自舜馬至尚穆，共十六位，右穆自義本至尚敬，共十五位。是日球人觀者，彌山匝地，男子跪於道左，女子聚立遠觀。亦有施帷挂竹簾者，土人云係貴官眷屬。女皆黥〔首〕〔手〕〔背〕指節爲飾，甚者全黑，少者間作梅花斑。國俗不穿耳，不施脂粉，無珠翠首飾。人家門户，多樹石敢當碣，墻頭多植吉姑羅，或榤樹，剪剔極齊整。

國人呼中國爲唐山，呼華人爲唐人。

球地皆土沙，雨過即可行，無泥濘。奥山有却金亭，前明册使陳給事侃歸時却金，故國人造亭以表之。

辨嶽，在王宫東南三里許，過圓覺寺，從山脊行，水分左右，堪輿家謂之過峽，中山來脈也。山大小五峰，最高者謂之辨嶽，灌木密覆，前有石柱二，中置栅二，外板閣二。少左，有小石塔，左右列石案五。摺而東，數十級至頂，有石墟二，西祭山，東祭海嶽之神曰祝祝，謂是天孫氏第二女云。國王受封，必齋戒親祭。正、五、九月，祭山海及護國神，皆在辨嶽也。

波上、雪崎及龜山，余已游遍，而要以鶴頭爲最勝。隨正副使往游，陟其巔，避日而坐，草色粘天，松陰匝地，東望辨嶽，秀出天半，王宫歷歷如畫。其南則近水如湖，遠山如岸，豐見城巍然突出，山南王之舊迹猶有存者。西望馬齒、姑米，出没隱見，若近若遠，封舟之來路也。北俯那霸、久米，人烟輻輳。舉凡山川靈異，草木陰翳，魚鳥沉浮，雲烟變幻，莫不争奇獻巧，畢集目前。乃知前日之游，殊爲魯莽。梁大夫小具盤樽，席地而飲，余亦趣僕以酒肴至。未申之交，凉風乍生，微雨將灑，乃移樽登舟。時海潮正漲，沙岸彌漫，遂由奥山南麓摺而東北，山石嵌空欲落，海燕如鷗，漁舟似織。俄而返照入山，冰輪出水，水鰩無數，飛射潮頭。與介山舉觴弄月，擊楫而歌，樽不空，客皆醉。越渡里村，漏已三下。却金亭前，列炬如晝，迎者倦矣，乃相與步月而歸。爲中山第一游焉。

泉崎橋橋下，爲漫湖滸。每當晴夜，雙門（供）〔拱〕月，萬象澄清，如玻璃世界，爲中山八景之一。旺泉味甘，亦爲中山八景之一。王城有亭，依城望遠，因小憩亭中，品瑞泉，縱觀中山八景。八景者，泉崎夜月，臨海潮聲，粂村竹籬，龍洞松濤，笋厓夕照，長虹秋霽，城嶽靈泉，中島蕉園也。亭下多樓椆紫竹，竹叢生，高三尺餘，葉如椶，狹而長，即所謂觀音竹也。亭南有蚶殼，長八尺許，貯水以供盥，知大蚶不易得也。

國人浣漱不用湯，家竪石樁，置石盂或蚶殼其上貯水，旁置一柄筒，曉起，以筒盛水澆而盥漱之，客至亦然。

地多草，細軟如毯，有事則取新沙覆之。國人取玳瑁之甲以爲長簪，傳到中國，率由閩粵商販。球人不知貴，以爲賤品。崑山之旁，以玉抵鵲，地使然也。

豐見山頂，有山南王（第）〔弟〕故城。徐葆光詩有「頹垣宮闕無全瓦，荒草牛羊似破村」之句。王之子孫，今爲那姓，猶聚居於此。

辻山，國人讀爲失山，琉球字皆對音，十失無别，疑迭之誤也。副使輯《球雅》，謂一字作二三字讀，二三字作一字讀者，皆義而非音，即所謂寄語，國人盡知之。音則合百餘字或十餘字爲一音，與中國音迥異。國中惟讀書通文理者，乃知對音，庶民皆不知也。久米官之子弟，能言教以漢語，能書教以漢文。十歲稱「若秀才」，王給米一石。十五薙髮，先謁孔聖，次謁國王，王籍其名，謂之「秀才」，給米三石。長則選爲通事，爲國中文物聲名最，即明三十六姓後裔也。那霸人以商爲業，多富室。明洪武初，賜閩人三十六姓善操舟者往來朝貢，國中久米村，梁、蔡、毛、鄭、陳、曾、阮、金等姓，乃三十六姓之裔，至今國人重之。

與寄公談玄理，頗有入悟處，遂與唱和成詩。法司蔡温、紫金大夫程順則、蔡文溥，三人詩集，有作者氣。順則别著《航海指南》，言渡海事甚悉。蔡温尤肆力於古文，有《蓑翁語録》、《至言》等目，語根經學，有道學氣，出入二氏之學，蓋學朱子而未純者。

琉球山多瘠磽，獨宜薯。父老相傳，受封之歲，必有豐年。今歲五月稍旱，幸自後雨不愆期，卒獲大豐，薯可四收，海邦臣民，倍覺歡欣，僉曰：「非受封歲，無此豐年也。」

六月初旬，稻已盡收。球陽地氣温暖，稻常早熟，種以十一月，收以五六月。薯則四時皆種，三熟爲豐，四熟則爲大豐。稻田少，薯田多，國人以薯爲命，米則王宫始得食。亦有麥、豆，所産不多。五月二十日，國中祭稻神。此祭未行，稻雖登場，不敢入家也。

七月初旬始見燕，不巢人屋。中國燕以八月歸，此燕疑未入中國者，其來以七月，巢必有地。别有所謂海燕，較紫燕稍大而白其羽，有全白似鷗者，多巢島中，間有至中國，人皆以爲瑞。應潮鷄，雄純黑，雌純白，皆短足長尾，馴不避人。香厓購一小犬，而毛豹斑，性靈警，與飯不食，與薯乃食，知人皆食薯矣。鼠雀最多，而鼠尤虐。亦有猫，不知捕鼠，邦人以爲玩，乃知物性亦隨地而變。鷹、雁、鵝、鴨特少。

枕有方如圭者，有圓如輪而連以細軸者，有如文具藏數層者，製特精，皆以木爲之，率寬三寸，高五寸，漆其外，或黑或朱，立而枕之，反側則仆。按《禮記・少儀》注：潁，警枕也。謂之潁者，潁然警悟也。又司馬文正公以圓木爲警枕，少睡則轉而覺，乃起讀書，此殆警枕之遺。

衣制皆寬博交衽，袖廣二尺，口皆不緝，特短袂以便作事。襟率無鈕帶，總名衾。男束大帶，長丈六尺、寬四寸以爲度，腰圍四五轉，而收其垂於兩脅間，烟包、紙袋、小刀、梳、篦之屬，皆懷之，故胸前襟帶搊起（凹）〔凸〕然。其脅下不縫者，惟幼童及僧衣爲然。僧別有短衣如背心，謂之斷俗，此其概也。帽以薄木片爲骨，疊帕而蒙之，前七層，後十一層。花錦帽遠望如屋漏痕者，品最貴，惟攝政王叔、國相得冠之；次品花紫帽，法司冠之；其次則純紫。大略紫爲貴，黄次之，紅又次之，青緑斯下。各色又以綾爲貴，絹爲次。國王未受封時，戴烏紗帽，雙翅側冲上向，盤金，朱纓垂頷下，束五色絲，至是冠皮弁，狀如中國梨園演王者便帽，前直列花瓣七，衣蟒腰玉。

肩輿如中國（餅）〔顯〕轎，中置大椅，上施大蓋，無帷幔，轅粗而長，無絆，無横木，以八人左右肩之而行。

杜氏《通典》載琉球國俗，謂婦人産必食子衣，以火自炙，令汗出。余舉以問楊文鳳然乎？對曰：「火炙誠有之，食衣則否。」即今中山已無火炙俗，惟北山猶未盡改。

嫁娶之禮，固陋已甚。世家亦有以酒肴珠貝爲聘者，婚時即用本國轎，結彩鼓樂而迎，不計妝奩，父母送至夫家即返，不宴客。至親具酒賀，不過數人。《隋書》云琉球風俗，男女相悦，便相匹偶，蓋其舊俗也。詢之鄭得功，鄭得功曰：「三十六姓初來時，俗尚未改，後漸知婚禮，此俗遂革。今國中有夫之婦，犯奸即殺。」余始悟琉球所以號守禮之國者，亦由三十六姓教化之力也。

小民有喪，則鄰里聚送，觀者護喪，掩畢即歸。宦家則同官相知者，亦來送，柩出即歸，大都不宴客。題主官率皆用僧，男書圓寂大禪定，女書禪定尼，無考妣稱，近日宦家亦有書官爵者。棺制三尺，屈身而殮之，近宦家亦有長五六尺者，民則仍舊。

此邦之人，肘比華人稍短，《朝野僉載》亦謂人形短小似崑崙。余所見士大夫短小者固多，亦有修髯豐頤者，頎而長者，胖而腹腰十圍者，前言似未足信。人體多狐臭，古所謂愠羝也。

世禄之家皆賜姓，士庶率以田地爲姓，更無名，其後裔則云某氏之子孫幾男，所謂田（米）〔名〕私姓也。

國中兵刑惟三章：殺人者死，傷人及重罪徒，輕罪罰日中曬之，計罪而定其日。國中數年無斬犯，間有犯斬罪者，又率引刀自剖腹死。

七月十五夜，開窗見人家門外皆列火炬二，詢之土人，云：國俗於十五日盆祭，預期迎神，祭後乃去之。盆祭者，中國所謂盂蘭會也。連日見市上小兒各手一紙幡，對立招展，作迎神狀，知國俗盆祭祀先，亦大祭矣。

龜山南岸有窑，國人取車螯大蚶之殼以煅，塈灰壁不及石灰，而粘過者。再東北有池，爲國人煮鹽處。

七月二十五日，正副使行册封禮，途中觀者益衆。上萬松嶺，迤邐而東，衢道修廣，有坊，榜曰「中山」。道〔南〕又進一坊，榜曰「守禮之邦」。世孫戴皮弁，服蟒衣，腰玉帶，垂裳結佩，率百官跪迎道左。更進爲歡會門，踞山巔，叠礁石爲城，削磨如壁，有鳥道，無雉堞，高五尺以上，遠望如聚髑髏。始悟《隋書》所謂王居多聚髑髏於其下者，乃遠望誤於形似，實未至城下也。城外石厓，左鐫「龍岡」

字，右鎸「虎峷」字。

王宫西向，以中國在海西，表忠順面向之意。後東向爲繼世門，左南向爲水門，右北向爲久慶門。再進，層厓有門，西北向，曰瑞泉，左右甬道有左掖、右掖二門。更進有漏，西向，榜曰「刻漏」，上設銅壺漏水。更進有門，西北向，爲奉神門，即王府門也。殿廷方廣十數畝，分砌（二）〔三〕道。由甬道北進至闕廷，爲王聽政之所。壁懸伏羲畫卦像，龍馬負圖立其前，絹色蒼古，微有剥蝕，殆非近代物。北宫殿屋固樸，屋舉手可接，以處山岡，且（阻）〔防〕海颸。面對爲南宫。此日正副使宴於北宫，大禮既成，通國歡忭。聞國王經行處，悉有彩飾，泉崎道旁，列盆花异卉，繞以朱欄，中刻木作麒麟形，題曰：「非龍非彪，非熊非羆，王者之瑞獸。」天妃宫前，植大松六，叠假山四，作白鶴二，生子母鹿三。池上結棚，覆以松枝，松子垂如葡萄。池中刻木鯉，大小五，令浮水面。環池以竹，欄旁有坊曰偕樂坊，柱懸一版，題曰：「鹿濯濯，鳥翯翯，牣魚躍。」歸而述諸副使，副使曰：「此皆《志略》所載，事隔數十年，一字不易，可謂印板文字矣。」從客皆笑。

宜野灣縣有龜壽者，事繼母以孝，國人莫不聞。母愛所生子，而短龜壽於其父伊佐前，且不食以激其怒。伊左惑之，欲死龜壽，將令深夜汲北宫，要而殺之。僕匿龜壽於家，往諫伊佐，伊佐縛而放之，且謂事已露，不可殺，乃逐龜壽。龜壽既被放，欲自盡，又恐張母惡。值天雨雹，病不支，僵卧於路。巡見之，近而撫其體猶温，知未死，覆以己衣。漸蘇，徐詰其故，龜壽不欲揚父母之惡，飾詞告之。初，巡官聞孝子龜壽被放，意不平，至是見言語支吾，疑即龜壽，賜衣食令去，密訪得其狀，乃傳集村人，系伊佐妻至，數其罪而監之。將告於王，龜壽願以身代，巡官不忍傷孝子心，召伊佐夫婦面諭之。婦感悟，卒爲母子如初。副使既爲之記，余復爲詩以表章之，詩云：「輶軒問俗到球陽，潛德端須爲闡揚。誠孝由來能感格，何殊閔損與王祥。」以爲事繼母而不能盡孝者勸。

經迭山，墟方集，因步行集中，觀所市物，薯爲多，亦有魚、鹽、酒、菜、陶、木器，蕉、苧土布，粗惡無足觀者。國無肆店，率業於其家，市貨以有易無，不用銀錢。聞國中多用日本寬永錢，比來亦不見。昨香厓携示串錢，環如鵝眼，無輪廓，貫以繩，積長三寸許，連四貫而合之，封以紙，上有鈐記，此球人新制錢，每封當大錢十。蓋國中錢少，寬永錢銅質較美，恐或有人買去，故收藏之，特制此錢應用，市中無錢以此。

國中男逸女勞，無有肩擔背負者，趨集、織紉及采薪、運水，皆婦人主之。凡物皆戴之頂，女衣既無鈕無帶，又不束腰，而國俗男女皆無褌，勢須以手曳襟，襟較男衣長，叠襟下爲兩層，風不得開。因悟髻必偏墜者，以手既曳襟，須空其頂以戴物，童而習之，雖重百觔，登山涉澗無傾側，是國中第一絶技也。其動作時，常捲兩袖至背，貫繩而束之。髮垢輒洗，洗用泥，脱衣結於腰，赤身低頭，見人亦不避。抱兒惟一手叉置腰間，即藉以曳襟。

東苑在崎山，出歡會門，折而北，逐瑞泉下流，至龍淵橋，匯而爲池，廣可十丈，長可數十丈，捍以堤，曰龍潭，水清魚可數，荷葉半倒。再折而東，有小村，篠屏修整，松蓋陰翳，薄雲補林，微風嘯竹。園外已極幽趣，入門，板亭二，南向。更進而南，屋三楹。亭東有阜如覆盂。折而南，有岩西向，上鐫梵字，下蹲石獅一，飾以五采。再下有小方池，鑿石爲龍首，泉從口出。有金魚池，前竹萬竿，後松百挺。再東，爲望仙閣，前有東苑（閣）〔額〕，後爲能仁堂，東北望海，西南望山，國中形勝，此爲第一。

南苑之勝，亦不減於東苑。苑中馬富盛。摺而東，循行阡陌間，水田漠漠，番薯油油，絶無秋景。薯有新種者，問知已三收矣。再入山，松陰夾道，茅屋參差，田家之景可畫。計十餘里始入苑，村名姑場川，即同樂苑也。苑踞山脊，軒五楹，夾室爲復閣，頗曲摺。軒前有池新鑿，狹而東西長。疊礁爲橋，橋南新阜纍纍，因阜以爲亭，宜遠眺。亭東植奇花異卉，有花絶類蝴蝶，絳紅色，葉如嫩槐，曰蝴蝶花。有松葉如白毛，曰白髮松。池東舊有亭，圮，以布代之。池西有閣，頗軒敞，四面風來，宜納凉。有閣曰迎暉，有亭曰一覽，即正副使所題也。軒北有松，有鳳蕉，有桃，有柳。黄昏舉烟火，略同中國。

余偕寄塵游波上，板閣無他神，惟挂銅片幡上，鑿「奉寄御幣」字，後署云：「元和二年壬戌。」或疑爲唐時物，非也。按元和二年爲丁亥，非壬戌也。日本馬場信武撰《八卦通變指南》，内列《三元指掌》，云上元起永禄七年甲子，止元和三年癸亥。（如）〔中〕元起寬永元年甲子，止元和三年癸亥。下元起貞亨元年甲子。今元禄十六年癸未，國中既行寬永錢，證以元和日本僭號，知琉球舊曾奉日本正朔，今諱言之歟？

紙鳶制無精巧者，兒童多立屋上放之。按中國多放於清明前，義取張口仰視，宣導陽氣，令兒少疾；今放於九月，以非九月紙鳶不能上，則風力與中國異，即此可驗球陽氣暖，故能十月種稻。

國俗男欲爲僧者聽之，既受戒，有廩給。有犯戒者，飭令還俗，放之别島。女子願爲土妓者亦聽，接交外客，女之兄弟仍與外客叙親往來，然率皆貧民，故不以爲耻。若已嫁夫而復敢犯奸者，許女之父兄自殺之，不以告王，即告王，王亦不赦。此國中良賤之大防，所以重廉耻也。此邦有紅衣妓，與之言不解，按拍清歌，皆方言也，然風韵亦正有佳者，殆不減憨園。近忽因事他遷，以扇索詩，因題二詩以贈之。詩云：「芳齡二八最風流，楚楚腰身剪剪眸。手抱琵琶渾不語，似曾相識在蘇州。」「新愁舊恨感千端，再見真如隔世難。可惜今宵好明月，與誰共卷繡簾看？」

國人率恭謹，有所受，必高舉爲禮，有所敬，則俯身搓手而後膜拜。勸尊者酒，酌而置杯於指尖以爲敬，平等則置手心。

此邦屋俱不高，瓦必瓪，以避颶也。地板必去地三尺，以避濕也。屋脊四出，如八角亭，四面接修，更無重構複室，以省材也。屋無門，户上限刻雙溝，設方格，糊以紙，左右推移，更不設暗門，利省便，恃無盜也。臨街則設矣。神龕置青石於爐，實以沙，祀祖神也。國以石爲神，無傳真也。瓦上瓦獅，《隋書》所謂獸頭骨角也。壁無粉墁，示樸也。貴家間有糊砑粉花箋，習華風，漸奢也。

龜山有峰獨出，與衆山絶，前附小峰，離約二丈許。邦人駕石爲洞，連二山，高十丈餘，結布幔於洞東。小憩，拾級而登，行洞上，又十餘級，乃陟巔。巔恰容一樓，樓無名，四面軒豁，無户牖。副使謂余曰：「兹樓俯中山之全勢，不可無名。」因名之曰「蜀樓」，并爲之跋曰：「蜀者何？獨也。樓何以蜀名？以其踞獨山也。不曰獨而曰蜀者，以副使爲蜀人，樓構已百年而副使乃名之，若有待也。」樓左瞰青疇，右扶蒼石，後臨大海，前揖中山，坐其中以望，若建瓴焉。余又請於副使曰：「額不可無聯。」副使因書前四語付之。歸路循海而西，厓洞溪壑皆奇峭，是又一勝游矣。

越南山，度絲滿村，人家皆面海，奇石林立。遵海而西有山，翠色攢空，石骨穿海，曰砂嶽。時午潮初退，白石（粼粼）〔粼粼〕，群馬争馳，飛濺如雨。再西，度大嶺村，叢棘爲籬，魚網數百曬其上。村外水田漠漠，泥淖陷馬。有牛放於岡，汪録謂馬耕無牛，今不盡然也。

本島能中山語者，給黄帽爲酋長，歲遣親雲上監撫之，名奉行官，主其賦訟。各賦其土之宜，以貢於王。間切者，外府之謂。首里、泊、久米、那霸四府爲王畿，故不設，此外皆設。職在親民，察其村之利弊，而報於親雲上。間切，略如中國知府。中山屬府十四，間切十，山南省屬府十二，山北省屬府九，間切如其府數。

國俗自八月初十至十五日，并蒸米，拌赤小荳爲飯相餉，以祭月，風同中國。是夜，正副使邀從客露飲，月光澄水，天色拖藍，風寂動息，潮聲雜絲竹聲自遠而至，恍置身三山，聽子晉吹笙，麻姑度曲，萬緣俱静矣。宇宙之大，同此一月。回憶昔日蕭爽樓中，良宵美景，輕輕放過，今則天各一方，能無對月而興懷乎？

世傳八月十八日爲潮生辰，國俗，於是夜候潮坡上。子刻，偕寄塵至坡上，草如碧毯，沾露愈滑，扶僕行，憑垣倚石而坐。丑刻，潮始至，若雲峰萬叠，卷海飛來。須臾，腥氣大盛，水怪摶風，金蛇掣電，天柱欲摺，地軸暗摇，雪浪濺衣，直高百尺，未敢遽窺鮫宫，已若有推而起之者，迷離惝恍，千態萬狀。觀此，乃知枚乘《七發》猶形容未盡也。潮既退，始聞噌吰之聲出礁石間，徐步至護國寺，尚似有雷霆震耳，潮至此，觀止矣。

元旦至六日，賀節。初五日，迎竈。二月，祭麥神。十二日，浚井，汲新水，俗謂之洗百病。三月三日，作艾糕。五月五日，競渡。六月六日，國中作六月節，家家蒸糯米爲飯相餉。十二月八日，作糯米糕，層裹椶葉，蒸以相餉，名曰鬼餅。二十四日，送竈。正、三、五、九爲吉月，婦女率游海畔，拜水神祈福。逢朔日，群汲新水獻神。此其略也。余獨疑國俗敬佛，而不知四月八日爲佛誕辰，臘八鬼餅如角黍，而不知七寶粥。

國王送菊二十餘盆，花葉并茂，根際皆以竹簽標名，内三種尤異類：一名「金錦」，朵兼紅黄白三色，小而繁，燦如列星；一名「重寶」，瓣如蓮而小，色淡紅；一名「素球」，瓣寬，不類菊，重疊千層，白如雪，皆所未見者。賸之以詩，詩云：「陶籬韓圃多秋色，未必當年有此花。似汝幽姿真可惜，移根無路到中華。」

見獅子舞，布爲身，皮爲頭，絲爲尾，剪彩如毛飾其外，頭尾口眼皆活，鍍睛貼齒，兩人居其中，俯仰跳躍，相馴狎歡騰狀。余曰：「此近古樂矣。」按《舊唐書·音樂志》，後周武帝時選太平樂，亦謂之五方獅子舞。白樂天《西凉妓》云：「假面夷人弄獅子，刻木爲頭絲作尾。金鍍眼睛銀貼齒，奮迅毛衣擺雙耳。」即此舞也。

此邦有所謂踏〔柁〕〔板〕戲者，横木以爲梁，高四尺餘，復置板而横之，長丈有二尺，虚其兩端，均力焉。夷女二，結束衣綵，赤雙足，各手一巾，對立相視而歌。歌未竟，躍立兩端，稍作低昂，勢若水碓之起伏，漸起漸高。東者陡落而激之，則西飛起三丈餘，翩翩若輕燕之舞於空也；西者落而陡激之，則東者復起，又如鷙鳥之直上青雲也。叠相起伏，愈激愈疾，幾若山鷄舞鏡，不復辨其孰爲影，孰爲形焉。俄焉勢漸衰，機漸緩，板（末乃）〔未及〕安，齊躍而下，整衣而立。終戲，無虚蹈方寸者，技至此絶矣。

接送賓客頗真率，無揖讓之煩。客至不迎，隨意坐，主人即具烟架火爐，竹筒木匣各一，横烟管其上，匣以烟，筒以棄灰也。遇所敬客，乃烹茶，以細末粉少許，雜茶末，入沸水半甌，攪以小竹帚，以沫滿甌面爲度。客去，亦不送。貴官勸客，常以箸蘸漿少許，納客唇以爲敬。燒酒著黄糖則名福，著白糖則名壽，亦勸客之一貴品也。

重陽具龍舟競渡於龍潭。琉球亦於五月競渡，重陽之戲，專爲宴天使而設。因成三詩以志之。詩云：「故園辜負菊花黄，萬里迢迢在異鄉。舟泛龍潭看競渡，重陽錯認作端陽。」「去年秋在洞庭灣，親摘黄花插翠鬟。今日登高來海外，累伊獨上望夫山。」「待將風信泛歸槎，猶及初冬好到家。已誤霜前開菊宴，還期雪里訪梅花。」

聞程順則曾於津門購得宋朱文公墨迹十四字，今其後裔猶寶之，借觀不得，因至其家，開卷見筆勢森嚴，如奇峰怪石，有岩岩不可犯之色，想見當日道學氣象。字徑八寸以上，文曰：「香飛翰苑圍川野，春報南橋叠萃新。」後有名款，無歲月。文公墨迹，流傳世間者，莫不寶而藏之，蓋其所就者大，筆墨乃其餘事，而能自成一家（言）如此，知古人學力，無所不至也。

又游蔡清派家祠，祠内供蔡君謨畫像，并出君謨墨迹見示，知爲君謨的派，由明初至琉球，爲三十六姓之一。清派能漢語，人亦倜儻。由祠至其家，花木俱有清致，池圓如月，爲額其室曰「月波（大）〔書〕屋」。大抵球人工剪剔樹木，叠砌假山，故士大夫家率有丘壑以供游覽。庭中樹長竿，上置小木舟，長二尺，桅舵帆櫓皆備，首尾風輪五葉，挂色旗以候風。渡海之家率預計歸期，南風至，則合家歡喜，謂行人當歸，歸則撤之，即古五兩旗遺意。

國王有墨長五寸，寬二寸。有老坑端硯，長一尺，寬六寸，有「永樂四年」字，硯背有「七年四月東坡居士留贈潘邠老」字，問知爲前明受賜物。國中有東坡詩集，知王不但寶其硯矣。

棉紙、清紙，皆以穀皮爲之，惡不中書者。有護書紙，大者佳，高可三尺許，闊二尺，白如玉。小者減其半。亦有印花詩箋，可作札。别有圍屏紙，則糊壁用矣。徐葆光《球紙詩》云：「冷金入手白於練，側理海濤凝一片。昆刀（截）〔裁〕截徑尺方，叠雪千層無羃面。」形容殆盡。

南炮臺間有碑二，一正書，剥蝕甚，微（辨）〔辨〕「奉書造」三字，其國（學）〔草〕書，前朝嘉靖二十一年建，（惟）〔雖〕不能盡識，其筆力正自遒勁飛舞。

有木曰山米，又名野麻姑，葉可染，子如女貞，味酸，土人榨以爲醋。球醋純白，不甚酸，供者以爲米醋，味不類，或即此果所榨歟？

席地坐，以東爲上，設氈。食皆小盤，方盈尺，著兩板爲脚，高八寸許。餚凡四進，各盤貯而不相共，三進皆附以飯，至四肴乃進酒二，不過三巡。每進餚止一盤，必撤前餚而後進其次餚。飯用油煎面果，次餚飯用炒米花，三餚用飯。每供餚酒，主人必親手高舉置客前，俯身搓手而退。終席主人不陪，以爲至敬。此球人宴會尊客之禮。平等乃對飲。大要球俗席皆坐地，無椅桌之用，食具如古俎豆，餚盡乾制，無所用勺。雖貴官，家食不過一餚、一飯、一箸，箸多削新柳爲之，即妻子不同食，猶有古人之遺風焉。

使院敷命堂後，舊有二榜。一書前明册使姓名：洪武五年，封中山王察度，使行人（湯）〔楊〕載；永樂二年，封武寧，使行人時中；洪熙元年，封〔尚〕巴志，使中官柴山；正統七年，封尚忠，使給事中俞忭、行人劉遜；十三年，封尚思達，使給事中陳傳、行人萬祥；景泰二年，封尚景福，使給事中喬毅、行人童守宏；六年，封尚泰久，使給事中嚴誠、行人劉儉；天順六年，封尚德，使吏科給事中潘榮、行人蔡哲；成化六年，封尚圓，使兵科給事中官榮、行人韓文；十三年，封尚真，使兵科給事中董旻、行人司司副張祥；嘉靖七年，封尚清，使吏科給事中陳侃、行人高澄；四十一年，封尚元，使吏科左給事中郭汝霖、行人李際春；萬曆四年，封尚永，使户科左給事中蕭崇業、行人謝杰；二十九年，封尚寧，使兵科右給事中夏子陽、行人王士正；崇禎元年，封尚豐，使户科左給事中杜三策、行人司司正楊倫。凡十五次，二十七人，柴山以前無副也。一書本朝册使姓名：康熙二年，封尚質，使兵科副理官張學禮、行人王垓；二十一年，封尚貞，使翰林院檢討汪楫、内閣中書舍人林麟焻；五十八年，封尚敬，使翰林院檢討海寶、翰林院編修徐葆光；乾隆二十一年，封尚穆，使翰林院侍講全魁、翰林院編修周煌。凡四次，共八人。

清明後，南風爲常，霜降後，（南）北風爲常，反是颶颱將作。正、二、三月多颶，五、六、七、八月多颱，颶（聚）〔驟〕發而倏止，颱漸作而多日。九月北風或連月，俗稱九降風，間有颱起，亦驟如颶。遇颶猶可，遇颱難當。十月後多北風，颶颱無定期，舟人視風隙以來往。凡颶將至，天色有黑點，急收帆嚴舵以待，遲則不及，或至傾覆。颱將至，天邊斷虹若片帆，曰「破帆」，稍及半天如鱟尾，曰屈鱟，若見北方，尤虐。又海面驟變，多穢如米糠，及海蛇浮游，或紅蜻蜓飛繞，皆颶風徵。

自來球陽，忽已半年，東風不來，欲歸無計。十月二十五日，乃始揚帆返國。至二十九日，見温州南杞山，少頃，見北杞山，有船數十只泊焉，舟人皆喜，以爲此必迎護船也。守備登後艄以望，驚報曰：「泊者賊船也！」又報：「賊船皆揚帆矣！」未幾，賊船十六只吆喝而來，我船從舵門放子母炮，立斃四人，擊喝者墜海，賊退；槍并發，又斃六人；復以炮擊之，斃五人；稍進，又擊之，復斃四人。乃退去。其時賊船已佔上風，暗移子母炮至舵右舷邊，連斃賊十二人，焚其頭篷，皆轉舵而退。中有二船較大，復鼓噪由上風飛至。大炮準對賊船即施放，一發中其賊首，烟迷里許，既散則賊船已盡退。是役也，槍炮俱無虛發，幸免於危。

不一時，北風又至，浪飛過船。夢中聞舟人嘩曰：「到官塘矣。」驚起。從客皆一夜不眠，語余曰：「險至此，汝尚能睡耶？」余問其狀，曰：「每側則篷皆卧水，一浪蓋船，則船身入水，惟聞瀑布聲垂流不息，其不覆者，幸耶！」余笑應之曰：「設覆，君等能免乎？余入黑甜鄉，未曾目擊其險，豈非幸乎！」盥後，登戰臺視之，前後十餘黿皆没，船面無一物，爨火斷矣。舟人指曰：「前即定海，可無慮矣。」申刻乃得泊，船户登岸購米薪，乃得食。是夜修家書，以慰芸之懸系，而歸心益切。猶憶昔年芸嘗謂余：「布衣菜飯，可樂終身，不必作遠游。」此番航海，雖奇而險，瀕危幸免，始有味乎芸之言也。

附：册封琉球國記略（《海國記》）

嘉慶十三年，有旨册封琉球國王，正使爲齊太史鯤，副使爲費侍御錫章。吴門有沈三白名復者，爲太史司筆硯，亦同行。

二月十八日，出京。至閏五月二日，始從福建省城啓行登舟。舟長八丈餘，闊二丈餘，船身飾以黄色，上列旗幟甚多。次日，兩册使奉節詔至，護送者爲福州左營副將吴公安邦也，帶兵弁二百二十名，分撥兩舟，各帶炮位。册使與從客共一舟，名曰頭船，上下柁工兵役共計四百五十餘人，各有腰牌爲照。

每日乘潮行一二十里。至十一日，始出五虎門，向東，一望蒼茫無際，海水作葱緑色，漸遠漸藍。十（一）〔二〕日，過淡水。十三日辰刻，見釣魚臺，形如筆架。遥祭黑水溝，遂叩禱於天後，忽見白燕大如鷗，繞檣而飛，是日即轉風。十四日早，隱隱見姑米山，入琉球界矣。十五日午刻，遥見遠山一帶，如虬形，古名流虬，以形似也。

相距約三四十里，舟中升炮三聲，俄見小艇如蟻，約數百號，隨風逐浪而來。先有一船，投帖送禮，有旗，旗上書「接封」二字。其頭接官爲紫巾大夫。所引小艇，皆獨木爲之，長不盈丈，寬二尺許，兩艇并一，如比目魚，人施短棹，分兩行，挽引大船，繂索如蝦鬚然。有紅帽者，執旗鳴鑼，爲領隊押幫之秀才官也。未幾，又有鳴鑼而來者，爲二接之法司官，投銜貼請安。三接官爲國舅，率通事官登舟參謁，册使命辭免。

至其口，曰那灞港，南山屏列，北築石隄如長虹，以御潮汐。堤首有小山如伏虎，設炮臺於上。封舟將到，即聞大炮三響，旋聞金鼓銅角之聲，萬人齊列。及進口，始見樂人排班，分左右行。前列紅邊黄旗兩面，大書「金鼓」二字，後列號筒二人，喇叭二人，鼓四人，鑼四人。但聞音韻悠揚中雜以角角咚咚而已。兩岸聚觀者，以數萬計，男女莫辨。

封舟身重不能抵岸，乃横小船，架板作浮橋，以達封舟。岸上有屋三楹，額曰「却金亭」，國王迎候於此，自稱琉球國世孫尚某，亦用紅手版。王冠烏紗帽，兩翅彎曲向上，衣元青龍袍，金帶，皂靴，容貌清癯，年僅二十二歲，跪迎於亭中。正使持節，副使捧詔，又聽升炮三聲，乃登岸，奉節詔於龍亭。天使二人，皆乘八座。至中途，有迎恩亭，國王設香案，率其衆官，行三跪九叩首接詔禮。禮畢，王前導，至天使館。正廳曰「敷命堂」，迎詔敕奉安正中，天使立左右，王率衆官行請聖安禮，然後與天使行賓主禮，就坐，三獻茶，即辭去。天使送庭下，王揖讓，亦乘八座回宫。

十六日，迎天后進天后宫。天使出館，各廟拈香，答拜國王。回館，於大堂升座，護送武弁，率水師兵披甲擺隊進參，示威遠也。

天使館制悉仿中華，前列旗竿二，旗上大書「册封」二字。旁設吹鼓亭，每日辰、午、酉三時奏樂三通，排對中門而立，金鑼畫角，一如迎舟之樂，奏畢，各散去。東西兩轅門外，俱鋪白沙，瑩白如雪。

儀門内即敷命堂，堂後有穿堂至第四進後堂。堂之東有樓曰「長風閣」，爲正使起居之地，其西則居副使，登樓皆可遠眺。其兩廡東西二十間，隨從諸人居之。館之周圍墻垣甚厚，皆礪石，石多縐紋，有小孔，形如骷髏。墻頂植草，葉如萵苣，不土而生，秋冬長茂。

至七月朔日，將舉行追封（御）〔諭〕祭禮儀。從官四人，一爲捧詔官，一爲捧節官，一爲宣詔官，一爲捧帛官。先一日，通事官呈儀制，備轎馬，請從官至先王廟演禮。轎如鶴籠，編篾爲之，外施黑漆，内糊白紙，頂有大環，一木爲扛，離地僅五寸許。人由左入，盤膝而坐。亦設靠墊、痰盂、烟具於其中。馬如小駒，剪鬃如驢，性甚劣，一馬需一人挽之。鞍韉踏蹬，與中國稍異，起步細碎，如小川馬。

巳刻，出東轅門，過聖廟，東南行三里許，至安里橋，皆平坦。過橋數武，即所謂先王廟者，山形環抱，廟居其中，蔭木森森，葉似柿而色深緑，曰波羅蜜樹。東西有朱漆坊，中爲三圈門，平其頂而無匾額。拾級而上，有堂三楹，設天使與國王坐位於中。再入後堂，即爲先王殿。殿五楹，兩廡十餘間，殿中神主前設三御案，中爲奉節案，左爲奉詔案，右爲奉帛案。殿西檐下，設開讀臺，東南向。

至次日辰刻，天使出館，詣各廟拈香。返，三法司及衆夷官備龍亭、綵亭、金鼓儀仗，集館門外。候啓門，奏樂，參謁畢，迎龍亭、綵亭入，正使捧節，副使捧詔，皆朝服，從官亦五品蟒服，趨向天使，恭接節、詔、幣、帛，各安亭中，左右立。階下樂作，引禮官唱排班，衆夷官皆跪，行九叩禮。升炮，夷官前導，排全副儀仗，皆中國兵丁爲之，著號衣騎馬者，約百餘對。其後則鹵簿，綵亭先行，龍亭在後。從官佐使，皆張紅蓋乘馬隨於龍亭之後。兩天使皆八座。道旁男女聚觀者，循高就下，叠砌如鱗，而聲息寂然，但聞馬蹄蹀躞而已。

至安里橋，國王紫袍紗帽，率衆官迎伏道左。暫駐龍亭，王與衆官平身，兩使降輿，趨前，分立龍亭左右，引禮官唱排班，國王及衆官行三跪九叩接詔禮。禮畢，國王、衆官步行前導，至廟門，由東圈門進，立堂下。天使出，下轎，從官亦下馬，扶龍亭，由中門入，至庭中，捧節官授節與正使，捧詔官授詔與副使，隨行至先王殿，各奉節詔於所設之御座上，退立東墀，西向。宣詔官立開讀臺下，東向。兩廡奏樂，引禮官引國王由東階詣香案前，北向。司香者跪，進香於國王，王亦跪，三上香訖，復引至墀下，王與衆官各就拜位，行三跪九叩首拜詔禮。禮畢，樂止，退立東廡世子神位前，西向。又起樂，天使捧節詔正中立，捧詔官由東墀趨接詔書，即由中門高舉，下階，黄傘蓋之，上開讀臺，宣詔官隨至臺中香案下。樂止，引禮唱跪，國王及衆官皆北向跪，俯伏於世子神位下。引禮官唱開讀，宣詔官就香案正中朗聲宣詔。宣畢，仍捧詔下臺，張黄蓋，由中門入，授副使，仍安御座。引禮官引國王衆官各就拜位，再行三跪九叩謝封禮。引禮官唱退班，國王入廟，請天使暫憩，更衣，獻茶。

追封禮畢，國王易皂袍、角帶，出至先王神位前，天使復分立御案如前儀，法司官請詔書、祭文供奉廟中，天使乃詣先王神位前，行一跪三叩禮，國王及衆官俱俯伏位側。禮畢，引禮官唱退班，國王捧先王神主，由東階入殿，供奉畢，向天使行謝封禮，一跪三叩，天使答拜。

御祭禮畢，國王又易服，天使亦更衣，俱至前堂，行相見安坐禮。天使居中，南向。國王居西，東北向。不設樂，茶酒皆親獻，天使辭謝，紫巾大夫代獻，天使酬獻，國王亦起辭謝。各就宴，從官則宴於西廡。酒饌皆秀才官跪而獻之，法司官旁席爲陪宴。宴既畢，國王前導，仍至御案前，正使奉節授捧節官安置龍亭内。天使行至階下，與王揖別，從官亦與法司官揖別。出廟門，國王衆官已先行，至安里橋下，候龍亭至，俱跪送，天使降輿揖，回館。

是晚，國王遣官叩謝。其明日，天使亦遣巡捕官入王府答謝。

至七月二十六日，始行册封大典。前一日，從官先往王府演禮，由先王祠内東度二小嶺，行於山脊，路尚平坦，民居嶺下，田園綉錯，竹樹陰森。行三四里，始見高牌坊一座，上大書「中山」二字。過此百步，又一牌坊，大書「守禮」二字。路之中心，築方石臺，上植鐵樹一叢，以爲來龍。隨見萬木排空，墻垣密布，最高處宫殿巍峨，已至中山王府矣。

府門西向，上有敵樓。進門摺南，漸高數級，有門北向。旁有一泉，鑿龍首嵌石中，泉從龍吻噴射而出，此中山之瑞脈也，名曰瑞泉。上有門，即名瑞泉門，門上有滴漏臺。再摺向東進第三門，平坦廣闊，并列三門，南向，勢甚雄壯。進門即爲王殿，有一甬道，甚寬廣，鋪紫色石大方磚。又進而爲正殿，五間，臺階寬丈餘，約高五尺許，以白石欄圍之，分坡級爲三道，而正中坡級兩旁竪盤龍石柱一對。殿中無寶座，而有一臺，高僅尺許，曰臨政臺，圍以朱漆欄，亦鋪脚踏綿，與庶民居室相等。後設金圍屏一座，其上即御書樓，凡中國大皇帝歷次所賜匾額，盡懸於上。兩旁便殿廊房，東西各三統間，爲天使宴飲之所，亦將歷來册使所送之額，懸挂兩旁。啓其後窗，可以觀海，彩梁朱柱，古樸而華。臺階之中，另起御案三座。東首西向設開讀臺，高丈餘。甬道之中，設國王拜位，以草席爲之，四周鑲紅邊而已。

至次日，天使隨文武官及從者至府，一如追封前儀。王九叩禮畢，宴天使於西便殿，從官賓客則宴於東便殿，獻茶、進酒亦如前儀。惟觀者之多，更盛於前，蓋忝有該國文武官眷屬，設篷幕於路側。又有扶老携幼者，合數萬人，真大觀也。

其明日，王又易冠服，如漢黄門官式樣，坐龍輦，中設朱漆描金座，用四杠，前後十六人，其輦高與檐齊，儀仗則用大方旗四對爲前導，繼則長杆刀六對、長杆槍六對。又有如月斧者、畫戟者，如狼牙槊者，十餘對，皆柄長丈餘。又有三檐紅傘一頂，金鼓樂人二起間其中。近輦則有執長杆大鷄毛帚四對、大翎毛扇一對、月扇一對、大兜扇一把、提爐二對。扶輦者皆紫金大夫與都通事官，步行隨之。又有童子，裝束如紅衣人者，各執拂塵、團扇之屬十餘輩，扶輦而行。王至使館，拜謝，亦如前儀。途中各設段落點綴，或編短籬而列盆花，或叠假山而栽松柏，像生鹿鶴，紙扎群葩，目不暇給。

舊例，國王逢五日遣官請安，十日王親謁，天使辭謝再三，乃逢十遣國相參謁。其儀制，天使設公座於堂，國相、三法司行禮，天使出位旁立，拱手。紫金大夫則正立，餘皆端坐，聽其叩首而退。從官之相見，各長揖而已。

案《琉球國傳》，自漢時天孫氏以來，皆姓尚氏，直至明洪武初，始奉中國正朔。其國本有南、北、中三王，本朝初年始并爲一。其地皆山而無高峰，亦無城郭，其國境約寬數百里，中分三府，國王所居曰首里府，亦名守禮府，掌國大臣多居此。次曰久米府，永樂間遷中華人至彼，教以文學，有二十四姓，世居於此，掌理文牘，猶中國之翰林院也。三曰那霸府，皆商賈所居。國中仕宦者，皆世官世禄，雖從唐制以詩取士應考，其實皆縉紳子弟也。

其所鑄用錢曰寬永，彼國之銀一兩可换錢一千六百文。刑罰無斬、絞、枷號，有犯則送三法司究治。輕則杖之；若罪重，給一獨木小艇，驅入大海，聽其所往，詔之充軍；再重，則刳其腹而投之海。

其民皆食蕃薯，一歲三熟，每擔價不過百文。亦種粟、麥、米、豆，土人食不當飽，備作宴客之需而已。人多布衣，不尚蠶桑。

所屬有三十六島，或遠或近，均隔重洋。羽毛之族頗同中國，惟鱗介大半皆海物，有大蝦如升斗，大蟹如草笠。魚則或藍或紅，莫可名狀，其味甚鯹，亦莫别其美惡也。有燒酒，有甜酒，又有白酒如漿，係國中女子嚼米釀成，其味甜，微有酒氣耳。

通國之人軀幹無長大者，民安物阜，從不聞有盗賊之事。市中無店鋪，亦無茶坊酒肆。其捨宇四面卸水者居多，不甚寬大，亦無有通三間者，周繚以板。室内皆鋪地板，高地二尺許，地板上用席塾布鑲而鋪之，名曰踏脚綿。男女皆席地而坐，門窗上俱鑿雙槽，重叠推拽以爲啓閉，故柱多方。其木質若黄楊，磨極光細。庭前亦有假山，多嵌空玲瓏，平地鋪以白沙，花光樹色，映帶清幽。或編竹爲籬，屋藏於内，緑蔭鬱然。行人稀少，終日寂静，亦不聞有口角争鬥之事，間聞有弦歌之聲。

使館之西有女集場，一切器皿、食物、布匹、舊衣、新履，皆婦人首戴而來，坐地而賣，其婦通稱曰「愛姨」。每男以肩挑，婦以首戴，無論米糧、油酒、包裹、箱籠，雖重百斤，皆頂首上，從無有傾覆隕墜之虞。

其俗有醫師而無筮卜星相之人，有僧無道，亦無優尼。

有寺曰樂善，在使館之後，竹籬矮屋，不施丹漆，曲廊環繞，綠陰蔽天，庭間鑿以小池，金魚游泳，鐘磬無聲，頗有幽趣。定海寺在那霸長虹堤之中，北臨大海，一望無際。亦有聖廟，在館東半里許，規模如中國，而殿庭矮小，派秀才輪守之。

其冠服之制，男子年十六歲乃剃頂髮中心，留其四鬢，挽一髻，插梅花簪三寸許。王及國相、法司官用全金者，紫巾大夫金頭銀脚，餘官皆用銀簪，庶民則用銅簪。冠式長圓，平頂如僧尼帽，而前後有摺縐文。有職者紅綾巾，大夫黄綾巾，紫金官以上皆紫綾巾，國相、國舅則用紫錦巾。庶民冠元青荷葉巾，地保用綠布巾。衣如道袍，長領，袖寬一尺四五寸，色亦尚紅青，便服則各隨其色。束大帶，約寬四寸許。國相以至庶民皆著草履，名曰「撒霸」，式如中國之草鞋，底中起梁，立一樞連之，高半寸，著則以脚背套其梁，大脚指夾其樞，以故左右襪頭俱開一叉，不能易。襪甚短，及踝而止，以帶束之，男女皆然。

女子不裹足，不剃面，不穿耳，髮無把，用油蠟塗，挽於頂心，形如牡丹，即所謂牡丹頭也，其光似漆。簪長七寸，粗如小指，作八角楞。簪之頭如調羹，向前倒插，金銀亦隨品而別，視其夫之品級。民婦則用角簪或玳瑁。衣如男子而長及地，不帶不扣，以里衣襟納入褲腰，右手拽外襟而行。未嫁者則束汗巾於外以別之。袖有寬至二尺餘者。婦人年過三十，手背刺紋作黑點，年愈大紋愈多，至老年則全黑，此不可解也。

其與人交際，客至，則脱撒霸於門，入室坐地，主人出，各鞠躬點首以爲禮。小童執茶壺如桃者，斟茶半杯，主人舉以敬客，客受之，高舉齊額而後飲，以此爲敬，他物亦然。亦吃烟，每人前各置一具筒、一爐、一痰盂，一總謂之打巴古棚，蓋烟謂打巴古，盤謂棚也。烟筒長僅尺許，烟甚辣。相對坐後，或清談或敲棋，倦則倒身而卧。

每宴會，極省儉，餚不過四色，用黑漆盤分格盛之。酒僅一小杯，托以朱漆小盤，傳遞而飲，酒酣則坐卧歌呼以爲樂。飯曰屋滿，粥曰渥該，吃曰三小里，魚曰游，肉曰愾，鴨曰鴨飛拉，蛋曰科甲，猫曰抹牙，油曰暗淡，米曰科，去曰一迴，今日曰初，明日曰阿爵，游玩曰阿嬉脾，拿來曰莫給科，好曰秋喇沙，不肯、不要、不好統曰没巴歇，不懂曰悉各朗。一曰抵幾，二曰打幾，三曰米幾，四曰又幾，五曰一幾幾，六曰榮幾，七曰捺捺幾，八曰牙幾，九曰谷谷奴幾，十曰拖幾。惟茶曰茶，衣架曰衣架，衣曰衾索，麵曰索麵，而麵又曰木吉利果，此三物大約起自中國，故仍舊名。其花卉種類甚繁，不能殫述。其他名物稱謂，類皆有音無字者也。

琉球國亦唱戲，天使至，則於便殿前搭戲臺一座，高與階齊，方廣三丈許。後場有大松樹一株，枝飛檐外，有彩無燈。歌舞者非伶人，皆國中搢紳子弟爲之，年皆十六七，無有老年者。

其開場無鑼鼓，但聞場後連打竹板聲，即見一老人戴荷葉巾，披深黄色大襟衣，有似鶴氅，束藍帶，手執藤杖，白鬚飄然，率男子八人，頭梳高髻，身披白花紅地衫，腰束皂色帶，各執花枝遶場而舞，如堆花狀。又有童子摇鼓穿繞其間，歌聲從後場而出，不吹笙笛，用弦索和之。場上啓，做關目説白而已。

此爲彼國天孫氏開闢琉球，歌舞太平故事，名曰三祝舞。

又聞竹板響，扮出四童女，髻插金鳳花，額束紫綃帕，披大紅衫，其長曳地，外罩板金鑲元青紗背搭，各持摺扇二柄，魚貫而出，歌舞而退，此謂扇舞。

下開傳奇一段，名曰《天緣奇遇兒女承慶》。先有一生脚，青衣皂帽扮一樵人，名曰銘苅子。繼有一旦，甚美，頭梳高髻，後髮披肩，外披白綢五彩印花曳地長襖，内襯銀紅衫子，肩上蟠大紅風帶一條，扮一天女，從松樹上下臺心，即將風帶解下，掛於樹上，似作沐浴之狀。銘苅子竊帶藏之，天女失帶，惶懼不能飛昇，與銘苅子問答良久，遂爲夫婦。生一女名真鶴，年九歲，又一男名思龜，年五歲，皆七八歲小童扮之，唇紅齒白，妝束逼肖。是時騙兒女眠於榻上，忽然尋出風帶，徐徐登松樹上，將昇天矣。下顧兒女作悲泣狀，兒女驚醒，追呼樹下，天女已至松頂，忽有白雲從上而下，以迷去路，其雲皆綿花結成。銘苅子亦追尋至樹下，與兒女對松樹大哭。忽出一大夫問銘苅子，回奏知國王，召其父子賜以爵禄，并收其女入宫撫養。此其開國時之故事，其場後之松樹專爲此而設也。此樹甚高，已百年物矣。

又聞竹板再響，四小旦扮四女，裝如天女而無風帶，頭頂五彩笠子，曼聲弦歌而上。舞有頃，各除笠，上下盤旋而進，謂之笠舞。

又開傳奇一段，曰《君爾忘身救難雪仇》。一净脚兩額染脂，童顔鶴髮，戴黄緞金鑲風兜，身衣古銅色緞衫，外罩天青金雲龍背心，腰插寶刀，手執兜扇，自稱按司，名八重瀨按司者，似乎彼國之諸侯也。路遇玉村按司，夫人貌美，殺玉村而奪其妻。妻不從，殉節死。其子逃匿平安大主家，八重瀨欲搜緝除害。玉村有家人之子名龜壽者，別其母，投平安大主家，見小主，願身假做小主，出獻以代死。小主不從，如《一捧雪》换監代戮之狀。既而允從。平安大主有家將，名吉由，假縛龜壽爲玉村之子，授獻八重瀨。令下監，受盡諸苦而欲殺之。吉由假降帳下，又有玉村大臣名波平者起義，與平安大主合兵一處，奉玉村子小按司爲父報仇。斬關而進，殺八重瀨於帳下，救出龜壽，仍立玉村之子爲按司。此明季彼國分南、北、中三王時之故事也。小按司係十二三歲之俊童，其裝束如水門中之小青，不穿裙耳。凡逢殺戰不在當場，皆入場後作擂鼓叱咤聲而已。

又聞竹板響，見男子四人頭束紅帕，身著花襖，腰圍闊帶，腿纏青紬，手執羯鼓，其聲咚咚。又有四童，裝束亦如之，則手執短竹，擊聲角角，滿場躑躅，且擊且跳，謂之羯鼓舞。

又開傳奇一段，曰《淫女爲魔義士全身》。走出一小生，年約十五六，扮一久米府之漢人後裔，名曰陶松瑞。頭戴細草笠子，式如中國凉帽胎，而大如小鐵鍋，衣月白細衫，手執短拐，往首禮府探親。天晚迷路，見山下有燈火，投宿村莊。隨有一旦，扮村女出，留松瑞宿，自言母亡父出，一人獨守，欲薦枕席。松瑞誡以男女不親授受之義。其女不聽，强逼之，松瑞脱身逃遁。女轉羞成怒，欲追殺之，松瑞逃入萬壽寺。有老僧名普德，藏松瑞於鐘中，一鐘極肖。女子追索無踪，仰天大哭，發狂而去。松瑞已出，而女子復至，鑽入鐘中，忽變成魔相，頭出兩角，貌極猙獰，手執雙斧，勢將動武。普德遂合手念咒，魔即乘風化去，松瑞得全身而歸。此彼國近時之故事也。

忽扮出大小獅子兩個，跳躍盤旋而下，歌舞自此止，即中國唱戲之所謂團圓也。

琉球國亦有妓女，謂之紅衣人，其所居曰紅衣館。向例，每天使至國册封，準諸妓入館伺候。自嘉慶五年趙介山殿撰册封琉球時，傳諭不準入館，遂爲定例。自國相以下均有所歡，每月纏頭脂粉之費，不過四五六金而已。

若天使至，則不許國人闌入紅衣館，恐生事端也。中華人每到紅衣館，有賞識者，即聲價十倍，定情合意後，必贈一銀簪，帶之以爲榮。蓋民間俱用角者，惟妓女得中華人賞給始準帶耳。其款式如荷花瓣而脚長，每枝重五兩。其裝束百般，總無一定。有着白地青花衫，微映大紅抹胸者；有着五彩印花衫，束紫縐紗汗巾者；有緑地五彩白花衫，束大紅文絲帶者，皆薄施脂粉，丰致嫣然，令人消魂。亦能歌舞，或彈三弦，或鼓古瑟，或坐而歌，或起而舞。

凡紅衣人盡無子。自八九歲賣身入館，教以歌，與人交接後，積財贖身，即買一美婢，自開門户。年長則各有舊交，故無從良之例。其房皆南向，空前一架爲軒廊，後三架爲卧室，三面皆板，上施頂格，下鋪脚踏綿，潔凈而軟，如登大床。亦有箱籠、衣架、書畫，呈設古銅、瓷瓶、壺、杯、碗、茶具、酒器之屬。檐下亦鑿小池，蓄金鱗數尾，植芭蕉、鐵樹於墻下。有一種名佛桑花，葉若桑而花如蜀葵，千瓣，五色俱備，有大紅色者。

男用團扇，女則半月。夜卧，則以大席鋪室中，上施大帳，而復以衾枕之屬。亦點燭，式如風燈而高，外糊白紙，中燃油火，上有横木，可以提携，亦隨地可置，隨處可粘。燭皆純蠟，可以通宵。其餘起居飲食與中國無異。

續琉球國志略

〔清〕趙新 撰

校點説明

《續琉球國志略》二卷首一卷，清趙新撰。

趙新（一八〇六—一八七六），字又銘，侯官人。咸豐二年（一八五二）進士，授翰林院編修，充日講起居注官，歷詹事府右贊善。著有本書外，尚有《還硯齋雜著》。同治五年（一八六六），清廷命趙新爲正使，内閣中書舍人于光甲爲副使，往琉球敕封尚泰爲中山王。趙新等於是年六月初九日放洋，六月二十一日至那霸；於十一月初十日離那霸，十五日至四嶼，何日入港書未記。

清代自乾隆年周煌出使歸撰《琉球國志略》，至趙新出使，中間曾於嘉慶五年（一八〇〇）派趙文楷、李鼎元敕封尚温，嘉慶十三年派齊鯤、費錫章敕封尚灝，道光十八年（一八三八）派林鴻年、高人鑑敕封尚育。李鼎元作有《使琉球記》，齊鯤、費錫章作有《續琉球國志略》，趙新所撰蓋續周、齊二書。全書體例幾同前志，凡前志所録此均予省略，故所記大致爲道光十八年至同治五年事，詳於使事，可補林鴻年等無記之闕。特于官制一門較詳，蓋「前續志於球國官制未及詳載，今從該國官職録備載」，故此録詳而真實，郭柏蔭序云是編「以史書之義例，爲記載之文章」，或即有見於此而發。

本書現存光緒八年（一八八二）黄樓刊本，此次校點即以之爲底本，個别誤字，徑行改正。趙新出使時依例由福建備辦一應事，時任福建總督左宗棠有相關奏疏一封，今附後，並附董文煥送行詩一首，供參考。

（李夢生）

目録

續琉球國志略序

郭柏蔭

同治五年，天子以琉球於中國最恭順，今其嗣尚泰立，不怠益虔，宜錫以王封，詔公卿擇可使者，於是詹事府右贊善趙新持節銜命以行。既莅其國，宣揚天子神聖、威武覆載無外之意，咸拱聽慴伏抃悦。歸出其所著《續志略》二卷，記山川、道路、制度、風俗甚具，以示同列。其友郭柏蔭受而讀之，曰：《周禮》行人之職掌辨異五物以反命於王，以周知天下之故。又聞九能，能説可以爲大夫。君之所爲，其近是乎？昔汪舍人楫奉命册立，以詩歌賡詠聖朝懷柔盛德，當時朝士咸豔稱之，然而簡而不能賅也。是略以史書之義例，爲記載之文章，宸章炳焕，典禮裔煌，俾後之至東瀛者有所率循而考覈焉，而君之敬慎之忱，亦藉以稍見也夫。是爲序。

光緒八年壬午秋八月，侯官郭柏蔭序。

續琉球國志略首卷

御書

弼服海隅。

道光十八年，賜王尚育。

同文式化。

咸豐四年，賜王尚泰。

瀛嶠屏藩。

同治四年，賜王尚泰。

詔敕

道光十八年封王尚育詔

奉天承運皇帝詔曰：朕惟共球嚮化，藎忱賡丹綍之褒；屏翰銘勛，世守席黄圖之舊。嘉象來之致福，久備藩封；紹燕譽以承休，式頒策命。爾琉球國啓疆溟島，率職海邦。懋奕禩之經綸，奉中朝之正朔。中山王世子尚育，克承先業，丕茂嘉猷。繼堂構以維勤，奉幣琛而罔懈。效朝宗於碧瀣，風静鯨波；肅拱衛於紫宸，道通魚嶼。兹以序當嗣位，表請錫封。特遣正使翰林院修撰林鴻年、副使翰林院編修高人鑑，齎詔往封爾爲琉球國中山王。爾國臣民以暨士庶，其咸弼乃王，益勵恪恭，長延福祚。思其艱以圖其易，日修庶政以諴和；勤於邦復儉於家，永矢一心而翼戴。纘箕裘於勿替，千秋垂駿烈之光；鞏帶礪以久安，百世荷龍章之眷。故兹誥示，咸使聞知。

道光十八年封王尚育敕

皇帝敕諭琉球國中山王世子尚育：惟爾世宅瀛壖，蔚爲國胄。承華綺歲，不愆視膳之儀；主器藩方，聿著維城之望。兹以茅封嗣守，葵向臚忱。嘉越雉之逌飛，驗東鯷之即序。雲帆轉海，羅琛賫於十洲；星使來王，拱辰樞於萬里。無忝箕裘之紹，爵壤宜膺；仍邀英蕩之頒，絲綸載錫。特遣正使翰林院修撰林鴻年、副使翰林院編修高人鑑，敕封爾爲琉球國中山王，並賜爾及妃文幣等物。爾祇承寵命，益懋忠猷。助宣醲化於鯤溟，允答稠恩於鳳陛。扶桑日麗，被衮繡以揚輝；析木波平，奠藩維而述職。勿墜高曾之矩，俾爾熾昌；永惟帶礪之傳，延於苗裔。欽哉！特諭。

同治五年封王尚泰詔

奉天承運皇帝詔曰：朕惟典隆圭組，千秋垂帶礪之盟；瑞集共球，百世屹屏藩之衛。紹箕裘而勿替，舊德克承；賁綸綍而崇褒，新恩宜沛。爾琉球國拓疆東海，稟朔中朝。慶土宇之久安，荷帡幪之廣冒。中山王世子尚泰，夙騫令譽，善繼先型。虔述職於重溟，早攄忱於九陛。波恬碧澥，頻輸琛賮以效珍；星拱紫垣，遠涉梯航以請命。兹以序當嗣爵，表籲錫封。特遣正使詹事府右春坊右贊善趙新、副使内閣中書舍人于光甲，齎詔往封爾爲琉球國中山王。爾國臣民以曁士庶，其咸輔乃王，益殫忠悃，懋著豐規。緜世澤以孔長，鞏邦基於丕固。思裕後光前之匪易，勉啓乃心；念宣猷贊化之宜勤，無忘汝翼。鴻庥滋至，繼繩延茅壤之榮；龍節載頒，申錫拜楓廷之賜。故兹詔示，咸使聞知。

同治五年封王尚泰敕

皇帝敕諭琉球國中山王世子尚泰：惟爾毓秀海邦，蜚音國胄。譽隆肯構，早駿望之丕昭；德著維城，果象賢之無忝。兹以承祧衍慶，纘業揚庥。踰鼇島以來王，航鯤溟而命使。瞻雲願切，夙勤修貢於東瀛；捧日心長，彌冀近光於北闕。嘉前徽之克紹，久静鯨波；念崇爵之宜頒，載宣鳳綍。特遣正使詹事府右春坊右贊善趙新、副使内閣中書舍人于光甲敕封爾爲琉球國中山王，並賜爾及妃文幣等物。爾祗膺簡命，益勵葵忱。式宏翼戴之勳，大啓熾昌之緒。祚延茅土，環紫澥以承流；榮被芝泥，翊丹宸而布化。萬里效星辰之拱，用揚鴻烈於方來；九天錫雨露之恩，允荷龍光於靡極。欽哉！特諭。

頒賜國王

蟒緞二疋　粧緞二疋　青緞二疋　字緞六疋　藍緞三疋　錦三疋　紗四疋　羅四疋　紡絲四疋

頒賜王妃

粧緞二疋　字緞四疋　藍緞二疋　青緞二疋　錦二疋　紗四疋　羅四疋

諭祭文

道光十八年諭祭故王尚灝文

維道光十有八年，歲次戊戌，六月庚午朔，越二十四日癸巳，皇帝遣正使翰林院修撰林鴻年、副使翰林院編修高人鑑致祭於琉球國中山王尚灝之靈曰：共球奉職，山河膺帶礪之封；圭瓚陳卣，筵几沛絲綸之澤。念梯航之恭恪，昭爵竌之哀榮。特用賁章，以揚豫薦。爾琉球國中山王尚灝，渤澥開疆，焘苴分社。璆琳啓檢，永綏賜履之區；冠帶來庭，長效越裳之貢。從鴻臚以典屬，琛獻爻閶；恬鼊極以朝宗，鏡清寰海。載徂奄告，撫逝景於桑洲；賜醊遥頒，降恩光於椒醑。誥宣銜鳳，傳龍節以合符；世守流虯，嘉象胥以纘服。於戲！作溟澨之屏藩，車書承化；發馨香於俎豆，楹桷增華。惟寅恭懷星共之忱，斯申錫普雲礽之慶。褒兹靈爽，尚克歆承。

同治五年諭祭故王尚育文

維同治五年丙寅，七月丁巳朔，越二十日丙子，皇帝遣正使詹事府右贊善趙新、副使内閣中書于光甲致祭於已故琉球國中山王尚育之靈曰：車書承化，東瀛之聲教常通；俎豆升香，北闕之恩施遠播。常念共球之效順，設爵竽以飾終。載考彝章，用陳嘉薦。爾琉球國中山王尚育，拓疆碧海，禀朔丹宸。殷就日之心，梯航修貢；夙仰同風之治，琛賮來庭。燕譽稱賢，槎使屢馳乎龍節；象胥典屬，匭章無阻於鯤溟。嗟逝景之難回，淪徂忽告；宜軫懷之倍切，奠醊遥頒。鳳詔傳宣，諭祭而彤廷寵渥；鷁舟利涉，啓行而紫瀣波恬。於戲！祚延茅土之封，永盟帶礪；榮荷椒筵之錫，爰沛絲綸。徽溯生前，望宸居而拱極；典隆身後，膺申命而貽庥。告爾潛靈，尚其歆格。

道光十八年諭祭天后文二道

維道光十有八年，歲次戊戌，五月辛丑朔，越一日壬寅，皇帝遣册封琉球國王正使翰林院修撰林鴻年、副使翰林院編修高人鑑致祭護國庇民妙靈昭應宏仁普濟福佑群生誠感咸孚顯神贊順垂慈篤祜天后之神曰：唯神坤德含章，坎孚普惠。升靈瀣島，疏鯷壑以波恬；表貺瀛壖，導鷁帆而風順。應臺灣之贊武，曾著豐猷；驗閩嶠之安瀾，聿瞻顯應。兹以錫封殊域，取道重溟，爰命使臣，祇將祀典，尚其護兹綸綍，佑彼津途。波浪無驚，飛鷁度高華之嶼；苾芬特薦，碩牲祈利濟之符。蠲絜式陳，神明來格。

諭祭天后文

維道光十有八年歲次戊戌，□月□□朔，越□□日，皇帝遣册封琉球國王正使翰林院修撰林鴻年、副使翰林院編修高人鑑，致祀護國庇民妙靈昭應宏仁普濟福佑群生誠感咸孚顯神贊順垂慈篤祐天后之神曰：惟神誕昭靈應，隆翊昌圖。導龍節以南來，綠綸日焕；護鷁帆而北返，旌旆風和。仰神貺之無疆，島嶼胥呈其五色；俾使星之有耀，波濤遠涉乎重洋。聿答嘉祥，宜申秩祀。六鼇浪謐，用宣威德於茅封；雙鷁雲歸，式薦苾芬於禾竿。敬酬靈爽，尚鑒馨香。

同治五年諭祭天后文二道

維同治五年歲次丙寅，□月□□朔，越□□日，皇帝遣册封琉球國王正使詹事府右贊善趙新、副使内閣中書舍人于光甲，致祀護國庇民妙靈昭應宏仁普濟福佑群生誠感咸孚顯神贊順垂慈篤祐安瀾利運澤覃海宇恬波宣惠導流衍慶靖洋錫祉恩周德溥衛漕保泰振武綏疆天后之神曰：唯神功贊乾元，德符坤厚。雲軿顯異，八閩叨呵護之庥；霧節敷仁，四海切馨香之報。濟舳艫之轉運，靈偃鯨波；導斧鉞以專征，威揚鼇極。巍號叠崇於紫階，明徽久播於滄瀛。兹以頒詔藩封，渡航渤澥，默冀鴻慈之庇，用脩牲薦之儀。尚其佑彼津塗，利兹舟楫。錦帆霞燦，捧芝檢以宣勤；瑶竿星羅，奠椒漿而告潔。神其來格，鑒此苾芬。

諭祭天后文

維同治五年，歲次丙寅，□月□□朔，越□日，皇帝遣册封琉球國王正使詹事府右贊善趙新、副使内閣中書舍人于光甲，致祀護國庇民妙靈昭應宏仁普濟福佑群生誠感咸孚顯神贊順垂慈篤祜安瀾利運澤覃海宇恬波宣惠導流衍慶靖洋錫祉恩周德溥衛漕保泰振武綏疆天后之神曰：唯神隆翊昌圖，誕敷闓澤。波恬析木，導龍節以遄歸；日麗扶桑，護鷁舟而徑渡。焕絲綸於萬里，殊方叨湛露之施；揚旌旆於十洲，巨瀚驗長風之順。俾使星之有耀，信靈貺之無涯。爰舉明禋，用申寅感。回帆珠島，允占利涉於南溟；獻帛瑶祠，彌切報功於北闕。屬脩祀典，冀答神庥。

道光十八年諭祭海神文二道

維道光十有八年，歲次戊戌，□月□□朔，越□□日，皇帝遣册封琉球國王正使翰林院修撰林鴻年、副使翰林院編修高人鑑致祭南海之神曰：惟神惠孚兑澤，位正離明。表貺麟洲，接日星而滉瀁；徵祥鼇極，滙江漢以朝宗。遥覃南服之恩波，青雲干吕；近接中山之貢道，錦浪乘槎。兹以詔賁藩封，道經巨瀚，用祈庇佑，特薦苾芬。尚其静攝波濤，穩浮檣楫。焕絲綸於華嶼，使節霞輝；登罍俎於瑶壇，靈旗風細。恪將秩祀，敬迓神庥。

諭祭海神文

維道光十有八年歲次戊戌，□□月□□朔，越□□日，皇帝遣册封琉球國王正使翰林院修撰林鴻年、副使翰林院編修高人鑑致祀南海之神曰：惟神澤普無涯，功昭既濟。瑶光交彩，導龍節以遄征；錦纜澄輝，泛鯨波而利涉。鸞章捧至，丸封群慴乎德威；隼旆歸來，珠島益徵夫靈貺。聿修牲薦，敬報鴻猷。露舶風檣，效順紀鳴鼉之候；芬枝黼構，酬庸隆肸蠁之儀。式侑馨香，神其歆格。

同治五年諭祭海神文二道

維同治五年歲次丙寅，□□月□□朔，越□日，皇帝遣册封琉球國王正使詹事府右贊善趙新、副使内閣中書舍人于光甲致祀南海之神曰：惟神望超四瀆，量納百川。布閶朱崖，允正離明之位；揚庥碧澥，式符兑澤之占。翔瑞靄於鼇峰，永綏南服；静洪濤於鯷壑，遠逹中山。顯應丕昭，群情共戴。兹以錫封海嶠，取道瀛壖。脩秩祀以抒忱，冀神聰之默鑒。尚其護兹綸綍，導以津梁。纛帆宣奉使之勤，輝騰霓旆；龍勺肅薦馨之典，靈集雲旗。潔侑豐禋，祗祈嘉貺。

諭祭海神文

維同治五年歲次丙寅，□月□□朔，越□日，皇帝遣册封琉球國王正使詹事府右贊善趙新、副使内閣中書舍人于光甲致祀南海之神曰：惟神德懋含宏，惠敷利濟。揚舲魚嶼，導星使以宣猷；返旆鵬溟，率波臣而效職。雲護十行之丹綍，瓊島遄經；風迴萬頃之紫瀾，牙檣穩渡。遠播天威於殊域，實叨神佑於重洋。默唸豐功，宜隆昭報。鸞函恩錫，茅封深翊戴之忱；隼旆吉旋，芝笲肅苾芬之薦。敬酬靈爽，尚冀來歆。

續琉球國志略卷一

表奏

道光十六年請封表

琉球國中山王世子臣尚育誠惶誠恐，稽首頓首，謹奉表上言。伏以丹詔輝煌，布恩綸於北闕，星槎迢遞，傳寵命於南瀛。樹屏翰而懷柔，隆兹體統；錫封章以寵賁，焕厥規模。慶洽蟻封，歡騰蜃島。欽惟皇帝陛下，知周萬物，治協三王。赫濯聲靈，式九圍而型于百辟；惇庸典禮，斂五福以錫及萬邦。侯甸要荒，盡入職方之府；躬桓蒲穀，悉歸王會之圖。八埏徧沐仁風，四海皆瞻化日。臣育世叨聖澤，代守瀛壖。胙土分茅，自昔長依禹甸；請封襲爵，於今欣戴堯天。謹遣陪臣向大烋、孫光裕等，遠叩龍墀，乞降綸音以准襲；遥趨象闕，恭求册使而錫封。伏願至德彌崇，覃恩愈廣。建官分職，由内臣而及外臣；合軌同文，因舊典以開新典。將見陽和布地，醴泉與芝草偕生；瑞氣麗天，甘露同景星並見矣。臣育無任瞻天仰聖激切屏營之至，謹奉表恭進以聞。

道光十六年八月初三日。

道光十六年請封疏

琉球國中山王世子臣尚育謹奏，爲瀝懇循例封襲，以光世土，以效忠勤事。竊以敝國蕞爾彈丸，渺兹尺土，世沐天朝深仁厚澤，有加無已。臣先祖尚質，於順治十一年荷蒙天恩，頒給王爵印篆，爲中山王，永奠海邦。臣先祖尚貞於康熙二十一年叨荷詔敕册封，臣先祖尚敬於康熙五十七年祗受封王，臣太高祖尚穆於乾隆二十一年恭沐皇恩封襲王爵，臣高祖尚哲爲世子時棄世，臣曾祖尚温於嘉慶五年叨蒙册封，臣祖尚成未及請封早已棄世，臣父尚灝於嘉慶十三年仰蒙册封爲中山王，臣祖於是年恭荷誥命追封王爵。臣父嗣爵以來，恭勤匪懈，一旦嬰病，醫藥無效，於道光十四年五月二十九日薨逝。臣小子以嫡繼統，恭循典例，應請封襲。謹遣陪臣耳目官向大烋、正議大夫孫光裕等，趨叩丹墀，虔齎奏請，伏乞聖恩體循臣先世事例，差選天使按臨蛟島。俾臣育拜綸音於海表，世守藩疆；膺詔命於波區，代供貢職。則頂祝皇恩浩蕩，世世不朽矣。伏祈聖鑒，敕部施行，臣育不勝惶悚待命之至，謹具奏以聞。

道光十六年八月初三日。

同治三年請封表

琉球國中山王世子臣尚泰，誠惶誠恐，稽首頓首，謹奉表上言。伏以天子當陽，礪山帶河以建國；聖人御宇，苴茅胙土以分藩。頒正朔於赤縣神州，咸仰玉册金書之錫；圖王會於皃旌陰羽，共瞻寶函鐵券之榮。鼇極奠安，蟻封忭頌。欽惟皇帝陛下，恩覃九有，道契三無。乃聖乃神，乃武乃文。億萬世光垂黼黻，自西自東，自南自北；千百國瑞輯冠裳，海淺仁深，嶽卑德峻。春臺有慶，壽域同登。臣泰躬叨聖澤，世守海邦。服備外藩，夙有請封舊典；統承先緒，仍循嗣爵常經。謹遣陪臣東國興、毛發榮趨叩龍墀，乞降綸音以准襲；虔伸虎拜，恭迓册使之遥臨。伏願丹詔頒雲，黄圖輝日。榮膺冠帶，廣玉帛之會於塗山；寵列屏藩，大封建之模於澗水。則沐日浴月，八荒輸琛賮之忱；十雨五風，六宇受雍熙之福矣。臣泰無任瞻天仰聖激切屏營之至，謹奉表恭進以聞。

同治三年八月初四日。

同治三年請封疏

琉球國中山王世子臣尚泰謹奏，爲援例陳情，懇請封襲，以光疆宇，以效忠勤事。竊維弊國鯷壑外藩，蝸居荒服，世沐天朝厚澤深仁，有加無已。臣先祖尚質於順治十一年荷蒙天恩頒給王爵印篆，爲中山王，永奠海邦。先祖尚貞、尚敬、尚穆均於康熙二十一年及五十七年並乾隆二十一年先後恩准封襲，太高祖尚哲爲世子時即世弗禄，高祖尚温於嘉慶五年叨蒙封襲王爵。曾祖尚成雖未及請封，早已棄世，而祖尚灝於嘉慶十三年叨蒙封襲王爵，曾祖亦於是年恭荷誥命，特許追封。父尚育復於道光十八年祗受册封爲中山王。感列聖之遭逢，勵兒孫以職守，嗣爵以來，夙夜欽承，忠貞匪懈。詎意偶嬰微疾，醫藥無靈，遽於道光二十七年九月十七日薨逝。臣以嫡長繼統，恭循典例，虔請封襲。冀藉皇威之遠被，庶幾壽域之同登。謹遣陪臣耳目官東國興、正議大夫毛髮榮趨叩彤墀，攄陳丹悃，伏乞聖恩體循臣先世事例，欽選天使按臨海疆。俾臣泰迓綸音於北闕，世守藩封；膺璽命於東瀛，代修職貢。則頂祝皇仁，長承恩眷，仰八紘之在宥，願萬葉以爲基矣。伏祈聖鑒，飭部施行，臣泰不勝惶悚待命之至，謹奏。

同治三年八月初四日。

道光十八年謝恩表

琉球國中山王臣尚育誠歡誠忭，稽首頓首，謹奉表上言。伏以文命覃敷，綸綍煥黄封之彩；仁恩廣被，滄溟騰紫誥之輝。布涣號於三山，鴻鈞亭育；頒乾符於萬里，鰈版軒歌。慶溢寰瀛，歡增薄海。欽惟皇帝陛下，聰明天亶，恭讓性成。黼座垂裳，照堯天之麗日；彤廷揮軫，調舜陛之薰風。臣育嗣守藩封，代供貢職。拜荷鳳詔褒封之典，島嶼煒煌；仰承鸞書錫予之榮，星雲糺縵。瞻神京而九叩，望帝闕以三呼。拜命增虔，撫躬益勵。謹遣陪臣翁寬、楊德昌等肅齎土物，叩謝天恩。伏願大造無私，至誠不息。德政如辰居有所，天涯之箕畢輸忱；聲靈窮亥步而遥，域外之梯航接踵。將見金甌永固，河山呈帶礪之休；玉燭常調，川嶽隸懷柔之化矣。臣育無任瞻天仰聖激切屏營之至，謹奉表稱謝以聞。

道光十八年謝恩疏

琉球國中山王臣尚育謹奏，爲恭謝天恩事。竊臣育彈丸小國，僻處海隅，仰沐皇上鴻慈，允臣嗣封藩服，於道光十八年欽差正使翰林院修撰林鴻年、副使翰林院編修高人鑑持節齎捧詔敕、御書、幣帛，隨帶員役人等，駕船一隻，於本年五月初九日按臨敝國。臣育率領臣庶於迎恩亭恭請皇上聖躬萬安，即敬迓詔敕、御書、幣帛，奉安天使館内。擇吉於六月二十四日，先蒙諭祭臣父王尚灝，續於八月初三日荷蒙宣讀詔敕，封臣育爲中山王，優賚臣及臣妃蟒緞、綵緞等物。臣育恭設香案，望闕叩頭謝恩訖，隨援照成例，請於天使，懇留詔敕，爲傳國之寶。蒙天使查驗前封卷軸，特允所請，付臣一併珍藏，復蒙頒賜御書「弼服海隅」匾額。臣育及臣庶瞻仰歡忭，叩頭祗領。伏念臣育世居島嶼，夙隸帡幪。茲當嗣位之初，仰邀特簡詞臣遠來異域，眷舊臣而賜醊，褒世胄而錫封。宸翰騰輝，奇繒耀彩。誠寵榮之已極，洵存没之同欣。臣育曷勝感激，特遣陪臣法司王舅翁寬、紫金大夫楊德昌、使者馬維興、都通事魏學源、通事鄭思恭、梁大章等齎奉表章，率領官伴梢役，坐駕船隻，裝載土儀金鶴形一對，鶴踏、銀岩座各全；盔甲一領，護手、護臁各全；金靶鞘腰刀二把；銀靶鞘腰刀二把；黑漆靶鞘鍍金銅結束腰刀二十把；黑漆靶鞘鍍金銅結束鎗一十把；黑漆靶鞘鍍金銅結束衮刀一十把；黑漆洒金馬鞍一座，轡、銜、絡頭、前後牽鞧、屧脊、障泥、鐙俱全；金彩畫圍屏二對；精製摺扇五百把；土絲綿二百束；練蕉布三百疋；土苧布一百疋；白剛錫五百觔；紅銅五百觔。再蒙頒賜御書，另具金鶴形一對，鶴踏、銀岩座各全，前來赴京叩謝天恩。伏冀聖慈俯鑒下忱，臣育無任激切屏營之至，謹奏。

同治五年謝恩表

琉球國中山王臣尚泰誠歡誠忭，稽首頓首，謹奉表上言。伏以皇仁同覆幬，車書集一統之河山；帝德徧乾坤，侯甸霑累朝之雨露。來王來享，屏藩寵錫銀章；丕顯丕承，帶礪榮分鐵券。外邦溢慶，環海騰歡。欽惟皇帝陛下，道軼羲軒，業高堯舜。安内攘外，河清偕海晏揚休；緯武經文，雨澍共風祥呈瑞。咸頌太平天子，群歌有道聖人。臣泰鮫島微員，蜃宮荒服，代沐聖朝培植，躬膺王爵襲封。星使遥臨，如覯龍光而華祝；綸音遠賁，爰伸虎拜以嵩呼。五色焕黄麻，祖廟之蘋蘩映彩；十行頒丹詔，球陽之嶽瀆增輝。册立覃恩，蟻私莫報。纘承舊業，蚊負懷慚。祇緣蝸處南隅，匪遂梟趨北闕。謹遣陪臣馬朝棟、阮宣詔等肅齎方物，聊效葵傾，叩謝天恩，徒殷曝獻。伏願箕疇備福，姬籙凝庥。披王會之圖，執玉帛者八百國；攬職方之掌，奠金甌於億萬年。將見璧合珠聯，永慶雍熙之治；鳳儀獸舞，咸游浩蕩之天矣。臣泰無任瞻天仰聖激切屏營之至，謹奉表稱謝以聞。

同治五年謝恩疏

琉球國中山王臣尚泰謹奏，爲恭謝天恩事。竊臣泰彈丸小國，僻處海隅，仰沐皇上鴻慈，允臣嗣封藩服。於同治五年欽差正使詹事府右贊善趙新、副使内閣中書舍人于光甲持節齎捧詔敕、幣帛，隨帶員役人等，駕船二隻，於本年六月二十二日按臨敝國。臣泰率領臣庶於迎恩亭恭請皇太后、皇上聖躬萬安，即敬迓詔敕、幣帛，奉安天使館内。擇吉於七月二十日先蒙諭祭臣父王臣尚育，續於□月□日荷蒙宣讀詔敕，封臣泰爲中山王，優賚臣及臣妃蟒袍、彩緞等物。臣泰恭設香案，望闕叩頭謝恩訖，隨援照成例，請於天使，懇留詔敕爲傳國之寶。蒙天使查驗前封卷軸，特允所請，付臣一併珍藏。臣泰及臣庶瞻仰歡忭，叩頭祗領。伏念臣泰世居島嶼，夙隸帡幪，兹當嗣位之初，仰邀特簡詞臣，遠來異域，眷舊臣而賜醊，褒世胄而錫封。龍章騰輝，鳳穀耀彩。誠寵榮之已極，洵存歿之同欣。臣泰曷勝感激，特遣陪臣法司王舅馬朝棟、紫金大夫阮宣詔、使者向承儀、都通事蔡呈禎、通事金良弼、阮成勳等賫捧表章，率領官伴梢役，坐駕船隻，裝載土儀金鶴形一對，鶴踏、銀嵒座各全；盔甲一領，護手、護臁各全；金靶鞘腰刀二把；銀靶鞘腰刀二把；黑漆靶鞘鍍金銅結束腰刀二十把；黑漆靶鞘鍍金銅結束鎗一十把；黑漆靶鞘鍍金銅結束衮刀一十把；黑漆洒金馬鞍一座，轡、銜、絡頭、前後牽鞦、屧脊、障泥、鐙俱全；金彩畫圍屏二對；精製摺扇五百把；土絲綿二百束；蕉布三百疋；土布一百疋；白剛錫五百觔；紅銅五百觔，前來赴京叩謝天恩。伏冀聖慈俯鑒下悃，臣泰無任激切屏營之至，謹奏。

中山王尚育請存舊禮以勞使臣疏

琉球國中山王臣尚育謹奏，爲懇存舊禮，以酬使臣，仰祈聖鑒事。竊臣育海外藩垣，邊隅澤國，叨蒙恩命，允臣嗣封。於道光十八年欽差正使翰林院修撰林鴻年、副使翰林院編修高人鑑持節恭奉詔敕、御書、幣帛，於本年五月初九日按臨敝國。六月二十四日先行諭祭臣父王尚灝，續於八月初三日宣讀詔敕，封臣育爲中山王，欽賜臣及臣妃蟒緞、彩緞等物，復蒙頒賜御書匾額。此誠皇上天高地厚之殊恩，而臣育萬世無窮之光寵也。竊惟天使入境以來，裁省供億，約束丁胥，上體聖主懷柔至意，嚴禁從前滋擾舊規，舉國臣民，同聲感頌。臣育僻處海隅，無能隆禮，故於宴款之際，代物以金。雖自知乎菲薄，實欲藉以將敬。乃使臣屢辭不受，義正詞嚴，允矣有恥不辱，足爲天朝慎簡得人慶矣。但念使臣間關勞瘁，遠涉風濤，實爲臣育之故，酬德報功，未展萬一，殊慙舊禮之有缺，愈覺寸志之莫伸。謹將卻還宴金二封共計一百九十二兩，附遣陪臣法司王舅翁寬、紫金大夫楊德昌等進呈，籲叩聖恩，敕賜使臣收受，庶臣育微忱得遂，益堅愛戴之誠矣。理合上疏奏明，伏乞皇上聖鑒。臣育無任戰慄惶恐之至，謹奏。

道光十八年八月十五日。

中山王尚泰請存舊禮以勞使臣疏

琉球國中山王臣尚泰謹奏，爲懇存舊禮，以酬使臣，仰祈聖鑒事。竊臣泰海外藩垣，藩隅澤國，叨蒙恩命，允臣嗣封。於同治五年欽差正使詹事府右贊善趙新、副使内閣中書于光甲持節恭奉詔敕、幣帛，於本年六月二十二日按臨敝國。七月二十日先行諭祭臣父王臣尚育，續於八月二十七日宣讀詔敕，封臣泰爲中山王，欽賜臣及臣妃蟒緞、彩緞等物。此誠皇上天高地厚之殊恩，而臣泰萬世無窮之光寵也。竊惟天使入境以來，裁省供億，約束丁胥，上體聖主懷柔至意，嚴禁從前滋擾舊規，舉國臣民，同聲感頌。臣泰僻處海濱，無能隆禮，故於宴款之際，代物以金。雖自知乎菲薄，實欲藉以將敬。乃使臣屢辭不受，義正詞嚴，允矣有恥不辱，足爲天朝慎簡得人慶矣。但念使臣閒關勞瘁，遠涉風濤，實爲臣泰之故，酬德報功，未展萬一，殊慙舊禮之有缺，愈覺寸志之莫伸。謹將卻還宴金二封共計一百九十二兩，附遣陪臣法司王舅馬朝棟、紫金大夫阮宣詔等進呈，籲叩聖恩，敕賜使臣收受，庶臣泰微忱得遂，益堅愛戴之誠矣。理合上疏奏明，伏乞皇上聖鑒。臣泰無任戰慄惶恐之至，謹奏。

國統

臣謹案：琉球自尚穆以前，其譜系已詳前志，兹從前續志略録尚穆以來世系於左。

尚穆尚敬長子，乾隆四年生，十七年立，二十一年受封，五十九年薨。孫尚温嗣。

尚哲尚穆長子，乾隆二十四年生，五十三年卒。未及立。

尚温尚哲二子，乾隆四十九年生，六十年立，嘉慶五年受封，八年薨。子尚成嗣。

尚成尚温長子，嘉慶五年生，八年秋立，冬薨，十三年追封。

尚灝尚哲四子，乾隆五十二年生，嘉慶八年立，十三年受封，道光十四年薨。

尚育尚灝長子，嘉慶十八年生，道光十四年立，十八年受封，二十七年薨。

尚泰尚育二子，道光二十三年生，二十七年立，同治五年受封。

續琉球國志略卷二

封　貢

臣謹案：琉球入貢始於明洪武五年，受封始於永樂二年。前明貢無常期，本朝始定爲二年一貢，該國王遵行，世不失職。封自康熙二年，至今凡八次，其在嘉慶十四年以前者已詳前續志，兹謹録嘉慶十五年尚灝受封以來如左。

嘉慶十五年庚午秋，尚灝遣耳目官向國柱、正議大夫蔡肇業表貢方物，併遣官生陳善繼、馬執宏、毛世輝、梁元樞四人入監讀書。

十七年壬申秋，遣耳目官向謹、正議大夫毛廷器表貢方物。

十九年甲戌秋，遣耳目官向斌、正議大夫鄭嘉訓表貢方物，常例外加賞蟒緞、福字方、大小絹箋、筆、墨、硯、雕漆器、玻璃器等件。

二十一年丙子秋，遣耳目官毛維憲、正議大夫蔡次九表貢方物。

二十三年戊寅秋，遣耳目官毛維新、正議大夫鄭克新表貢方物，常例外加賞蟒緞、福字方、絹箋、筆、墨、硯、雕漆器、玻璃器等件。

二十五年庚辰秋，遣耳目官向邦正、正議大夫蔡肇基表貢方物。

道光元年辛巳秋，遣王舅向廷謀、正議大夫鄭文洙慶賀宣宗成皇帝登極，表貢方物，並進香貢，常例外加賞各色八絲緞、硯、玉器，琺瑯爐、瓶、盒，琺瑯椀、磁器、玻璃器等件。

二年壬午秋，遣耳目官毛樹德、正議大夫王士惇表貢方物，常例外加賞御書匾額、蟒緞、福字方絹、箋、筆、墨、硯、雕漆器、玻璃器等件。

四年甲申秋，遣耳目官向廷楷、正議大夫梁光地表貢方物，常例外加賞蟒緞、福字方、絹箋、筆、墨、硯、雕漆器、玻璃器等件。

六年丙戌秋，遣紫巾官馬開基、正議大夫梁文翼表貢方物，常例外加賞蟒緞、福字方、絹箋、筆、墨、硯、雕漆器、玻璃器等件。

八年戊子秋，遣耳目官毛世輝、正議大夫楊德昌表貢方物，常例外加賞蟒緞、福字方、絹箋、筆、墨、硯、雕漆器、玻璃器等件。

十年庚寅秋，遣耳目官向國璧、正議大夫王丕烈表貢方物，常例外加賞蟒緞、福字方、絹箋、筆、墨、硯、雕漆器、玻璃器等件。

十二年壬辰秋，遣耳目官向永昌、正議大夫鄭擇中表貢方物，常例外加賞蟒緞、福字方、絹箋、筆、墨、硯、雕漆器、玻璃器等件。

十四年甲午秋，尚育遣耳目官向如山、正議大夫紅泰熙表貢方物。

十六年甲申秋，遣耳目官向大烋、正議大夫孫光裕表貢方物，兼請襲封。

十七年丁酉秋，遣翰林院修撰林鴻年、編修高人鑑充正副使往封王，世子尚育遣陪臣鄭良弼至閩接封。

十八年戊戌夏，林鴻年等至國，諭祭故王尚灝，册封尚育爲王。秋，尚育遣王舅翁寬、紫金大夫楊德昌隨同謝封，表進方物，並遣耳目官章鴻勳、正議大夫林奕海表貢方物，常例外加賞蟒緞、福字方、絹箋、筆、墨、硯、雕漆器、玻璃器等件。

十九年己亥春，臣鴻年、臣人鑑回京，代奏請官生入學。

二十年庚子秋，遣耳目官向國鼎、正議大夫林常裕表貢方物，本年欽奉上諭，琉球改爲四年一貢，特遣王舅向邦正、正議大夫鄭元偉奏請照舊間年進貢，隨蒙允准。並遣官生阮宣詔、鄭學楷、向克秀、東國興四人入監讀書。向克秀回至閩病故。

二十二年壬寅秋，遣耳目官向紹元、正議大夫魏恭儉表貢方物，常例外加賞蟒緞、福字方、絹箋、筆、墨、硯、雕漆器、玻璃器等件。

二十四年甲辰秋，遣耳目官毛嘉榮、正議大夫鄭元偉表貢方物。

二十六年丙午秋，遣耳目官向元模、正議大夫梁必達表貢方物，常例外加賞蟒緞、福字方、絹箋、筆、墨、硯、雕漆器、玻璃器等件。

二十八年戊申秋，尚泰遣耳目官向統績、正議大夫鄭元觀表貢方物，常例外加賞蟒緞、絹箋、筆、墨、硯、雕漆器、玻璃器等件。

三十年庚戌秋，遣王舅夏超群、正議大夫毛有增慶賀文宗顯皇帝登極，表貢方物，並進香貢，常例外加賞各色八絲緞、硯、玉器，琺瑯爐、瓶、盒，琺瑯盌、磁器、玻璃器等件，又加賞蟒緞、絹箋、筆、墨、硯、雕漆器、玻璃器等件。

咸豐二年壬子秋，遣耳目官毛種美、正議大夫蔡士俊表貢方物，常例外加賞御書匾額、蟒緞、福字方、絹箋、筆、墨、硯、雕漆器、玻璃器等件。

四年甲寅秋，遣紫巾官向邦棟、正議大夫毛克進表貢方物，常例外加賞蟒緞、福字方、絹箋、筆、墨、硯、雕漆器、玻璃器等件。

六年丙辰秋，遣耳目官向有恒、正議大夫阮宣詔表貢方物，常例外加賞蟒緞、福字方、絹箋、筆、墨、硯、雕漆器、玻璃器等件。

八年戊午秋，遣耳目官翁俊、正議大夫阮孝銓表貢方物，常例外加賞蟒緞、福字方、絹箋、筆、墨、硯、雕漆器、玻璃器等件。

十年庚申秋，遣耳目官向志道、正議大夫鄭德潤表貢方物。

同治元年壬戌秋，遣耳目官向啓元、正議大夫林長隆表貢方物。

同治二年癸亥秋，遣王舅馬文英、正議大夫毛克述慶賀皇上登極，表貢方物，並進香貢，常例外加賞御書匾額、各色八絲緞、硯，珐瑯爐、瓶、盒，玉器、珐瑯盌、玻璃器、瓷器等件。

三年甲子秋，遣耳目官東國興、正議大夫毛發榮表貢方物，兼請襲封。

四年乙丑秋，遣詹事府右贊善趙新、内閣中書舍人于光甲充正、副使往封王。世子尚泰遣陪臣至接封。

五年丙寅夏，趙新等至國，諭祭故王尚育，册封尚泰爲王。秋，尚泰遣王舅馬朝棟、紫金大夫阮宣詔隨同謝封，表進方物，並遣紫巾官毛文彩、正議大夫魏掌治表貢方物，兼謝賞賜御書匾額。

六年丁卯春，臣新、臣光甲回京，代奏請官學生入學。

典禮

臣等謹案：諭祭、册封各典禮經前使臣汪楫更定，此後並無增改。其追封一節，亦經前使臣齊鯤酌定舉行，備載前續志，兹概不録。

學校

自嘉慶十七年至道光四年那霸四邨、若狹町邨，西、東兩邨，泉崎邨。唐榮二邨，大門邨，久茂地邨。島中人等，凡那霸人氏寓居唐榮邨中者號島中。各建學校，置講課之法，四時那霸官親臨各學稽察勤惰，總理司長史等亦於四時按臨島中鄉學，稽察勸勵。

學校有六，一在若狹町邨，曰學館；一在西邨，曰講館；一在東邨，曰學舍；一在泉崎邨，曰學道館；一在大門邨，曰教館；一在久茂地邨，曰教舍。各設講解師一員，唐榮人充之。主取官一員，中取、筆者各二員，凡邨中冠童皆入學講習《四書》、小學等書。

政　刑

詳前續志，無增革。

官　制

臣等謹案：前續志於球國官制未及詳載，今從該國官職録備載如左。

王府北宮　國相一員其府有紫巾大親官一員，座敷大親官三員，與力役三名，右筆一名。　法官司三員各府有與力役各三名。　紫巾御物奉行官三員各有吟味官一員。　御鎖側官一員即司賓耳目官。　御雙紙庫理官一員即典賓耳目官。　平等側官一員即司刑耳目官。　泊地頭官一員即管泊耳目官。　吟味官五員即贊議官。　評定所筆帖主取官一員　筆帖式九名考試用之。　帳當主取官一員　筆帖式十名

王府下庫理殿　番之紫巾官無額數。　番之座敷官無額數，即察侍紀官。　當官十二員即遏闔理官。

勢頭官九員　里之子官十二員　筑登之官九員

王府内宮　總大親官一員法司兼任。　紫巾大親官三員　座敷大親官三員

御近習座　御近習頭一員不拘品級。　御近習官九員　筆帖式六名

御内原臺所又云内厨。　膳夫庖丁一名

王府南宮書院　紫巾御書院奉行官三員　侍講官一員不拘品級，選學優者充之。　御書院當官三員即遏闥理官。　侍讀生員不限人數。　御右筆主取官一員　御右筆官六員考試任之。　御茶道六名又云茗史。　御物當役二名　里之子官十二員

御料理座又云典膳所。　大屋子二名　筆帖式二名　膳夫庖丁六名

大臺所又云供應所。　大屋子二名　筆帖式二名　膳夫庖丁三名

御道具庫理又云宴器局。　大屋子一名　筆帖式一名

醫師所　太醫師六員又云御醫者。　候補醫師二員

王府貯藥所又云納殿。　大筆帖式二名　小筆帖式二名

王府世系圖座又云御系圖座。　王子奉行官一員　紫巾奉行官一員　中取官三員　筆帖式三名

高所又云賦税司。　紫巾奉行官一員　中取官三員　大屋子三名　筆帖式六名

勘定座又云覈實司。　紫巾奉行官一員　中取官二員　大屋子六名　筆帖式九名

米藏　大屋子二名　筆帖式二名

御馬屋　圉師一員又云御別當。　筆帖式一名

大美御殿國王副宫。　總大親官一員法司兼任。　紫宫大親官二員　座敷大親官一員

中城御殿即世子府。　總大親官一員法司兼任。　紫巾大親官三員　侍講官一員不拘品級，選學優者充之。　座敷大親官四員　侍讀生員不限人數。　與力官六員　右筆官二員　里之子官三名　御小姓三名　圉師一員又云御別當。

國學　紫巾奉行官一員　講解師一員總理唐榮司，選薦或入監官生爲之。　訓詁師一員總理唐榮司，考薦或入監官生爲之。　中取官二員　筆帖式二員

三平等鄉學　講解師各一員總理司考薦之，或入監官生爲之。　奉行官、中取官、筆帖式各二員

總横目即觀察司。　紫巾總横目官一員　座敷總横目官二員　筆帖式二名

三平等小横目即巡察官　紫巾小横目官各一員　座敷小横目官各四員　筆帖式各十名

大與座　紫巾奉行官一員　中取官二員　筆帖式二名

寺社座又云理梵司。　紫巾奉行官一員　中取官二員　筆帖式二名

鍛冶奉行所又云鐵冶局。　鍛冶奉行官一員　筆帖式一名

瓦奉行所又云司窑局。　瓦奉行一員　筆帖式三名

貝摺奉行所又云嵌螺局。　貝摺奉行一員　筆帖式二名

普請奉行所兼掌木石。　普請奉行一員　大屋子一名　筆帖式二名

山奉行所　紫巾奉行官一員　中取官二員　筆帖式三名

平等所即審理所。　總奉行官一員法司輪流掌之，有審理則會議，取決國相而後奏行。　平等側官一員即前録耳目官四員内一員。　吟味官一員即前録吟味官五員内一員。　大屋子三名即毘那官。　筆帖式三名

取納座即徵課使。

中南北三府　取納奉行各一員　筆帖式各五名

久米府一云唐榮。　紫金大夫總理唐榮司一員　紫金大夫無額數。　正議大夫無額數。　中議大夫無額數。　長史二員遇册封添設二員。　屬役筆帖式二名遇册封添設二名。　都通事無額數。　副通事無額數。　通事無額數。　秀才無額數。　若秀才無額數。　講解師一員主考試，或入監官生爲之。　訓詁師一員主考試，或入監官生爲之。　副訓詁師一員主考試，或入監官生爲之。　著作文章總師一員主考試，或入監官生爲之。　著作文章師二員主考試。　著作文章副師一員主考試。　漢字主取官一員　漢字右筆官一員　漢字相附官二員主考試。　漢字加勢官一名主考試。　通書主取官一員主考試。　通書相附官一員主考試。　通書加勢官一名　主考試。

那霸府　那霸官二員　筆帖式二名

親見世　大屋子三名　筆帖式三名

船手即董舟所。　大屋子二名　筆帖式二名

那霸藏三座　大屋子各二名　筆帖式各二名

册封添設官員　館務司　承應所　掌牲所　供應所　理宴司　書簡司　評價司　管贄司　理座

司　掌録司　掌儀司　把門司　掌馬司

奉使官　謝封法司王舅一員　謝封紫金大夫一員　進貢謝恩紫巾官一員　進貢副使正議大夫一員　謝封使者一員　朝京都通事二員　在船都通事二員　才府二員　官舍二員　存留通事一員　脇通事一員　王舅通事一員　紫金大夫通事一員　大筆者四名又云大文。　脇筆者二名又云小文。　與力七名　儀者一名　總官二名又云少長　船頭二名又云直庫

屬島在番　太平山在番一員　筆帖式二名　八重山在番一員　筆帖式二名

各郡在番不拘品級。

各島在番不拘品級。

各屬府土官　地頭代各一名　首里大屋子各一名　大掟各一名　南掟各一名　西掟各一名

各縣土官　掟各一名

太平山土官即麻姑山。平良頭目一名　下地頭目一名　砂川頭目一名　首里大屋子五名

八重山土官　一名北木山。　石垣頭目一名　大濱頭目一名　宮良頭目一名　首里大屋子四名

冠帶簪衣制

正從一品彩織緞帽，錦帶，金簪，端青袍。　正從二品紫綾帽，龍蟠黄帶，正二品金簪，從二品金花銀柱簪，

端青袍。　正從三品黄綾帽，龍蟠黄帶，銀簪，端青袍。　正從四品黄綾帽，龍蟠紅帶，銀簪，端青袍。　正從五品黄綾帽，雜色花帶，銀簪，端青袍。　正從六七品黄紬帽，雜色花帶，銀簪，端青袍。　正從八九品大紅縐紗帽，雜色花帶，銀簪，端青袍。　百姓紅布帽，緑布帽，青花布帶，銅簪，藍袍。有功者銀簪，黄紬帽，端青袍。

府署

臣等謹案該國但有王宫無官廨，國有大政則自國相、法司以下咸集議於王宫，退則歸私宅。王宫外有世子府第，有天使館，有天使舊館，舊館分設七司以待封使。此外則有二那霸公館，一在舊使院前，一在天使館東下天妃宫左，皆深邃宏敞，爲差辦管理那霸錢穀、獄訟二官公所，均詳載前志略。

祠廟

均詳載前續志，後無增建。

風俗

臣謹案：該國自久濡聖化，漸有華風，前續志所載國俗有昔有今無者，悉爲更正，入辨誤條中。

人物

臣等謹案：琉球自尚巴志合三山爲一，至今國中制度，臣民均恪守前規，無卓卓可紀者，即間有一二穆行，經該國王照例旌獎，亦無實在事蹟可稽。其或以著作名者，亦祇古近體詩，例歸藝文，茲不複載。

物産

備載前續志，茲不録。

針路

臣等謹案：封舟自五虎山開洋，歷來皆用乙針，或參用辰卯，今則專用辰卯，自五虎至馬齒三四日可到，極爲穩便。國朝使臣汪楫、周煌、李鼎元、齊鯤等各有紀録，備載前續志略，茲不具列，謹載道光十八年並此次前後針路如左。

道光十八年五月初四日，五虎門放洋，午未風用辰針，申刻過竿塘，二更酉見東砂，三更未風用卯辰針。初五日，未刻南見半架山。初六日，酉戌風用卯針，未刻取釣魚山，申刻取久塲島，酉刻巳風用卯辰針，近晡轉辰巳風，初更轉午方用卯辰針。初七日，黎明取久米、赤島，酉刻申酉風，仍用卯辰針。

初八日，黎明西見姑米島，申刻見馬齒山，酉刻灣泊那霸洋面。初九日，辰刻進那霸港。

道光十八年十月十二日，那霸港開洋，寅卯風，用酉針，未刻風轉丑方，仍用酉針，酉刻過馬齒山。十三日，子風，用酉戌針，辰刻取姑米島，四更丑風，仍用酉戌針。十四日，風止舟停，四更亥子風起，仍用酉針。十六日，辰刻子丑風，用酉戌針，三更寅風，用戌針。十七日，二更辰巳風，用酉戌針。十八日，子丑風，仍用酉戌針，辰刻見中華外山，未刻見南杞山，用未申針。十九日，午刻過定海，未刻進五虎門。

同治五年六月初九日，卯刻放洋，未風兼西，用辰針，船由上向駕駛，故用辰針。午刻轉正南風，用辰針，過竿塘，申刻過東湧、東沙洋面。初十日，轉西南風，用辰針，申刻過半架山。十一日，轉午風，用卯辰針，酉刻過釣魚山，戌刻過久場島，亥刻用寅卯針。十二日，卯刻轉午未風，用卯辰針，午刻轉巳午風，用寅卯針，未刻過久米、赤島，申刻風停，是夜轉巳午微風。十三日，風停，船順流而行，是夜亥刻起丑風，用卯辰針。十四日，丑風，用卯辰針，夜同。十五日，轉卯風，用辰巳針，辰刻見姑米山。十六日，轉寅卯風，用巳午針，申刻駛近姑米山。酉刻該島有小船數十隻來引，三更進姑米山前寄椗。十七日，卯刻起椗，巳刻進兼城港口下椗，申刻起未申風正西南，起椗開行，戌刻風停，船流不定。至十八日辰刻開放大炮，該島又有小船前來挽帶，因海潮冲進，不能近山，小船亦難前駛。十九日，隨流二百餘里，申刻起午未風，船向姑米山駕駛。此時向山而行，未用針。二十日，午未風加巾頂，駛近姑米山。因見午未風色順利，即向馬齒山駕駛。二十一日辰刻到馬齒山，酉刻抵那霸港收泊。

同治五年十一月初十日登舟，巳刻自那霸港開洋，丑寅風，針向酉，申刻過馬齒山，酉刻丑風，針向辛戌，夜子刻風暴。十一日未刻，丑風，針向辛戌。十二日，丑風，針向戌，夜子刻丑風，針向辛戌。十三日，丑風，針向辛酉，未刻丑風，針向辛酉。十四日，丑風，針向辛酉，夜子刻丑風，針向坤申。十五日，子丑風，針向坤申，夜子刻至四嶼寄椗。

靈蹟

臣等謹案：琉球自通貢以來，封使遠涉重洋者靡不仰藉神庥，歷蒙佑助，得以往來無滯，前續志略所載紅光、魚鳥諸瑞，使臣於復命日據實陳奏，輒邀温旨，褒錫恩綸。臣新等幸膺斯役，於到閩日遵照舊章，迎請天后、尚書、拿公各行像在船保護詔敕。於五年六月十九日舟抵球界之姑米外洋，連日因風帆未順，水深不能下椗，是日適值暴期，斷虹現於東北，午後黑雲陡起，海色如墨，一舟皆驚。臣等謹焚香默禱天后、尚書、拿公，並本船所供蘇神各神前，入夜墨雲四散，仰見星光，闔舟額慶。又於十一月初十日自球返棹放洋，是夕復遇暴風，巨浪山立，越過船頂，船身幾没，復觸礁沙，勢極危險。臣等復於神前虔禱，化險爲平。此皆仰賴聖主洪福，而來往保護詔書、龍節，亦資神力。臣等溯查歷届册封事竣，例得爲天后、尚書、拿公請加封號，或賜匾額，此次仍請照舊頒發。惟本船所供蘇神未列祀典，臣等查詢閩省士民，據云神蘇姓，名碧雲，係福建同安縣人。生於明季天啓年間，讀書樂道，不求仕進，晚年移居海島，洞悉海道情形，海船均蒙指引平安。歿後於海面屢著靈異，兵商各船均祀香火，每歲閩省巡洋偶遭危險，一經籲禱，俱獲安全。此次復屢叨護佑，可否援照海神之例，一併頒給匾額，用答神庥。尋得旨允行。

跋

趙　濂等

右《續琉球國志略》上下二卷，先君子於同治五年奉命爲正使，歸舟餘暇，纂録成書。緣乾隆間有翰林院侍讀周煌所纂《志略》，齊北瀛太守有《東瀛百詠》，而林勿邨中丞所著録者未見，恐鉅典煌煌，散佚無考，故定著《續琉球國志略》，其義例悉仍前志云。不肖男濂、慶崧、慶椿孫詒書謹識。

附録

册封琉球國王使臣到閩備辦一應事宜擇期放洋摺 同治五年五月十三日 左宗棠

奏爲册封琉球國王使臣到閩，備辦一應事宜，擇期放洋，恭摺奏祈聖鑒事。

竊照琉球國王世子尚泰懇請襲封，由部題準，仰蒙欽派詹事府右贊善趙新充正使，内閣中書于光甲充副使前往，經禮部咨行到閩。當經行司查照歷届成例，將一應事宜督飭該管廳縣妥爲預備，并經署福建布政使周開錫會同前署督糧道周立瀛親赴南臺海口，督同府廳縣挑選雇備「福寶玉」、「金振茂」商船兩號，驗明船身堅固合式，復加修整，堪以涉歷大洋。現已飭營備齊槍炮、器械，按船分配，以資防禦；并照例制備旗幟、儀仗，以崇體制。所有應派護送官兵，由臣左宗棠委現署金門右營游擊、水提後營游擊謝國忠，現署閩安右營都司、水提左營守備蕭邦佑，照例選帶兵丁二百名，配齊軍裝、盔甲，隨船分配護送；另委文員候補從九品胡頤齡隨船彈壓。并欽遵迭奉諭旨，嚴禁隨往兵役、匠作人等，不準私帶貨物前往勒銷擾累。兹於同治五年四月二十二日，正、副使臣行抵閩省，臣等當即會同福州將軍臣英桂、副都統臣富勒渾泰，率領在省文武各官，出郊跪接敕書入城，恭請聖安。使臣即暫駐省城，静候風汛。兹擇五月十三日登舟，乘汛啓行。

除遵歷奉諭旨，將敬藏右旋白螺謹移送該使臣趙新等供奉舟中，以祈靈佑，一面分飭沿海鎮將帶領舟師在洋小心探護外，所有使臣到閩及乘汛啓行日期，謹合詞恭摺具奏，伏乞皇太后、皇上聖鑒。再，正使趙新、副使于光甲交到奏摺一封，恭呈御覽，合并陳明。謹奏。

軍機大臣奉旨：「知道了。」欽此。

（録自《左宗棠全集·奏稿》）

送趙又銘新贊善前輩于申卿光甲舍人同年册封琉球

董文焕

海國資籓輔，中朝重俊髦。帝心柔遠服，星使接仙曹。綸綍雙旌奉，威儀一品高。殊恩通絶域，豔景出神皐。日彩黄金册，天香紫錦袍。寵行擬鼉監，講德比王裒。沙漏更程驗，樓船結構牢。閩潮回巨艦，蠻雨濕征旄。葉壁空懸翠，梅洋緑動篙。翳霄垂大翼，飛雪駕靈鰲。神鬼從呵護，魚龍定遯逃。晨炊淩渺渺，夜宿記滔滔。指景千年樹，排雲萬疊璈。由來仗忠信，不止利波濤。地勢彭湖接，山形首米遭。島閒新土宇，天際古城壕。士女争除道，君臣待獻醪。蛟宫迎寶籙，鳳詔灑春膏。喜睹圭封盛，歡聞譯語嘈。如瞻顔咫尺，共荷聖甄陶。象寄書同達，朱離韻自操。裝應空薏苡，宴更啓蒲桃。禮樂夷風變，聲名賈客豪。輶軒勤録採，萬里豈徒勞。

（清同治刊本《峴嶕山房詩集》初編卷七）

琉球實録

〔清〕錢琦 撰

校點説明

《琉球實録》一卷，清錢琦撰。

錢琦，華亭（今上海松江）人。生平不詳。是書所記大致爲琉球市廛、民俗，作者似是以私人身份遊歷琉球，所記事已及同治三年（一八六四）英國與日構釁事，篇末有「存琉」之歎，其赴琉當在同治末、光緒初日本謀併琉球而尚未付諸行動之際。

此次校點所據爲光緒間著易堂鉛印《小方壺輿地叢鈔》本。

（熊　輝）

琉球實録

琉球爲東瀛一島嶼，周圍百里，亦以國稱，類乎滕、薛、莒、杞而已。歷來王世子即位，必仰待我朝册立，所以大小之聘，靡歲不書。由閩而達帝都，固甚便也。其天氣與中原異，無論春夏，太陽燥烈，即秋冬間早晚固寒冷，至日中，熱同中原夏令。蠅蚋四時不絶，竟夕薨薨，尤爲厭苦。每月海風發有數次，未發時山雲如墨，天氣陰霾，比户預須籌備，否則烈風暴至，窗户皆飛，險不勝言。中山王府則在首里，首里府皆山陽也，兩旁多古松柏，葱鬱蒼秀，澗水清澈，行路渴飲泉水，林下憩凉，真是快境。上有寺院，亭臺皆壯麗，亦皆幽雅，惜無几椅，蓋琉球席地坐也，有古遺風焉。將近王府，中道有一牌樓式其上，横額顔曰「守禮之邦」，此我國使臣題贈之也。又步半里許，則見豎額一座，上書「中山王府」。旁有公廨，每有國事，諸大夫聚謀於此。過兹以往，比屋連雲，有岧嶢宫殿盤踞山巔者，王府也。禁門如城闕，上有額曰「歡會門」。門側有屋如馬廄，内寥寥數人，日供使令，府中官員出入俱不由此門，概從後緣山徑而上。別有數仞石壁爲垣，中立門户，以便出入。時聞鐘鼓之報刻也。王府東偏有水一池，中植白芙蕖，緑葉掩映，綽雅可愛。有橋通小亭，四面環水，坐憩片時，疑是仙去。遥見碑記，趨近諦視，知是禪師名圓覺者，受敕建此爲藏經閣也。

中山王年已及壯，國事大半歸總理大臣尚宏勳裁酌。有布政大夫者四，相與輔成其外。惟地方官最尊，蓋百里中社稷人民，一人統攝故也。以下統稱大夫者，半多通事，有向永功者，極幹練，語操京音，蓋曾陪貢進獻，留京六載者也。

琉球名勝之區，爲東禪寺、善興寺。東禪寺在那霸東南極幽僻處，曲徑盤旋，蒼松翠柏相夾道。寺距山凹，門臨海灣，入見空庭，怪石層疊，多花草，清芬撲鼻，疑非塵境。據寺僧云，此間花草種係朝鮮、日本人所贈。中有雅室數椽，額曰「緑天深處」，蓋四圍皆蕉葉庇蔭也。室懸我國徐葆光八分書，以其康熙時爲使臣臨此，製古風以贈主持僧者。旁聯係我國殿撰林鴻年所書，尚有前明名宿筆墨。寺中尤多古蹟，蓋其寺以勝地著稱，由來久矣。善興寺在那霸西北，亦名刹，幽僻與東禪寺同，而山石之怪異、林木之蒼秀，則不及遠甚。寺内有天雨花香一室，四面皆迴廊，每宴上客，侍從趨承極便。歷來我國使節遥臨大都，寓館於此，如前王文治、周煌皆留題以光古刹，而名益彰，其實勝境在東禪之次。

琉球婦女爲市，若老若幼，或數十人，或百餘人，各集一處。俱衣大袖褐衫，内無小衣，赤足，髮盤髻，與男無異，惟簪别之，男以銅銀、女以龜甲耳。尤可異者，或物置盤與箱與甕，悉以頭戴而來，其有柴薪等物重百斤者，亦以頭戴，且能行路如飛。各婦女手背悉以醋墨塗花樣，曾聞父老云，此守貞記也，其即古之守宫防淫意歟？男人日賴婦女以養生，罕有經營事業者，各席坐大樹下，持扇納凉，左置小煙具、右置小茶鐺，蕭然有羲皇上人之樂，絶不念婦女之勞苦爲何如也。

琉球物産無一佳品，肉則麤而腥，雞則小而瘠，牛羊罕有，鵝鴨全無，馬頗多，肥大者少。水族惟魚蝦尚堪適口，然海風發時，一物索之不得。至蔬菜等類，狀與中原同，而味卒有異。如蘿蔔一物，煑之愈久，食之愈硬，想亦種類使然。米則粒大而漲，色糙不白浄，其故爲琉球鮮有食者，無舂器致此。瓦缶等器麤陋不堪。布帛黑色斜紋者爲最佳，價甚昂貴，然正不及松江、南翔等土織也。水果桃、梅、李、杏俱無；橙頗大，可食；西瓜僅紅色，無黄白，其味淡；甘蔗多紅心，而無青皮者。間有一二果品中原所無，一種如青果，逾白圓數倍；又一種如錦栗子，大而長，有柄，俱不知何名。花草甚少，有一種較中原月季差大，紅色，不香；石榴花亦有，惟小春月花盛如火，於此可知節氣之不同；菊花亦紅，無别色，冬初始開。此外諸花詢諸琉球人，皆云無有。若鳥不但無珍禽，并如中原白頭翁者亦未見。所有之鳥，海燕外有一種，小而灰色，嘈嘈如下里巴吟，不堪入耳。

工作所擅長者惟漆器，如杯盤、飯箱、茶壺等物製造極精緻。其所謂寶匣者格式甚多，工巧絶倫，光潤可鑒。琉球來往通衢，其窄如巷，彼此相遇，稽首鞠躬，禮意殷渥甚。且有俯首投地者，窄徑當此，行路爲之遲留。每途遇孩童，曾一識面，其行禮亦然，甚爲難得。且道上男女雖或偕行，例不容交接一物、交談一語，風俗亦古矣哉。其國尚中國文字，然遠不逮日本，藏書亦甚鮮。所設國學，内多士人，讀書稽古，雍雍有揖讓風。其俗不重甲兵，以信義爲先。嗚呼！蕞爾琉球猶能以禮維持其國者，同治甲子，英與日本構釁，將議取琉球爲駐兵計，其實琉球僅爲日本貢獻之國耳，非其屬地也。以英之力，取琉球如反掌，然怒於室，而色於市，英之所不爲也。琉球雖微，而爲千餘年自立之國，豈第當存之而已哉？

二、歷朝有關琉球專著

經部

琉球譯

〔清〕佚名 撰

校點説明

《琉球譯》二卷，不知撰人，無序跋，卷前署「翁樹崑鈔」。翁樹崑，清直隸大興（今屬北京）人，生平不詳。

是書仿《爾雅》體例，對琉球語用漢音對譯。上卷收譯音、譯訓、譯言三目，分别注琉球單字、詞、短語讀法。下卷則分天、地、人、數、宫、器、樂、山、水、草、木、蟲、魚、鳥、獸、畜十六類，選詞以常用爲主，立足琉球所有，在「地」、「山」部專門列琉球地名、山名，在「人」部又專列琉球官職稱謂。由此可見，本書可稱現在能見到的最早的中琉百科詞典。

琉球國原無文字，後借鑒日本文字，略予改造。明以前與中國幾無往來，故無文化、語言交流。明初起與中國交往日益密切，中國特派福建三十六姓往琉，此後充朝貢使臣及都通事、通事者除琉球王戚外均由三十六姓後裔充任，琉球人學華語者日多，歷朝均有王戚及大臣子弟入中國國子監學習。中國派往琉球的使臣亦很重視搜集琉球語讀法，今所見最早的明陳侃所撰《使琉球記》即收夷語四百零五條、夷字四十六個，清徐葆光《中山傳信録》則收琉球口語六百零六條，均附漢語對音。清嘉慶年間李鼎元往封琉球王，在所作《使琉球記》卷四中説徐葆光云有一字可作二三字讀者，故略仿中國對音注之，然所注是字意，非音。如「泊」爲地名，讀土馬依，船靠岸即「泊」，亦稱土馬依；故土馬依非三音之謂。李鼎元在琉球，專門請琉球學者搜集球語，編成《球雅》一書，「著字注其音，復注其文，并將通俗等語彙成册」，「注本國語於各句下，就所注而輯之，字異而語同者合併之，無令重出」，「仿《爾雅》體格，以漢文貫首，而釋其寄語於下」。《球雅》未見刊本，從書名及内容上看，頗疑今翁樹崑所抄即李鼎元《球雅》之未刊稿。且本書卷五《釋地》有「迭山」一條，而「迭山」原名「辻山」，李鼎元以字書無「辻」字而改爲「迭」，亦爲是書爲鼎元所作之一證。

此次整理係用鷺江出版社《傳世漢文琉球文獻輯稿》影印北京圖書館藏抄本爲底本，明顯錯字，徑行改正。

（李夢生）

目録

琉球譯卷上

譯音第一

皇黄岡遑煌艎荒康篁徨光鋼穅潢簧湟庚羹亨行更觥耕衡宏紘閎肱空功公工攻洪鴻紅烘虹訌釭谼悾葓倥悾玒玎江杠矼扛缸腔茳谾肴交郊蛟鮫崤骹哮茭淆聱笅咬詨佼鵁姣謷洨鄗蒙蒿毫號皐螯翱鼇篙羔高膏濠鷔孔澒講港皎巧狡絞鉸齩皓好考槀浩鎬暠縞廣晃愰慊口後狗厚后苟共供巷降效教孝傚校傲告誥逅合俱讀若哥。

東同通銅桐筒童僮瞳筩潼峒涷曈鮦恫蝀侗艟絧犝氃朣衕𦏁戙穜銅冬零劏穜蹱鼕彤絛刀萄猱桃濤陶滔韜逃叨慆舠忉咷橐䑬颾堂塘棠湯當璫餹鎕溏螗螳鐺搪艡傏瞠瞪登簦簝燈騰膛腖藤縢甑滕鼟騰縢滕偷頭投董動洞挏懂侗道稻島倒禱討套蕩讜黨蕩盪曭䑗等涷棟慟統導盜到蹈纛燾鄧鐙磴逗透答塔榻俱讀若多。

融雄熊瀜容蓉庸雍慵墉鏞溶鎔鄘邕傭壅饔癰雝噰鱅戚榕褣余予譽輿餘旟璵與俞逾窬覦萸臾瘉㥚尤郵優憂由油遊猷悠攸幽訧櫌麀嚘鰌蝣蝤槱猶蕕輶呦擁勇涌踊俑庾貐楰斞愈有友右誘黝莠羑鴢宥幼佑侑囿又祐俱讀若由。

中衷忠蟲沖弓躬宮穹窮藭螽翀忡爞种蟲芎蛩蛬碚颾跫拲栥茾簐居裾渠蕖虛噓墟琚蘧腒鐻鶋鸜椐躇璩歔磲据嘘驉籧㝫魖厨貙蹰櫉颫捄朽邱鳩區龜休裘毬仇厹貅庥咻球求逑絿銶觩俅賕鵂頄艽疇儔籌稠抽軥惆舉墅櫸篆許九鈕丑玖紂糾扭忸仲去狃著箸遽倨踞鋸胠醵鐻呿椐劇注註駐舊胄晝宙岫救詠泣給級笈汲吸伋岌急俱讀若主。

嵩崇葱聰驄騣嵏崧璁鬉怱葼緵總櫻嵏艘漴廕轗稯輚鬷猣蝬宗悰淙鬆淞凇忪蜙窓雙艭㩳鏤籆躞稯巢梢筲髾捎蛸弰罺繅窼譟轈橾蕖鄛簎莦巢䪿娋操糟漕曹遭嘈搔騷艘繅槽艚慅臊螬溞稍矂妝藏霜牀莊倉裝相箱創槍蒼桑滄喪臧臟驦蹌鶬瑲牂孀滄鎗争箏崢錚琤鬇僧鬙增曾憎罾矰橧嶒鄫驓嘈噌磳竲叟廋鄛簉總傯稯鬉憁猣藻早棗造燥埽嫂草懆繰繅蚤璪磢想爽剩繺走醙趣稯宋送繰噪趮躁漕氉壯藏臟皺俱讀若所。

鍾鐘衝蕭簫瀟蟰飍宵霄綃消逍銷魈蛸樵譙焦椒燒韶詳祥庠翔商傷殤章彰璋猖昌閶鯧相湘箱將漿裳嘗償牆檣戕鏘生笙牲晶烝承丞澄蠅繩乘稱蒸冗小少炒象響敞鷩頌訟嘯肖鞘笑照詔召邵噍峭哨醮餉向匠障上尚唱醬俱讀若説。

支枝施師姿之芝時詩詞祠絲司思滋巵脂雌乃玆差茨私疵貲髭資鎡匙澌颸鴟肢訾嗤容粢菑篩廝鷥疷孜蚩塒蓰梔磁錙齊蠐臍妻萋淒悽西栖犀躋齎凄清晴精睛菁旌成盛誠聲征鉦青星醒紙只咫是氏觜此泚徙侈弛紫旨指姊止市恃技子梓矢死趾芷似耜姒祀史使駛士仕柹始齒峙痔祉址洗濟志至肆試笥侍廁嗣恣四駟痣誌伺膩霽制勢世正政性聖姓請俱讀若時。

移爲夷帷醫維姨伊咿酏噫痍壝洟椸惟栘暆痿貤簃委蜲噅蛦恞陝徚峓溈逶蕛洢倭䅦依禕螆葳譩荑鵜桋迆以苡蔿薳姼蘤阤葦偉韙煒韡鮧瑋意位僞異爲潩尉畏慰蔚緯渭謂諱衣俱讀若伊。

奇知馳池規危遲[龜區]綦旗期基葵肌嬉斯熙欺歆笞羈飢治其嘻暉煇揮祈旂機畿歸雞圭閨經形刑徵綺几喜已紀起擬耻豈鬼幾影景頸器戲智記致騎棄寄忌季氣貴餼計桂徑磬兄俱讀若及。

春松初書胥諸儲湑糈諝須鬚株殊朱珠修羞秋揪周州洲舟酬讐湫收愁暑渚鼠黍處緒聚取主酒首手守醜昇升署曙庶趣娶訴秀繡狩袖緝輯戢集習揖執葺褶俱讀若書。

終戎充重從魚漁舒徐除孱儒濡襦牛茸縱茙駥㧓絨如茹挐帤袽駑洳繻嚅臑柔揉鍒禦汝女籞樹綬受醹蹂壽誦御馭助絮恕孺汁授獸[革需]鞣擩輮及十拾什俱讀若如。

隆籠聾瓏礱癃窿嚨儱龐龔靇襱巃龍蘢瀧閭盧鱸蘆鑪艫壚瀘櫨轤顱矑瓐[盧瓜]纑鸕流旒留榴騮劉遛瀏瘤穭梠魯櫓艣鹵慮鑢櫖路潞璐露鷺簬漏溜霤廇鎦塯俱讀若禄。

虞愚娛隅衢區驅軀俱駒胡湖壺狐弧孤辜姑吾梧吳枯沽抅嶇麌鼓股古蠱煦怙虎罟户琥伍五午矩苦盬扈瞽詡偶耦遇固具故句顧雇誤悟寤庫護懼俱讀若苦古。

街厓涯階偕諧骸皆荄喈揩湝䫻楷痎[糹皆]徣啀開該孩垓陔[糹亥]頦晐侅蟹解駭峐鍇陛海誡戒界介芥械疥玠齘繲魪价價欬俱讀若改。

真辛新薪晨辰臣神親申紳身津秦宸先千阡箋泉伸遷仙鮮錢煎氈穿川旋船侵深心斟瞻參淺餞踐蘚寢震信進慎賤線俱讀若辰。

蓬篷封逢縫峰蜂鋒烽丰葑邦包苞抛泡跑庖匏炮袍褒房防魴方坊芳妨滂鎊霶雱磅傍徬彭棚朋堋鵬奉捧抱寶保緥紡鳳俸俱讀若火。

宜儀兒辭疑持癡慈曦岐歧嶷尼檥而巍倪霓鯢邇爾兕耳璽事義字寺識誼魏藝羿俱讀若日。

柴釵豺齋催摧才材財栽裁哉災猜顋差采在宰彩載歲際祭細最蔡塞菜晒俱讀若西。

鄰麟倫綸輪淪燐轔璘連蓮憐聯漣林霖臨淋廉鐮揀輦孌廩廩稟斂臉瀲練鍊稟戀吝俱讀若林。

寅園猨轅垣宛湲媛援鴛烟燕淵延筵緣鳶鉛涎圓愆焉沿鹽檐炎淹遠苑偃婉怨院宴厭饜俱讀若寅。

天田填鈿顛巔傳廛纏躔添恬展轉篆簟點玷忝殿電甸奠典店俱讀若頂。

佳歌河荷何娥蛾霞家嘉瑕牙鴉加遐暇葭茄枷我可下雅夏假厦箇賀餓駕嫁暇俱讀若喀。

兇洶詾恟嬌朝琱鴞喬僑祧佻恌繑翹超潮嶠轎教鄉長狂强腸匡倀羌僵薑疆萇眶蟯京勍丁釘俱讀若著。

文聞紋氛分紛芬焚墳棼汾濆枌雰黂翁幩賁豶蕡肦帉閿雯饙毨衯鳻紛轒盆奔噴湓俱讀若奔。

藩煩繁蕃翻旛膰燔蘩袢幡墦墦轓番璠磐鞶瘢潘拌斑頒飯半畔判叛絆泮泮伴版阪俱讀若方。

傜搖謠姚遙瑤要腰邀妖夭飄鰩愮葽喓繇鷂猺蘨䍃嗂陽楊揚洋羊俱讀若約。

人仁塵銀前絃然禪蟬全專元原源黿嚴尋潯沈吟盡忍善剪甚衽陣刃仞迅認任俱讀若仁。

珍陳巾勻均堅肩賢牽妍研涓娟乾權拳鵑琴禽衾今襟欽金忱禁斤筋欣芹勤懃謹間俱讀若真。

軒寒韓翰干肝竿乾看汗奸顏閑閒嫺艱含涵堪甘酣柑咸鹹緘巖旱簡感敢檻岸漢諫鴈澗鑑閆俱讀

若干。

裙君軍動熏曛醺魂渾坤昏婚痕根昆焜跟垠言間郡恨困懇艮俱讀若公。

丹單壇檀彈端團歡覃潭譚談探貪暖短膽澹斷旦憚段俱讀若當。

丸官關觀冠寬還歡完環頑鰥患幻管錧緩盥慣玩貫俱讀若光。

楓豐酆芃扶符鳧泭苻敷孚澧俘桴稃莩夫膚跗酺痡蒲巫逋晡鋪甫脯斧府父輔浦補俱讀若夫。

蒙濛曚幪夢饛瞢朦懵艨毛髦媢莽漭網罔猛艋夢帽耄眊冒孟卯俱讀若磨。

翁央泱鴦秧鳳王汪殃罌鶯櫻嚶鸚應謳鷗甌漚歐摳嘔毆俱讀若我。

陂碑皮悲披疲卑羆怌霏菲妃騑緋飛非扉肥誹馡靡彼婢否比妣斐匪被費俱讀若虛。

乖懷灰恢魁回徊槐瑰隤嵬𠪚悔會繪檜膾薈儈快噲怪誨晦潰塊俱讀若怪。

茵因姻殷堙慇員淫音陰霪允引蚓隕隱穩印韻蔭飲俱讀若因。

迷明盟鳴萌名冥溟萱螟銘暝茗酩命俱讀若梅。

雲耘温恩縕氤蘊運慍俱讀若文。

敦暾屯豚惇吞遯鈍頓俱讀若東。

漫瞞鏝謾滿懣萬慢蔓幔爆纆俱讀若滿。

農濃儂膿囊能納衲軜腦惱碯俱讀若納。

離籬璃黎藜梨齡零玲聆靈里理裏李俚悝禮利俱讀若力。

笄平枰并屏萍幣閉柄聘俱讀若非。

隄題提梯貞呈程楨亭庭廷停底弟悌涕艇娣酊鼎帝第泥俱讀若底。

賓濱頻蘋嚬貧嬪瀕儐蠙彬翩邊籩編篇偏諞匾品鬢俱讀若訓。

春淳純旬巡詢椿諄恂峋荀郇錞迍竣珣眴順駿閏舜徇殉畯餕蕣浚楯蓴俱讀若順。

疏蔬梳菹苴租葅阻俎素楚俱讀若蘇。

臺苔台胎泰帶祖太代退對戴黛怠俱讀若歹。

餐叄三散産算讚燦霰簪山蠶俱讀若三。

聊寥僚良凉梁琅糧量了浪老勞朗俱讀若略。

和科過鍋螺花華瓜斜誇譁火果裸禍夥瓦寡化貨跨俱讀若寡。

沙紗遮車奢賖者舍射社寫瀉俱讀若下。

厖尨亡忘望茫砤芒茅旄芼飽昴鮑俱讀若泊。

萎錘垂吹炊隨追甤綏錐誰雖鎚水醉翠粹帥睡萃穗遂瑞稅俱讀若内。

糜瀰米未味糜寐魅俱讀若米。

眉湄微薇美尾備鼻媚俱讀若比。

蕪憮武撫廡部舞憮俱讀若不。

于烏汙迂雨羽禹俱讀若五。

梅媒陪培枚買莓俱讀若擺。
徒途塗荼圖都砮駑努筊帑怒俱讀若都。
排杯徘輩佩背廢配肺俱讀若孩。
民珉緡婚罠筤泯閩眠綿棉俱讀若明。
磨摩魔麽麼劘麻馬俱讀若麻。
雷米菜賴瀨癩籟俱讀若來。
遵孫尊罇蹲嶟遜巽損俱讀若孫。
闌攔瀾蘭鑾巒巒嵐鸞覽爛俱讀若郎。
波婆葩巴琶芭羈灞俱讀若發。
常情城杖丈狀讓業俱讀若若。
殘讒慙斬暫俱讀若簪。
無模謨鶡俱讀若木。
門捫悶問俱讀若蒙。
安庵菴暗俱讀若安。
難男南俱讀若南。
哀埃愛俱讀若愛。

二貳俱讀若宜。
淮隈俱讀若歪。
彎灣俱讀若晚。
年念俱讀若寧。
多惰俱讀若咨。
蛇邪俱讀若茶。
椰野俱讀若牙。
存讀若總。
入讀若牛。
奴讀若恕。
盤讀若板。
羅讀若喇。
薄百白迫搏珀陌伯拍泊箔博帛魄柏貊俱讀若法古。
塾孰玉曲辱縟褥蓐溽鄏矗局熟極直俱讀若主古。
萼諤隔翮覺角樂學嶽閣各客額革俱讀若喀古。
爵錯酌鵲嚼勺綽尺芍皭釋錫俱讀若狎古。

族速觫棟束促續賊則熄足即惻仄俱讀若狎古。
服福腹伏復幅馥覆副俱讀若福古。
禄鹿六録緑麓戮俱讀若禄古。
刻克黑穀谷哭獄國俱讀若古古。
卓諑涿琢宅澤擇諾俱讀若答古。
弱雀脚若著嫋逆溺俱讀若札古。
莫麥瀑博俱讀若十八古。
竹菊畜築掬踘俱讀若反古。
樂略落洛俱讀若喇古。
屋握渥俱讀若午古。
目沐默俱讀若木古。
欲浴欲俱讀若由古。
朔昨作俱讀若撒咕。
鶴畫郭俱讀若寡古。
育郁俱讀若以古。
幕脉俱讀若麻古。

惡讀若阿古。

肉讀若宜古。

橘詰佶潏姞繘獝訖吃仡釳迄汔屹闕蹶厥蕨橜鷢紇蟨撅鱖潔缺决訣傑譎玦鴂挈趹觼吷拮蛣滅穴血襭吉俱讀若吉即。

物佛拂弗茀髴勃渤渤悖誖焞綍怫艴刜岪咈坲俱讀若不即。

質室疾失瑟泆櫛嫉抶紩櫍柣鑕礩蒺啜雪摺俱讀若十即。

撥擦粲殺剎蔡蚻蔱榝竅刷冊札察俱讀若撒即。

烈烈茢蛚洌颲列律栗劣立粒笠俱讀若力即。

屈掘崛岉骨窟笏忽兀惚扤俱讀若骨即。

闊括聒栝鴰适佸萿刮舌活俱讀若寡即。

達闥撻澾脱奪掇獺怛俱讀若達即。

哲鐵撤澈跌姪惙徹轍俱讀若的即。

筆畢蹕謐必篳滭俱讀若許即。

噎楫越逸乙一壹俱讀若一即。

髮伐拔撥跋俱讀若發即。

曷褐葛渴俱讀若喀即。

別鼈韈蔑俱讀若筆即。
術恤述术俱讀若入即。
日實絶俱讀若日即。
卒率俱讀若蘇即。
末抹俱讀若馬即。
鬱讀若武即。
出讀若叔即。
突讀若獨即。
曰讀若牙即。
癖僻辟擘霹壁闢碧甓襞甓泊俱讀若虛及。
激虐謔戟皦卻擊檄俱讀若日及。
力爍歷靂礫皪俱讀若主及。
宿肅縮叔淑菽蓿蹜鱐俶礵踧翻食蝕粥祝俱讀若叔骨。
木卜僕穆扑樸醭濮纀墨蟔俱讀若不骨。
讀犢瀆牘櫝黷讟獨毒續得俱讀若獨骨。
藥躍厄約鑰役籥俱讀若雅骨。

或惑俱讀若瓦骨。
七石席積夕赤責昔惜戚俱讀若石直。
易益掖腋奕疫域俱讀若一直。
笛敵滴適荻俱讀若的直。
鉢八俱讀若法直。
飈標杓鑣瓢漂飄麃儦摽剽僄評兵表縹俱讀若許約。
苗描猫渺緲抄眇俱讀若必約。

譯訓第二

名曰那　聲曰古一　形、狀、貌曰喀答及　音、韻曰武獨　義、意曰古古祿八石　理曰武煞木　乾、空曰粟喇　陽曰虛　陰曰古木祿　氳曰机　氛曰直　照、晒、曝曰煞喇息　暆曰虛奴米古祿　暐曰虛喀力　晐曰叔那瓦祿　温、暖曰阿答答喀　寒曰煞木石
凉、冷曰席即石　雰曰由及父祿　颶、颼曰喀即奴古一　飄、飆曰許祿喀一祿　颻曰宜瓦喀喀即　颰曰午弗喀即　颮曰阿喇奇喀即　巍峩、崚嶒、岐嶷、崔嵬、穹窿、喬、僑、崛、岉、屹、兀、峋、岌、峥、嶸、高峻曰答喀古　崎嶇、阻峭曰及瓦石　巢曰果山　崇曰答獨不　嘘曰牙麻米
直　岪曰答喀那　嶟曰牙麻奴喀答及　谾曰午古牙麻　峙曰叔八答即　嵡曰阿喀瓦祿

崋、霍、恒、衡曰喀古奴那　嵏、嶆、峭、岷曰牙麻奴那　堋曰一及及　培曰麻昔　坲曰及
里答即　壝曰喇及　凹曰空不中　凸曰通夾治　淪、沈曰石即米　漣漪曰那米答即
洶曰瓦古　泆曰獨喇及祿　涵、淹、漚曰許答息　注、瀉、淙、洩曰粟粟古　鹽、洗、澡曰阿每
祿　沐、浴曰喀喇即阿祿　瀟、淒、凄曰煞必古　滂曰武阿眉　泭曰武伊古　滋、潤曰石及
祿　潔、净、洌曰伊煞及古　泮曰直喇息　泮曰獨及祿　澄、栖、徹曰息木　潊、灩曰阿父
祿　漫曰法必古祿　滿曰抵密之　淺曰阿煞石　深、穆、瀏曰服喀石　漏曰木祿　灣曰
米即奴古麻　瀧曰答直　潘曰石祿　漕曰發古不　泡曰阿瓦　滅曰乎祿不世　溏曰一
及　洞曰父喇　泯曰弗祿不　蕩曰獨喇喀息　瀜曰烏米即　潏、滔、溶、湲、決、汔曰那喀
祿祿　潰、淫、吻、倀、奸、姦曰米答祿　沿曰叔祿　濡、洳、摺、宋、居、踞、冲曰武祿　漂曰答
答憂　渺、茫、遥、遐、賖曰法祿喀　泊曰土馬伊　混、淆曰宜古祿　湑曰及由古　涎曰由
答力　決曰瓦古祿　凍曰宜瓦喀阿眉　淞曰古里武的奴喀答及　汾、洛、潞、淮、湘、潼、瀘、
溢、漳、洹、淞、潙、涇、渭、澧、灞、浉、潩、洨、澌曰米即奴那　洋、渤、滄、溟、瀛曰武米奴　湝、汩、灕
曰米即奴那喀祿祿祿喀答及　唐、虞、齊、楚、秦、晉、魯、衛、鄭、蔡、滕、薛、吴、越、趙、宋、邶、鄘、鄧、
魏、巴、蜀、燕、韓、鄁、邢、郯、鄒曰古古奴那　荆、豫、冀、梁、青、徐、揚、兖、雍、益、幽、并、凉曰古宜奴
那　郇、陝、邵、閩、酆、鄗曰直奴那　鄰曰覺奴那　艽曰奴那　羑曰獨古祿奴那　歐曰許
獨奴武及　羿、噲曰許獨奴那　聖曰許石力　賢曰喀石古及　業、技、藝曰瓦雜　學曰麻

那不　才曰古答及　仁、慈曰以即古石米　智曰木奴石　禮曰力　勇曰一煞木　哲曰
母奴石禄　性曰古古禄　志曰古古禄煞石　命曰一奴及　烈曰法及石　讜、誼、恂、誠、
孚、篤、衷、信、慎、忱、真、質曰麻古獨　孝曰即哥麻禄　悌、安、易曰牙席古　忠、俅、欽、敬、謹
曰即即石木　余、子、吾、儂曰瓦力　誰、孰曰答力　共、僚、偕、俱曰獨木　儔、曹、輩、伴曰獨
木喀喇　徒曰喀直阿由米　生曰武麻禄，亦曰納之　齡曰由歪　壽曰古獨不及　姣、好、
儀、美、義、韙、姞、吉、嘉、佳、可、雅、善、良、孔、淑、价曰由石　好又曰由達中　魯、鹵、蚩、侗、懵、
憒、癡、愚曰武禄喀　癡又曰恕息中　狡、猾曰息古牙喀　快曰古古禄由石　欣、歡、慆、喜曰
由禄古不　嬉、戲、娛、嗂、悰曰答奴石木　哀、憐、悲曰喀那石木　恫曰武那木禄　忉、惕、
憮、惆、愁、悝、憂、患、悽、懼、懊、懆、怌、慅、恟曰武叔禄　差、忸、慚、耻曰法即禄　憎曰宜古木
怪曰阿牙石木　偷、竊曰奴息木　賊曰奴息必度　幼、孺、穉曰一獨直那石　髦曰息古
力　耄曰魏父力　翁曰武及即　叟曰獨石由力　飢、老曰委禄　丰、孌曰喀武由石
婉、姚曰武即古石　嫛曰阿你　娋、冒曰武喀息　嬋、娟曰米牙比牙喀　嬌曰高由石　嫺
曰即禄　麼曰阿麻　狷、狂曰服力禄　呆曰日中　肅、齋、賓曰即即石　介曰喀不獨
貪曰木煞不獨　廉曰答的法　頑曰喀答古那石　睡、眠、寢曰你木禄　宿曰牙獨禄　俘、
讓曰獨力古　冤、仇、讐、敵、當曰阿答禄　猛、武、麃曰答及石　毆曰答答古　力曰及喀那
疲、勞、惙曰及喀禄禄　奔、騑、馳、駛曰瓦石禄　騰曰喀及禄　跨曰麻答喀禄　跌曰即

麻即古　躋、登、鋪、陳、申、述、舒、展曰奴不禄　蹈、踐曰父木　蹬曰阿石牛禄　羈、絆曰即那古　蹂曰服米宜日禄　踧、踖曰代喇喀　蹜曰古阿石宜阿由木　躐曰答即　躁曰煞瓦禄　趧、适、騷、綠曰昔米牙喀　蹲曰午即古麻禄　跪曰僻那麻之記　篆、屈、踘曰喀喀麻禄

匍、匐曰和禄　遊、逍、遥曰阿息不　遯、脱、逃、逸曰奴喀禄　逋曰泥及禄　蹶、劣曰武獨禄　跌曰法牙石　移、遷、徙、描、寫曰武即息　僐、侈、倨、傲、奢、起、送、殉曰武古禄　追曰烏，亦曰切度牙里致　超、越、踰、逾曰歸禄　趣曰武木木及　行、跋、僬、征、徬、適、逶、蹱、能曰由古　迆、排曰即喇那禄　逗、遛、留、止、停、駐、尼曰獨獨麻　從、順、徇、隨、率、扈、遵、巽、倭曰石答哥　因、緣、依、由曰由禄　搪、伐、摽、拍、搏、擊、撲、抶、撻、打、撥、挏、蕩、挨、舂、捫曰武即　投曰那即武古　摳、翹、捧曰喀喀古　披曰虛喇古　摧曰古及木　援、延、牽、引曰許古　授曰煞即古禄　揉曰木木　拏曰答木即　擩曰疎木　揩、拭、抽、拔、帑、貫曰奴古

抹曰即及木禄　拮、据、拘曰的喀喀麻禄　攝曰古麻奴禄　揮、拂、掘、亡曰福禄　掖曰瓦直法煞木　摇、抗曰武古喀昔　採、采、掇、拾、摘曰虛禄　擘、撕曰虛日　搔、拌、鎊曰及即禄　撫、楯、抛、擲曰那即禄　掘曰宜日禄　揀、擇曰以喇不　撥曰武利木禄　拿、抱曰一答古　撅曰喀喀及禄　挈、提曰虛煞及　括曰獨即　擦、搽曰麻古　撒曰的法古　持曰水節　探曰煞古禄　揖〔曰〕古息息母　摩曰密喀古　笞曰不直　答、諾、唯、應曰古多禄　嘔、篆、幅曰法古　誹、讟、訾曰叔石禄　辭、詞、言、語曰古獨八　云、曰曰以瓦古

説、話曰嗑茶利　譽曰父麻力　詵曰阿牙麻直　誨、訓曰由武收　謾曰阿札木古　嚅曰古及喀麻石　譩曰那日骨　詸曰答息古禄　呿曰古直阿古　吸曰蘇禄　訌曰牙不禄　詨、號、咷曰煞及不　謂曰煞獨石　啀曰一喀木　謚、恬曰石即喀　吹、嘘曰福古以及　紀、記、録、誌、銘曰石禄席　典曰即喀煞獨古　編曰阿木　篇曰阿即木　則、律曰奴力　史曰分許獨　註、觧、講、執曰獨古　教曰武書　告、誥、制、葺、糾、畫、造、作曰即古禄　詔曰米古奴力　詢、訟、訴曰武多　謳、謌、謡曰武答　諧、謔曰獨獨奴　謔又曰答瓦父禄　瀆、謂曰一由　誦、讀曰由木　諱曰一米那　對曰得息禄　吟曰人即禄　譚、談曰喀答禄　讒、諞、感、落曰武即禄　誇、讚、詡、痣曰福古禄　譁、諠曰喀麻比昔古　諤曰武獨禄古　詳曰即麻必喇喀　頌、褒曰父眉禄　嘯曰武叔不古　呹曰息息禄　哨曰木奴米　唱曰獨納　請曰古　誌曰武煞母　譎、詐、僞曰一即瓦禄　政曰麻即力古獨　謨、謀、猷曰法喀力古獨　諫、諍曰以煞木　聘、詢曰都　考曰趕哥　試曰古古禄木　題曰得　吃曰兒母禄　噎曰母世不　噴曰法那許禄　欬曰息八不及　擬、計、咨、訣、詷、評、議、圖曰法喀禄　誘、導曰米及必古　許、釋、綽、鬆曰由禄息　稱曰喀納　認、識曰石答答木　膛、肥、腖、腴曰古一禄　胠曰瓦及　肦曰武喀石喇　腒曰弗石弗石　耦、倫、族、配曰答古一　娶曰每獨禄　入、得、射曰以禄　御曰武利木禄　差、使、仕曰即哥　品、級、科曰石那　位曰骨喇一台曰福石　帥、統曰叔必禄　司曰即喀薩獨禄　陣曰即喇那禄　勳曰以煞武石　戎、

卒曰即瓦木奴　畯曰島利　判班曰瓦喀即　侍曰凡必禄　俸曰答麻木奴　符曰石禄時

昏曰古力禄　想、惟、思、念曰武木　慮曰武木發喀利　祈、禱曰一奴禄　祝曰由我

討曰答即你禄　僄曰喀禄石　歷曰非禄　佑、祐、助、諄、扶曰答息古　怙、賴、恃曰答奴才

媚、絞曰古比禄　虞曰武蒙八喀禄　猜、疑、伺、窺曰武答哥　娼、嫉曰你答木　忌曰以木

誤、愆曰阿牙麻禄　悟曰煞獨録　悔曰貴禄　醒、寤曰煞眉禄　護曰麻木禄　催、促曰木由石

奠、祭、祀曰麻即禄　筵曰木石禄　宴曰煞喀木力　厭、饜、飽、扛曰阿古一

盟曰及哥　懷曰父獨古禄　回曰喀一禄　徘、徊曰答及牙息禄　臨、望曰奴竹木

禀、承、受曰武及禄　戀曰石多　吝曰牙不煞喀禄　恤曰每古木　惜曰武石木　憎曰宜骨木

慍、怫曰米喀禄禄　惱曰那牙木，亦曰怒怒治　怨、恨曰武喀木　怒曰一喀禄　恩曰眉古木

偃、伏、欲曰父息　低曰許古石　顧曰戒力米禄　瞞曰米古不　瞠曰米法禄

瞪曰宜喇米　覦曰武喀喀一米禄　看、覽、察、瞻、闃、相、聒曰米禄　動白武古古　儻曰木石

術曰米直　到、至曰一答禄　到又曰詰之　去曰煞禄　歸、還曰街禄　知曰石禄

危曰阿牙武直　速曰即米牙喀　遲曰武即石　致曰以答席　期曰喀日禄　約曰即即麻牙喀

俞、允曰由禄息　尤、最、賕、干曰木獨木　雍、邕、雝、喣、儒、臑、柔、和、嫋曰牙瓦喇喀

慵曰木奴武石　㦗曰一直直　擁、隱、障、蔽、庾、藏曰喀古息　昏、暗、濛、矇、瞢、夢、眊、瞑、懂、

黝、冥、黎曰古喇石　幽曰喀息喀　宥曰那答木禄　蒙、被曰哥木禄　孟曰法及眉　夢曰

由眉　蠱、朽、事曰古獨　孤曰米那石　辜曰即米　庬、大、恢、洪、宏、浩、巨曰烏一　迷曰麻由　繪、麗曰意　惇曰阿即　鈍曰宜不石　急、勃、遽、頓曰宜瓦喀　慢、緩曰由禄古

瞞曰答不喇喀息　忝曰喀答日及那石　薄、佻、恌、匾曰武息石　迍邅、躊躇、踟躕曰答直木獨禄　歔、咻、歎曰那日古　攻、諑、譙、責曰石木禄　悾曰麻獨禄　倥曰武即及　交、佼曰麻日瓦禄　哮曰以喀禄　聱曰米米詩　豪曰席古禄禄　傑曰奴金的禄　乖曰木獨禄

巧曰答古米　獢曰古禄不　慊、戚、惻、怛、癧、慟曰以答木　敚、習、成、响、瑠、瑲曰那禄

欺曰阿雜木石　誡、戒、禦曰一麻石禄　恕曰武夢發喀禄　匡、佶、貞曰答答石　勍、强曰即由石　僵、仆、悶曰一直獨禄　悶又曰痛情納舍　叛曰蘇古木　恢曰瓦禄直古古禄

恍、惚曰服奴喀　惱曰武露禄　悖、誖、逆曰煞哥　聰曰米米獨識　惑曰馬獨識　悍、忪、愯、畏、觫曰武蘇禄禄　噌、噪、嘈曰喀麻必煞石　嚶曰木石奴古一　咿曰武那禄　噫曰阿骨必　嗚曰阿石石　悽曰由禄古不　偉曰阿牙石　壯曰煞敢　慰曰即古煞木　愛曰愛席禄，亦曰浮舍　戴曰以答答木　怠、惰曰武古答禄　尊、貴、尚曰答獨及　俚、賤曰以牙石

遜、讓、謙、辭曰由即禄　争曰阿喇蘇　奪曰武博　困曰古禄石木　慇、懃、愬曰寧古禄

卻曰石力叔古　勤、劇曰即獨木　含曰福古木　敢曰愛的　慣、狃曰那力禄　玩曰木的阿席不　恣、肆、慾曰福席麻麻　捕、傷曰牙父禄　忘曰瓦席禄　萁、莢、芷、菌、菇、蔞、菂、苣、菴、荀、藻、薰、蔦、萇、蔓、荇曰古煞奴那　稃曰古古奴那　穗曰即喀奴那　枌、椐、楰、椰、

檀、榕、楊、槐、棘、枳曰及奴那　稅、租曰米即及　粲曰法那七　粒曰即即　萃、苞曰阿即木禄　薈曰石及禄　蔚曰米瓦日及　荒、蕪、枯、莽曰阿力禄　材曰法石喇　栽曰尾諾　萌曰及煞石　蔭、缺曰喀及　蘊曰即木　稠曰許粟喀　稾曰答喀及　秀曰許獨禄　茸曰米答禄禄　茂曰喀喇阿武一　繁、鬱、蕬曰石日禄　蕃曰石日石　蔓曰發古煞　蔆曰一答豁　萷曰阿木卒　葳、芃、萋、韡、昌、盛、殷曰煞敢那禄　萸曰及喀米　萓曰石古　華曰法那牙喀　萼曰法那石比　萎曰石不木　莩曰阿石喀瓦　茀曰武石禄　芳菲、馡馞、馨香、芬馥曰哥八石　栝曰牙法即　楺曰麻喀力及　蕤曰牙泥力　椴曰阿答那　柄曰悉

朶曰以泥喀禄　梢、杪曰古即一　櫟曰阿米古牙牙　稷曰直麻及　種曰以獨直那石

櫝曰古瓦奴米　柣曰蒙奴喀日力　螢、蚩、蠐、螬、蠷、蝙蝠、螟蛉、蟙曰木石奴那　鰲、鮦、鯢、鮒、鯧、鰱曰以由奴那　鸞、鵬、鵑、鴿、鸚鵡、鸕鷀曰獨里奴那　蚩蚩、駏驉曰及木奴奴那

文、紋、章、斐曰阿牙　治曰木煞麻禄　素、原、元、以曰木獨　粹、精曰古瓦石　宜曰由禄石古　備、具、供曰叔納　微、小曰息古石　細曰古麻石　連、聯曰即喀那禄　運、轉、巡、旋曰眉古禄　捎、埽曰發禄　董、正曰答答息　歪曰羊干治　仄、套曰一牙石　等、齊曰許獨石　同曰武那石　透、融、通、達、徹、問、亨、取、踉蹌曰獨禄　經、庸曰即你　悠遠、迂迴曰獨石　攸、遂曰獨石禄　邇、近曰及喀石　總曰阿瓦昔禄　會曰窩　聚、集、緝、佸曰阿即麻禄　屯曰答木禄息　添曰叔一禄　標、表曰阿喇瓦息　縹緲曰以禄獨禄　暴、虐、倒曰答

古禄　沖、裏曰武直　胄、績、衝、突、韶曰即古　纍、效、徵、功、璘、皪、澾曰石禄石　修、收、歛、藏、戢、納、臧、贜曰武煞木禄　輯曰牙瓦喀古　淳、敦、渥、厚、溽、蓐、炎、暑、袢曰阿即石　髣髴曰纑、幪、蘢、覺曰武　純、專曰木八喇　滄、凛曰煞木石　鬉、鬆、髼、髾曰米答及喀米甫奴喀　髹曰木獨獨力　髻曰米日喀及喀喇子　惚惚曰古禄石木　堅、艱、艮曰喀答石

寬、博、廣曰許禄石　晶、敞曰阿及喇喀　極、窮曰及瓦麻禄　費曰即牙息　鹽曰木禄及雇曰牙獨　載曰奴息禄　際曰阿一答　遇曰阿　逢曰腐　遭曰阿禄　穩曰武答牙古

顛曰古即皆禄　纏曰麻獨　騎、馭、乘、塗、鏝、抹曰奴禄　存曰即喀禄　在曰一麻息

休曰牙席木　麻曰古喀日　逑曰答歸　舉曰阿古禄　點、著曰即及禄　著曰阿喇瓦禄　救曰席枯　伋曰以即瓦及　遑曰以粟喀瓦石　康曰牙星即　徬徨曰弗奴喀　更曰福及禄　鎬曰那此　苟曰以牙石古木　降曰古答禄　邂逅曰答麻煞喀　合曰武那日

初、俶、始曰法日每　末曰席　終喪、了訖曰武瓦禄　又、復曰麻答　全、渾、完曰麻答古

畢曰服石奴禄　周曰阿麻你石　酬曰木枯　主曰奴石　守曰麻衣禄　醜曰米宜古石

平曰怠喇喀　奇曰米即喇石　欹、僻曰喀答不古　斜曰那那每　狩、假、叚、彼曰喀力

幾、活曰以古　棄、廢曰席的禄　寄曰由席禄　聆曰及古　靈曰麻煞石　利曰答由石

汙曰及喀禄　開曰虚喇古，亦曰阿其智　閉曰獨日禄　呈曰答的麻即禄　底曰粟古　加曰古我　暇曰以獨麻　重曰喀煞喇禄　徐曰有禄古　迫曰石麻禄　除曰奴竹古　隆曰

煞干　低曰即姑林　矮曰堂高　佩曰武必禄　邊、垠曰福獨里　上曰喀米，亦曰威　中
曰屋之　下曰石答，亦曰昔著　前曰麻一　後曰奴直　先曰煞及　昔曰木喀石　今曰
以麻　闊曰非羅煞　狹曰一伯煞　長曰那夾煞　短曰陰夾煞，亦曰米日喀石　新曰阿喇
答　舊曰福禄及　進、侑曰席席木　退曰石力竹古　直曰答答直，亦曰送姑中　局、曲曰
麻喀禄　曲又曰麗夾中　太、甚曰法那法答　頻曰石直力　偏曰喀答由禄　扁曰弗答
　彬曰度度奴　翩曰即喇那禄　竣曰牙木禄　零、餘曰阿麻力　與曰喀　臾曰石八喇
古　出曰以即禄　虛曰木那石骨　給曰阿多　紛曰麻直禄　棼曰木那日　翁、翻曰度
不　煩曰瓦即瓦席　斑曰麻答喇　頒曰答莫　彎曰麻喀禄　束曰即喀你禄　即曰息那
瓦直　略曰法不古　乾、渴曰喀瓦古　别曰瓦喀禄　蔑曰乃喀石禄　益、增、蓰曰麻息
　該曰喀你禄　侅曰米即喇石及　傜曰一答及　傖曰父石骨　要曰喀那來　邀曰麻你
骨　揚曰阿日禄　獨曰虛獨力　辟曰時力竹骨，亦曰阿時那一　忽曰一蘇喀瓦石　宗、
旨、兇曰木你　臊、腥曰阿不喇古煞石　穢曰屈山皮　層曰喀煞那禄　贈曰打喀及喀答及
　爽曰阿及羅喀　爲曰那息　爲曰答米　施曰父獨骨息　貤曰阿答一禄　委曰即麻必
喇喀　蘧曰武日那力　虵曰武的禄　異曰古獨那禄　疎曰武禄蘇喀　來曰及答禄　穿
曰武喀即　侵曰武喀禄　忍曰石奴不　任曰麻喀席　損曰孫即　閒曰愛答　間曰許麻
　堪曰怠禄　并、並、兼曰那喇不　皆、咸曰米那　團、圓曰麻獨喀　斷、絶、立曰答即

憚曰及落　離曰法即禄　散曰直力禄　殘曰奴古禄　暫曰石八喇石　寥曰煞比石　過
曰思古禄　夥曰武比答答石　寡曰息古那古　化曰寡息禄　遮曰晒即禄　覆曰午　副
曰粟一　育曰牙古納　隔曰許答即　卓曰叔古　消、銷曰機禄　彰曰阿喇瓦禄　相曰
阿一　償曰阿喀納　烝曰息息木禄　蒸曰木息　肖曰宜禄　召曰眉息　向曰木哥
垂曰答力禄　姿曰息喀答　弛曰由禄必禄　私曰瓦答古石　資曰答息及　孜曰即獨木禄
　齎曰木直武古禄　包曰即即米　防曰父石古　妨曰煞麻答古　傍曰喀答瓦喇　奉曰
答的麻即　保曰答木即　敷曰石古　甫曰罰日　彌補曰武及奴　辱曰喀答直奇那古
矗曰一由牙喀　熟曰即喇即喇　仡曰伊煞母　烈曰即喇奴　惡曰阿石石　弱曰由瓦石
　均匀曰許獨石古　優曰由答喀　嚴曰武古粟喀　研、碶曰米喀古　世曰由　燾曰武
蘇　堙曰石即米　壅塞曰父煞喀禄　固、樸、難曰喀答石　故、宵曰由一　墜、隕曰古即力
禄　颸隤曰即喀力禄　員、湰曰喀即　傅曰即多　夷、貊曰一必即　籧曰答喀木石禄
魖曰牙喀米　㕣曰答喀不禄　枚、版、支曰一答　祧曰都直牙石禄　焚曰答古　窟、穴曰
阿那　翻、撥、翰曰獨不啜　翀曰獨比阿喀禄　礵曰獨一石　碻曰以石奴武即禄歸　磳曰
以石奴喀答及　塊、礫曰即及古力　磴曰喀及八石　磐曰武弗以石　磨、礱曰木米息力武石
錚、鏗、鏘曰喀你奴古一　錄曰古日禄　鍇曰的即由答石牙息　鍒曰泥發喀　鍊曰你答
鎔、模曰一喀喀答　鑑曰干喀米禄　瑾、瑜、珩、璜曰答麻奴那　琤、瑲曰答麻奴古一

玷、瑕、疵曰及即　觫曰即奴及　觽曰答麻及　觚曰許煞古　緘、綵曰以獨祿　縱曰答的煞麻　絮曰瓦答　緒曰以獨古直　緖、操曰阿牙獨祿　絯曰麻及喀及祿　纀曰喀石喇即即米　繼、續曰即即古　縮曰及如麻祿　紩曰一祿祿　縛曰骨祿麻奴即那　綸、經、緯、緵、綜曰以獨息日　繰、緋、緯、芒、昨曰及奴　綀曰古即奴那瓦　緁曰答一喇喀　紂曰石力楷　紇曰以獨奴息　縵曰麻答喇　緦曰麻及祿　爈曰許的里阿即煞　焞曰及木力答息

熄曰知祿　爍曰及息　烘曰阿不祿　煒曰武宜必　蝕曰牙不祿祿　驅□曰喀祿

駭曰武獨祿古　驄曰阿石日馬　䭔曰武以祿　餾曰木煞祿　餕曰每石　餞曰法那木直

刮、刷、劘、剕曰奇即祿　剷曰煞息　剌曰喀瓦及　創曰牙不麗　剽曰武必牙喀息

斬曰及祿　殺、戮曰古祿息　戕曰叔古納　劉曰麻煞喀利　嚨曰古一牙瓦喀祿　嘍、嚶、呦、鳴、聱、喈、哭曰那古　毴曰及　氉毴曰及米答祿　氍曰及武即祿　曨曰馬即即米　鞨曰瓦喇古即　鞣曰那美石喀瓦　猶、繇曰那武　愈曰一由祿　有曰阿力　罔、無、莫曰那石　否曰一那　比曰古喇不　右曰來及力　古曰一宜時　偶曰答麻答麻　濃曰古麻牙喀　澹曰阿法石　充、填、瀰、饛、滿曰米即祿　熙曰的力祿　光、晃、焜、燿曰許喀力　煇、煌、暉、燦曰喀喀牙古　朗曰福喀喇喀　煒、熳、皎、皓、皭、惃、明曰阿及喇喀　妝曰由蘇午一

裝曰喀雜祿　皺曰及及麻祿　鮮曰阿雜牙喀　端倪曰法石　參差曰答哥　勢曰一及尾　籟曰福及木奴　熏曰木息　痕曰阿獨　宧曰牙獨祿　處曰獨古祿　彈曰法日祿

築曰及即古　覃曰武由不　算曰喀著　買曰哥禄　膩曰阿父喇　酩酊、醉醺曰武一禄　醮曰麻即力　斟、酌、掬曰骨木　酏曰昔米煞及　酣曰阿麻煞及　醵曰煞及哥　酺曰煞及奴母　糟粕曰喀即　醴曰石禄煞　祥、祉、福曰晒歪　殃、禍、災、菑曰瓦札歪　毒曰阿石木奴　膿曰武米　疾、瘉、瘟、疫、癃、疷曰牙麻一　疥曰哥昔　癩曰牙買　瘡、痍曰喀煞　瘢曰喀煞奴阿獨　癰、疽、瘤曰法禄禄　癖曰即喀一禄　痔曰及奴牙麻一　痿曰時必力禄　厄曰瓦雜瓦一　殤、矢曰瓦喀石　死曰石奴禄，亦曰申之　厝曰耶營度　殯、葬曰武煞木　褣曰麻一答力　衯曰喀那直古禄木　褶曰阿瓦石　䘯曰發禄麻　裸曰阿法喀答喀　襞曰虚答米　裂曰煞及禄　憤曰喀煞力　悾曰的奴歸　諸、凡、庶曰木禄木禄須曰席比喀喇古　殊曰古獨那禄　非、匪、弗曰阿喇即　靡曰那必古　及曰武由石　各曰午奴午奴　邪曰由古石麻　維曰即骨　伊曰骨力　然曰石喀禄　或曰阿禄一瓦　何曰那宜　似曰宜答力　若曰瓦喇石　如曰古獨古之　茲、是、此、斯曰古力　將、方曰麻煞曾、嘗曰喀即的　聊曰以煞煞喀　必曰喀那喇喀　只曰答答　而曰石哥石的　其曰蘇奴胡、馬、曷、盍曰南竹　豈曰阿宜　于、於曰武一的　者曰木奴　哉曰喀那　雖曰伊獨木

譯言第三

聖旨曰由臚臚識　敕書曰阿彌佛都司墨　賞賜曰吾加一每臚　給賞曰烏鵲谷古里　中

國曰桃濃州　方物曰木那哇　入朝曰大立葉密達　謝恩曰温卜姑里　朝貢曰密加乃吸之
慶賀曰密由烏牙　鞠躬曰曲施麻平的　叩頭曰嗑籃自之　起來曰及之　拜揖曰禮及
平身曰度漫思吾　立住曰答止歪立　表章曰彪烏　進貢曰喀得那　進表曰漂那阿傑的
辭朝曰畏之漫歸　早起曰速都密即　下程曰司眉日施　筵宴曰札半失　問安曰眉賣示
收定曰山茶抹示　今日曰鳩　明日曰阿家　後日曰阿撒的　昨日曰及牛　前日曰午
的　翌日曰即古虚　每日曰没宜及　終日曰虚機　昔日曰煞及奴虚　天明曰由奴阿及禄
天晚曰頂奴古力的　早間曰阿撒　夜間曰由禄　上午曰盧禄麻　下午曰由三的　月
亮曰即及阿及喇喀　徹夜曰由拿喀喇　擇日曰虚伊喇的　定日曰虚撒達木禄　今年曰古都
石　明年曰養　後年曰念珠　舊年曰古竹　前年曰米主拿的　當初曰木喀石　先來曰
其砂看若　初來曰字木黑　前面曰没木的　後面曰武石禄木的　中間曰滿拿喀　傍邊曰
法達木的　出來曰你即的著　進去曰你著你勿之　内房曰勿之耶　太熱曰阿即煞奴朱煞
太冷曰兆煞奴主煞　上來曰武奴卜治　下來曰武力治　上頭曰尾木的　底下曰石達
凉快曰息達下　快活曰武力下，亦曰喇其　暖和曰奴古煞　向火曰虚奴古木　致謝曰
宜孩　多謝曰無不歸朶濶夫是　厚款曰都一木直　感激曰息的武喀福　告别曰伊都麻鬼
離别曰瓦喀禄　流泪曰拿達武都蘇　掛心曰寧即皆　留人曰愬之你紹里　避人曰膠屈
力地　上船曰福你宜奴隷　開船曰叔神　在此曰苦麻　如今曰拿麻　如意曰叔總奴古都

不肯曰你葩示　對口曰屈之初置　爭口曰由哉　陪話曰由周惟中　不語曰米之泥
料理曰都力法喀禄　公平曰欽傍　議論曰膽佳習之　吉祥曰晒外　興旺曰武古力禄煞干拿
禄　便宜曰力喀申燒之補力治　恭喜曰伊古都　賀喜曰喜及　歡喜曰復高劣中勿舍　鬧
熱曰宜及牙喀　懊悔曰孤怪　退悔曰慚屈　唱曲曰烏礁　高興曰武木石禄煞　掃興曰不
主　最好曰主喇煞　都好曰不惹米煞　不好曰乞煞　可笑曰武喀下　作夢曰因惟米之
作戲曰武都拿息　雜戲曰著金　戲言曰拍爛其　抽籤曰鬮之禿智　安穩曰牙息古武達
牙喀　失落曰其力治　阬陷曰硬之　消息曰武都即力　讀書曰思眉拿來　寫字曰思眉喀
其　寄書曰著即哥　放心曰古古禄由禄息　約定曰牙古蘇古　負約曰牙古蘇古蘇木古
記得曰既眉地　忘記曰控食治　調笑曰送瓦福禄　咬人曰邱致　騙人曰溪叔夾之　應該
曰安阿禄必及　道破曰伊牙不禄　私下曰瓦達古石　怪他曰捻達中　請添曰施的　埋怨
曰武喇木禄　盛寵曰武由拜　古怪曰鄙盧木舍　愚蠢曰武禄喀　光棍曰由拜　勤儉曰即
都眉法八古　何往曰馬印門不紹里　何來曰馬字不加　何去曰麻入真　脱衣曰輕化子桀
大醉曰威帝　量淺曰硬姑　洗浴曰阿美的　洗浄曰提惡達姑　等待曰末之　採花曰
抬奴吉之　戴花曰擊古拋奴手　藥材曰屈蘇里　海菜曰子恕末打　行路曰阿之　遇著曰
乙夾中　打更曰柯比音　傷風曰喀那失几　瑣碎曰喀息木　穢污曰檄桃辣中　多少曰亦
加煞　拿來曰一的姑　拿去曰木疾其　扯破曰野力治　放下曰由六尸　開門曰惡中里

莫開曰鴨其治泥　隱藏曰喀古江　講和曰以納江　知趣曰額變　猜著曰阿喀江　猜拳曰山眉　走風曰失里當　不通曰脚達挾治　有事曰文周　不便曰拏覽　何事曰拏佳

這事曰古奴古都　那事曰阿奴古都　曉事曰古都失理　曉得曰習之　濟事曰古都那理答木奴　包物曰足習書眉習之　數物曰羊致　寄物曰押之戾治　染物曰蘇眉治　竊物曰膠跪治　賠物曰日者迷地　看過曰你賤　看脉曰米牙古米江　稍倦曰古當的當　懶惰曰由大力治　暫停曰漫佳邈的　太貴曰獨古答喀煞　可憐曰阿里牙木坐那木奴　黃道日曰我多奴虛　黑道日曰古古多奴虛　日青道曰虛許多奴　日赤道曰虛阿喀石多奴　撈明月曰眉即及獨禄　匝一月曰一即及眉古禄　没搭煞曰牙公答當　查查看曰都買禄　搜出來曰煞歸以答江　搜不出曰撒歸以答撒即　露出來曰阿喇瓦力禄　門未鎖曰屐其阻　門已鎖曰渴其擔

不中用曰木雞喇蘭　都曉得曰轉諸識之　怎麽講曰亦加亦之　不曉得曰失濫多　好造化曰伊許若失　没方法曰失藥奴乃郎　講何話曰亦加屈指　幹何事曰亦加順家　有道理曰木同　無道理曰屈道之　當東西曰失及以里禄　洗東西曰阿約的　那裏去曰馬字木浄加

害酒病曰牙眉　餞行酒曰屋掃地煞其　不在家曰烏闌　無憑據曰出邈地泥　没家教曰牙拿來奴乃郎　送盤費曰由利是南籍　這裡人曰勿其惹　且盤桓曰阿昔的一及　莫説誑曰一子晚那　大有年曰午一宜寧阿力　三年一閏曰三寧宜一子武六　五歲再閏曰古晒麻答武六

閏餘成歲曰武六奴阿馬力晒讀武六　晝夜無聊曰由禄許禄煞必煞　勿拘禮數曰禮日宜喀喀

晚那　空過日子曰木拿許骨喇石　燒火煑飯曰皮買之忘滿之故知　豈有此理曰溶的骨奴掇理

奴阿喀　不敢僭坐曰喀密雜宜一蘭　不要作聲曰阿稟拿　不顧體面曰關不骨乃蘭木奴　朋

友之間曰讀什奴拿喀　問人幾多歲曰土石一夾中

琉球譯卷下

譯天第四

天曰阿眉　宇宙霄曰蘇喇　東曰許喀石　南曰米那米　西曰宜石　北曰及答　中央曰朱筵，亦曰那喀　早曰法牙石，亦曰阿煞　晚曰古里禄　晴霽曰法里禄　陰霾曰古木禄　旱曰許獨力　神曰喀米　春曰法禄　夏曰那即　秋曰阿及　冬曰父由　年歲曰獨石　閏曰武禄　時辰曰獨及　丑曰午石　寅曰獨喇　卯曰武　申曰撒禄　午曰嗎　未曰一麻答　乙曰及奴獨　丁曰許叔度　己曰午奴力　庚曰喀瓦禄餘干支各如音讀，不重出。後倣此。　立春曰力順　元日曰光日即　人日曰仁日即　元夜曰光呀　社日曰蝦日即　雨水曰勿洗　驚蟄曰木石勿度禄骨　春分曰順奔　上巳曰學眉　寒食曰感壽骨　清明曰詩眉　穀雨曰古古勿　立夏曰力喀　小滿曰說瞞　芒種曰泊書　夏至曰喀直　端午曰旦古　小暑曰說叔　大暑曰代叔　伏日曰福古日即　立秋曰力書　處暑曰度古禄　阿即煞　七夕曰達拿八達　中元曰諸光　白露曰法古禄　秋分曰書奔　中秋曰諸書　寒露曰剛禄　霜降曰石木古答禄　重陽曰如若　立冬曰力讀　小雪曰說由及　大雪曰代

由及　冬至曰讀日　小寒曰説干　大寒曰代干　臘日曰那日即　除夜曰如呀　月曰括子　日曰泥子　朔曰由每街禄　朔日曰即達及　望日曰洵及即　晦日曰怪宜及　節曰些古宜即

右四時

日曰及即　景曰喀　暾旭曰許一即　曙曰阿及不奴　日晡曰苦力　曈曨曰阿喀及即

曦曰阿煞虚　曛、晦曰古喇石　朝曰阿煞　晨、旦曰阿石荅　暮、夕曰八骨　夕又曰由比　暈曰喀煞　華曰泥寡　夕陽曰石直藥　返照曰熏學　月曰即及　朦朧、曭朧曰武不禄　曭曰阿及喇喀那喇即　星宿曰佛什　二十八宿曰宜如法叔古　杓曰即喀　奎、魁曰煞及喀及　昴曰佛什武　畢曰許即　觜曰武喀眉

右日星

風曰喀即　飈曰奴瓦及　颶、颸、飈、颾曰武父喀即　雲曰骨木　雯曰骨木奔武那息

雷曰喀密拿利　震曰福禄　豐隆曰一喀即及　霹靂曰一喀即及奴古一　雨曰阿每

淋、霪、霖曰那喀阿眉　湅曰孤力　霏、零、滂沱曰阿眉父禄　雪曰由及　霜曰石木　露曰即由　烟曰及木里　霞曰喀席米　電曰以拿即木，亦曰一那必喀力　霧、雰曰及里　霓、蝃、蝀、虹曰宜及　霰曰阿喇里　雹曰薄

右風雷

譯地第五

地曰直　土、坤曰即直　地祇曰直奴喀米　疆曰煞界　垓曰及瓦　封、界、域曰煞喀一　郊曰午喀　野曰奴　甸曰午煞木六　澤曰煞瓦　國曰古古　邦、州曰古宜　郡曰公　縣曰木納　邑曰有　鄉、黨曰煞度　鄉又曰覺　鄰曰獨那力　里曰獨古祿，亦曰利　京都曰米牙古　部曰瓦喀即　番曰直木奴奴阿石　隅曰息米　羌曰宜石奴一必息　田疇曰午你　畔曰答奴煞喀一　阡、陌、坊、區曰及麻答　陂、阜曰即即米　塵、埃曰及力

右土地

琉球曰倭急拿　日本曰亞馬吐　島曰什麻　嶼曰叔　金城曰喀那骨昔骨　新橋曰迷八麻　赤平曰阿喀許納　儀保曰日不　末吉曰昔石　新川曰阿納喀　殿川曰午獨奴喀　寒川曰送喀　天中曰午甫鐘　島崛曰東主木一　汀白茨曰的石喇即　赤田曰阿喀打　姑塲川曰古八喀　桃源曰掇八祿　當藏曰掇奴骨納　真和地曰麻日　立岸曰達的及石　泊村曰獨買木納　那霸曰那發　泉崎曰一宗雜及　若狹曰瓦喀煞馬及　迭山曰即日　三渡地曰瓦恒日　久米曰骨米　天久曰阿密骨　松川曰麻即喀　大門曰午甫　若識名曰時及宜雅　牧志曰麻及石　與儀曰由日　龜田曰喀密打　安里曰阿煞獨　湊川曰密

那獨喀　古波藏曰古及古瓦　仲井間曰那喀一麻　上間曰尾府　南風原曰懷八喇　宮平
曰密牙打一喀　内嶺曰五今密　本部曰木獨不　喜屋武曰講亦曰及楊　神星曰辰煞獨
平川曰許納喀　東風平曰古金答　富盛曰獨不一　志多伯曰什打發古　世名城曰欲那骨昔
骨　友寄曰獨木息　高良曰答喀納　宜壽久曰日息息　當銘曰掇密　西原曰宜什八納
幸地曰割及　小橋川曰古發甲　安室曰阿木禄　我謝曰喀佳　翁長曰午那喀　平郎
曰德納　棚原曰打那八禄　石嶺曰一審密　嘉手刈曰喀的喀禄　小波津曰骨發即　内間
曰午及麻　吴屋曰骨雅　浦添曰武納昔　牧港曰麽及拿度　澤岻曰打骨什　屋富祖曰雅
甫　勢理客曰日甲骨　前田曰墨打　宜野灣曰奴彎　謝名曰日雅那　普天間曰福的麻
具志川曰骨什中　嘉數曰喀喀即　安仁屋曰安宜雅　伊佐曰一煞　喜友名曰及容那
野嵩曰奴打及　熱田曰阿答　島袋曰石麻不骨　奥間曰午即麻　和宇慶曰我及　津
霸曰即話　安谷屋曰阿打里雅　渡口曰都骨及　瑞慶覽曰即及蘭　砂邊曰昔那必　新垣
曰阿喇喀及　安里曰阿煞讀　中順曰諸日翁　比嘉虚曰及牙　北谷曰甲當　濱川曰話麻
喀　野國曰奴骨直　玉帶勢曰達麻一昔　屋良曰雅喇　桑江曰豁一　嘉手納曰喀的那
平安名曰虚安那　高志保曰打喀石不　伊良皆曰一蘭密牙　波平曰含日阿　長濱曰那
喀發馬　瀨名垻曰什拿髮　根波曰你發　勝連曰喀即鄰　神谷曰喀米牙　池宮城曰一直
密雅骨昔骨　越來曰骨一骨　照屋曰的喇　平敷屋曰許什甲　諸見里曰木六密雜讀　大

古迴曰得古刹古　中宗根曰那喀竹你茶　美里曰密煞讀　嵩原曰打及八禄　松本曰麻即木
讀　比屋根曰許牙滚　上江洲曰午一即　祝嶺曰叔公米　榮野比曰一奴必　兼嘉叚曰喀
你喀旦　湧稻國曰瓦及那古一　板良敷曰一打喇子及　仲程曰那喀甫讀　稻福曰一那佛骨
古堅曰甫禄金　目取真曰眉度禄麻　中村渠曰那感打喀禮　高官曰打喀密牙　真境名
曰麻煞及那　當真曰掇麻　絲數曰以獨喀即　垣花曰喀及奴化那　富名腰曰甫那骨什
豐見城曰讀密骨昔骨　饒波曰牛發　真玉橋曰麻當八什　盛島曰木力什麻　奥平曰午骨石
喇　伊良波曰一喇發　名嘉地曰那喀及　田頭曰答喀米　保榮茂曰兵　小禄曰午禄骨
雙牛宮曰骨什密牙　多加良曰答喀喇　武富曰答度奴　絲滿曰以獨蠻　志茂田曰十木
達　屋比久曰牙必骨　手登根曰的讀滚　津波古曰即話奴骨　小谷曰茶旦　敷名曰十及
那　鉢嶺曰發及密　具志頭曰骨什及養　波名曰話那　麻文仁曰麻不一　米次曰古密昔
真榮平曰麻一打一喇　束邊名曰即喀許拿　宜野座曰日奴雜　奥松曰牛古麻即　名護
曰那古　屋部曰牙不　喜瀨曰及石　松堂曰麻即多　宮里曰米牙撒獨　伊指川曰一撒石
喀　親泊曰武牙獨麻里　天底曰阿眉蘇古　浦崎曰午喇撒及　伊豆味曰一足米　根路銘
曰你禄米　濱島曰八麻　渡名喜曰度奴奇　粟國曰阿古宜　良良部曰一喇不　德島曰度
古　由吕曰由六　烏奇奴曰于及奴加　喜路間曰佳奇吕麻　伊喜間曰一及麻　太良末曰
答喇麻　宇間味曰午喀來　與那國曰由那姑呢　武富曰達奇度奴　久高曰姑答喀　津堅

曰奇奴　久里島曰姑呂世麻　波照間曰巴梯呂麻　宮古島曰米牙古石麻　赤尾嶼曰什及必叔

右村島

譯人第六

皇帝曰我的米　皇君曰及米　國王曰屋書喀那詩米　后曰及撒及　妃曰答古一　嬪曰由每　君君曰公公　祝祝曰叔古叔子　官宰曰即喀撒獨禄　丞曰答息古　宰相曰壽世代　公侯曰烏牙及　伯曰法古　儐曰答息及　尉曰牛喀哥　世子曰古得石　儲曰答古我　世孫曰時姆馬噶　王兄曰我洗之　王弟曰我屋多　王伯曰我洗之渾局　王叔曰我屋多渾局　王舅曰我文久　翁主曰問叔　按司曰安及　法司曰火什　紫巾官曰十巾光　大夫曰代甫　大夫號紫金曰十巾　正議曰説及　中議曰主及　封禄曰父禄　永禄曰一六　秉憲曰非巾　隆勳曰六宫　宣詢曰昇順　官侯曰光哥　奉直曰父升　進顯曰升巾　精繹曰十一及　供直曰哥主古　正卿曰叔几　亞卿曰阿几　總尹曰叔引　庶尹曰書引　協尹曰著引　儀衛使曰日以石　總理唐榮司曰蘇里多伊石　羨餘所大使曰辰有入代石　綜器内司曰所及乃石　度支官曰獨石光　調禄所曰主禄古入　晏器局曰迎及久古　嵌螺局曰敢羅久古　頭目比郎擺曰多目古許羅羅　頭目彝司加紀曰多目古以石喀及　司賓耳目

官曰十熏及古木光　那霸官曰那法光　遏闥理官曰阿達一光　長史曰茶古息　都通事曰都都即　副通事曰叔一都即　里之子曰煞都奴　筑登之曰及古都奴　親雲上曰拜京　酋長曰有著　保長曰火著都　宗正曰所説　問切曰馬及石　監撫使曰敢不石　宗令曰喀理宮尹曰主因　殿尹曰頂因　端尹曰當因　主翰侍史、掌翰内史曰叔干日石　良醫司曰羅以石　贊善曰三人　儲傅曰叔府　同知度支正曰都直獨石説　三平等少尹曰米許喇説因　左堂、右堂曰撒多有多　經歷曰及里及　使者曰石蝦　才府使曰晒福石　審理大使曰辰理代石　主事曰叔日　圉師曰主石　郎曰古羅　承直郎曰入久　從務郎曰加木　叙德郎曰叔獨　主橋外史曰叔奇怪石　東苑監曰多迎敢　典簿廳主簿曰項八古頂叔八古　和羹令曰寡比力　寅賓館等曰迎熏官叔　軍器監曰公及敢　倉庾使曰所哥石　筆帖式曰比即覺石及　承應官曰入我光　鷹把式曰迎法石及　司曆通事曰石力及都昂　灑掃内司曰晒所乃石　内使佐郎曰乃石撒羅　點班使曰頂還石　膳夫曰仁甫　里主曰撒獨叔　秀才曰叔哉　觀察曰光晒　虞衡曰古哥　謁者曰一即十牙　各司同正曰喀古石都説　朝貢使臣曰噶得那使者　老爺曰安主　師傅曰失農褒　學士曰喀客　教官曰武世奴光　入仕曰伊力即哥　致仕曰即喀一武喀一息

右王官

姓氏曰武及　祖曰武甫日　父、考曰直直　母、妣曰法法　親曰武牙　嫡母曰的及不

伯、叔、舅曰文久　舅又曰補介叔度　兄曰阿宜　弟曰武都都　昆曰古奴喀　伯曰法古　仲曰那喀　季曰席　叔曰文王　子孥曰古　嗣曰即古　孫曰麻古　孩童、兒曰瓦喇必　娘曰阿姆買　爹曰靴羅買　婆曰武祿　姪曰武一　女曰木息美，亦曰會南姑男曰武獨古　夫曰武都　妻曰即麻　婦曰由眉　妾曰説　婢曰許　嫂曰阿你由米姊、姒曰阿你　娣曰午獨由米　妹曰武乃　姨曰古若獨米　妗曰遮奢　姑曰石八喇古　弟婦曰唷美　公子曰三波提　婿曰母姑　岳曰息都　娥媛曰喀武由石　親戚曰喂街　朋友曰獨木　媒曰那喀答及　姻曰麻古拜　婚曰由每獨祿　婚姻曰你必及　聯姻曰因式即喇你祿　結婚曰公武木席木

右親戚

人曰許獨奴，亦曰必周　民曰答麻　客曰喀答直　主曰提就　唐人曰叨儂周　士曰煞木賴　農曰力食　工匠曰答古米　商賈曰阿及乃　商又曰法喀六　醫士曰一著　卜曰午喇納　巫曰武獨古由答　陶曰叔一木奴　縫曰奴木木奴　軍曰以古撒　兵曰即瓦木奴　漁曰息拿度力　樵曰及古力　仙曰牙麻許獨必六　鬼魅、魔魈、魎曰由昔的必讀　妖曰獨必六　鬼魅、魔魈、魍魎曰武宜　戲曰答瓦福祿　俑曰許獨喀答　胥曰米祿　役曰牙古　皂隸曰所力　傭曰牙都　僮僕曰十木必　奴曰牙即古　丫頭曰土母　仗曰俗里爾　汝曰南及　我曰瓦力

右庶民

身、軀、躬曰榴韃，亦曰米　體曰代　髪曰喀米　肌膚曰法代一　皮曰喀瓦　毛曰及筋曰席目　骸曰父你　骨曰下即　肉曰石石　血曰直　尸曰即喀煞獨禄　魂魄曰答麻石　頭、首曰哥必　額、顱曰失脚衣　額又曰許大　腦曰那即及　臉曰馬喇　頸曰科必　顔曰干八石　眉曰麻由　眼曰麻拿骨　目曰米　眼孔曰岩孤　眶曰麻不答　瞳睛曰眉答麻　矑曰米禄　耳曰米米　耳輪曰日林　⿰耳巢曰米米午及奴古一　口曰古直，亦曰闊生　脣曰辰　舌曰失答　牙曰及把　齒曰花　顋曰阿及　頦曰武獨喀一　頏曰以答答及　喉嚨曰農度　鼻曰法拿　鬢、髭、鬚、鬍、髯曰許及　背曰十那喀　肩曰喀答　腰曰古石　肢曰一答　手曰的　指曰威必　拇指曰不石　食指曰叔古刹石　無名指曰拿辧石　駢指曰丢阿瓦息　枝指曰時時　拳、掌曰的古不石　爪曰即眉　奶曰齊　腋、脇曰瓦直　肋曰六古　臂、肱、膊、肘曰武的，亦曰許日　足、脚曰阿什　脚又曰及牙古　腿、股曰木木　臀曰即比當答　骹、脛曰法及　跗、脛、踝曰阿石奴古母喇　趾、跟、踵曰阿獨　胎胞曰法喇木　心曰古古禄　肝曰及木　脾曰許　肺曰服古奴奴石　腎曰人　腸曰法喇瓦答　臟曰所奴及　腑曰父　腔曰喀古木　腹、肚曰法喇　臍曰哭素，亦曰父叔　膽曰及木　汗曰阿席　泚曰及由石　涕、涙曰那米答　洟曰那那虚禄　聾曰米米十必　瞽曰眉古喇　眇曰息喀眉　嚬、嗤、嘻、笑曰瓦禄　哭、泣曰拿答　跳、踊、踴、躍

曰武獨禄　趨、走曰瓦石禄　步曰阿由木　跑曰喀及禄　顛、癡曰即麻即古　謚曰福你喀模，亦曰獨力奴歸　齅曰喀木　聽、聞曰及古　瞻、視、觀、見曰米禄　矢曰午石納　溺曰一八力　糟曰非

右官骸

譯數第七

一、壹曰抵即　二、貳曰答即　三、叁曰米即　四曰唷即　五、伍曰一即即　六曰拇即　七曰納納即　八曰呀即　九曰科姑奴即　十曰秃即　十一月秃抵即　旬曰徂二十曰膩徂　三十曰摻徂　四十曰細徂　五十曰古徂　六十曰六古徂　七十曰納徂八十曰河汁徂　九十曰枯徂　一百曰夏古　百曰木木　千曰先　一千曰一貫　萬曰由六即　兆曰著　億曰武古　絲曰十　毫曰及　忽曰服即　釐曰力　分曰瓦喀即錢曰買每，亦曰毛維　兩曰聊茶切，亦曰周維　半曰納喀巴　一様曰一奴拿奴，亦曰因以木奴

輕曰喀羅煞　重曰五卜煞　單曰許獨力　雙曰甫答即　多曰屋火煞，亦曰烏石　少曰一革拉煞，亦曰息古那石，又曰速都　一兩曰執買每　十兩曰撒姑每　百兩曰撒牙姑　萬歲曰麻執獨石　千歲曰森那　萬萬歲曰麻由獨石　規曰以喀答　矩曰奴力　準曰順繩曰那尾　斤曰金　權曰法喀力　量斞曰法喀禄　衡曰由古答瓦禄　秤曰古版　度曰

獨　戥曰獨石，亦曰法介依　丈曰著　咫曰答及　尺曰石牙古　寸曰尋　尋曰答竹你禄　常曰即你　斗曰獨　斛曰古　升曰奴不禄

譯宮第八

宮曰米牙　殿曰獨臚　宸曰福喀石　朝廷曰阿每臚　闕曰喀古禄　廟曰比有刹、廟曰法石喀　宇、寺曰的喇　館、閣曰答喀獨奴　館又曰牙獨　閣、桶又曰喀古　祠曰麻即力　庵曰以午力　第曰即的　家、宅、楹曰以　室曰一由　屋曰牙　房曰你牙舍曰石牙　樓曰略　臺曰午的那　庠、序曰木奴麻那不獨古禄　倉、庾、庫、廩、帑曰古喇亭、庭、廷曰宜瓦　堂曰答喀度奴　閨曰雞　所曰獨古禄　院曰伊　軒曰奴及闡、閥、閾、闐曰獨日直米　閑曰石即喀　闌曰答直那瓦　閆、閣曰煞獨　店曰答即　庖、厨曰古力牙　闥、扉曰獨必喇　廡曰許獨石　廈曰武福才　礎、礩曰一石即　基、址曰木獨一　階、陛、墀、砌曰及雜　隊又曰乞齋乞書，又曰喀武條書　陔曰及雜法石　梁曰午即八力　楝曰法石喀　柱曰法石羅　霤曰武直宜瓦　檻曰答的　欄曰郎干　簷曰奴及八朶曰答　板曰以答　椽曰及及　宗曰莫　門曰日阿，亦曰雀通家拍食里　户曰都，亦曰牙獨可之　樞曰主　枋曰火　壁曰喀必　磚、瓦曰喀瓦羅瓦，亦曰喀喇亦棄　灰曰孩牕、牖曰麻獨　奥曰牛古　迴廊曰怪羅　槅、扉曰阿喀一　墻、垣、墉曰阿及　墻又曰

一心挾及　屏風曰比約不，亦曰飄布　屏又曰喀古席　甓曰喀瓦喇　箄曰喀直　竈曰喀麻　霤曰阿麻答力　天井曰頂一　棚曰答拿　榭曰狎　厮曰即喀瓦力　厠曰喀八牙　苑、園、圃曰叔奴　籞曰武力　禁曰今即禄　署曰福答　關曰石及，亦曰米即治　墅曰喀力依　館、驛曰寬醋　郵曰許獨牙獨　市曰一及　墟曰午喀　廛曰一及喇　府曰武煞母　塾曰伊由　壇曰麻即力獨古禄　社曰牙石禄　城、郭曰骨昔骨　濠、隍曰末即奴　那　塒、榤曰你古禄　烽曰喀喀力必　莊曰午骨蘇喀　村曰木納　監曰苦辨中耶　街、衢、逵、巷、衚衕曰及麻答　道途、程路曰米直　徑曰古米直　矼曰以石法石　橋曰拍是　籓籬曰麻喀及

譯器第九

器曰午即瓦木奴　物曰木奴　籩曰喀答密　俎豆曰即及一　樽曰答禄　卮、杯、觥曰煞喀即及　盎曰窩　盆、鉢曰計答息　湯盆曰他阿喇　面盆曰汗你及里　甌、甕、甖曰喀米　盞曰山　缶曰火　壺曰即不　酒杯曰失六加泥　酒壺曰虧奴　盤曰答喇一　瓢曰許煞古，亦曰彌五　碗曰麥介衣　榴曰喀瓦喇及　鍋、釜曰那比　缸曰多古奴名　䥫曰法喀麻奴禄一　鐺曰古煞力　鎗曰喀你奴骨一　桶、筒、箭曰即即　擔桶曰五喀　面桶曰他古亦曰他里　浴桶曰五喀里　勺曰你波，亦曰古木　礶曰古喀米　鼒曰午福喀力　鼎

曰喀乃　鼐曰古喀乃　鍾曰阿即米禄　鈷曰古　榼曰街　碟曰石即　筯曰法石，亦曰
賣生，又曰皮爬　石桌曰叔古　椅曰倭里那　几曰武石麻即及　杖曰即　脚踏曰波著子
燈曰度木十必，亦曰禿羅　梯曰喀直法石　脚橙曰夾古多　燭曰書古　燭簽曰禮思古
苔　蠟剪曰式執直　床曰由喀一，亦曰閑札古　榻曰石日　杠曰法答所　枕曰麻瓜
架曰喀　箱、篋、笈、笥曰法古　櫃、櫝曰許即　壜曰撒喀喀米　罎曰答力奴奴　囊、橐、縢
曰父古禄　籠曰古木禄　籃、籮、筐曰喀答米　篩曰八六一　箕曰米　筲曰焉惜　箱曰
甫你奴喀日　掃箒曰火氣　簩曰煞及骨石　簍曰的禄木　套曰阿書著　鏡曰喀喀米
鑪曰許獨古　壚曰阿喇及禄　奩、匣曰法古　簞、簾曰答喀木十禄　璽曰答麽瑞綃　印曰
十六十　墨曰昔密　筆曰服的　綦曰古　奕曰武一那力　字曰阿三羅　書曰什麼子
畫曰夷夷喀之，亦曰寡古　簡曰午阿喇每　紙曰喀必　箋牘曰父答　册曰煞即　札
曰古手答　硯曰席即里　扇曰了吉倭，亦曰枉其　硯池曰迎直　水注曰閔子磁之　筆洗
曰福的阿賴　筆床曰許即所　印色曰引叔古　圖書曰獨叔　牙刷曰番五脚雞母魯　天平
曰聽馬答白　算盤曰山姆盤　烟筒曰啓力，亦曰及十力　烟架曰迎喀　唾壺曰孩父几
箔曰息答力　籌曰喀即　笅曰答及即那　校、枷曰乾哥　械曰即一　網、罟、罾、箜曰阿米
簸、笱曰獨力古　罠曰即力阿米　罝曰所喇　櫟曰煞及甫你　榾曰昔　衣曰骨六木
裳曰木息叔　服曰及禄　衣裳曰衾　衾曰父息麻　衣服曰密子滿吉，亦曰豈奴　衲

曰午日奴　弁、冕曰禀　旒曰法答奴阿石　冠曰干木力　帽曰喀石喇即即米　纓曰毛疽
紘曰乾木力奴喀雜力　冠纓曰乾木里奴以　緌曰武必喀及　綏曰由六牙喀　纑曰武
褐曰密日喀直古祿木　側翅烏紗帽曰蘇古石午撒莫　笠簦曰喀撒　巾曰撒日　袍曰許
答答里，亦曰及奴　氅曰獨及奴及　蟒袍曰滿火　披肩曰喀答許喇古　袖曰蘇的　襟曰
以力　裾、襦曰密曰喀及古祿木　裀曰奴美　繻曰武息直奴　絆曰阿即十　褓曰木即
絨曰服踈奴奴　領曰古比比　衫曰喀加　汗衫曰阿米琴　襖曰窩　袛曰一力　襱
曰法答法喀麻　帉曰答那古一　裙曰喀乾，亦曰喀甲眉　袴曰法喀麻　幕、幔、帷曰答力奴
奴　帳曰喀著　簪、笄、釵、釧、鈿曰乾撒石　笄、鈿、篦又曰喀米撒石　環曰每古祿　鐻曰
午即瓦木奴奴那　念珠曰寧叔　帶曰比武，亦曰文筆　紳曰午福午比　笏曰度祿　首飾
曰哥比喀雜里　髻曰木獨獨里　黛曰麻由席米　鈕曰許及的　脂曰阿不羅　粉曰由諾古
珥曰米米答麻　珮曰法一　香袋曰眉中中是蒙蘢　粏奩曰所所　粧曰由蘇古　梳曰
古石及即祿　櫛曰古石　刷、𣚸曰及即　𣚸又曰煞石罰剎母　剪曰粟祿，亦曰法煞米　線
曰息及以獨　裁曰答息　黼黻曰父即　繡曰奴及木奴　針曰法力　緡曰一度古直　褥
曰喀雜力　簾曰席答里　氈、毾㲪曰及木石祿　被曰父息麻　帳鈎曰喀夾喀日　履、屐、
靸、鞋、屌、襪曰古即　靴曰阿牙　鞋又曰煞巴　草屨曰坐古　木屐曰不古結及　舟、艘、
舦、船、舠、艂、艭曰父你　羅針曰喀喇法利　椗曰一喀一　柁曰喀及　長綆曰拿喀即拿

繚曰即拿　篷、帆曰父　布篷曰服活　桅檣曰法石喇　篙曰弗那撒石所　艫、艄曰獨木
　舷曰父拿八答　龍骨曰喀喇　艙曰方皆　龍口曰禄哥　橈、楫曰所　艕曰禄　樾
藤勒肚曰怪多古都　頭緝布篷曰多叔服活　頭巾曰即巾　插花褲曰茶華古　獨木船曰心你
　桴、筏曰獨力古　艨、艟、艡曰一古煞父你　舴艋、艇、艚曰古不你　舠曰父那一答　艘
曰昔瓦禄一禄　車曰古禄麻　輅、輦曰的古禄麻　輿曰古石　輶曰喀禄石　轎曰答古石
　蹕曰獨獨木　舺曰阿雜木古　轅曰古禄麻奴那喀一　軜曰古即八米　轒轐曰一古煞古
禄麻　輴轔曰古禄麻奴古一　轄曰木密必獨奴古禄麻　輔曰答息古　輪曰奴瓦　轗曰古
禄麻奴虛雅喀　蓋曰奴父答　軸曰奴及古　釭曰古禄麻奴喀力木　輻曰父古　輮、輞曰
古禄麻奴武服瓦　軾曰叔古　轍曰瓦若及　轂曰古古　軌曰及　軛曰牙古　輗曰几
　駟曰由即奴麻　銜勒曰干力古　鞍曰古喇　韉曰升　鐙曰阿父一　韁曰著　鍬曰
國　轡曰古即瓦　鑾鈴曰席即　鑣曰古即八米　鞶曰武弗武必　鐵鍤曰的即煞　釳曰
的即阿那　犂曰答直即奴　耙、鋤、鍫曰席及　鎌曰喀麻　机曰幾　斤曰翁　鉋曰火
　鋸曰奴古及里　鎚曰即及　錘曰發喀力奴武不十　鑿曰收米　斧曰武奴　削鋸曰古
即　鏟曰三　鈎曰喀及急　弓、弧曰由米　箭、矢曰一牙　弦曰子奴　弰曰瓦即　䵾
曰一骨禄米　繳曰喀一息　玦曰古直力　韘曰那瓦　櫜、韜曰即即米　鐨曰阿那十及
　刀、劍曰喀答那　刃曰牙一八　櫓曰牙石喇　鞘曰煞牙　槍、矛曰甫十骨　戟、戚、

鋒、穜曰父古　盔曰噶塢吐　甲曰幼羅衣　毬曰賣　擻曰父米　耕曰答喀牙席　耘曰古撒及禄　耰曰息古　轆轤曰古禄麻及　汲曰古木　繘曰七禄筆　種、稷曰答你麻古　穫曰喀禄　稷曰伊那答八　糧曰喀的　米曰古眉　糈曰石獨日　穅曰奴喀　粢曰法喀禄　飯曰每十，亦曰五班　食曰古禄　饋曰那麻木卜奴一　酒曰撒及　飲曰奴木　沽曰哥禄　火曰許　炊曰喀石古　炮曰即即米牙及　饔曰武眉禄伊　餐曰奴才

饋、餉曰喀力一　肴曰撒喀那　膏曰阿不喇　菹曰即及那　膾曰那麻息　羹曰阿即木奴　醺曰古直利及　油曰安答，亦曰阿不　醬曰石石必收，亦曰彌砂　糖曰阿美，亦曰味及　鹽曰麻收　肉曰失失　湯曰由　汁曰石禄　膰曰許木禄日　燔曰牙古　漿曰宫即　脯曰福石日石　菜曰那　蕉實曰巴煞那　餅曰末之　芋羹曰坤軋孤　烹、煮曰宜禄　煎曰辰日禄　燒、炒曰牙古　炒又曰一利古　味曰一麻答，亦曰阿日瓦一　嚼、噍曰喀木　吞曰奴木　焦曰古喀禄　爛曰答答利禄　餒曰武一禄　調和曰度度奴　辛、辣曰喀喇撒　甘、甜曰阿麻石　鹹曰石不喀喇撒　酸曰洗利　苦曰宜喀利　作料曰法喀留拿息　幡曰許禄喀一禄　纛、旌、旟、旗、旂、旙曰法答　旐口武石奴武　傘曰三　棍曰宫牌曰孩　爆曰牙古　磨、礲、琢曰米喀古　雕、刻曰及雜木克　珍曰米即喇石　貲、貨、寶、幣曰答喀喇　金曰土喀你　銀曰男及牙　錢曰一層　銅曰阿喀喀你　鐵、錫曰古禄喀你　鈔曰支你　鉛曰那麻力　珠、玉曰答麻　球、琳、瑯玕、圭、璠、璵、璐、瑶、璋、琉璃、

璗、珣、玲、瓏、璩、玒、瓊、琚、琥珀、瑋、玫瑰曰答麻奴那　瑪瑙、珊瑚曰牙麻那答麻　水晶曰血子答麻　玳瑁曰阿美石　硫磺曰油哇　壚曰阿武直答麻　琱曰密喀古　砮曰牙奴泥一石　珉、璁曰由直一石　鋼曰你喀你　碧曰密獨力　砂、硝曰牙麻一石　磁曰一石奴那　碑、碣曰一石父米　丸曰麻祿煞　紡、績曰即木　紡線曰以獨俗木古　織曰千祿　縫、紉曰火　縫又曰怒　巾絲曰以獨　纅曰以獨古祿　布曰奴奴　絧曰瓦石　絛曰許不　綿曰即喇祿　綢曰亦周　帛曰及奴　緞曰動子　紗曰武席直奴　羅曰羅　絹曰活見　練曰你祿　裘曰喀金　色曰一路　染曰蘇窓　松膠曰鴨皆　白蠟曰麻米交　薑黃曰鬱金　白曰石祿煞，亦曰絲獨中　青、蒼曰阿武石，亦曰若獨中　黄曰及祿　紅曰古力乃，亦曰匣加中　朱、丹、赤、彤曰阿喀石　黑、緇曰古祿石　烏曰邱律中　綠曰米獨力，亦曰呵中　紫曰木喇煞及，亦曰膠闌堵迷　月白曰他白　桃紅曰木木鴨皆　藕合曰蓮而　五色曰一諸即即一路

譯樂第十

樂曰答奴石木　琴、箏曰古都　瑟曰古獨午　琵琶曰那力木奴奴那　絃曰即祿　三絃曰三甚　鐘、鏞、磬曰即及喀你　鐃曰著　錞曰薄　錞曰一石即及　鉦曰獨喇　鑼曰膠膠　鐻曰喀古及　鼓、鼖鼗曰武即即米　簞曰父及木奴　笙、簧、簫、籥曰父一　簧又曰

父一奴石答　管曰古答　笛曰回，亦曰的及　柷曰石古　塤曰錦　篪曰古　銚曰約
敔曰入　檀板曰當及　筑曰及古　打板曰麻奴遮　宫曰九　商曰説　角、革曰喀
古　徵曰筆　羽曰干　鏜、鼕鼜曰即即米奴古一

譯山第十一

山曰牙麻　岳曰喀古，亦曰答及　峰、嶺、巒曰米你　峰又曰泊　嶺又曰例　巒又曰
朗　巔曰一答答及　岫曰古及　邱、岡、陵、阜曰午喀　厓曰及石　巖曰以瓦　嵐曰阿
喇石　麓曰福木獨　澗、溪、谼、谷曰答宜　石曰一石　巃曰那喀及答宜　垤曰的即
隈曰古麻　塔曰石日　墳墦曰即喀　泰岱曰由答喀牙麻　嵩曰答喀　崧曰午甫　岐曰
父答麻答米直　嶷曰答喀石　崆峒曰喀答答喀　八頭岳曰牙一即佳　楚岳曰喀竹　名護
岳曰那古　恩納岳曰問那　崎山曰煞及牙麻　升籥山曰叔著　石虎山曰一石都喀　讀谷
山曰容當　波上山曰那米奴武一　鶴頭山曰寡古多　雪崎山曰由及奴煞及　馬齒山曰八石
姑米山曰古密　葉壁山曰許牙　硫磺山曰由我　七里山曰石及世　壺家山曰即不牙
八重山曰牙一麻　重島曰拿喀石麻　石火山曰石及寡　國吉山曰古宜古　櫻島山曰我
多　金城山曰今　運天山曰文頂　屬島山曰叔古多　清水山曰世洗　菊花山曰及古寡
永明山曰伊古　筑山曰及古　走馬嶺曰所八　迴雁嶺曰怪干　勒馬巖曰禄古八　山

重曰如　鎮曰正　尖曰審　峻曰打喀石　脊曰奴石那喀　頂曰著　瘴曰説　畡曰虚昔牙麻

譯水第十二

水曰米即　水清曰一煞必由石　濁曰獨古　波、浪、濤、瀾曰那米　淤曰午　閘曰窩涸、竭曰喀瓦古　漲曰法禄　泛、浮曰午喀不　湧、涌曰瓦古　濫曰許答昔　源曰木獨　流曰留　涓滴曰石答答禄　渡曰瓦答禄　激曰敢　泅曰如　屛曰午古木　潯、滸、濱、涯曰米即福獨里　滙、濆曰瓦直一即禄　瀕、汀、渚、湄曰米即瓦　岸曰及石　海曰武米　江、河、川曰喀瓦　漢曰阿麻奴喀瓦　濟曰瓦答禄　湖曰米即武米　泗曰石　洙曰説　泉曰以即米　井曰一　瀆曰蘇骨　瀑曰答及　瀨曰駛　津曰即　浦曰午喇潭曰福宜　潮曰叔　汐曰午叔　溝、澮、渠曰米足　沙洲曰席那　泥曰獨禄　灘曰那答　潢曰答麻力　港曰米那獨　湫曰石八石　堤曰即即米　汪洋曰米即許禄石　淵浚曰父喀石　泱漭曰武米即　澒洞曰米即喀你　淙、潨、濼、滮曰米即奴古一

譯草第十三

草曰古煞　花、葩、藹曰法那　荄、莖曰古煞奴你　穚曰煞罔那利　穭曰武奴即喀喇説

洗禄一你　茹曰牙瓦喇喀　穗曰父　稻曰一你　粱、稷曰阿瓦　菽、豆曰麻眉　麥曰木及　黍曰及必　秧曰那一　苗曰乃　穀曰古古　麻曰阿煞　黂曰阿煞奴米　穜曰瓦十　糜曰即牙息　竹曰答及亦曰托几　篁曰答及乃　簬曰牙奴答及　筤曰答及奴武瓦喀瓦　筍曰答及奴誇　籜曰答及喀瓦　竿曰所　天竺曰頂及古　茉莉曰摸之坼米，亦曰木一乖，又曰麻即力　蘭曰喀八石古撒　蘭又名孔子花，孔子花曰古石寡　蓮、荷曰法及息

蕖曰法息奴法即　芙蓉曰法那奴即　藕曰材宫，亦曰連連　藤曰奴及即禄　莓曰麻即

芼曰獨禄　蕤曰煞干那禄　茗、茶曰札　芹曰石力　瓜曰委　東瓜曰兔胡以　茶曰宜喀喇　菊曰及古　牡丹曰不丹　蔗曰武及　防風曰泊父　桔梗曰苦認菩　黄柏皮曰起力茶　山豆根曰山騎闌子　葦、蒹葭、蘆荻曰阿石　菰曰及奴古　蒿曰喇著　蒡曰火

薑曰法及喀米　蒜曰非徒　芭蕉曰喀八古撒　茄曰拿息，亦曰凹舡脾　韭曰宜喇　莧曰金芥　薤曰喀喇石　菠曰福臨禄　蘿蔔曰落父，亦曰啼姑姑　葱曰奴必牙喀，亦曰欽脚拙

薺曰拿即那　茅茨曰喀牙　蒲曰喀麻　蔓菁曰阿武那　匏曰許煞古　薇、蕨曰瓦喇比　茴曰怪　菱芰曰几西　苘、蒿、蕭、艾曰煞必石　艾又曰福即　葵曰阿午一　薜荔曰許及里　蘋、萍曰武及古撒　蘋又曰十直力　萎移曰一密骨煞　茭曰瓦喇　蓬蒿、藜藿曰喀喇由木日　稃曰一那答巴　藥曰阿喀雜，又曰骨奴力　芍葯曰法即喀古撒　蕕曰古忽及古煞　莠曰法古煞　茵曰石獨你　藭芎曰翁那喀即喇　茳、蘵、薻、藻曰米即古煞　菓

曰刻納里　菸曰淡八姑，亦曰及木里　苔蘚曰古及　葑曰阿武那　蕈曰由答喀　薯曰板時　芋曰杯母，亦曰武　萱曰辰　芸曰翁　蔻曰寡　苧曰午　葡萄曰不多　蔡曰獨奴古煞　木耳曰惟迷龜

譯木第十四

木曰及　果曰古答木奴　樹曰那及　根曰你　株曰及奴你　枝曰一答　實曰麻古獨　林曰法牙石　柏曰法古木古，亦曰貿子那吉，又曰喀一　松曰麻即　櫨曰武即直　樫曰金木古　烏木曰哭羅雞　杉曰席及　椿曰即巴直　棉曰瓦答　桑曰豁及　樸曰若梧桐曰及力　檜曰許奴及　棠曰那石　栘曰及八及昔　桄榔曰哥落　杻曰的喀石楓曰喀一的　榆曰宜力，亦曰搯雞　柳曰牙拿　槱曰即米及　櫻櫚曰叔禄　桂曰喀即喇　桂皮曰雅南其　梓曰喀喇及　楸曰法及　椒曰古息力奴那　蘇木曰司哇　荔支曰利市　龍眼曰客梗，亦曰冷趕　柑曰古即八米　棗曰那即米　桃曰木木拿乃　李、杏曰息木木　梨曰那石　梅曰每　榴曰煞古禄　木瓜曰木古瓜　橘曰答及法拿　櫻曰煞古喇　术曰木直阿瓦　橙曰説　楷曰奴力　桋曰骨我　栗曰即即石木　柿曰喀及　核桃、海棠曰皆多　楊梅曰約拜，亦曰野麻木木　枇杷曰必瓦　梔曰及那石　櫧曰書　木蘭曰木古郎　繡毬曰收久　紫荊曰石几　夾竹桃曰著即古多　鐵樹曰的即如　鐵樹又名鳳

尾蕉，鳳尾蕉曰火必書，亦曰靴底子　槿、蕣曰阿煞喀武　柴曰石八　梠曰古麻一

譯蟲第十五

蟲曰木石　蛇曰許比　螻曰奴米木石　蝎曰喀　蜥蜴曰石及一及　蠅曰法一　蚊曰眼鑽　蠶曰古街一席　蜂曰發及　蛾、蟻曰阿一　蜘蛛曰直叔　蚓曰米米即　螢曰火石　蟬、蜩螗、蛩曰即米　螳螂曰一不石力　蜉蝣曰喀及落　蝤曰及鬼木石　蝨曰以那古　蚉曰直利直力席　蛣蜣曰古禄木石　蜈蚣曰一那骨　蛸曰一不日力奴骨　蚤曰奴密

虱曰失闌迷　蟋蟀曰瓦羅　蛜蝛曰奴米木石　蜊曰奇力力息

譯魚第十六

魚曰以由　鱗曰領　龍曰達即　蛟、鮫曰撒米　鯉曰里　鮒曰福那　鰻曰午那

鰌曰猶著　黿、鼉、鼈曰武服喀米　鰩曰獨必烏　鱸曰息息直　鰥曰牙木每　鮑曰奴一由　魴、鱮曰那由石　鮓曰枋浪其　帶魚曰仍如　鱖曰阿煞直　蝦曰喀，亦曰烟碑

鱣曰所　鰒曰福　鯊曰撒，亦曰山爬　鯨曰古日喇　墨魚曰不古石　石鮒曰石及古

蛤、蚌、蠙、蛺曰法麻古力　介曰街　海馬曰街八　龜、蔡曰喀美　貝曰一即古石　蟹曰夾煞眉，亦曰喀直　螯曰烏法麻古力　螺曰不喇街　蚶曰阿雜街　蟳曰喀撒美　蠻曰柯赦

車蛾曰蝦哥　文貝曰奔買　蛤蠣曰克培　螺甸曰阿古噶　硨渠曰阿札噶　海獅曰子菩拉

譯鳥第十七

禽鳥曰獨力　翼、翮曰法你　翎、羽曰法祿　尾曰武　飛曰都不　翱翔曰喀及祿

翠曰眉獨力　鳳凰曰火我　孔雀曰枯雀姑　鶯曰答答噶，亦曰武古一息　鴉、鵲曰喀利利

日，亦曰牙拉司　喜鵲曰孔加喳司　燕、雀曰由門獨力　雀又曰假古，又曰席即每　鴿曰法獨

烏曰喀喇息　鷺曰撒日　鶉曰午即喇　鶺鴒曰石及里　鳩曰火獨　鷗、鵞、鳧、鷖曰喀木眉

鳧曰奴喀米　鴐鵞曰力喀牙古及　鴛鴦曰眉武石獨力　鴻雁曰喀力　鶴曰即祿

鳶曰敦必　鵁鶄曰街多　鷚曰板　鵂、鶹曰由及獨力　鶹又曰依獨由　鸕鷀曰石麻即獨力

鴟鴞曰服古祿　鴂曰牙麻喀喇息　雎鷹曰彌煞古　□曰煞煞及　鵑曰虛巴力

巢曰獨　力甫昔

譯獸第十八

獸曰及答木奴　牲曰一及宜　角曰即奴　革曰阿喇答木　蹄曰底　麒麟曰奴及

獅曰施失　象曰喀谷躅祿　犀曰煞你　猿、猴、獼、猱曰撒祿　虎曰獨喇　麟曰古祿度

豹曰許約　狼曰羅　熊、羆曰古麻　獢曰古禄不　獬豸曰瞎宅　兕曰即奴　貙曰牛禄喀　貔貅曰莫如　豺曰牙麻一奴　鹿曰阿五失失　麞、麅、麋、麕、麂曰眉失喀　獐曰古失喀　⿸鹿婁曰喀奴甫失日失　狐曰及即你　兔曰午撒　鼠曰你即米

譯畜第十九

畜曰牙石納　馬曰嘸馬　驊騮曰古禄古利及　驌驦曰羅八　驁駿曰息古力馬　駑曰武蘇馬　駴曰即有及馬　駒曰古麻　驢、騾曰禄　牛羶曰午石　犢曰午石奴骨　羊羶曰許即及　羔曰許即及奴骨　雞曰宜瓦獨力　犬、狗曰以奴　龙曰阿牙麻及　猣曰以奴米即古　豕曰不答　猪曰呀媽失失　豚曰一奴骨　豶曰許奴古那石一奴骨　貓曰麻牙，亦曰你古　鵝曰喀那，亦曰烏孤欲士　鴨曰阿許禄　牡、牯、雄曰武獨力　牝、牸、雌曰眉獨力

史部·正史類

隋書·東夷傳·流求國附北史

〔唐〕令狐德棻等　撰

校點説明

《隋書》八十五卷，唐令狐德棻、長孫無忌監修。

琉球自漢魏以來不通中國，《隋書》是目前所知最早記録琉球的史書，其資料來源不得而知，或即書中朱寬、陳稜赴琉球所見之記録。此後雖《宋史》、《元史》亦有傳，同樣語多訛誤。琉球與中國密切往來始於明洪武間，但出使琉球有關記録均湮没散佚，直到嘉靖十四年（一五三五）陳侃從琉球回國，作《使琉球録》，方對琉球作大概介紹。然自陳侃始，歷朝使臣莫不對《隋書》所記質疑。以陳侃爲例，陳侃親歷琉球後，見前此諸書所載與現今大異，特於《使琉球記》中列「群書質疑」一目，列舉諸書之誤，對《明一統志》等採《隋書》之内容逐一批駁，并在所上奏疏中云：「蓋琉球不習漢字，原無志書，華人未嘗親至其地，胡自而得其真也。以訛傳訛，遂以爲志，何以信今而傳後？」明夏子陽《使琉球録》卷下亦言所見諸般與《隋書》異，「要之記者採聽傳聞，多失實，或琉球漸濡文教，今昔異習，亦自不可執一論耳」。

本篇録自中華書局標點本卷八十一。此外，《北史》亦有《流求傳》，因《北史》作者李延壽亦是《隋書》編纂者之一，二書内容雷同，故此附之於後。

（李夢生）

隋書·東夷傳·流求國

流求國，居海島之中，當建安郡東，水行五日而至。土多山洞。其王姓歡斯氏，名渴剌兜，不知其由來有國代數也。彼土人呼之爲可老羊，妻曰多拔荼。所居曰波羅檀洞，塹柵三重，環以流水，樹棘爲藩。王所居舍，其大一十六間，琱刻禽獸。多鬬鏤樹，似橘而葉密，條纖如髮，然下垂。國有四五帥，統諸洞，洞有小王。往往有村，村有鳥了帥，並以善戰者爲之，自相樹立，理一村之事。男女皆以白紵繩纏髮，從項後盤繞至額。其男子用鳥羽爲冠，裝以珠貝，飾以赤毛，形製不同。婦人以羅紋白布爲帽，其形正方。織鬬鏤皮并雜色紵及雜毛以爲衣，製裁不一。綴毛垂螺爲飾，雜色相間，下垂小貝，其聲如珮。綴璫施釧，懸珠於頸。織藤爲笠，飾以毛羽。有刀、矟、弓、箭、劍、鈹之屬。其處少鐵，刃皆薄小，多以骨角輔助之。編紵爲甲，或用熊豹皮。王乘木獸，令左右輿之而行，導從不過數十人。小王乘机，鏤爲獸形。國人好相攻擊，人皆驍健善走，難死而耐創。諸洞各爲部隊，不相救助。兩陣相當，勇者三五人出前跳噪，交言相罵，因相擊射。如其不勝，一軍皆走，遣人致謝，即共和解。收取鬬死者，共聚而食之，仍以髑髏將向王所。王則賜之以冠，使爲隊帥。無賦斂，有事則均税。用刑亦無常准，皆臨事科決。犯罪皆斷於鳥了帥；不伏，則上請於王，王令臣下共議定之。獄無枷鎖，唯用繩縛。決死刑以鐵錐，大如筯，長尺餘，鑽頂而殺之。輕罪用杖。俗無文字，望月虧盈以紀時節，候草藥枯以爲年歲。

人深目長鼻，頗類於胡，亦有小慧。無君臣上下之節，拜伏之禮。父子同牀而寢。男子拔去髭鬢，身上有毛之處皆亦除去。婦人以墨黥手，爲蟲蛇之文。嫁娶以酒肴珠貝爲娉，或男女相悦，便相匹偶。婦人産乳，必食子衣，産後以火自炙，令汗出，五日便平復。以木槽中暴海水爲鹽，木汁爲酢，釀米麴爲酒，其味甚薄。食皆用手。偶得異味，先進尊者。凡有宴會，執酒者必待呼名而後飲。上王酒者，亦呼王名。銜杯共飲，頗同突厥。歌呼蹋蹄，一人唱，衆皆和，音頗哀怨。扶女子上膊，摇手而舞。其死者氣將絶，舉至庭，親賓哭泣相弔。浴其屍，以布帛纏之，裹以葦草，親土而殯，上不起墳。子爲父者，數月不食肉。南境風俗少異，人有死者，邑里共食之。

有熊羆豺狼，尤多猪雞，無牛羊驢馬。厥田良沃，先以火燒而引水灌之。持一插，以石爲刃，長尺餘，闊數寸，而墾之。土宜稻、粱、床黍、麻、豆、赤豆、胡豆、黑豆等，木有楓、栝、樟、松、楩、楠、杉、梓、竹、籐、果、藥同於江表，風土氣候與嶺南相類。

俗事山海之神，祭以酒肴，鬭戰殺人，便將所殺人祭其神。或依茂樹起小屋，或懸髑髏於樹上，以箭射之，或累石繫幡以爲神主。王之所居，壁下多聚髑髏以爲佳。人間門户上必安獸頭骨角。

大業元年，海師何蠻等，每春秋二時，天清風静，東望依希，似有煙霧之氣，亦不知幾千里。三年，煬帝令羽騎尉朱寬入海求訪異俗，何蠻言之，遂與蠻俱往，因到流求國。言不相通，掠一人而返。明年，帝復令寬慰撫之，流求不從，寬取其布甲而還。時倭國使來朝，見之曰：「此夷邪久國人所用也。」帝遣武賁郎將陳稜、朝請大夫張鎮州率兵自義安浮海擊之。至高華嶼，又東行二日至鼊䶌嶼，又一日便至流求。初，稜將南方諸國人從軍，有崐崘人頗解其語，遣人慰諭之，流求不從，拒逆官軍。稜擊走之，進至其都，頻戰皆敗，焚其宫室，虜其男女數千人，載軍實而還。自爾遂絶。

附　北史流求傳

流求國居海島，當建安郡東，水行五日而至。土多山洞。其王姓歡斯氏，名渴刺兜，不知其由來有國世數也。彼土人呼之爲可老羊，妻曰多拔茶。所居曰波羅檀洞，塹柵三重，環以流水，樹棘爲藩。王所居舍，其大一十六間，琱刻禽獸。多鬬鏤樹，似橘而葉密，條纖如髮之下垂。國有四五帥，統諸洞，洞有小王。往往有村，村有鳥了帥，並以善戰者爲之，自相樹立，主一村之事。男女皆白紵繩纏髮，從項後盤繞至額。其男子用鳥羽爲冠，裝以珠貝，飾以赤毛，形製不同。婦人以羅紋白布爲帽，其形方正。織鬬鏤皮并雜毛以爲衣，製裁不一。綴毛垂螺爲飾，雜色相間，下垂小貝，其聲如珮。綴璫施釧，懸珠於頸。織籐爲笠，飾以毛羽。有刀矟、弓箭、劍鈹之屬。其處少鐵，刀皆薄小，多以骨角輔助之。編紵爲甲，或用熊豹皮。王乘木獸，令左右輿之，而導從不過十數人。小王乘机，鏤爲獸形。國人好相攻擊，人皆驍健善走，難死耐創。諸洞各爲部隊，不相救助。兩軍相當，勇者三五人出前跳噪，交言相罵，因相擊射。如其不勝，一軍皆走，遣人致謝，即共和解。收取鬬死者聚食之，仍以髑髏將向王所，王則賜之以冠，使爲隊帥。

無賦斂，有事則均税。用刑亦無常准，皆臨事科決。犯罪皆斷於鳥了帥，不伏則上請於王，王令臣下共議定之。獄無枷鎖，唯用繩縛。決死刑以鐵錐大如筯，長尺餘，鑽頂殺之。輕罪用杖。俗無文字，望月虧盈，以紀時節，草木榮枯，以爲年歲。人深目長鼻，頮於胡，亦有小慧。無君臣上下之節，拜伏之禮。父子同牀而寢。男子拔去髭鬢，身上有毛處皆除去。婦人以墨黥手爲蟲蛇之文。嫁娶以酒、珠貝爲聘，或男女相悦，便相匹偶。婦人産乳，必食子衣，産後以火自炙，令汗出，五日便平復。以木槽中暴海水爲鹽，木汁爲酢，米麵爲酒，其味甚薄。食皆用手。遇得異味，先進尊者。凡有宴會，執酒者必待呼名而後飲，上王酒者，亦呼王名後銜盃共飲，頗同突厥。歌呼蹋蹄，一人唱，衆皆和，音頗哀怨。扶女子上膊，摇手而舞。其死者氣將絶，轝至庭前，親賓哭泣相弔。浴其屍，以布帛纏纏之，裹以葦席，襯土而殯，上不起墳。子爲父者，數月不食肉。其南境風俗少異，人有死者，邑里共食之。有熊、豺、狼，尤多猪、鷄，無羊、牛、驢、馬。厥田良沃，先以火燒，而引水灌，持一鍤，以石爲刃，長尺餘，闊數寸，而墾之。宜稻、粱、禾、黍、麻、豆、赤豆、胡黑豆等。木有楓、栝、樟、松、楩、楠、杉、梓。竹、藤、果、藥，同於江表。風土氣候，與嶺南相類。俗事山海之神，祭以肴酒。戰鬬殺人，便將所殺人祭其神。或依茂樹起小屋，或懸髑髏於樹上，以箭射之，或累石繫幡，以爲神主。王之所居，壁下多聚髑髏以爲佳。人間門户上，必安獸頭骨角。

隋大業元年，海師何蠻等，每春秋二時，天清風静，東望依稀，似有煙霧之氣，亦不知幾千里。三年，煬帝令羽騎尉朱寬入海求訪異俗，何蠻言之，遂與蠻俱往。同到流求國，言不通，掠一人而反。明年，復令寬慰撫之，不從。寬取其布甲而歸。時倭國使來朝見之，曰：「此夷邪夕國人所用。」帝遣武賁郎將陳稜、朝請大夫張鎮州率兵自義安浮海至高華嶼，又東行二日至鼊鼊嶼，又一日，便至流求。流求不從，稜擊走之。進至其都，焚其宮室，虜其男女數千人，載軍實而還。自爾遂絶。

（中華書局標點本《北史》卷九十四）

宋史·外國傳·流求國

〔元〕脱脱等　撰

校點説明

《宋史》四百九十六卷，元脱脱等主持修撰。

自《隋書》記琉球事後，因琉球與中國仍無往來，唐、宋有關記載，無不祖述《隋書》，鮮有發明。至元代，據《元史》，世祖至元二十八年（一二九一）曾派海船副萬户楊祥往撫琉求，不成而返。成宗元貞三年（一二九七）又派張浩、張進往，禽生口一百三十餘人。元人所去之琉求是否今之琉球抑今之臺灣，後人多有異議，《宋史》成於順帝至正三年（一三四三），距元貞三年已有四十餘年，理應對琉球有所瞭解，然書中僅概括《隋書》所記成六十餘字，聊備一傳。後世多病《宋史》蕪雜缺略，誠然。

本篇録自中華書局標點本卷四百九十一。

（李夢生）

宋史·外國傳·流求國

流求國在泉州之東，有海島曰彭湖，烟火相望。其國塹柵三重，環以流水，植棘爲藩，以刀稍弓矢劍鈹爲兵器，眎月盈虧以紀時。無他奇貨，商賈不通，厥土沃壤，無賦斂，有事則均稅。

元史·外夷傳·瑠求

〔明〕宋濂等　撰

校點説明

《元史》二百一十卷，明宋濂等撰。

在元代以前，中國與琉球幾無往來，各載籍所記，幾乎均停留在《隋書》所描述之琉球上，無所改觀。《元史》所據爲元十三朝實録及虞集等所編《經世大典》，所以增加了元代兩次與琉球接觸的史實，一是世祖至元二十八年（一二九一）派楊祥往收撫，一是成宗元貞三年（一二九七）福建平章高興遣張浩、張進往。書中無片語及琉球國内事。

接此傳云琉球與彭湖諸島相近，「天氣清明時，望之隱約若煙若霧」，雖下云「其遠不知幾千里也」以轉環，恐琉球無如此之近，後人譏之云雖有離婁之明亦不得見，不爲苛責。又傳中云三月二十九日出行，是日巳時已望見其國，并稱「不知的否」，旋入其地殺其人而還，四月二日至彭湖。以其路程計之，後人定爲陳祥等所到爲小琉球，即今臺灣島，當爲有據。又傳中言水「至彭湖漸低，近瑠求則謂之落漈，漈者水趨下而不回也……漂流落漈，回者百一」。自明陳侃始，所有親歷者均言無此事，可見此事亦得之傳聞而未深考者。

本篇録自中華書局標點本卷二百一十。

（李夢生）

元史·外夷傳·瑠求

瑠求，在南海之東。漳、泉、興、福四州界内彭湖諸島，與瑠求相對，亦素不通。天氣清明時，望之隱約若煙若霧，其遠不知幾千里也。西南北岸皆水，至彭湖漸低，近瑠求則謂之落漈，漈者水趨下而不回也。凡西岸漁舟到彭湖已下，遇颶風發作，漂流落漈，回者百一。瑠求，在外夷最小而險者也。漢、唐以來，史所不載，近代諸蕃市舶不聞至其國。

世祖至元二十八年九月，海船副萬户楊祥請以六千軍往降之，不聽命則遂伐之，朝廷從其請。繼有書生吴志斗者上言生長福建，熟知海道利病，以爲若欲收附，且就彭湖發船往諭，相水勢地利，然後興兵未晚也。冬十月，乃命楊祥充宣撫使，給金符，吴志斗禮部員外郎，阮鑒兵部員外郎，並給銀符，往使瑠求。詔曰：「收撫江南已十七年，海外諸蕃罔不臣屬。惟瑠求邇閩境，未曾歸附。議者請即加兵。朕惟祖宗立法，凡不庭之國，先遣使招諭，來則按堵如故，否則必致征討。今止其兵，命楊祥、阮鑒往諭汝國。果能慕義來朝，存爾國祀，保爾黎庶；若不效順，自恃險阻，舟師奄及，恐貽後悔。爾其慎擇之。」

二十九年三月二十九日，自汀路尾澳舟行，至是日巳時，海洋中正東望見有山長而低者，約去五十里。祥稱是瑠求國，鑒稱不知的否。祥乘小舟至低山下，以其人衆，不親上，令軍官劉閏等二百餘人以小舟十一艘，載軍器，領三嶼人陳煇者登岸。岸上人衆不曉三嶼人語，爲其殺死者三人，遂還。四月二日，至彭湖。祥責鑒、志斗「已到瑠求」文字，二人不從。明日，不見志斗蹤跡，覔之無有也。先，志斗嘗斥言祥生事要功，欲取富貴，其言誕妄難信，至是，疑祥害之。祥顧稱志斗初言瑠求不可往，今祥已至瑠求而還，志斗懼罪逃去。志斗妻子訴于官。有旨，發祥、鑒還福建置對。後遇赦，不竟其事。

成宗元貞三年，福建省平章政事高興言，今立省泉州，距瑠求爲近，可伺其消息，或宜招宜伐，不必它調兵力，興請就近試之。九月，高興遣省都鎮撫張浩、福州新軍萬户張進赴瑠求國，禽生口一百三十餘人。

明史·外國傳·琉球

〔清〕張廷玉等 撰

校點説明

《明史》三百三十二卷。書自順治二年（一六四五）即下詔修撰，至雍正元年（一七二三）重開《明史》館，以隆科多、王頊齡爲監修官，張廷玉、徐元夢等爲總裁，孫嘉淦、汪由敦等爲纂修，於雍正十三年成書。全書分本紀二十四卷，志七十五卷，表十三卷，列傳二百二十卷。據核對，本書之《琉球傳》，幾乎一字不差地録自王鴻緒《明史稿》，而王作又被公認爲竊萬壽祺之作。

中國與琉球官方交往始於明初，作爲官修正史，本書介紹了琉球國自入明以來的世系及國情，與明建立屬國關係的經過，以及琉球歷次進貢情況及貢品種類，同時也相應記載了明朝使臣出使琉球的使者名、出使時間，以及明廷對琉球的賞賜等情況。由於兩國交往頻繁，日益和睦，琉球成爲地位僅次於朝鮮的屬國，并被允許派留學生入國子監讀書，促進了兩國間的文化交流，使得中國人對琉球的瞭解日益加深。然而，儘管歷次出使琉球者回國都作有《使琉球録》等「專題報告」，并在奉旨呈覽的同時交國史院以備修史採納，但今《明史》於琉球之地理山川、風俗物産等仍無介紹，要是一憾。

本書輯録自中華書局標點本卷三百二十三。

（李夢生）

明史·外國傳·琉球

琉球居東南大海中，自古不通中國。元世祖遣官招諭之，不能達。洪武初，其國有三王，曰中山，曰山南，曰山北，皆以尚爲姓，而中山最强。五年正月命行人楊載以即位建元詔告其國，其中山王察度遣弟泰期等隨載入朝，貢方物。帝喜，賜《大統曆》及文綺、紗羅有差。七年冬，泰期復來貢，并上皇太子箋。命刑部侍郎李浩齎賜文綺、陶鐵器，且以陶器七萬、鐵器千就其國市馬。九年夏，泰期隨浩入貢，得馬四十匹。浩言其國不貴紈綺，惟貴磁器、鐵釜，自是賞賚多用諸物。明年遣使賀正旦，貢馬十六匹、硫黄千斤。又明年復貢。山南王承察度亦遣使朝貢，禮賜如中山。十五年春，中山來貢，遣内官送其使還國。明年與山南王並來貢，詔賜二王鍍金銀印。時二王與山北王争雄，互相攻伐。命内史監丞梁民賜之敕，令罷兵息民，三王並奉命。山北王帕尼芝即遣使偕二王使朝貢。十八年又貢，賜山北王鍍金銀印如二王，而賜二王海舟各一。自是，三王屢遣使奉貢，中山王尤數。二十三年，中山來貢，其通事私攜乳香十斤、胡椒三百斤，入都爲門者所獲，當入官。詔還之，仍賜以鈔。

二十五年夏，中山貢使以其王從子及寨官子偕來，請肄業國學。從之，賜衣巾靴襪并夏衣一襲。其冬，山南王亦遣從子及寨官子入國學，賜賚如之。自是，歲賜冬夏衣以爲常。明年，中山兩入貢，又遣寨官子肄業國學。是時，國法嚴，中山生與山南生有非議詔書者。帝聞，置之死，而待其國如故。山北王怕尼芝已卒，其嗣王攀安知，二十九年春遣使來貢。令山南生肄國學者歸省，其冬復來。中山亦遣寨官子二人及女官生姑、魯妹二人，先後來肄業，其感慕華風如此。中山又遣使請賜冠帶，命禮部繪圖，令自製。其王固以請，乃賜之，并賜其臣下冠服。又嘉其修職勤，賜閩中舟工三十六户，以便貢使往來。及惠帝嗣位，遣官以登極詔諭其國，三王亦奉貢不絶。

成祖承大統，詔諭如前。永樂元年春，三王並來貢。山北王請賜冠帶，詔給賜如中山。命行人邊信、劉亢齎敕使三國，賜以絨錦、文綺、紗羅。明年二月，中山王世子武寧遣使告父喪，命禮部遣官諭祭，賻以布帛，遂命武寧襲位。四月，山南王從弟汪應祖亦遣使告承察度之喪，謂前王無子，傳位應祖，乞加朝命，且賜冠帶。帝並從之，遂遣官册封。時山南使臣私齎白金詣處州市磁器，事發，當論罪。帝曰：「遠方之人，知求利而已，安知禁令。」悉貰之。三年，山南遣寨官子入國學。明年，中山亦遣寨官子六人入國學，并獻奄豎數人。帝曰：「彼亦人子，無罪刑之，何忍？」命禮部還之。部臣言：「還之，慮阻歸化之心，請但賜敕，止其再進。」帝曰：「諭以空言，不若示以實事。今不遣還，彼欲獻媚，必將繼進。天地以生物爲心，帝王乃可絶人類乎？」竟還之。五年四月，中山王世子思紹遣使告父喪，諭祭，賜賻册封如前儀。

八年，山南遣官生三人入國學，賜巾服靴絛、衾褥帷帳，已復頻有所賜。一日，帝與群臣語及之。禮部尚書吕震曰：「昔唐太宗興庠序，新羅、百濟並遣子來學。爾時僅給廩餼，未若今日賜予之周也。」帝曰：「蠻夷子弟慕義而來，必衣食常充，然後嚮學。此我太祖美意，朕安得違之。」明年，中山遣國相子及寨官子入國學，因言：「右長史王茂輔翼有年，請擢爲國相。左長史朱復，本江西饒州人，輔臣祖察度四十餘年，不懈。今年踰八十，請令致仕還鄉。」從之，乃命復、茂並爲國相，復兼左長史致仕，茂兼右長史任其國事。十一年，中山遣寨官子十三人入國學。時山南王應祖爲其兄達勃期所弑，諸寨官討誅之，推應祖子他魯每爲主，以十三年三月請封。命行人陳季若等封爲山南王，賜誥命冠服及寶鈔萬五千錠。

琉球之分三王也，惟山北最弱，故其朝貢亦最稀。自永樂三年入貢後，至是年四月始入貢。其後，竟爲二王所併，而中山益强，以其國富，一歲常再貢三貢。天朝雖厭其繁，不能却也。其冬，貢使還至福建，擅奪海舶，殺官軍，且毆傷中官，掠其衣物。事聞，戮其爲首者，餘六十七人付其主自治。明年遣使謝罪，帝待之如初，其修貢益謹。二十二年春，中山王世子尚巴志來告父喪，諭祭賜賻如常儀。

仁宗嗣位，命行人方彝詔告其國。洪熙元年命中官齎敕封巴志爲中山王。宣德元年，其王以冠服未給，遣使來請，命製皮弁服賜之。三年八月，帝以中山王朝貢彌謹，遣官齎敕往勞，賜羅錦諸物。

山南自四年兩貢，終帝世不復至，亦爲中山所併矣。自是，惟中山一國朝貢不絶。

正統元年，其使者言：「初入閩時，止具貢物報聞。下人所齎海肥、螺殼，失於開報，悉爲官司所没入，致來往乏資，乞賜垂憫。」命給直如例。明年，貢使至浙江，典市舶者復請籍其所齎，帝曰：「番人以貿易爲利，此二物取之何用，其悉還之，著爲令。」使者奏：「本國陪臣冠服，皆國初所賜，歲久敝壞，乞再給。」又言：「小邦遵奉正朔，海道險遠，受曆之使，或半歲一歲始返，常懼後時。」帝曰：

「冠服令本邦自製。《大統曆》，福建布政司給予之。」七年正月，中山世子尚忠來告父喪，命給事中余忭、行人劉遜封忠爲中山王。敕使之用給事中，自兹始也。忭等還，受其黄金、沉香、倭扇之贈，爲偵事者所覺，並下吏，杖而釋之。十二年二月，世子尚思達來告父喪，命給事中陳傅、行人萬祥往封。

景泰二年，思達卒，無子，其叔父金福攝國事，遣使告喪。命給事中喬毅、行人童守宏封金福爲王。五年二月，金福弟泰久奏：「長兄金福殂，次兄布里與兄子志魯争立，兩傷俱殞，所賜印亦毁壞。國中臣民推臣權攝國事，乞再賜印鎮撫遠藩。」從之。明年四月命給事中嚴誠、行人劉儉封泰久爲王。天順六年三月，世子尚德來告父喪，命給事中潘榮、行人蔡哲封爲王。

成化五年，其貢使蔡璟言：「祖父本福建南安人，爲琉球通事，傳至璟，擢長史。乞如制賜誥贈封其父母。」章下禮官，以無例而止。明年，福建按察司言：「貢使程鵬至福州，與指揮劉玉私通貨賄，並宜究治。」命治玉而宥鵬。七年三月，世子尚圓來告父喪，命給事中丘弘、行人韓文封爲王。弘至山東病卒，命給事中官榮代之。十年，貢使至福建，殺懷安民夫婦二人，焚屋劫財，捕之不獲。明年復貢，禮官因請定令二年一貢，毋過百人，不得附攜私物，騷擾道途。帝從之，賜敕戒王。其使者請如祖制，比年一貢，不許。又明年，貢使至，會册立東宫，請如朝鮮、安南，賜詔齎回。禮官議琉球與日本、占城並居海外，例不頒詔，乃降敕以文錦、彩幣賜其王及妃。十三年，使臣來，復請比年一貢，不許。明年四月，王卒，世子尚真來告喪，乞嗣爵，復請比年一貢。禮官言，其國連章奏請，不過欲圖市易。近年所遣之使，多係閩中逋逃罪人，殺人縱火，奸狡百端，專貿中國之貨，以擅外蕃之利，所請不可許。乃命給事中董旻、行人張祥往封，而不從其請。十六年，使來，復引《祖訓》條章請比年一貢，帝賜敕戒約之。十八年，使者至，復以爲言，賜敕如初。使者攜陪臣子五人來受學，命隸南京國子監。二十二年，貢使來，其王移咨禮部，請遣五人歸省，從之。

弘治元年七月，其貢使自浙江來。禮官言貢道向由福建，今既非正道，又非貢期，宜却之，詔可。其使臣復以國王移禮部文來，上言舊歲知東宫册妃，故遣使來賀，非敢違制。禮官乃請納之，而稍減傔從賜賚，以示裁抑之意。三年，使者至，言近歲貢使止許二十五人入都，物多人少，慮致疏虞。詔許增五人，其傔從在閩者，并增給二十人廪食，爲一百七十人。時貢使所攜土物，與閩人互市者，爲奸商抑勒，有司又從而侵削之。使者訴於朝，有詔禁止。十七年遣使補貢，謂小邦貢物常市之滿剌加，因遭風致失期，命宴賚如制。正德二年，使者來，請比年一貢。禮官言不可許，是時劉瑾亂政，特許之。五年遣官生蔡進等五人入南京國學。

嘉靖二年從禮官議，敕琉球二年一貢如舊制，不得過百五十人。五年，尚真卒，其世子尚清以六年來貢，因報訃，使者還至海，溺死。九年遣他使來貢，并請封。命福建守臣勘報。十一年，世子以國中臣民狀來上，乃命給事中陳侃、行人高澄持節往封。及還，却其贈。十四年，貢使至，仍以所贈黄金四十兩進於朝，乃敕侃等受之。二十九年來貢，攜陪臣子五人入國學。

三十六年，貢使來，告王尚清之喪。先是，倭寇自浙江敗還，抵琉球境。世子尚元遣兵邀擊，大殲之，獲中國被掠者六人，至是送還。帝嘉其忠順，賜賚有加，即命給事中郭汝霖、行人李際春封尚元爲王。至福建，阻風未行。三十九年，其貢使亦至福建，稱受世子命，以海中風濤叵測，倭寇又出没無時，恐天使有他慮，請如正德中封占城故事，遣人代進表文方物，而身偕本國長史齎回封册，不煩天使遠臨。巡按御史樊獻科以聞，禮官言：「遣使册封，祖制也。今使者欲遥受册命，是委君貺於草莽，不可一。使者本奉表朝貢，乃求遣官代進，是棄世子專遣之命，不可二。昔正德中，占城王爲安南所侵，竄居他所，故使者齎回敕命，出一時權宜。今援失國之事，以擬其君，不可三。梯航通道，柔服之常。彼所藉口者倭寇之警，風濤之險爾，不知琛賓之輸納，使臣之往來，果何由而得無患乎？不可四。曩占城雖領封，其王猶懇請遣使。今使者非世子面命，又無印信文移。若輕信其言，倘世子以遣使爲至榮，遥拜爲非禮，不肯受封，復上書請使，將誰執其咎？不可五。乞命福建守臣仍以前詔從事。至未受封而先謝恩，亦非故事。宜止聽其入貢，其謝恩表文，俟世子受封後遣使上進，庶中國之大體以全。」帝如其言。四十一年夏，遣使入貢謝恩。明年及四十四年並入貢。隆慶中，凡三貢，皆送還中國飄流人口。天子嘉其忠誠，賜敕奬勵，加賚銀幣。

萬曆元年冬，其國世子尚永遣使告父喪，請襲爵。章下禮部，行福建守臣覈奏。明年遣使賀登極。三年入貢。四年春，再貢。七月命户科給事中蕭崇業、行人謝杰齎敕及皮弁、冠服、玉珪，封尚永爲中山王。明年冬，崇業等未至，世子復遣使入貢。其後，修貢如常儀。八年冬，遣陪臣子三人入南京國學。十九年遣使來貢，而尚永隨卒。禮官以日本方侵噬鄰境，琉球不可無王，乞令世子速請襲封，用資鎮壓。從之。

二十三年，世子尚寧遣人請襲。福建巡撫許孚遠以倭氛未息，據先臣鄭曉領封之議，請遣官一員齎敕至福建，聽其陪臣面領歸國，或遣習海武臣一人，偕陪臣同往。禮官范謙議如其言，且請待世子表至乃許。二十八年，世子以表至，其陪臣請如祖制遣官。禮官余繼登言：「累朝冊封琉球，伐木造舟，動經數歲。使者蹈風濤之險，小國苦供億之煩。宜一如前議從事。」帝可之，命今後冊封，止遣廉勇武臣一人偕請封陪臣前往，其祭前王，封新王，禮儀一如舊章，仍命俟彼國大臣結狀至乃行。明年秋，貢使以狀至，仍請遣文臣。乃命給事中洪瞻祖、行人王士楨往，且命待海寇息警，乃渡海行事。已而瞻祖以憂去，改命給事中夏子陽，以三十一年二月抵福建。按臣方元彥復以海上多事，警報頻仍，會巡撫徐學聚疏請仍遣武臣。子陽、士楨則以屬國言不可爽，使臣義當有終，乞堅成命慰遠人。章俱未報，禮部侍郎李廷機言：「宜行領封初旨，并武臣不必遣。」於是御史錢桓、給事中蕭近高交章争其不可，謂：「此事當在欽命未定之前，不當在冊使既遣之後，宜敕所司速成海艘，勿誤今歲渡海之期。俟竣事復命，然後定爲畫一之規，先之以文告，令其領封海上，永爲遵守。」帝納之。三十三年七月，乃命子陽等速渡海竣事。

當是時，日本方强，有吞滅之意。琉球外禦强鄰，内修貢不絶。四十年，日本果以勁兵三千入其國，擄其王，遷其宗器，大掠而去。浙江總兵官楊宗業以聞，乞嚴飭海上兵備，從之。已而其王釋歸，復遣使修貢，然其國殘破已甚，禮官乃定十年一貢之例。明年修貢如故。又明年再貢，福建守臣遵朝命却還之，其使者怏怏而去。四十四年，日本有取雞籠山之謀，其地名臺灣，密邇福建，尚寧遣使以聞，詔海上警備。

天啓三年，尚寧已卒，其世子尚豐遣使請貢請封。禮官言：「舊制，琉球二年一貢，後爲倭寇所破，改期十年。今其國休養未久，暫擬五年一貢，俟新王册封更議。」從之。五年遣使入貢請封。六年再貢。是時中國多事，而科臣應使者亦憚行，故封典久稽。

崇禎二年，貢使又至請封，命遣官如故事。禮官何如寵復以履險糜費，請令陪臣領封。帝不從，乃命户科給事中杜三策、行人楊掄往，成禮而還。四年秋，遣使賀東宫册立。自是，迄崇禎末，並修貢如儀。後兩京繼没，唐王立於福建，猶遣使奉貢。其虔事天朝，爲外藩最云。

清史稿·屬國傳·琉球

〔清〕趙爾巽等　撰

校點説明

《清史稿》五百三十六卷。清亡後，旋立清史館，由趙爾巽任館長修清史，參與纂修的有柯紹忞等百餘人，於一九二七年完成。

《清史稿》記琉球事上承《明史》，自順治年間琉球入貢奉表歸誠，清廷派張學禮、王垓往封尚質爲中山王起，縷述琉球歷年朝貢及派官生入太學肄業事，及清廷前後派使敕封歷代琉球王，并兼及兩國處理因風失事難民等事。這些史事，《清實録》及各使臣所作出使録中均有記載，編寫者當曾參考，惟今傳中仍不及琉球民俗、山川等，恐因襲《明史》體例，或因相關内容已採入《一統志》緣故。

琉球與中國交往詳情，有關專著至同治四年（一八六五）趙新使琉歸後作《續琉球國志略》止，本傳依《實録》補入同治六年後事，直至光緒四年（一八七八）琉球爲日本所滅，中國與日本交涉經過，中國最終放棄琉球。自日本阻止琉球入貢中國，旋廢球置沖繩縣，中日交涉事，本書所收《清光緒朝中日交涉史料》及李鴻章、何如璋等人信函均可參。

本篇輯自中華書局標點本卷五百二十六。

（李夢生）

清史稿·屬國傳·琉球

琉球，在福建泉州府東海中。先是明季琉球國王尚賢遣使金應元請封，會道阻，留閩中。清順治三年，福建平，使者與通事謝必振等至江寧，投經略洪承疇，送至京，禮官言前朝敕印未繳，未便受封。四年，賜其使衣帽布帛遣歸。是年，尚賢卒，弟尚質自稱世子，遣使奉表歸誠。

十年，遣使來貢。明年，再遣貢使，兼繳前朝敕印，請封，允之。詔曰：「帝王祇德底治，協於上下，靈承於天，薄海通道，罔不率俾，爲藩屏臣。朕懋纘鴻緒，奄有中夏，聲教所綏，無間遐邇，雖炎方荒略，不忍遺棄。爾琉球國粵在南徼，乃世子尚質達時識勢，祇奉明綸，即令王舅馬宗毅等獻方物，禀正朔，抒誠進表，繳上舊詔敕印，朕甚嘉之。故特遣正使兵科副理官張學禮、副使行人司行人王垓，齎捧詔印，往封爲琉球國中山王。爾國官僚及爾氓庶，尚其輔乃王，飭乃侯度，協抒乃忠藎，慎乂厥職，以凝休祉，綿於奕世。故茲詔示，咸使聞知。」賜王印一、緞幣三十匹，妃緞幣二十匹；並頒定貢期，二年一貢，進貢人數不得逾一百五十名，許正副使二員、從人十五名入京，餘俱留閩待命。既而學禮等至閩，因海氛未靖，仍掣回。

康熙元年，敕曰：「琉球國世子尚質慕恩向化，遣使入貢，世祖章皇帝嘉乃抒誠，特頒恩賚，命使兵科副理官張學禮等齎捧敕印，封爾爲琉球國王。乃海道未通，滯閩多年，致爾使人率多物故。朕念爾國傾心修貢，宜加優恤，乃使臣及地方官逗留遲誤，均未將前情奏明，殊失朕懷遠之意。今已將正副使、督撫等官分別處治，特頒恩賚，仍遣正使張學禮、副使王垓令其自贖前非，暫還原職，速送使人歸國。一應敕封事宜，仍照世祖章皇帝前旨奉行。朕恐爾國未悉朕意，故再降敕諭，俾爾聞知。」於是學禮等奉往至其國，成禮而還。

三年，質遣陪臣吴國用、金正春奉表謝封，貢方物。四年，再遣貢使並賀登極。其貢物至梅花港口遭風漂失，帝諭免其補進。五年，質仍遣貢使補進前失貢物。帝諭曰：「尚質恭順可嘉，補進貢物，俱令齎回。至所進瑪瑙、烏木、降香、木香、象牙、錫速香、丁香、檀香、黄熟香等，皆非土産，免其入貢。其琉璜留福建督撫收貯。餘所貢物，令督撫差解來京。」即給賞遣歸。六年，貢使仍齎表入覲。七年，重建柔遠館驛於福建，以待琉球使臣。是年，王尚質薨。

八年，世子尚貞遣陪臣英常春來貢。琉球國凡王嗣位，先請朝命，欽命正副使奉敕往封，賜以駝鈕鍍金銀印，乃稱王。未封以前稱世子，權國事。十年、十三年，世子貞均遣陪臣來貢。十八年，貞遣陪臣補進十七年正貢。舊例貢物有金銀罐、金銀粉匣、金缸酒海、泥金彩畫圍屏、泥金扇、泥銀扇、畫扇、蕉布、苧布、紅花、胡椒、蘇木、腰刀、火刀、鎗、盔甲、馬、鞍、絲、綿、螺盤，加貢之物無定額。十九年，陪臣來貢，帝俱令免進。嗣後常貢，惟馬及熟硫磺、海螺殼、紅銅等物。

二十年，貞遣陪臣毛見龍等來貢。帝以貞當耿精忠叛亂之際，屢獻方物，恭順可嘉，賜敕褒諭，兼賜錦幣十五。又常貢内免其貢馬，著爲例。貞疏言：「先臣尚質於康熙七年薨逝，貞嫡嗣，應襲爵，具通國臣民結狀請封。」禮臣議航海道遠，應令貢使領封。見龍等固請，禮臣執不可，帝特允之。

二十一年，命翰林院檢討汪楫、內閣中書舍人林麟焻爲正副使，齎詔敕銀印往封琉球國世子尚貞爲王，賜御書「中山世土」額。禮成，還京，奏言：「中山王尚貞願令陪臣子弟四人來京受學。」部議前明洪武、永樂、宣德、成化間，琉球官生入監讀書。今尚貞傾心向學，應如所請。從之。貞遣陪臣毛國珍、王明佐等謝封，奏言：「前代封使，奉命後每遲至三四年甚有十餘年而後臨臣國者。今使臣汪楫、林麟焻朝拜命而夕就道。且當海疆多故之時，衝風冒險，而臣國又僻在海東，封舟開駕，恃西南風以行，中道無可倚泊，常兼旬經月而後至，甚者水米俱盡，事不可言。今在五虎門開洋，僅三晝夜而達小國。臣遣官迎護，親見舟行之次，萬鳥繞篷而飛，兩魚夾舟而進，經過之處，浪靜波平，倏抵琉球內地，通國臣民以爲僅見。仰惟皇上文德功烈，格天感神，且有御筆在船，故徵應若此也。乞宣付史館，以彰嘉瑞。」又疏請飭令使官收受所辭宴金，帝命收受。

二十五年，貞遣官生梁成楫、蔡文溥、阮維新、鄭秉鈞四人入太學，附貢使船，遭風桅摺，傷秉鈞，飄至太平山修船，二十七年二月，始至京師。十月，貞遣陪臣來謝子弟入監讀書恩，並貢方物。帝令成楫等三人照都通事例，日廩甚優，四時給袍褂、衫袴、鞾帽，被褥咸備，從人皆有賜，又月給紙筆銀一兩五錢，特設教習一人，令博士一員督課。二十八年，貞疏言：「舊例，外國船定數三艘，貨物得免收稅。今琉球進貢船止二艘，尚有接貢船一艘，未蒙免稅，請照例免收，以足三船之數。」又：「人數例帶一百五十人，萬里汪洋，駕舟人少，不能遠涉，乞准加增。」禮臣議免入貢船稅，人數不准加增，帝特令加增至二百人。三十二年，貞遣陪臣來貢，請入監讀書官生歸國。賜宴及文綺，乘傳厚給遣歸。自是二年一貢如常例。

四十八年，琉球國内多災，宫殿焚，颱颶頻作，人畜多死。是年王尚貞薨，世子尚純先卒。四十九年，尚純子尚益以嫡孫立。五十一年，卒，未及請封。五十二年，尚益世子尚敬立。比年遣使入貢，稱「世曾孫」。五十七年六月，命翰林院檢討海寶、編修徐葆光充正副使，往封琉球國世曾孫尚敬爲王。

五十八年，琉球國建明倫堂於文廟南，謂之府學，擇久米大夫通事一人爲講解師，月吉讀《聖諭衍義》；三六九日，紫金大夫詣講堂，理中國往來貢典，察諸生勤惰，籍其能者備保舉。八歲入學者，擇通事中一人爲訓詁師教之。文廟在久米村泉崎橋北，創始於康熙十二年。廟中制度俎豆禮儀悉遵《會典》。琉球自入清代以來，受中國文化頗深，故慕效華風如此。五十九年，琉球國王尚敬疏請續送官生入監讀書，從之。

雍正二年，敬遣陪臣王舅翁國柱及曾信等奉表賀登極，貢方物，兼送官生鄭秉哲、鄭繩、蔡弘訓等入監讀書。帝召見國柱等，御書「輯瑞球陽」額賜王，並玉器、緞幣等物，交國柱齎回。官生蔡弘訓病卒，賜銀百兩，交禮官擇近京地葬之，並以二百兩贍卹其家。三年，敬遣使表謝方物，帝命准作二年一次正貢。四年，敬遣使入貢，並進謝表方物，命存留作六年正貢；其六年表文，俟八年正貢時並進。是年，貢使歸，附官生鄭秉哲等歸國。六年，敬仍遣使入貢，帝命作八年正貢；若八年貢使已經起程，即准作十年正貢。八年，敬遣使入貢，疏言請遵舊制二年一貢，不敢愆期。帝諭仍遵前旨行；若十年貢物已遣使起程，即准作十二年正貢，十一年不必遣使。

乾隆二年六月，琉球所屬之小琉球國有粟米、棉花二船遭風飄至浙江象山，浙閩總督嵇曾筠資給衣糧遣還。事聞，帝諭：「嗣後被風漂泊之船，令督撫等加意撫恤。動用存公銀兩，資給衣糧，修理舟楫，查還貨物，遣歸本國。著爲令。」三年，敬遣陪臣奉表賀登極，並貢方物。帝命貢使齎回御書「永祚瀛壖」額賜王，並諭不必專使謝恩，俟正貢之年一同奏謝。五年，敬遣使入貢，並進謝恩方物。六年，禮臣議琉球謝恩禮物照雍正四年例，准作二年一次正貢，從之。五月，浙江提督裴鉽奏言：「江南商民徐淮華等五十三人遭風飄入琉球之葉壁山，國王資遣都通事阮爲標護送歸國。」帝命禮臣傳旨奬之。十五年，敬遣通事阮超群等送回十四年被風失舟之商民吳永盛等四船九十二人。其林士興等六船一百三十人，先已撥給梔木廩餼資送回閩。事聞，賜敬緞疋。十六年，福建巡撫潘思榘奏言：「琉球貢使毛如苞等貢船遇颶，飄還本島，今修葺補進。又前有閩縣遭風船户蔣長興等、常熟縣商民瞿長順等三十九人，留養兩年，今亦隨船回閩。」奉旨嘉奬。是年，王尚敬薨。

十九年，世子尚穆遣使入貢，兼請襲封。二十年，命翰林院侍讀全魁、編修周煌充正副使，往封琉球國世子尚穆爲王。二十四年，穆遣使入貢，並遣官生梁文治等入監讀書。帝命所進方物准作二十五年正貢。是年，資送遭風商民金任之、照屋等五十三人回國。以後迄於光緒朝，凡琉球遭風難民，皆撫卹如例。二十九年，遣官生梁文治等歸國。四十九年，穆遣陪臣毛廷棟等入覲，行慶賀禮。御書「海邦濟美」額賜之，並賜玉、磁、緞匹諸物。五十五年，穆遣使入貢，並進謝恩方物，懇恩免抵正貢。帝命如所請行。五十八年，諭軍機大臣：「琉球貢船，現距年節兩月有餘，即飭伴送員按程從容行走，衹須封篆前到京，便與年班各外藩同與宴賚。」五十九年，穆遣使謝特賜「福」字、如意恩，貢方物。是年，王尚穆薨。世子尚哲先卒，世孫尚温權署國事。

嘉慶三年，世孫尚温遣使入貢，兼請襲封。是年，尚温建國學於王府北，又建鄉學三，國中子弟由鄉學選入國學。四年，命翰林院修撰趙文楷、編修李鼎元充正副使，往封琉球國世孫尚温爲王，賜御書「海表恭藩」額。五年，尚温遣陪臣子弟四人入監讀書。七年，琉球那霸官民集貲請於王，建鄉學四。八年，琉球二號貢船，至大武崙洋遭風漂至臺灣，衝礁擊碎，其正貢船亦同時漂没，福州將軍玉德等以聞。帝諭救獲官伴、水梢人等，照常例加倍給賞，貢物無庸另備呈進。十二年，王尚温薨，世子尚成署國事，未及受封，病卒。

七月，命翰林院編修齊鯤、工科給事中費賜章往封世孫尚灝爲王。是年，琉球接貢船復遭風沉没，帝命給銀千兩作僱船資用，另給銀五百兩卹淹斃六十三人家屬。道光二年，琉球貢船至閩頭外洋遭風擊碎，溺死貢使十名，帝命給銀千兩，僱商船回國，免另備貢物。又琉球遭風難夷米喜阜等，每名日給鹽菜口糧，俟回國之日另給行糧一月。七年，琉球國王尚灝遣使入貢，並謝賜御書恩，貢方物，呈懇免抵正貢，允之。十七年，王尚灝薨，遣使往封世子尚育爲王。

十九年，尚育遣使謝册封及賞御書，貢方物。又疏請飭使臣受宴金，帝不允，令來使齎回。初，琉球舊例，間歲一貢，上年改爲四年朝貢一次。二十年十一月，其國王籲請照舊，允之。其陪臣子弟四人，准隨同貢使北上入監讀書。

琉球國小而貧，逼近日本，惟恃中國爲聲援。又貢舟許鬻販各貨，免徵關稅，舉國恃以爲生，其貲本多貸諸日本。國中行使皆日本寬永錢；所販各貨，運日本者十常八九。其數數貢中國，非惟恭順，亦其國勢然也。

二十六年，琉球入監官生向克期回國，途中病故，卹銀三百兩。咸豐元年，琉球國王世子尚泰遣使賀登極，貢方物，懇免留抵，允之。帝諭軍機大臣曰：「琉球恪守藩封，前以英人伯德令住居伊國，久未撤回，頻來呼籲，當經飭令徐廣縉曉諭文安委婉開導，令其撤回。文安設詞推諉，該督仍當隨時體察情形，加意控馭。」三年，賜琉球御書「同文式化」額。四年，琉球世子遣使慶賀册立大典，貢方物。時賊氛遍東南，郵傳多阻，諭令使臣無庸繞道來京，即由閩回國。使臣仍懇入都，帝命王懿德等俟來歲道路疏通，派員護送。八年，琉球入監官生毛啓祥途中病故，賜卹銀三百兩。九年，琉球貢使到閩，帝以貢使遠涉輸誠，命王懿德等察看情形，如閩省上游及江、浙諸省道路已通，即派員伴送來京。十年，琉球入監官生葛兆慶病故，營葬張家灣，賜卹金如例。

同治三年，琉球國世子遣使賀登極，貢方物。是年，英人與日本構釁，將襲取琉球，駐海軍，事尋解。五年，遣使齎敕印往封琉球世子尚泰爲王。六年，尚泰遣陪臣子弟四人入監讀書。十年，有琉球船遭風漂至臺灣，爲生番劫殺者五十四人。十一年，復劫殺日本小田縣難民四人，日本大譁。既，中、日立約天津，要求痛懲生番，卹琉球、日本死難諸人，且言琉球爲日本版圖，藉口稱兵臺灣，語具《邦交志》。

光緒元年，琉球國貢使蔡呈祚回國病殁山東，賜葬費銀。五年，日本入琉球，滅之，夷爲沖繩縣，虜其王及世子而還。總理衙門以滅我藩屬詰日本，日人拒焉。六年，帝命北洋大臣李鴻章統籌全局，鴻章奏言：「琉球原部三十六島，北部九島、中部十一島、南部十六島，而周迴不及三百里。北部中有八島早屬日本，僅存一島。去年日本廢滅琉球，中國叠次理論，又有美前總統格蘭忒從中排解，始有割島分隸之説，此時尚未知南島之枯瘠也。本年日本人竹添進一來津謁見，稱其政府之意擬以北島、中島歸日本，南島歸中國。又議改前約。臣以琉球初廢之時，中國體統攸關，不能不亟與理論。今則俄事方殷，勢難兼顧。且日人要索多端，允之則大受其損，拒之則多樹一敵，惟有暫從緩議。因傳詢在京之琉球官尚德宏，始知中島物産較多，南島貧瘠僻隘，不能自立。而琉球王及其世子，日本又不肯釋還。適接出使大臣何如璋來書，復稱詢訪琉球國王，謂『如宫古、八重山小島另立三子，不止吾家不願，闔國臣民亦斷斷不服。南島地瘠産微，向隸中山，政令由土人自主。今欲舉以畀琉球，琉球人反不敢受，我之辦法亦窮』等語。臣思中國以存琉球宗社爲重，本非利其土地。今得南島以封琉球，而琉球不願，勢不能不派員管理。既蹈義始利終之嫌，且以有用之兵餉，守甌脱不毛之地，勞費正自無窮。而道里遼遠，實有孤危之慮，若憚其勞費而棄之不守，適墜人狡謀。且恐西人踞之，經營懇闢，扼我太平洋咽喉，亦非中國之利。是不議改約，而僅分我以南島，猶恐進退兩難，致貽後悔。今之議改前約，儻能竟釋琉球國王，畀以中、南兩島，復爲一國，其利害尚足相抵，或可勉强允許。不然，彼享其利，我受其害，且並失我内地之利，竊所不取也。臣愚以爲日本議結琉球之案，暫宜緩允。」由是琉球遂亡。

史部・別史類

通志・流求

〔宋〕鄭樵　撰

校點説明

《通志》二百卷，宋鄭樵撰。

鄭樵（一一〇四—一一六〇），字漁仲，學者稱夾漈先生，福建莆田人。官樞密院編修。博學多識，好爲考證之學。

《通志》體例仿通史，分帝紀、年譜、列傳等目，起自三皇，終于隋代，其中氏族、都邑、六書、草木昆蟲等二十略，爲其首創，後世將其與唐杜佑《通典》、元馬端臨《文獻通考》并稱爲「三通」。

本書録自一九二四年商務印書館排印本卷一百九十四《四夷一》，全文實轉録自《隋書·東夷傳·琉球》，僅作了個别改動。有關情况，請參本書《隋書》紹介。

（李夢生）

通志・流求

流求，隨時通焉。其國居海島，當建安郡東，水行五日而至。土多山洞。其王姓歡斯氏，名渴剌兜，不知其由來有國數焉。彼土人呼之爲可老羊，妻曰多拔茶。所居曰波羅檀洞，塹柵三重，環以流水，樹棘爲藩。王所居舍，其大一十六間，雕刻禽獸。多鬬鏤樹，似橘而葉密，條纖如髮之下垂。國有四五帥，統諸洞，洞有小王。往往有村，村有鳥了帥，並以善戰者爲之，自相樹立，主一村之事。男女皆以白紵繩纏髮，從項後盤遶至額。其男子用鳥羽爲冠，裝以珠貝，飾以赤毛，形製不同。婦人以羅紋白布爲帽，其形方正。織鬬鏤皮并雜毛以爲衣，製裁不一。綴毛垂（羅）〔螺〕爲飾，雜色相間，下垂小貝，其聲如佩。綴璫施釧，懸珠於頸。織藤爲笠，飾以毛羽。有刀、矟、弓、箭、劍、鈹之屬。其處少鐵，刀皆薄小，多以骨角輔助之。編紵爲甲，或用熊豹皮。王乘木獸，令左右舁之，而導從不過十數人。小王乘机，鏤爲獸形。國人好相攻擊，人皆驍健善走，難死耐瘡。諸洞各爲部隊，不相救助。兩軍相當，勇者三五人出前跳譟，交言相罵，因相擊射。如其不勝，一軍皆走，遣人致謝，即共和解。收取鬬死者聚而食之，仍以髑髏將向王所，王則賜之以冠，使爲隊帥。無賦斂，有事則均稅。用刑亦無常準，皆臨事科決。犯罪者斷於鳥了帥，不伏，則上請於王，王令臣下共議定之。獄無枷鎖，唯用繩縛。決死刑以鐵錐，大如筯，長尺餘，鑽頂殺之。輕罪用杖。俗無文字，望月虧盈以紀時節，草木榮枯以爲年歲。

人深目長鼻類於胡，亦有小慧。無君臣上下之節，拜伏之禮。父子同牀而寢。男子拔去髭須，身上有毛處皆除去。婦人以墨黥手，爲蟲蛇之文。嫁娶以酒肴珠貝爲聘，或男女相悦便相配偶。婦人産乳，必食子衣，産後以火自炙，令汗出，五日便平復。以木槽中暴海水爲鹽，木汁爲酢，米麴爲酒，其味甚薄。食皆用手。遇得異味，先進尊者。凡有宴會，執酒者必待呼名而後飲。上王酒者，亦呼王名，後銜杯共飲，頗同突厥。歌呼蹋蹏，一人唱衆人和，音頗哀怨。扶女子上膊，摇手而舞。其死者氣將絶，轝至庭前，親賓哭泣相弔。浴其屍，以布帛纏纏之，裹以葦席，櫬土而殯，上不起墳。子爲父者數月不食肉。其南境風俗少異，人有死者，邑里共食之。

有熊、豺狼，尤多豬雞，無羊牛驢馬。厥田良沃，先以火燒而引水灌之。持一锸，以石爲刃，長尺餘，闊數寸而墾之。宜稻、粱、禾、黍、麻、豆、赤豆、胡黑豆等，木有楓、栝、樟、松、楩、楠、枌、梓，竹、藤、果、藥同於江表，風土氣候與嶺南相類。

俗事山海之神，祭以肴酒，戰鬭殺人，便將所殺人祭其神。或依茂樹起小屋，或懸髑髏於樹上，以箭射之，或累石繫幡以爲神主。王之所居壁下多聚髑髏以爲佳。人閒門户上必安獸頭骨角。

隋大業元年，海師何蠻等，每春秋二時，天清風静，東望依稀，似有煙霧之氣，亦不知幾千里。煬帝令羽騎尉朱寬入海求訪異俗，得何蠻言，遂與蠻俱往，同到流求國。言不通，掠一人而反。明年復令寬慰撫之，不從，寬取其布甲而歸。時倭國使來朝，見之曰：「此夷邪久國人所用也。」帝遣虎賁郎將陳稜、朝請大夫張鎮州率兵自義安今潮陽郡。浮海擊之，至高華嶼，又東行二日至鼊嶼，又一日便至流求。初，稜將南方諸國人從軍，有崑崙人頗解其語，遣喻降之，流求不聽，拒逆官軍。稜擊走之，進至其都，頻戰皆敗，毀其宮室，虜其男女數千人而還。自是遂絶。

續通志·琉球國

校點説明

《續通志》六百四十卷，清乾隆三十二年（一七六七）奉敕撰。《續通志》記唐、五代、宋、遼、金、元、明政事，上接《通志》，但體例上略有變通，《四庫全書總目》稱「雖同一傳而條理倍爲分明，雖同一略而考證尤爲精核」，「與鄭氏之徒爲大言，固迥然異矣」。

本書「琉球」一節，收于卷六百三十五《四夷傳一》。其所記事極簡略，仍多據舊聞。前此不久，周煌出使琉球歸作《琉球國志略》上之朝廷，儲之史館，乾隆二十四年朝廷命以武英殿聚珍板印行，然本書編者顯然没有採用，連明清以來多家批駁的「落漈」一説，亦照録不改，四庫館臣因其出自「宸斷」而溢美，於此可見一斑。

此次校點，所據爲民國二十四年（一九三五）商務印書館排印本。

（李夢生）

續通志・琉球國

流求國，亦曰瑠求，在南海之東，與漳、泉諸州相對，西南北岸皆水，至彭湖漸低，近其國，謂之落漈。漈者水趨下而不回也。國小而險，塹栅三重，環以流水，植棘爲藩，以刀〔稍〕〔矟〕弓矢劍〔鼓〕〔鈹〕爲兵器。沃壤，無賦斂。視月盈虧以紀時，無他奇貨，故商賈不通。宋淳熙閒其酋豪嘗率數百人猝至泉之水澳圍頭等村肆掠。喜鐵器，人閒户則刓其門圈而去。縛竹爲筏，急則群舁之，泅以遁。元世祖至元二十八年以海船副萬户楊祥充宣撫使，持詔往諭，竟不能達。其旁有毗舍邪國，亦語言不通。又有三嶼國，亦近流求，居民不及二百户，時有至泉州爲商賈者。

史部·雜史類

名山藏·東南夷·琉球

〔明〕何喬遠　撰

校點説明

《名山藏》一〇九卷，明何喬遠撰。

何喬遠（一五五八—一六三二），字稺孝，號匪莪，晚號鏡山，福建泉州人。萬曆十四年（一五八六）進士，歷官刑部主事、禮部郎中、光禄卿、户部右侍郎。著有《鏡山全集》、《閩書》、《名山藏》等。

《名山藏》爲紀傳體史書，記明太祖至穆宗十三朝史實，以資料翔實爲後世史家所重。

本書所録輯自上海古籍出版社一九九五年《續修四庫全書》影印明崇禎刊本卷一〇六《王享記二·東南夷二》。所記琉球事，不惟涉及朝貢、册封，又及中山王世系、琉球官制等，顯然參考過陳侃等所作出使記，故較真實可靠。然謂尚巴繼尚巴志爲王，實無其人，顯屬誤記。

（李夢生）

名山藏·東南夷·琉球

琉球國，居東海，唐、宋皆不賓貢。高皇帝使行人楊載持詔其國，國凡三：曰中山，曰山南，曰山北。中山王名察度，山南王名承察度，山北王名怕充芝，皆以尚爲姓，皆遣使人貢。貢，上嘉之。使使賜三王印與皮弁、冠服。至則三王治兵相攻，上復使諭之，使其息聲養民。於是中山王遣世子及國相子來學。又有女師生姑、魯妹二人者，亦來，上賜之裘葛甕飻，視中國儒生加一等。居頃之，世子、國相子與雲南生非議詔書，上怒，皆治罪死。久之，中山王復遣使貢，上賜之閩中舟工三十六户。察度卒，子武寧嗣。武寧卒，子思紹嗣。思紹卒，子巴志嗣。而承察度卒，無子，其從弟能撫其國人，承察度意屬之。永樂中，封爲山南王。其後山北、山南皆爲中山所兼。自巴志以後，爲尚巴、爲尚忠、爲思達、爲金福、爲泰久、爲德、爲圓、爲真、爲清、爲元、爲永，莫不内奉唯謹，薨必訃，封必請。

其國故磽瘠，民儉僿少勤，不知禮節、文字。入明以來乃慕尚華風，革其舊俗，從我聲教。其國立法司官、察度官，司刑者也；遏闥官、那霸港官，司儲者也；耳目官，司訪者也。三官者，武臣也。以上世及所豁地爲姓名。大夫官、長史官、通事官，司貢者也，文臣也。以通中國書，及閩三十六姓之後人爲之。王并日視朝，日三朝。群臣搓手膜拜。有慶則觴王，王與之坐歡，卑者跽俟檻陛外移時。王所居甚高，貫陶珠五色爲簾。出乘肩輿，人二八，前後人百數。左右擁武士蒙首如蒙倛，以五色陶珠爲蓋。又珠爲小團扇，集大鳥羽爲大團扇。其賦斂稍合中國古井田制，上下有分土。國有大事，暫鳩而加征焉。其法令簡嚴不責。少文，其文章亦能明佛而通經。其武事刀劍弓矢，皆嚴利削直，射可至二百步。禮尚跣，敬則跣。樂用絃歌，童子擊柝舞。親喪，數月不肉。食無釜鬵，用螺殼。無絮，織麻。有布、釜與絮者，必白王，不則罪。用日本錢，如宋季鵝眼錢也。

琉球入太學始末

〔清〕王士禛 撰

校點説明

《琉球入太學始末》一卷，清王士禛撰。

王士禛（一六三四—一七一一），字子真，一字貽上，號阮亭，别號漁洋山人，新城（今山東桓臺）人。順治十五年（一六五八）進士，歷官揚州推官、禮部主事，官至刑部尚書。著有《帶經堂集》等。

康熙二十三年（一六八四），汪楫等出使琉球歸，上疏言琉球國王尚貞欲循例遣官生入國子監讀書，事下禮部議。王士禛時任國子監祭酒，因撰本篇，歷述自明洪武二十五年以來琉球國遣王子、陪臣及寨官子入國子監肄業事。

本書收入《昭代叢書》及《學海類編》，後者無序跋。此次校點以《昭代叢書》爲底本，校以《學海類編》本。

（賀詩菁）

目録

琉球入太學始末題辭

張潮

國家聲教覃敷，無遠弗屆，而琉球嚮慕文教尤爲最篤。蓋其時奉使琉球者爲吾郡悔齋汪先生，先生親賫宸翰，遠涉瀛海，未浹旬而至，誠古今所僅見，是以其國益懾伏于聖天子之威靈，而思沐夫教育。及其入太學讀經書，僅歷四載，遽以省親歸，雖于聖朝禮樂文章之盛、身心性命之微，未必遽能窺見，而忠孝仁義之大端必能得其梗概。吾知此數人者一抵其國，必有向之受業而請益者。是此數人于本朝爲弟子，而于彼國未必不爲師，方且擁皐比，御函丈，其尊榮爲何如也。然吾竊爲彼國惜者，則以讀書未久，遽即請歸，假使其更歷年所，學爲制舉文字，簡練揣摩，與國子諸生同與于賓興之典，或得叨科第之殊榮，然後歸國，于以照耀鄰封，翱翔島嶼，其所得不更多乎？而惜乎其智之未出乎此也。心齋張潮題。

琉球入太學始末

康熙二十三年，册封琉球翰林院檢討汪楫、中書舍人林麟焻等疏言：中山王尚貞親詣館舍，云下國僻處彈丸，常慚鄙陋，執經無地，嚮學有心。稽明洪武、永樂年間常遣本國生徒入國子監讀書，今願令陪臣子弟四人赴京受業云云。事下禮部。部覆：史載唐貞觀中興學校，新羅、百濟俱遣子入學，琉球自明初始内附，《會典》載大琉球國朝貢不時，王子及陪臣之子皆入太學讀書，禮待甚厚。又載洪武、永樂、宣德、成化間琉球官生俱入監讀書。今該國王尚貞以本國遠被皇仁，傾心嚮學，懇祈使臣汪楫等轉奏，願令陪臣子弟四人赴京受業，應准所請，聽其遣陪臣子弟入監讀書云云。時予爲祭酒，咨覆禮部，略云：查《太學志》載，洪武二十五年秋，琉球國遣其子及陪臣之子日孜等入監，命工部給羅絹爲秋衣。冬琉球中山王遣其舅仁悦慈等至〔一〕。永樂二年，琉球中山王從子三五良亹等九人以謝恩至，奏請入監，給賜一如洪武中故事，令工部建王子書房于監前以處之。三年，琉球山南王遣寨官子李傑至。四年，中山王遣寨官子石達魯等六人至。其後李傑、石達魯等每在監三年，得乞歸省。九年，中山王遣王相之子懷得、寨官子祖魯古至。十一年遣寨官子周魯等三人至。是年有奏歸省者，命禮部厚賜，以榮其歸。是後乞歸省，或令候其使者還國以行。永樂以後，至于正德〔二〕，常三四遣。至嘉靖五年，中山王遣官生蔡廷美等四人至，十一年歸國。十七年，遣梁炫等四人至，二十三年歸國。尋又遣蔡朝用等五人至，令在南雍，處以光哲堂，歲時給衣物如例。向慕文教，琉球于諸國爲最篤，國家待之亦爲最優云。康熙二十七年，琉球國王遣耳目官魏應伯等恭進朝貢方物，又遣陪臣子弟梁成楫、鄭秉均、阮維新、蔡文溥等四人同貢使赴京，入監讀書，于正貢方物外敬加屏風紙三千張、嫩蕉布五十疋。三十一年〔三〕，中山王貞上言：康熙二十三年蒙册封天使汪楫題准臣國陪臣子弟入監讀書，臣貞遵奉俞旨，業於康熙二十五年遣官生梁成楫等三人同貢使魏應伯進京，仰荷皇上令其入監讀書，月糜廩餼，季給衣服，正梁成楫等感泣高厚，殫心誦讀之時也。但伊父前經節次入貢，萬里梯航，罔辭勞瘁，今皆年老，奉養需人，臣貞亦當念之矣。且梁成楫等三人俱未有室，父母之願，人皆有之，況臣國人皆愚昧，自成楫等進監之後，臣貞望其返國，與臣言忠，與子言孝，以宣布皇上一道同風之化，更爲不淺。今據梁成楫等乞題請歸養等情，應否准其歸養，臣貞未敢擅便，伏乞睿鑒云云。詔梁成楫等三人照部通事例賞賜，賜宴禮部，遣歸國。

跋

張潮

琉球于中國當在東南方。東南爲文明之地，今且近天子之光，吾知其國聲名文物，必且月異而歲不同矣。心齋張潮。

校記

〔一〕仁悦孳，學海本作「仁悦慈」。按汪楫《中山沿革志》亦作「仁悦慈」，當從。

〔二〕正德，學海本作「正德間」。

〔三〕按本篇亦見於王士禛《池北偶談》卷二一《談故二》，自此句起無。

史部・奏議類

擬表

〔清〕趙登捷 輯撰

校點説明

《擬表》六卷，清趙登捷輯撰。

趙登捷，生平不詳。從其乾隆二十一年（一七五六）爲本書所作序，知其字瀛堂，遊幕爲生。因見琉球所上表「簡約整鍊，不貴累牘連篇，率皆以欽定頒行之表爲宗」，應毛存晉邀而編纂此書。卷一收弁言、法式、常用聯語；卷二擬進貢表；卷三收寬期謝表、補貢表，今闕；卷四收謝賜印、御書、器物表；卷五收萬壽賀表、登極賀表、進香表、平定西方賀表；卷六收請封表、謝封表、官生回國謝表。一般先録康熙至乾隆初琉球中山王尚質、尚敬、尚穆所上表文，後附擬作。

本書爲抄本。原書卷四、卷五扉頁有「官生林世功」題名，筆跡與正文一致，卷首鈐有「林世功印」，知抄者爲林世功。從其自署「官生」推斷，應係琉球人。然查周煌《琉球國志略》及齊鯤、趙新等《續琉球國志略》，從康熙至同治年琉球入太學人中均無林世功其人，待考。中國古代科舉範文車載斗量，表、判等範文存世亦不少，而以海外小國之表爲規範的似爲僅見，衡之「以稀爲貴」之原則，本書實應珍視，儘管其内容今天看來没有什麽大的價值。

本書原編不够嚴謹，今存抄本又多殘破，此次整理標點刪除了重文；原擬作所標平仄往往遺漏，皆予補齊；原文無題者，參考原書總目所列類别一一增補；原殘缺者，凡録琉球王原表，均查原文補正；擬作則依據文意及對偶斟酌校補，加〔　〕以示區别；無法補者則付闕如。

（李夢生　賀聖遂）

目録

卷一

弁言

粤自典謨陳於帝世，訓誥宣於王朝，都俞吁咈，喜起賡颺，後世詔命表牋，悉本《尚書》而出。洎秦、漢以來，變古質渾粤而爲汪洋浩瀚，文風猗歟盛哉。迄晉、魏、六朝後，漸變散文，競尚駢體。凡遇國家有所制作，皆屬排偶聯句，誇多鬭靡，淵博綺麗。相沿及今，表章四六，遂泐爲一定章程。但閲球陽所上慶賀、謝恩等表，惟要簡約整鍊，不貴累牘連篇，率皆以欽定頒行之表爲宗。方今聖天子聲教覃敷，文明廣被，雖遐陬荒壤，亦涵濡以禮樂詩書，况中山靈秀之區，縉紳閥閲，半皆華裔，所由人文蔚起，淹通嗜學之士，指不勝屈。予自豫章新城洪明府署中旋閩，於是有玉峰毛先生者存留三山，爲予夙好舊交，招予下榻於驛樓中，爰以表文體製格式爲商，予因編集舊表，分門别類，依事擬作，務使平仄粘貫，詞語清新。凡表文中之作法，另列則例於後，典故詳釋註解，碎句彙集成篇。自秋徂冬，晨夕把臂，見毛先生躬綰半通，猶復諄諄力學不倦，焚膏繼晷，手不停披，其姿品傑出，磊落嶔碕，不閲時而庖刀立解，批竅導窾，遂已神明乎其技。來夏瓜期復命，行看黼黻王家，潤色海邦，超擢增榮，可拭目而待也。全竊不自揣量，因弁數言以就正焉。時乾隆二十一年丙子十有一月中浣，瀛堂趙登捷題於瓊河館驛。

表文法式

一、作表必有一定體裁，確不可易。披閲中山歷代所進慶賀、謝恩、進貢、請封各表，其體裁唯尚短而勁，簡而明，此球國之表文定式也。珥筆者所由熏香摘艷，摛藻揚華。織錦繡心腸，吐笙簧音韵。包括精詳，不貴連篇累牘；對仗工整，恍如玉潤珠圓。而平仄協調，擲地作金石聲者也。蓋表文中「伏以」一段謂之冒頭，「恭惟」一段謂之頌聖，「臣某」一段謂之述意，「伏願」一段謂之勉聖。篇中段落分作四截，乃不易之法如此。要之，仄起平受，平承仄轉，平起仄受，仄承平轉，灑灑洋洋，一氣貫下，半句不可失粘。至於上段明白，下段轉換平仄，似亦無妨，不可於每段未完，下句承接上句，遂失平仄。失平仄則謂之失粘，失粘則非體裁矣。

一、表文氣象務要冠冕堂皇，昌明博大，上稽典謨，下通詔誥。五經、史鑑，諸子百家，精貫融會，涉獵揣摩。若遇國家有所制作，則文似傾河，倚馬可待，而官樣著述，光芒萬丈，自是一代燕、許。然臨作之時，切宜澄心静慮，字斟句酌，烹鍊精工，淹通博雅，則引經據典，考覈詳明，庶無魯魚亥豕之疑，奚至若金銀車之陋，貽譏千古哉！

一、表文係六朝駢體，以華麗爲淵博，以白描爲空疎。組織典故，敲金戛玉，有枚、馬之文章，兼徐、庾之風韵，則詞命藴藉，而邦家亦爲之增光已。

一、「表冒」長聯二對，籠罩時事，詞采以綺麗爲要。「頌聖」短聯一對，長聯一對，讚揚盛德，最宜渾博高華，矞皇璀燦。「述意」一段叙入時事，句法長短相間，對偶須鎔鍊工巧，不可參差。「勉聖」短聯一對，長聯一對，援引三代以前事功，勿參入漢唐中晚事實，寫出一腔忠愛，隱寓箴規之意。將見四句總收通篇全局，援古據今，泛論頌美而結束之。

一、學作表文，先録數十篇，朝夕誦維。想一篇之局法，看各段之意義。久之浸灌滋潤，得心應手，自然揮毫立就耳。今所抄歷代舊表，集爲全卷，誠恐魚目混珠，姑將慶賀、謝恩各表分作若干卷，中有平仄失粘、字眼重複者，指其獘病而删改之。若聯句、對偶，披覽經史，時有所獲，切近某事則依某卷匯集之。倘有思窘筆擱之時，開卷摘用，實屬便益。但語云：多看不如多做。若值公餘之際，或擬某事而製一篇，切勿寄人籬下，勦説雷同，尤當别出心裁，自成機杼，乃爲可貴。

一、表文依時事以立局，通篇文勢氣脉，須連絡照應，用意措辭，宜樸誠精摯，無諂無驕，不卑不亢，乃合體裁。

一、繕表之式，若遇朝廷大慶賀表，起空二格寫。「琉球國中山王臣尚某誠歡誠忭、稽首頓首，謹奉表上言」，「表字」須一擡頭，「上言」「伏以」四字一直接在表字下。如不用「謹奉表」三字，只用「上言」「伏以」等字，隨時變通可也。「上言」「上」字宜單提頭。表冒首聯頂擡頭，次聯用一擡頭。其謝表、貢表宜用「誠惶誠恐」四字，餘式如前。「恭惟皇帝陛下」，「皇」字頂提，短聯單提，次聯亦單提。若干涉國家、贊頌朝廷各字樣，俱要頂提。如以「聖德王謨」、「鳳藻龍章」等字泛論古今帝王，止用單提。表中用「臣某」字略小些，俱寫在旁邊。這一段叙事或長或短不拘，至「伏願」下短聯單提，次聯亦單提，餘一直接去。賀表表末用「臣某無任瞻天仰聖，踴躍歡忭之至」，「天」字、「聖」字頂提。「謹奉表稱賀以聞」，「表」字單提，「賀」字亦單提。「〔奉〕表稱賀」以四字排寫，形如四隅。「聞」字頂擡頭。謝表、貢表表末用「激切屏營之至」，謝表用「稱謝以聞」，貢表或用「謹奉表恭進以聞」，或用「謹奉表進貢以聞」，俱要依事酌用。餘式亦如前臚列，表中起訖門户，牢記在心，切不可錯。

一、表中有用二祖、一宗、世祖、聖祖、世宗、先皇、陵寢、天地、祖宗等字，及慶賀皇太后萬壽，俱要三提頭，高出「皇帝陛下」一字。皇太后稱殿下。皇太子只一提頭。如遇聖諱「弘」字旁勿點，「曆」字中勿畫，要用此等字寧避而勿用，另尋别字改换之。

一、表中對句用天文、地理、君道、人事、朝代、姓名、宫室、器物、花木、鳥獸，藩服、慶吊、珍寶、數目等字，各依門類對偶，即其中有變换不一，亦尋虚實、陰陽等字門類對之。何謂虚實、陰陽之字？譬如字眼中虚字如「於」、「之」、「與」、「共」等字是也。實字如「歡」、「慶」、「瞻」、「覩」等字是也。陰陽字如「遠」、「近」、「中」、「外」、「多」、「少」、「輕」、「重」等字是也。若如此類，舉一漏百，難以悉數，總要對句工整，虚不對實，陰陽相偶，此表句中用字之法，太略如此云。

一、作表文不僅在舊表中討生活，若四子、五經在所必需，如《通鑑綱目》、《潛確類書》、《文獻通考》、《淵鑑類函》、《佩文韻府》各部大書，俱爲表文之所取資也。今勿論隨時隨地，開卷有得，分門别類，謹抄之以爲錦囊佳句，幸勿惜墨如金，徒致臨文浩嘆已也。

一、表聯句法字眼須用響字，如四言上一下三，第二字要響。如五言上二下三，第三字要響；上一下四，第一字要響；上三下二，第四字要響。如六言，上三下三，中二字要響；上二下四，第二字要響；上四下二，第五字要響。如七言，上二下五，第三字要響；上一下六，第一字要響；上四下三，第五字要響。至于八言、九言，要緊字關捩處最要響亮。今時新舊表文字眼響亮處隨字用一硃圈，以便寓目者往復推敲云爾。

一、官生回國謝表，臣某述意一段，謂之表腹，排偶聯句，詞不厭繁，總説官生在國學肄業等緣由。至進香之表，頌聖一段，先贊皇帝陛下，短聯一對，長聯一對，後就説〇〇〇皇帝短聯一對，長聯一對，式如前寫。表内叙説球國陳祭緣由，此條體裁與各道表文稍别，姑晰之以備覽焉。

一、表中字畫須要端楷，依本朝《康熙字典》模樣寫去，筆畫不可簡省。遇有三提、雙提、單提頭，稿中仔細較勘，毋使錯誤，繕正之時，存一恭敬之心，如凛天威咫尺，奚致隕越貽羞。

一、表嫌掛脚。如提頭太多，無一二行到底者，謂之掛脚。自「伏以」起至「以聞」止中，有二十一二提頭便爲合式。

一、表中單字亦不成行，臨池繕正，先用一番精神，打算寫到此處，或宜加減幾字與否，使一行有得兩字便爲成行。胸有智珠，隨機應變，臨時方不致周章。

一、聯句有語病者二：曰雙聲，曰叠韻。謂之雙聲者，同音雖不同韻，兩句起煞字面音略相近也。謂之叠韻者，同音又係同韻，兩句起煞字面音太相似也。讀之便覺格格不叶，用字之時務要吹毛求疵，隻字不可放過，著作一篇，自然白璧無瑕，允堪鼓吹休明。

一、表聯起句前後四對長聯，勿論四字、五字、六字起，俱當布置圓活。一道表文各聯起句煞字，或用平用仄，須錯綜變換，不可一樣雷同。起煞字面平皆用平，仄皆用仄，切宜留心斟酌。至若表中之平仄相粘，固屬鐵板定式，解晰詳明，已朗若列眉。但每句中亦要平仄叶調，誦讀之下，如宫商叶韵，毋使齟齬，稍有拗口不順，便當推敲改易可也。

一、表文在琉球國以貢表爲先，每年進貢，常進一道表文，故將舊表匯集成册，首卷冠以貢表，次寬期補貢，又次欽賜寶篆、御筆、器物、萬壽、請封、謝封、官生回國、登極、進香等表，分作十二卷，俟匯集各卷偶句對聯後擬上十二條事件，或作二三篇，務使平仄粘連，音韵叶調爲貴。未知有當與否，敢以質之高明。

表冒束句

平起

中外歡騰　臣民感洽
雲外嵩呼　波臣拜舞
動地山呼　普天嶽誦
喜動千官　欣聯兆姓
島外歡生　寰中喜動
慶溢書田　歡騰學海
喜溢龍光　歡騰虎拜
喜起揚休　明良誌慶
歡洽臣民　慶騰宇宙
棫樸增光　槱薪映彩
慶協普天　恩流率土
蜃宇榮生　鮫宮瑞溢

瀛海揚休　滄溟增慶
荒服增榮　外藩誌盛
慶洽普天　樂均環海
蟻垤流香　蝸居煥彩
拜命增虔　撫躬益勵
天壤騰歡　要荒綏乂
碧海騰歡　滄溟溢慶
慶溢黌宮　光生芹藻
中外歡翔　臣民感洽
四表軒騰　八荒踴躍
水國流輝　江城煥彩
四海傾心　萬方拭目

百爾騰聲　千官拜手
雉贄争先　梯航恐後
喜溢堦墀　慶流陬澨
蛟島分榮　蟻封知慶
朝野咸歡　臣民胥慶
喜動儒林　歡騰海國
喜動千官　歡聯四野
鳳閣陳詞　鵷班颺頌
海澨榮增　藩垣瑞啓
蟻垤騰聲　鵷行拜手
亘古殊恩　超前曠典
遐邇共歡　中外有慶

黍谷春回　沙城雷動　四野歡呼　千官動色　海甸流徽　滄瀛煥采
治協中天　歡騰大地　曠典時聞　歡聲欲遍　萬姓嵩呼　千官雷動
天際光昭　波心瑞啓

仄起

外藩彩溢　荒服光騰　旂常著績　帶礪盟歡　歡騰薄海　慶溢普天
臣民色喜　朝野歡騰　明良交泰　遠近傾心　臣民胥慶　中外禔休
波臣颶拜　澤國歡呼　人登壽域　世躋春臺　普天胥慶　率土輸誠
慶盈陬澨　采溢圖書　冠裳忭舞　遠近謳思　臣民歸命　遐邇傾心
南溟胥慶　東渤咸歡　光昭山洞　喜溢沙城　歌興虎拜　喜動龍驤
懷柔及遠　貢賦有常　海疆煥采　域外流輝　人人加額　島島傾心
山陬望聳　海澨膏流　遐陬羅拜　僻海忭歡　寰區收采　海表增光
蛟宮起色　蟻穴回春　滄溟羅拜　島嶼軒騰　兆民胥賴　萬拜是孚
江河呈瑞　臣庶歡呼　蜃樓映彩　鮫室生光　寰中誌慶　域外歡呼
萬方錫福　大地蒙府　普天踴躍　大地歡呼　垂紳溢慶　搢笏騰歡
外藩叶吉　環海興歌　慶敷八極　頌及九天　宮庭志忭　寰宇鳴愉

波區瑞靄　海澨祥符
簪裙色喜　蒼赤歡騰
卓哉曠典　允矣休風
萬方戴德　百爾傾心

海藩慶溢　環島歡騰
歡盈宇内　喜溢寰中
光流百世　慶溢三呼
金莖喜溢　玉瑄聲揚

波區沐德　海表懷仁
膏流若雨　歡動如雷
臣民沐德　宇宙懷仁

頌聖短聯

平起

乘六體乾　兼三出震

道貫三才　功高百辟

治紹唐虞　道宗洙泗

德至登三　功高咸五

道亘唐雲　德孚殷雨

緯地經天　揆文奮武

道貫百王　慮周萬物

德化宏敷　聲靈遠播

德若海涵　仁同天覆

保合太和　均調淑氣

心見堯墻　道登文岸

文武兼資　聖神廣運

德覆堯天　仁敷禹甸

心見羹墻　道登文岸

器量寬洪　聰明洞達

至孝性生　仁慈天亶

德協中和　功調氣化

德峻堯衢　仁周禹甸

踰五跨三　追叁齊兩

位正當陽　尊居皇極

九德當陽　六符御極

德邁堯仁　恩周禹甸

仁冒八方　德綏九有

作君作師　允文允武

道邁百王　功高千古

德邁百王　道超千聖

德合坤乾　道符叁兩

愛協虞絃　惠周禹甸

乾健乘機　離明出治

乃聖乃神　大仁大孝

中外一家　聲教四訖

仄起

德崇五嶽　道貫百川
模天範地　鑄舜陶堯
兼三出治　得一以臨
岐嶷天縱　學問日新
父天母地　理陰察陽
聰明亶作　聖武布昭
舜琴解愠　禹磬調饑
堯仁普覆　舜德咸瞻
登先文岸　焕比堯章
尊居九五　統馭萬邦

允文允武　乃聖乃神
神奇天授　恭點思凝
聰明天授　仁孝性成
德參兩大　道協三才
德成廣運　道協文明
堯仁遠播　禹德光昭
聰明睿知　文武聖神
函三居正　歛五宅中
仁恩遠被　惠澤弘敷
道高咸五　德重登三

堯章丕焕　舜德常昭
天聰睿照　聖學淵涵
德高天亶　明並日華
勳高覆載　學貫天人
體元出治　累洽重熙
堯文丕焕　舜哲重華
恭點思道　秉敬宅心
神文廣化　聖武宣慈
德涵三極　恩被九圍
功高百辟　道貫三才

勉聖短聯

平起

德惟日新　福垂天保
安愈求安　治猶圖治
精一彌純　聖神愈益茂
學繼緝熙　德齊廣運
文教覃敷　丕基永奠
振古鑠今　光前裕後
文德日隆　道心時勵
道配乾元　德符坤厚
聖德彌崇　天聰愈峻
四海一家　八紘在囿
學溯淵源　道崇洙泗
道岸再登　聖功加懋

道見羹墻　治成作覩
七月披圖　九歌丕叙
鑠古淩今　馳王驟帝
大化無私　陽春有脚
圖繪豳風　書陳無逸
文德覃敷　仁風普被
仁覆不毛　春回有脚
藜閣常親　松軒時警
洪覆無私　健行不息
仁綱常開　道符永固
夙夜單心　始終典學
圖治當勤　保民爲急

道奉三無　恩沾九有
主善爲師　與治同道
咸五登三　道同俗一
聖德彌深　神功愈益懋
文治彌光　淵修愈益懋
玉燭頻調　金甌永奠
制作彌隆　文思愈益懋
曰旦曰明　惟功惟叙
念祖聿修　紹衣勿倦
覆育同天　照臨匝地
覆幬同天　照臨匝地
治進升恒　運隆履泰

丕顯丕承　善繼善述　淑氣均調　太和保合　德進無疆　化成久道
德溥春風　澤敷甘雨　嘉祉駢臻　洪府洊至　寶幄繙經　琅函披籍
永錫無忘　聿修勿替　繼序其皇　紹聞不替　湯德敬日躋　禹功無門
闢及四門　明洞萬里　道岸先登　藝林廣闢　雲漢光回　天章彩煥
化起宮中　風行域外　居重馭輕　宅中圖大

仄起

仁涵萬國　化比二南　惟精惟一　乃聖乃神　道隆丕匱　治繼無爲
法天不息　應地無疆　無私覆被　丕冒照臨　盛德邁種　大業彌新
居中表正　一道同風　保定孔固　戩穀咸宜　恩覃九有　德契三無
丕基永奠　文教覃敷　表厥宅里　樹之風聲　仁天愈益懋　壽日彌高
德教洋溢　茀祿駢臻　躬行禹儉　心契堯仁　羹墻永接　弓冶常新
都俞一德　喜起載賡　時和道泰　物阜人康　豳風繪殿　無逸書屏
聖不自聖　安益愈求安　仁恩無斁　聖敬德常躋　無逸作所　有道興歌
堯咨舜儆　禹儉湯仁　乾行不息　益愈進無疆　澤敷九有　道奉三無
乾行不息　睿算無疆　陽春有脚　大化無私　俗登仁壽　世躋雍熙

四時布化　百度維新
心源常濬　道岸先登
湛恩廣被　利樂咸周
勵精圖治　垂拱凝府
堯仁蕩蕩　舜孝夔夔
堯封永奠　禹甸攸寧

聖恩益擴　文治彌光
鑒于成憲　率乃舊章
綏柔克廣　教思無窮
宅心常濬　樹德如滋
德如甘醴　仁若陽春

千秋作鏡　六合爲家
車書一統　玉帛萬方
恩施四海　化被八埏
先憂後樂　勤始勵終
光昭雲漢　教普要荒

卷二

擬進貢表一

琉球國中山王臣尚某誠惶誠恐，稽首頓首上言。伏以聖教誕敷平，四海祝昇平之治仄；皇綱丕振仄，萬年綿福祚之長平。綜王會之輿圖平，河山燦於碁布仄；攬職方之版宇仄，嶽瀆煥若星羅平。喜溢普天平，歡騰率土仄。恭惟皇帝陛下，允文允武仄，作君作師平。垂拱歌風平，解慍阜財遊盛世仄；凝旒鳴豫仄，含哺鼓腹樂清時平。臣某東渤微員平，南溟末職仄。棲遲蜃宇仄，惟循臣分以輸將平；僻處鮫宮平，時凛番服於咫尺仄。梯航恐後仄，贄弊争先平。謹遣陪臣〇〇〇〇〇等，恭奉葵藿上陳平，仰冀葑菲下採仄。伏願德齊廣運仄，學繼緝熙平。論道邇英平，銅漏宣未央之問仄；綏猷崇政仄，藻火懋長樂之修平。則安愈求安平，治彌求治仄。輪玉帛仄者遍戴日載斗之區平，獻共球平者集如雨如雲之盛仄矣。臣某無任瞻天仰聖激切屏營之至，謹奉表進貢以聞。

乾隆〇十〇年〇月〇〇日琉球國中山王臣尚某謹上表。

擬進貢表二

琉球國中山王臣尚某誠惶誠恐，稽首頓首，謹奉表上言。伏以帝業鞏苞桑平，帶礪度萬年鼎錄仄；皇圖奠磐石仄，車書集一統河山平。侯甸要荒平，咸切就瞻於雲日仄；躬桓蒲穀仄，群思呼祝於華嵩平。東渤騰歡平，南溟溢慶仄。恭惟皇帝陛下，經天緯地仄，奮武揆文平。聲教誕敷平，化洽巢山館海仄；仁風遠被仄，澤流陰火陽冰平。臣某蕞爾波區平，彈丸澤國仄。累沐聖朝樾蔭仄，清晏揚休平；薄輸下國葵傾平，梯航敢緩仄。謹遣陪臣○○○○○○等虔賫方物仄，趨叩丹墀平。伏願道泰時和平，人康物阜仄。春回有脚仄，律吹黍谷寒林平；仁覆不毛平，露潤江萊澤菅仄。將見山皆貢瑞仄，兆祥符於三十六風平；海不揚波平，集共球於千八百國仄矣。臣某無任瞻天仰聖激切屏營之至，謹奉表進貢以聞。

乾隆○十○年○月○十○日琉球國中山王臣尚某謹上表。

擬進貢表三

琉球國中山王臣尚某誠惶誠恐，稽首頓首，謹奉表上言。伏以帝德覃敷平，萬國隸職方之府仄；皇靈遠播仄，九邊登王會之圖平。覩諸水之朝宗平，梯航畢集仄；望衆星之拱極仄，玉帛偕來平。雲外嵩呼平，波中拜舞仄。恭惟皇帝陛下，聰明亶作仄，文武兼資平。經緯萬端平，治法垂兵刑禮樂仄；紀綱六宇仄，勳猷譜歌叙休和平。臣某海嶠微員平，環瀛末品仄。累叨覆幬仄，涓埃未答於聖明平；兹值貢期平，贄幣敢稽於納款仄。謹遣陪臣〇〇〇〇〇等肅賫方物仄，聊表芹私平。仰藉恩光平，萬祈海納仄。伏願居中表正仄，一道同風平。統侯尉於東西平，宵旰猶懷秋駕仄；合車書於南北仄，睿思時凛春冰平。將見器車出而澤馬來平，超八九之往跡仄；紫脱華而朱英秀仄，跨三五之遥踪平矣。臣某無任瞻天仰聖激切屏營之至，謹奉表恭進以聞。

年號〇〇年〇月〇十〇日琉球國中山王臣尚某謹上表。

擬進貢表四

琉球國中山王臣尚某誠惶誠恐，稽首頓首，謹奉表上言。伏以運際昌明平，四海之車書日麗仄；時臻熙皡仄，萬方之玉帛雲從平。侯甸要荒平，罔不山鳴谷應仄；躬桓蒲穀仄，永期海晏河清平。慶洽普天平，歡聯率土仄。恭惟皇帝陛下，道高千聖仄，德邁百王平。擴無外以爲規平，八荒在闥仄；撫有截而作所仄，六合爲家平。臣某蜃宇微員平，蛟宫下吏仄。翹首君門於雲外仄，徒切望河平；惟循臣職於波區平，恒殷就日平。謹遣陪臣〇〇〇〇〇等肅賫方物仄，祇屬野芹溪毛平；虔貢丹墀平，仰藉海涵茹納仄。伏願堯天普覆仄，舜日咸熙平。垂拱凝庥平，渤澥順耕鑿之則仄；勵精圖治仄，滄溟諧琴瑟之音平。將見來享來王平，覩琛金之踵至仄；卜年卜世仄，奠鼎祏於無疆平矣。臣某無任瞻天仰聖激切屏營之至，謹奉表恭進以聞。

擬進貢表五

琉球國中山王臣尚某誠惶誠恐，稽首頓首上言。伏以黼座天開平，萬國共球歌湛露仄；楓宸日麗仄，八荒簪笏沐薰風平。玉帛來同平，咸望建章而拜舞仄；車書集統仄，群瞻長樂以山呼平。鮫嶼分榮平，蟻封知慶仄。恭惟皇帝陛下，堯仁廣運仄，文德維新平。太極恒啓經筵平，學貫關閩濂洛仄；崇政時勤宵旰仄，治敷禮樂兵刑平。臣某海表藩封平，島中澤國平。河潤頻沾於雲外仄，涓埃莫答於聖朝平。茲值貢期平，敢稽納款仄。謹遣陪臣〇〇〇〇〇等賫中山之土産仄，僅屬溪毛野芹平；叩丹闕之崇堦平，竊效傾葵獻曝仄。伏願勵精圖治仄，夕惕朝乾平。咸五而臨平，道高于聖神文武仄；登三以治仄，澤流于侯甸要荒平。將見浴日滔星平，共樂春臺壽域仄；而扶桑高柳仄，各安桂海冰天平矣。臣某無任瞻天仰聖激切屏營之至，謹奉表進貢以聞。

擬進貢表六

伏以聖德凝庥平，嘉社衍無疆之慶仄；皇猷錫福仄，祥符昭有道之長平。玉帛雲從平，梯航咸登壽域仄；車書日麗仄，甸荒共履春臺平。域外歡呼平，寰中拜舞仄。恭惟皇帝陛下，聰明天縱仄，敦敏性生平。敷治邇英平，武誥湯盤披黼座仄；懋修崇政仄，豳風箕範燦楓宸平。臣某海嶠微僚平，藩垣末品仄。望金門玉陛仄，波濤隔萬里雲霄平；瞻景運泰階平，島嶼分九天雨露仄。蛟宮屏息仄，徒切依光平，㢠宇棲居平，久叨培造仄。謹遵貢典仄，敢緩輸將平。特遣陪臣〇〇〇〇〇〇等恭捧表章平，肅陳方物仄。聊表葵傾之意仄，仰祈海納之慈平。伏願精一彌堅平，聖神愈廣仄。經天兼以緯地仄，六宇朝宗平；〔奪〕〔奮〕武復能揆文平，八荒拱極仄。將見山如礪而河如帶仄，金甌永固于千秋平；畢協雨而箕協風平，玉燭常調于奕禩仄矣。臣某無任瞻天仰聖激切屏營之至。

擬進貢表七

伏以聖朝大一統仄，河山偕日月光華平；皇圖鞏萬年平，玉帛並風雲絢爛仄。節頒龍虎仄，奉冠帶者咸樂朝宗平；贄貢雉獒平，宣正朔者皆思拱極仄。普天喜動仄，率土歡聯平。恭惟皇帝陛下，仁冒八荒平，德綏九有仄。垂裳南面仄，紹危微精一之傳平；緼瑟深宮平，闡河圖洛書之秘仄。臣某海疆下吏仄，島嶼末僚平。世守藩垣平，代供職貢仄。僻居鮫室仄，類藉有脚陽春平；翹望龍墀平，徒切傾心葵藿仄。謹遣陪臣〇〇〇〇〇〇等虔賚土産仄，甫叩玉階平。伏願文治彌光平，淵修愈懋仄。恩敷帶礪仄，滄溟之鼉浪永恬平；澤被屏藩平，渤澥之鯨波常靖仄。將見五風十雨仄，兆瑞於熙皞之朝平；而四海九州平，悉登於仁壽之域仄矣。臣某無任瞻天仰聖激切屏營之至。

擬進貢表八

伏以泰運長亨平，萬國之共球畢集仄；乾綱丕振仄，八荒之玉帛洊臻平。雉尾雲移平，聽曉鐘於丹闕仄；螭頭日暖仄，燦仙伏於玉階平。澤國歡呼平，波臣羅拜仄。恭惟皇帝陛下，神奇天授仄，恭默性成平。紹千聖之心傳平，惟精惟一仄；繼百王之治法仄，丕顯丕承平。臣某僻處島區平，代〔修〕職貢仄。雖國微地狹仄，涓滴不足增滄海之波平；而效順懷誠平，彈丸猶得仰喬雲之庇仄。謹遵貢典仄，敢緩輸將平。特遣陪臣〇〇〇〇〇〇等肅捧表章平，虔陳葵藿仄。伏願淵修愈懋仄，文治彌光平。福錫箕疇平，颺而賛者夔龍稷契仄；祚綿姬籙仄，梯且航者東西朔南平。將見扶桑叢桂之鄉平，悉占雲而納節仄；高柳生風之地仄，咸候月而歸琛平矣。臣某無任瞻天仰聖激切屏營之至。

擬進貢表九

伏以聖祉凝禧平，福祚共乾坤並峙仄；皇猷壯麗仄，鼎圖偕日月齊輝平。大一統之車書平，梯航類雲蒸霞蔚仄；集萬方之玉帛仄，帶礪燦碁布星羅平。恭惟皇帝陛下，道高咸五仄，德峻登三平。聲教燭冰天平，化洽歌風緼瑟仄；仁恩薄桂海仄，治臻鼓腹含哺平。臣某海島藩封平，滄溟末職仄。情殷曝獻仄，跋涉豈憚波濤平；志切葵傾平，貢期敢稽納款仄。謹遣陪臣〇〇〇〇〇〇等肅賫方物仄，聊表芹私平。伏願盛德日新平，大業富有仄。來王來享仄，恒思賈誼保泰之言平；受共受球平，時廑山濤危明之慮仄。將見東西南朔仄，赫厥聲而濯厥靈平；侯甸要荒，小者懷而大者畏仄矣。臣某無任瞻天仰聖激切屏營之至。

擬進貢表十

伏以聖主當陽平，職方紀雨風和會仄；哲王御宇仄，重譯依日月光華平。開閶闔而拜冕旒平，雉羽花迎劍珮仄；瞻宮闕而輯圭璧仄，鵷行彩映星碁平。澤國忭歡平，波臣鼓舞仄。恭惟皇帝陛下，聰明睿知仄，文武聖神平。超帝軼王平，大業冠二十一史仄；經天緯地仄，鴻圖邁四千餘年平。臣某島服微僚平，藩封末品仄。代沐聖朝覆庇仄，德重如山平；躬承寵命册封平，恩深似海仄。雖以波濤浩淼仄，敢稽職貢梯航平。球陽之仰照無方平，納款之輸誠較切仄。謹遣陪臣○○○○○○等虔齎土物仄，趨叩丹墀平。聊表芹私平，用伸曝獻仄。伏願居中表正仄，一道同風平。玉燭輝煌平，藻火誦良箴之什仄；金甌奠麗仄，宵衣繙《無逸》之篇平。將見受共受球平，水鰈共林鶼獻瑞仄；而來王來享仄，郊麟偕藪鳳呈祥平矣。臣某無任瞻天仰聖激切屏營之至。

擬進貢表十一

伏以聖德凝庥平，嘉祉行無疆之慶仄；皇猷錫福仄，祥符昭有道之長平。玉帛雲從平，梯航咸登壽域仄；車書日麗仄，甸荒共履春臺平。域外歡呼平，寰中拜舞仄。恭惟皇帝陛下，聰明天縱仄，敷敏性成平。敷治邇英平，武誥湯盤披黼座仄；懋修崇政仄，豳風箕範燦楓宸平。渤澥遍恩膏平，銀甕器車呈瑞仄；滄溟沾聲教仄，河清海晏揚休平。臣某海宇微僚平，藩垣末品仄。望流沙積石仄，波濤隔萬里雲霄平；瞻景運泰階平，島嶼分九天雨露仄。蛟宫屏息仄，徒切依光平；扆宇棲居平，久叨培造仄。筐篚争先于肅慎仄，共球敢後于越裳平。謹遣陪臣○○○○○○等趨叩彤墀平，肅賫方物仄。彈丸黑子仄，愧無瑚璉貝珠平；蕞爾小邦平，僅獻藿葵藴藻仄。聊表負暄之意仄，仰藉納谷之慈平。伏願聖神愈廣仄，精一彌修平。緯地兼以經天平，八荒拱極仄；揆文復能奮武仄，六宇朝宗平。將見畢協雨而箕協風平，玉燭常調于奕禩仄；山如礪而河如帶仄，金甌永固于千秋平矣。臣某無任瞻天仰聖激切屏營之至。

擬進貢表十二

伏以聖教誕敷平，四海祝昇平之治仄；皇綱丕振仄，萬年綿福祚之長平。綜王會之輿圖平，嶽瀆燦於碁布仄；攬職方之版宇仄，河山焕若星羅平。喜溢普天平，歡騰率土仄。恭惟皇帝陛下，允文允武仄，作君作師平。垂拱歌風平，解愠阜財遊盛世仄；凝旒鳴豫仄，含哺鼓腹樂清時平。鳳司頌泰階之平平，黿梁兆安瀾之慶仄。臣某南溟末職仄，東渤微員平。俗熏椎髻侏㒧平，何異乎雕題鑿齒仄；化被冠裳禮樂仄，稍殊于木食草衣平。雖僻處鮫宫平，時凛天威咫尺仄；而棲遲扆宇仄，惟循臣分輸將平。捲萬里之鯨濤平，鼓棹如登袵席仄；展一絲之蟻悃仄，乘槎若履康莊平。海外嵩呼平，遥聽鈞天雅奏仄；山陬華祝仄，榮分太液恩波平。贄幣争先越裳平，梯航恐後笻笮仄。謹遣陪臣○○○○○○等肅賫方物仄，趨叩彤墀平。恭奉葵藿上陳平，仰冀葑菲下採仄。伏願德齊廣運仄，學繼緝熙平。論道邇英平，銅漏宣未央之問仄；綏猷崇政仄，藻火懋長樂之修平。則安愈求安平，治益求治仄。輸玉帛者遍戴日戴斗之區平，獻共球者集如雨如雲之盛仄矣。臣某無任瞻天仰聖激切屏營之至。

擬進貢表十三

伏以黼座天開平，萬國共球歌湛露仄；楓宸日麗仄，九荒簪笏沐薰風平。玉帛來同平，咸望建章而拜舞仄；車書集統仄，群瞻宮扇以山呼平。内府之翡翠繽紛平，上方之貝珠璀燦仄。蟻封知慶仄，鮫嶼分榮平。恭惟皇帝陛下，德覆堯天平，仁敷禹甸仄。太極之經筵恒啓仄，學貫濂洛關閩平；崇政之宵旰時勤平，治措兵刑禮樂仄。銀甕金船呈瑞仄，瑞花瓊樹凝輝平。臣某海表藩封平，島中澤國仄。波濤隔九天雲樹仄，末由登閶闔而肅朝儀平；奕葉叨累代栽培平，惟是瞻箕翼而殷華祝仄。河潤頻沾于雲外仄，涓埃莫答于聖朝平。雖鮫室之寒林平，律吹生煖仄；而蜃宫之花木仄，陽向皆春平。雪浪汪洋横飛平，舟楫恍如鼉戴仄；水天飄渺一色仄，帆檣不慮鯨波平。洵爲清晏揚休平，真覺泰階景象仄。兹遵貢期之典仄，敢稽納款之常平。謹遣陪臣○○○○○○等叨陪玉筍班聯平，趨附躬桓行列仄。賚中山之土産仄，僅屬溪毛平；叩丹陛之崇堦平，竊祈海納仄。伏願勵精圖治仄，夕愓朝乾平。咸五而臨平，道高于聖神文武仄；登三以治仄，澤流于侯甸要荒平。將見浴日滔星平，共樂春臺壽域仄；而扶桑高柳仄，各安桂海冰天平矣。臣某無任瞻天仰聖激切屏營之至。

擬進貢表十四

伏以聖朝大一統仄，河山偕日月光華平；皇圖鞏萬年平，玉帛共風雲絢爛仄。節頒龍虎仄，奉冠帶者咸樂朝宗平；贄貢雉獒平，宣正朔者皆思拱極仄。普天喜動仄，率土歡聯平。恭惟皇帝陛下，仁冒八荒平，德綏九有仄。垂裳南面仄，紹危微精一之傳平；緼瑟深宮平，闡河圖洛書之秘仄。千秋金鑑仄，宵旰不輟於楓宸平；大寶良箴平，午夜猶披於講幄仄。臣某海疆下吏仄，島嶼末僚平。世守藩垣平，代供職貢仄。僻居鮫室仄，頻藉有脚陽春平；翹望龍墀平，徒切傾心葵藿仄。謹遣陪臣〇〇〇〇〇等虔賚土産仄，趨附鵷鷺清班平；甯叩玉階平，獲覩冠裳仙仗仄。雖土儀薄物仄，祇爲澤國溪毛平；而贄幣輸誠平，仰賴仁慈海納仄。球陽倍加起色仄，荒服愈覺增榮平。伏願文治彌光平，淵修愈懋仄。恩敷帶礪仄，滄溟之鼉浪永恬平；澤被屏藩平，渤澥之鯨波常靖仄。將見五風十雨仄，兆瑞於熙皞之朝平；而四海九州平，悉登於仁壽之域仄矣。臣某無任瞻天仰聖激切屏營之至。

卷四

欽賜寶篆謝表

尚質

琉球國中山王臣尚質誠歡誠忭，稽首頓首上言。伏以紫氣承天，鳳曆茂萬年鼎鼐；黃扉耀日，龍章崇一德台衡。天壤騰歡，要荒綏乂。臣尚質誠惶誠恐，稽首頓首上言。竊惟天門日朗，光照穹蒼；大地陽回，春生幽谷。是以殊方效順，咸懷重譯之忱；異域投誠，共切朝宗之慕。我清朝實資世德，三十載之修平，遍慰雲霓；十五國之驅除，悉調風雨。恭逢皇帝陛下，允文允武，乃聖乃神。斐鼎彝之銘，大箕裘之業。聲教所訖，到處知不愆而不忘；恩威攸布，所在悉由述而由舊。體先王柔遠之意，再錫彤章；承祖宗一統之休，復修文德。臣質僻處中山，向陽實同草木；愚卑嗣子，投新敢切共球。何幸天朝，遥頒芝誥。金章優錫，寶篆生花；玉幣重施，機紋炫彩。數年碧海澄波，早知中國之聖人；此日蒼璧龍光，緬懷有道之天子。願寸心之感激，詎尺素所能宣。不揣專遣陪臣，謝兹寵眷；虔將貢物，聊表微忱。伏願聖仁普利，鑒小國之來享來王；帝德崇隆，重下濟而如礪如帶。將見中外臣鄰，祝一人之有慶；荒徼玉帛，頌萬壽於無疆矣。臣不勝激切屏營之至，謹奉表稱謝以聞。

康熙二年十月二十二日，琉球國中山王臣尚質謹上表。

擬欽賜寶印謝表一

伏以聖教誕敷平，四海播同文之治仄；皇猷丕振仄，萬年昭一道之風平。銀黄分牛紐螭駝平，等威攸辨仄；文信達龍符虎節仄，體統具存平。慶溢垂紳平，歡騰搢笏仄。恭惟皇帝陛下，兼三出震仄，乘六體乾平。宸衷釐政教大同平，篆刻守同文之義仄。黼座懷車書一統仄，印信昭畫一之規平。臣某蟻域末員平，鮫宮微職仄。念玄高代承封典仄，洎祖父世沐恩膏平。乃臣躬復遇温綸平，聿宣寶册仄；而彈丸叠荷天眷仄，再錫彤章平。雲外歡呼平，島中羅拜仄。特遣陪臣○○○○○○等恭賫短疏仄，侜謝天恩平。伏願德維日新平，福垂天保仄。鐫刻之奇文璀燦仄，貫斗牛以噴瑶光平；含鈎之寶色琳瑯平，走龍蛇而簇金管仄。將見祥徵雨粟仄，金湯永固於千秋平；氣可燭天平，銀界長輝於百世仄矣。臣某無任瞻天仰聖激切屏營之至。

擬欽賜寶印謝表二

伏以聖治啓圖書平，丕焕銀黄之彩仄；皇恩垂璞琬仄，永增金紫之輝平。鶴舞螭蟠平，篆文共星辰並麗仄；龜靈鵲瑞仄，彤章偕雲日凝祥平。四野鳴歡平，千官誌慶仄。恭惟皇帝陛下，堯文廣運仄，舜德重華平。位育配中和平，既星陳而雲爛仄；禮樂隆制作仄，復玉振而金聲平。臣某東渤備藩平，南溟末吏仄。叠膺天眷仄，永沐恩波平。龍節虎符平，遍達於山陬海澨仄；駝文牛紐仄，遥頒於天府彤庭平。

銀章照耀沙城平，玉篆輝煌山洞仄。永作鎮邦之寶仄，奉爲祚國之珍平。謹遣陪臣○○○○○○等恭賫短疏上陳平，匍叩謝恩丹陛仄。伏願經天緯地仄，奮武揆文平。帶礪星羅平，剖玉符於東西南朔仄；河山綺錯仄，分印綬於采衛要荒平。將見圖籙紀千年平，海晏河清獻瑞仄；軌文昭百代仄，露甘雨澍揚庥平矣。臣某無任瞻天仰聖激切屏營之至。

擬欽賜寶印謝表三

伏以帝德茂聖神平，四海慶車書之治仄；皇猷隆制作仄，九重垂琰琬之模平。碧玉琢蛟龍平，文光射浮牛斗仄；黄金鐫龜鶴仄，祥符彩映奎躔平。島外歡騰平，寰中喜動仄。恭惟皇帝陛下，模天範地仄，鑄舜陶堯。楓宸寵賁銀黄平，帶礪之等威攸辨仄；黼座榮分金紫仄，屏垣之符節遥頒平。臣某藩服微員平，波區末職仄。雖以彈丸海嶼仄，篆刻應守同風平；乃以蕞爾要荒平，天府特宣印信仄。捧錦軸而羅拜仄，奉御製以嵩呼平。特遣陪臣○○○○○○等肅賫短疏上陳平，匍叩謝恩天闕仄。伏願藻成五采仄，道協三辰平。蒲穀躬桓平，剖符絢星雲之瑞平；甸男采衛仄，俊乂賡清晏之章平。將見東渤分璜平，水鰈林鶼獻彩仄；而南溟輯瑞仄，印龜石鵲凝祥平矣。臣某無任瞻天仰聖激切屏營之至。

擬欽賜寶篆謝表一

伏以聖教誕敷平，四海播同文之治仄；皇猷丕振仄，萬年昭一道之風平。銀黄分牛紐螭駝平，等威攸辨仄；文信達龍符虎節仄，體統具存平。議禮與制度偕臧平，鏤玉合範金並重仄。歡騰搢笏仄，慶溢重紳平。恭惟皇帝陛下，乘六體乾平，兼三出震仄。金章雲靄仄，邁雅製於羲皇平；玉篆星懸平，駕隸文於秦漢仄。黻座懷車書一統仄，印信昭畫一之規平。宸衷釐政教大同平，篆刻守同文之義仄。臣某鮫宮微職仄，蟻域末員平。念玄高世篤忠貞平，洎祖父封典仄。恩深河海仄，德重邱山平。乃臣躬復捧恩綸平，聿宣寶册仄；而彈丸疊荷天眷仄，再錫彤章平。思樗櫟之匪材平，王魚空貺仄；愧駑駘之莫副仄，銅虎濫膺平。何幸鳳藻遥頒平，瀛嶼之圖書獻瑞仄；共瞻龍文寵賁仄，沙城之花木生香平。玉篋裝玉軸以分光平，銀章燦銀河而鬬彩仄。島中羅拜仄，雲外歡呼平。特遣陪臣〇〇〇〇〇〇等恭賚短疏上陳平，匍叩謝恩天闕仄。伏願福垂天保仄，德惟日新平。含鈎之寶色琳瑯平，走龍蛇而簇金管仄；鐫刻之奇文璀燦仄，貫斗牛以噴瑶光平。將見氣可燭天平，銀界長輝於百世仄；祥徵雨粟仄，金湯永固于千秋平矣。臣某無任瞻天仰聖激切屏營之至。

擬欽賜寶篆謝表二

琉球國中山王臣尚某誠惶誠恐，稽首頓首，謹奉表上言。伏以聖治啓圖書平，丕焕銀黄之彩仄；皇恩垂琰琬仄，永增金紫之輝平。鶴舞螭蟠平，篆文共星辰並麗仄；龜靈鵲瑞仄，彤章偕雲日凝祥平。榮分肘後纍纍平，寵錫腰間若若仄。千官誌慶仄，四野鳴歡平。恭惟皇帝陛下，舜德重華平，堯文廣運仄。禮樂隆制作仄，既玉振而金聲平；位育配中和平，復星陳而雲爛仄。猶念車書一統仄，特頒印信大同平。臣某東渤備藩平，南溟末吏仄。叠膺天眷仄，永戴高深平。仰藉恩光平，頻沾河潤仄。龍符虎節仄，遍達於海澨山陬平；牛紐駝文平，遥賁於彤庭天府仄。銀章臨碧嶼仄，光芸摇漾銀河平；玉篆映滄波平，寶色繽紛玉軸仄。沙城之山川噴彩平，環島之花木生妍平。印章鎸刻琳瑯平，錦匣硃丹璀燦仄。永作鎮邦之寶仄，奉爲祚國之珍平。謹遣陪臣〇〇〇〇〇等恭賫短疏上陳平，匍叩謝恩丹陛仄。伏願經天緯地仄，奮武揆文平。帶礪星羅平，剖玉符於東西南朔仄；河山綺錯仄，分印綬於采衛要荒平。將見圖籙紀千年平，海晏河清獻瑞仄；軌文昭百代仄，露甘雨澍揚庥平矣。臣某無任瞻天仰聖激切屏營之至，謹奉表稱謝以聞。

擬欽賜寶篆謝表三

琉球國中山王臣尚某誠惶誠恐，稽首頓首，謹奉表上言。伏以帝德茂聖神平，四海慶車書之治仄；皇猷隆制作仄，九重垂琰琬之模平。碧玉琢蛟龍平，文光射浮牛斗仄；黄金鎸龜鶴仄，祥符彩映奎躔平。銀鈎鐵畫競輝平，錦軸硃砂獻瑞仄。寰中喜動仄，島外歡聯平。恭惟皇帝陛下，範地模天平，陶堯鑄舜仄。黼座榮分金紫仄，屏翰之符節遥頒平；楓宸寵賁銀黄平，帶礪之等威攸辨仄。牛紐螭駝雲靄仄，龜文鳳藻星懸平。搢笏增輝平，垂紳壯彩仄。臣某波區末職仄，海嶠微員平。屏息鮫宫平，徒羡金門拖紫綬仄；僻居蜃宇仄，遥瞻青瑣佩銅符平。何幸蕞爾要荒平，天府特頒印信仄；即以彈丸海嶼仄，篆刻應守同風平。采錯金章平，挾金甌而並麗仄；文浮玉筯仄，齊玉燭以争奇平。肘繫纍纍平，光燄映山川河嶽仄；腰懸若若仄，晶瑩噴霞霧烟波平。文信布三千六島之中平，印綬綿億千百年之祚仄。捧錦軸而羅拜仄，奉御製以嵩呼平。特遣陪臣〇〇〇〇〇〇等肅賫短疏上陳平，甪叩謝恩天闕仄。伏願藻成五采仄，道協三辰平。蒲穀躬桓平，剖符絢星雲之瑞仄；甸男采衛仄，俊乂賡清晏之章平。將見東渤分瑱平，水鰈林鶼猷彩仄；而南溟輯瑞仄，印龜石鵲凝祥平矣。臣某無任瞻天仰聖激切屏營之至，謹奉表稱謝以聞。

特賜御筆謝表一

尚敬

琉球國中山王臣尚敬誠惶誠恐，稽首頓首上言。伏以帝德遍乾坤平，（原擬：哲后撫璇圖）中外都協和之盛仄；皇恩彌宇宙仄，（原擬：聖人登黼座）遐邇承（原擬：沐）熙皞之隆平。（原擬：休）輯五瑞班五瑞仄，咸瞻有道聖人平；玉萬方帛萬方平，共仰太平天子仄。普天慶溢仄，率土歡騰平。恭惟皇帝陛下，聰明睿知仄，文武聖神平。至德日躋平，繼日王之道統仄；（原擬：玉階青瑣之間而玉禾屢告）弘仁時懋仄，紹千聖之心傳平。（原擬：金陛丹墀之下而金粟常收）物阜民康平，幸遇聖世明良之會仄；時雍俗美仄，喜際熙明泰運之期平。四海徧沐仁風平，八埏深沾愷澤仄。臣敬備藩海邦平，供職荒服仄。叨蒙殊恩平，雖應德報仄。頂踵何裨平，特膺異數仄。欲表愚誠平，芹葵不腆仄。肅遣陪臣向得功、鄭士絢等薄陳方物仄，聊伸謝悃仄。伏願峻德彌崇平，洪恩愈擴仄。西被流沙而東漸渤海仄，醴泉與芝草偕生平；南距五嶺而北暨三塗平，瑞鳳共祥麟俱集仄。則躬桓蒲穀仄，覘億萬年有道之長平；而玉帛車書平，亘千百世無疆之祚仄矣。臣敬無任瞻天仰聖激切屏營之至，謹奉表稱謝以聞。

雍正三年十一月二十一日　　尚敬

特賜御筆謝表二

琉球國中山王臣尚敬誠惶誠恐，稽首頓首，謹奉表上言。伏以聖德覃敷，海宇焕成虹之彩；皇恩廣被，澤國覩如玉之章。發麗藻於瓊函，光揺寶鑑；懸珠璣於遠島，彩奪黄雲。寰中誌慶，域外歡呼。恭惟皇帝陛下，象外參元，畫前契道。參天兩地，炳日星雲漢以爲章；敷德布恩，駕虞夏商周而獨盛。臣敬窮島微員，荒居末吏。無由登拜，念切瞻依。在昔深荷聖祖「中山守土」之德音映日，明霞絢爛；自後叨承世宗「輯瑞球陽」之翰藻遥天，珠雨飛騰。兹逢皇上御極，復蒙特賜綸扁。煌煌天語，爰新海國之規模；郁郁王言，悉增島服之壯麗。綏懷溢量，慚感非常。特遣陪臣翁鴻業、蔡其棟等凛遵恩綸，附陳奏謝。伏願道岸再登，聖功加懋。垂億萬年之道統，益擴前規；接十六字之心傳，直恢往制。將見化成無外，四方仰行地之光華；澤普寰中，表海頌掞天之巍焕矣。臣敬無任瞻天仰聖激切屏營之至，謹奉表稱謝以聞。

乾隆五年。

擬特賜御筆謝表一

伏以黼座灑天章，翰墨昌明宇宙；楓宸揮錦軸，縹緗炳輝山河。蝌蚪行間，藻采映奎躔之宿；

（風）〔鳳〕麟字裡，文光射牛斗之墟。喜動敷天，欣聯匝地。恭惟皇帝陛下，文叶謨典，筆重嶽嵩。瑶函自天上擎來，榮同華衮；寶檢從日邊捧至，耀類〔琅〕玕。臣某雲外藩垣，波中澤國。乃聖藻遥頒於南服，咸羡奇逢；而宸章榮賁於東瀛，僉誇殊典。謹遣陪臣○○○○○等肅賫方物，鋪謝天恩。伏願道奉三無，澤沾九有。龍文耀彩，筆端旋轉乾坤；鳳藻吐葩，几上氤氲日月。將見雲生玉管，偕玉燭以長輝；露潤金莖，共金甌而並麗矣。臣某無任瞻天仰聖激切屏營之至。

擬特賜御筆謝表二

伏以龍文耀彩，三殿錫琰琬之珍；鳳藻騰輝，八埏著絲綸之美。飛白榮分帶礪，象管偕奎璧凝祥；汗青寵賁屏藩，螭版共星辰競燦。波中拜舞，海外歡呼。恭惟皇帝陛下，德協中和，功調氣化。楓宸披黄絹，四字皆玉律金科；黻座展絳綃，一行盡銀鈎鐵畫。臣某蟻封末吏，扆宇微僚。累世仰聖藻輝煌，今兹捧宸章絢爛。環瀛壯彩，海嶼增輝。特遣陪臣○○○○○等肅捧表章，謝恩天闕。伏願經文緯武，軼帝超王。玉軸流光，走珠璣於腕下；金莖吐秀，會風雨于毫端。將見龍出河津，瑞獻丹文之象；而龜浮洛水，祥開緑字之符矣。臣某無任瞻天仰聖激切屏營之至，謹奉表稱謝以聞。

擬特賜御筆謝表三

伏以睿藻輝煌，飛白耀九天奎璧；宸章璀燦，琬琰開百代風雲。翰染珠璣寶檢，春融渤澥；毫濡錦繡瑶函，日麗滄波。雲外騰歡，寰區溢慶。恭惟皇帝陛下，言垂綸綍，道契苞符。象管摛成，綾箋噴宫花而散綺；豹囊灑就，翰墨從禁掖以流香。臣某供職藩封，備員海嶠。何幸御書遥貺，乃辱聖藻榮頒。爵焕奇葩，永共江河並壽；琳瑯寶色，直與星月齊輝。特遣陪臣○○○○○○等肅捧表章，謝恩北闕。伏願休風廣被，文教覃敷。愷澤遍遐陬，九重開珊瑚之架；恩膏流薄海，三殿展玳瑁之床。將見瑞氣凌霄，島嶼衍昭回之慶；文光射斗，海疆占雨粟之祥矣。臣某無任瞻天仰聖激切屏營之至。

擬特賜御筆謝表四

琉球國中山王臣尚某誠惶誠恐，稽首頓首，謹奉表上言。伏以睿藻輝煌，飛白輝九天奎璧；宸章璀燦，琬琰開百代風雲。翰染珠璣寶檢，春融渤澥；毫濡錦繡瑶函，日麗滄波。群瞻玉律金科，共羡丹文緑字。寰區溢慶，雲外騰歡。恭惟皇帝陛下，道契苞符，言垂綸綍。龍文灑就，翰墨從禁掖以流香；鳳彩摛成，綾箋噴宫花而散綺。兔毛象管，光浮天漢銀潢；龍劑豹囊，彩映琅玕圭璧。臣某備員海嶠，供役藩封。代承寵眷之鴻恩，疊錫綸音於蟻域。御書遥貺，露滋霞絢繽紛；聖藻榮頒，斗燦虹横爛熳。一行似龍躍虎卧，四字皆鐵畫銀鈎。綸扁逼井幹以高懸，龍光厘就瞻日下；黼藻偕雕櫟而繞豎，君威凛咫尺雲邊。爵焕奇葩，永共江河並壽；琳瑯寶色，直與星月齊輝。特遣陪臣○○○○○○等肅捧表章，謝恩北闕。伏願休風廣被，文教覃敷。愷澤遍遐陬，九重開珊瑚之架；恩膏流薄海，三殿展玳瑁之床。將見瑞氣凌霄，島嶼衍昭回之慶；文光射斗，海疆占雨粟之詳矣。臣某無任瞻天仰聖激切屏營之至，謹奉表稱謝以聞。

擬特賜御筆謝表五

琉球國中山主臣尚某誠惶誠恐，稽首頓首，謹奉表上言。伏以龍文耀彩，三殿錫琰琬之珍；鳳藻騰輝，八埏著緑綸之美。飛白榮分帶礪，螭版偕奎璧凝祥；汗青寵賁屏藩，象管共星辰競燦。瑞繞雕樑畫棟，光生玉箔珠簾。海外歡呼，波中拜舞。恭惟皇帝陛下，聰明天授，學問日新。黻座展絳綃，一行盡銀鈎鐵畫；楓宸披黃絹，四字皆玉律金科。濡墨從北闕以流香，梁翰至南邦而散綺。千秋曠典，百代殊遭。臣某蜃宇微僚，蟻封末吏。累世捧宸章，璀燦斗輝星横；今兹仰聖藻，繽紛露滋霞爛。紫泥頒下，五采恍綴球琳；丹鳳銜來，一幅宛舖錦繡。御書臨於海嶼，三十六島之花木生春；綸扁懸於環瀛，數百餘里之山川吐彩。齊雲朱檻，遥觀鶴舞鸞迴；玉軸錦屏，群羡龍翔虎卧。皇洲雖遠，雲日猶厘就瞻；黼藻式憑，嵩華愈殷呼祝。御製之榮施叠沛，頂踵之糜爛難酧。特遣陪臣〇〇〇〇〇〇等肅捧表章，謝恩天闕。伏願經文緯武，軼帝超王。玉管流光，走珠璣於楮上；金莖吐秀，會風雨于毫端。將見龍出河津，瑞獻丹文之篆；而龜浮洛水，祥開緑字之符矣。臣某無任瞻天仰聖激切屏營之至，謹奉表稱謝以聞。

乾隆〇十〇年〇月〇〇日琉球國中山王臣尚某謹上表。

擬特賜御筆謝表六

琉球國中山王臣尚某誠惶誠恐，稽首頓首，謹奉表上言。伏以黼座灑天章，翰墨昌明宇宙；楓宸揮錦軸，縹緗炳耀山河。蝌蚪行間，藻采映奎躔之宿；鳳麟字裡，文光射牛斗之墟。濡毫香繞滄溟，飛白瑞浮渤澥。敷天喜動，匝地欣聯。恭惟皇帝陛下，筆重嶽嵩，文叶謨典。宫庭潑墨，光生玳瑁之床；禁掖傳箋，彩焕珊瑚之架。寶檢從日邊捧至，耀類琅玕；瑶函自天上擎來，榮同華衮。聖藻輝煌於南服，咸羡奇逢；宸章璀燦於東瀛，僉誇殊典。臣某波中澤國，雲外藩垣。雖海嶠遥隔黄扉，末由趨金殿而燃脂噴彩；乃波區叠叨寵眷，奚啻步玉堂而吮墨分香。綸匾遥臨，字字皆銀鈎鐵畫；御書遂賁，幅幅盡玉律金科。全軸綾箋，群驚爲龍耀虎卧；一行錦綺，共瞻若鶴舞鸞迴。逼齊雲井幹以高懸，山川起色；偕畫棟雕樑而繞豎，烟霧凝輝。允爲曠代隆恩，洵覺盛時異遇。謹遣陪臣〇〇〇〇〇等肅賫方物，甬謝天恩。伏願道奉三無，澤占九有。龍文耀彩，筆端施轉乾坤；鳳藻吐葩，几上氤氲日月。將見雲生玉管，偕玉燭以長輝；露潤金莖，共金甌而並麗矣。臣某無任瞻天仰聖激切屏營之至，謹奉表稱謝以聞。

乾隆〇十〇年十〇月二十〇日琉球國中山王臣尚某謹上表。

欽賜器物謝表一

尚敬

伏以帝德徧乾坤，中外覩協和之盛；皇恩彌宇宙，遐邇承熙皥之隆。輯班五瑞，百辟咸瞻有道聖人；玉帛萬方，八荒共仰太平天子。普天慶溢，率土歡騰。恭惟皇帝陛下，道隆堯舜，功過湯文。大德日新，繼百王之道統；覃恩時懋，紹千聖之心傳。物阜民康，欣逢聖世明良之會；時雍俗美，喜際熙朝泰運之期。四海徧沐仁風，八埏深沾愷澤。臣敬僻處海隅，荷沐天眷。雖竭誠而拜頌，實仰報而無從。謹遣陪臣毛鴻基、鄭秉彝等恭齎短疏，聊申誠悃。伏願仁恩愈擴，德澤彌深。西被流沙而東漸渤海，醴泉與芝草俱生；南距五嶺而北暨三塗，瑞鳳共祥麟偕集。則躬桓蒲穀，覩億萬年有道之長；而玉帛車書，亘千百世無疆之祚矣。臣敬無任瞻天仰聖激切屏營之至，謹奉表稱謝以聞。

雍正六年。

欽賜器物謝表二

尚敬

伏以九天雨露，溥汪濊于寰中；三殿恩膏，偏涵濡于域外。治協八風之奏，世際雍熙；化行萬國之淳，人歌衢壤。普天踴躍，大地歡呼。恭惟皇帝陛下，堯仁丕冒，舜知重華。運啓昌明，甘露與醴泉迭應；道符泰始，靈芝偕蓍草駢臻。臣敬窮島彈丸，南荒末吏。深承恩眷，知中國有聖人；遜聽嘉祥，戴萬年之天子。乃以踈賤微臣，叠荷隆恩優渥。頒來天語，徹寒林黍谷以同温；旋捧奇珍，出内府上方之秘寶。綏懷溢量，惭感非常。謹遣陪臣向克濟、蔡文河等凛遵恩綸，附陳奏謝。伏願道擴三無，德弘九有。撫中外如一室，盡地開封；聯遐邇于一心，罄天張宇。則獻琛納賮，徧男邦采衛之遥；而服教畏神，大漸被暨訖之化矣。臣敬無任瞻天仰聖激切屏營之至，謹奉表稱謝以聞。

雍正八年。

擬欽賜器物謝表一

伏以皇仁沛時雨，九重膺享贊之隆；帝德燦朝霞，八表沐懷柔之典。湛恩灑於北闕，球陽之草木生春；愷澤流於南溟，瀛嶼之河山壯彩。藩垣慶溢，荒服歡騰。恭惟皇帝陛下，道邁百主，功高千聖。漸以仁而摩以義，執玉帛者史不絶書；奮以武而揆以文，受共球者歲無虚日。臣某藩封下吏，海嶠微員。翹首金門，遥隔波濤於萬里；診承寵眷，累叨覆載於千秋。捧命增虔，拜嘉愈勵。鮫宫窮島，受琚愧乏答酧；蟻垤樗材，織錦羞無獻頌。謹遣陪臣〇〇〇〇〇〇等肅賫短疏，叩謝天恩。伏願大造無私，陽春有脚。至誠不息，躋萬國於桂海冰天；久道化成，登九州於春臺壽域。將見高柳生風之地，候月歸琛；而扶桑戴斗之鄉，占雲納節矣。

擬欽賜器物謝表二

伏以龍樓日暖，萬方廑瞻就之思；鳳閣春融，六字切帡幪之福。歌享王而奉正朔，榮分天府瑶琚；獻雉嫈而肅冠裳，寵錫上方錦綺。輝流渤海，彩煥滄波。恭惟皇帝陛下，玉質金相，凝旒黈纊。顯謨承烈，聲靈奠麗河山；峻德膚功，經緯昭回雲漢。臣某備員東渤，供職南溟。僻海窮藩，愧無玉樹靈泉之獻；謬膺天眷，偏多荆珍宫錦之頒。曠代特恩，近今殊異。謹遣陪臣○○○○○等肅賫表奏，甯謝天恩。伏願文治彌光，淵修愈懋。超王軼帝，梯航燦類星碁；挈宋提唐，陬澨盟長帶礪。將見天潢凝瑞，衆星萃拱北之祥；海波不揚，諸水擁朝東之盛矣。

擬欽賜器物謝表三

伏以帝德輝煌，紫閣沛九天雨露；皇猷黼黻，黄扉灑四表恩膏。仁聲訖要荒陬澨，如葵嚮日；教化敷（候尉）〔侯衛〕梯航，若草從風。彩溢藩封，光騰島嶼。恭惟皇帝陛下，經天緯地，奮武揆文。恩流於筇笮越裳，共識占星獻砮；化洽於扶桑高柳，咸思候月納環。臣某蕞爾波區，愧無玉樹蝦羅之寶，上陳螭陛；浩蕩天恩，偏承荆山蟒緞之珍，下頒蟻穴。焚香迎賜，琳瑯照輝沙城；盥手拜嘉，藻采光摇山洞。謹遣陪臣○○○○○等肅賫短疏，甯叩謝恩。伏願瑞冕垂裳，歌風緼瑟。共球萬國，擬上大寶之箴；蒲穀千邦，思陳織錦之頌。將見金甌永固，林鶼偕水鰈凝祥；玉燭長調，藪鳳共郊麟獻瑞矣。

擬欽賜器物謝表四

琉球國中山王臣尚某誠惶誠恐，稽首頓〔首，謹奉〕表上言。伏以皇仁沛時雨，九重膺亨贄之隆；

帝德燦朝霞，八表沐懷柔之典。湛恩灑於北闕，球陽之草木生春；愷澤流於南溟，瀛嶼之河山壯彩。疊錫上方秘寶，頻頒内府奇珍。慶溢藩垣，歡騰荒服。恭惟皇帝陛下，功高千聖，道邁百王。摩以義而漸以仁，受共球者歲無虛日；揆以文而奮以武，執玉帛者史不絶書。河清海晏揚休，雲爛星陳獻瑞。臣某藩封下吏，海嶠微員。翹首金門，遥隔波濤於萬里；診承寵眷，累叨覆載於千秋。捧命增虔，拜嘉益勵。玉階宣下寶函，貯盡琛蕖荆珍；天闕擎來綾囊，羅遍鮫綃宫錦。瑩瑩圭璧，光射牛斗之墟；簇簇綺文，爛奪雲霞之彩。珊瑚架上，連城五色琳瑯；玳瑁箱中，華衮千端璀燦。鮫宫窮島，受琚愧乏答酧；蟻垤樗材，織錦羞無獻頌。謹遣陪臣〇〇〇〇〇等肅賫短疏，叩謝天恩。伏願大造無私，陽春有脚。至誠不息，躋萬國於桂海冰天；久道化成，登九州於春臺壽域。將見高柳生風之地，候月歸琛；而扶桑戴斗之鄉，占雲納節矣。臣某無任瞻天仰聖激切屏營之至，謹奉表稱謝以聞。

擬欽賜器物謝表五

琉球國中山王臣尚某誠惶誠恐，稽首頓首，謹奉表上言。伏以龍樓日煖，萬方廑瞻就之恩；鳳閣春融，六宇叨帡幪之福。歌享王而奉正朔，榮分天府瑶琚；獻雉獒而肅冠裳，寵錫上方錦綺。露潤江茅澤菅，温生黍谷寒林。渤海流輝，滄波焕彩。恭惟皇帝陛下，金相玉質，黈纊凝旒。峻德膚功，經緯昭回雲漢；顯謨承烈，聲靈奠麗河山。恩流截竹之鄉，化洽扶桑之域。臣某備員東渤，供職南溟。僻海窮藩，愧無玉樹靈泉之獻；診膺天眷，偏多荆珍宫錦之頒。堆堆五色琳瑯，光映珊瑚玳瑁；簇簇千絲爛縵，彩縈朱紫銀黄。曠代特恩，近今殊遇。謹遣陪臣○○○○○○等肅賫表奏，匍謝天恩。伏願端冕垂裳，歌風緼瑟。超王軼帝，梯航燦類星碁；挈宋提唐，陬澨盟長帶礪。將見天潢凝瑞，衆星萃拱北之祥；海波不揚，諸水擁朝東之盛矣。臣某無任瞻天仰聖激切屏營之至，謹奉表稱謝以聞。

擬欽賜器物謝表六

琉球國中山王臣尚某誠惶誠恐，稽首頓首，謹奉表上言。伏以帝德輝煌，紫閣沛九天雨露；皇猷黼黻，黄扉灑四表恩膏。教化訖要荒陬澨，如葵嚮日；仁聲敷侯衛梯航，若草從風。宫殿之閶闔宏開，冕旒之衣冠共拜。藩封彩溢，島嶼光騰。恭惟皇帝陛下，超帝軼王，經天緯地。德光史册，遠駕於虞夏商周之前；功燦旂常，超邁於漢唐宋明之上。扶桑高柳，咸思候月納環；笳筦越裳，共識占星獻簮。臣某滄溟末品，渤澥下僚。蕞爾波區，愧無玉樹蝦羅之寶，上陳螭陛；浩蕩天恩，偏承荆山蟒緞之珍，下頒蟻穴。焚香迎賜，琳瑯照耀沙城；盥手拜嘉，繽紛光摇山洞。翹望烟波萬里，鳳闕殷遥；泥首雲表三呼，鳧趨莫遂。謹遣陪臣○○○○○○等肅賫短疏，匍叩謝恩。伏願精一彌純，聖神愈懋。共球萬國，擬上大寶之箴；蒲穀千邦，思陳織錦之頌。將見金甌永固，林鶼偕水鰈凝祥；玉燭長調，藪鳳共郊麟獻瑞矣。臣某無任瞻天仰聖，激切屏營之至，謹奉表稱謝以聞。

擬欽賜陪臣〇〇〇玉器謝表

伏以帝德大乾坤，萬國之共球壯彩；皇仁深雨露，八埏之草木生春。溥汪濊於南溟，榮錫中黄宫錦；灑湛恩於北闕，寵頒内府荆珍。薄海歡騰，遐陬慶洽。恭惟皇帝陛下，英明天授，學問日新。治績焕文章，咸被堯封之化雨；勳猷光史册，宏治舜殿之薰風。臣某供職波區，備藩海島。謬膺天眷，殊恩稠叠于臣身；復沛榮施，異數特頒于下吏。率群僚而望丹墀，九叩盥手拜嘉；令末員〇〇〇而瞻金闕，三呼焚香祇受。近今殊遇，曠代奇逢。謹遣陪臣〇〇〇〇〇〇等肅捧表章，虔伸謝悃。伏願澤敷九有，道奉三無。金鑑千秋，永仰泰階懸象；箕疇五福，共瞻景運長新。將見玉燭調和，兆十雨五風之瑞；金甌奠麗，覩參天兩地之猷矣。

卷五

擬萬壽賀表一

琉球國中山王臣尚某誠歡誠忭，稽首頓首，謹奉表上言。伏以電彩繞樞，金殿九重明日月；瑶光流渚，玉巵五色耀乾坤。節立長春，劍佩歡聲迎仙仗；□□□□，□□□舞燦宫花。大地蒙庥，萬方□□。〔恭惟〕皇帝陛下，聰明睿智，文武聖神。椿筭固河山，御烟瑞横翠篆；鶴齡符箕翼，《簫韶》樂奏鈞天。臣某屏息藩垣，添籌海嶠。望南山而九叩，瞻北闕以三呼。莫遂凫趨，徒深燕賀。謹遣陪臣○○○等，肅賫方物，虔捧表章，匍祝龍禧，代躬雀躍。伏願《範》陳五福，《詩》咏九如。仙桃熟建章，群上千秋之鑑；□□□□□，□□萬歲之觴。將見玉燭類調，□□□□□□慶；金甌永奠，圖籙衍有道之長矣。臣某無任瞻天仰聖踴躍歡忭之至，謹奉表稱賀以聞。

擬萬壽賀表二

伏以建章繞蟠桃，殿上慶風雲之會；閶闔垂御柳，壺中衍日月之長。電映虹流，率土盃傳延壽；星陳雲爛，彌天節立長春。域外歡騰，寰中羅拜。恭惟〔皇帝陛下，堯章丕焕〕，舜德常昭。北闕承恩，鳴玉珮環隨仙樂；南山稱祝，爐香衣袖燦宮花。臣某海島僻居，滄溟末職。北望天門凝紫氣，莫遂覲趨；南瞻斗極靄祥雲，徒懷燕賀。謹遣陪臣○○○○○○等肅賫方物，效葵藿之悃；俯叩玉階，獻華嵩之呼祝。伏願德齊廣運，學繼緝熙。《天保》興歌，群欣戩穀罄宜之盛；《卷阿》載咏，咸羨矢音彌性之休。將見寶籙誕膺，叶三靈而薦祉；瑶圖丕奠，囿六合以同春矣。

皇上萬壽表

鄭氏具稿

伏以帝德凝庥，率土效箕疇之祝；皇衷協極，普天同嵩嶽之呼。統萬國之衣冠，争頌巍巍蕩蕩；合千官之舞蹈，群瞻穆穆皇皇。縹緲祥烟，風振延年之曲；氤氳瑞靄，香浮長壽之杯。喜溢臣工，歡騰中外。恭惟皇帝陛下，體元不息，凝命無疆。一統車書，雪藕來瑶池之獻；萬方玉帛，冰桃受蓬島之將。八垓覩南極之星，慶雲絢爛；四海歸北辰之拱，紫氣盤旋。□□□□□□恭值□□□□。□□□□，弗獲親叩於丹墀；日近心傾，虔申代祝於金闕。《洪範》五福，愈熾而昌；《天保》九如，惟仁者壽。伏願堯天並茂，舜日彌長。紹泰運於無窮，長沾雨露；開壽域於有永，莫贊高深。由大衍之景命，永固瑶圖；被荒服而旁敷，用綿寶祚。將見億萬年之丕冒，薄海皆入範圍；八千歲爲春秋，遠邇同沾覆載矣。臣某無任瞻天仰聖踴躍歡忭之至，謹奉表稱賀以〔聞〕。

擬上皇太后萬壽賀表

琉球國中山王臣尚某誠歡誠忭，稽首頓首，謹奉表上言。伏以聖孝天開，閬苑捧玉巵祝壽；慈幃春靄，椒宮奏仙樂稱觴。天上進王母蟠桃，瑤池煥彩；雲間繞婺星紫氣，蓬島揚休。頌洽八荒，歡騰四表。恭惟皇帝陛下，孝符虞舜，仁比唐堯。掖寢承歡，三殿鷄鳴勤問豎；□□□□，□□□燦舞斑衣。欽惟〔皇太后陛下〕，德配乾元，恩侔坤厚。璇階集祜，合太姜太姒之賢；紫極凝禧，兼長樂長秋之慶。臣某備員蜃宇，僻處蝸居。欣逢七衮帨辰，願進九如鶴筭。鳬趨無術，燕賀有懷。謹遣陪臣○○○○○○等肅捧表章，匍玉階而陳千秋之頌；虔將葵藿，叩金闕而稱萬壽之觥。伏願錫類無方，孝思不匱。□□□□，□□□以悠長；□□□□，□□墀而羅拜。將見楦樹光日月，時依禁籞以呼嵩；瑤圖奠河山，歲集共球而獻斝矣。臣某無任瞻天仰聖踴躍歡忭之至，謹奉表稱賀以聞。

擬上皇太后聖壽表

鄭氏具稿

伏以璇宮集慶，德符地厚合無疆；蘭室凝禧，化協坤元類歛福。樞星誕瑞，長綿頤養大年；□□□□，□□祥和懿德。□□□□□□新，九重之孝治益著。中外歡忭，臣工雀躍。恭惟皇太后陛下，承天時行，至静德方。懋著母儀，生聖人而有道；覃敷順德，廣厚載於安貞。西望瑤池，玉女獻蟠桃之寶；北瞻魏闕，微臣進思媚之章。欣逢陽長之芳□，恭值資生之錦帨。恭惟皇帝陛下，孝隆千古，澤被八荒。仰體□□□□□遠邇（下闕）聖母，永綏德化於熙雍。統四海而懷柔，金馬遐陬悉隸版圖之内；馭六合而出治，朱鳶殊域咸歸覆幬之中。鑿齒雕題來王而測海水，黄支烏弋受吏而驗東風。臣某職守荒徼，莫隨鵷行而虎拜；心依日月，敬向海若而山呼。千萬億載之鴻圖，總歸純孝，三十□洲之黎首，悉仰徽音。伏願太和翔洽，至治光昭。雨潤日晅，五星有連珠之象；人安物阜，萬年彰册玉之文。推錫類之仁，八表之歡心共載；涣大號之典，萬方之樂志咸同。則岡陵遐福，頻聞嵩嶽之呼；而卿景光華，永聽箕疇之祝矣。臣某無任瞻〔天仰聖踴躍歡忭之〕至，謹奉表恭賀以聞。

擬册立皇后賀表

琉球國中山王臣尚某誠歡誠忭，稽首頓首，謹奉表上言。伏以哲王御宇，關雎開麟趾之祥；聖主膺圖，樛木衍螽斯之瑞。配乾稱大，順承允藉坤維；助日爲明，幽贊適資陰教。六宫喜洽，九嬪歡騰。恭惟〔皇帝陛下〕，□□□□，孝思維則。共球萬國，欣瞻鸞鳳和鳴；蒲穀千邦，快覩瑟琴雅奏。敬惟皇后殿下，温恭静正，淑慎幽閒。壺政宏宣，蘭房表姒任之範；儀型早著，褘衣符齊媚之休。嘉禮聿新，純嘏畢集。誕膺聖慈懿旨，册封晉位中宫。椒掖祥光，金根焕彩。臣某僻居瀛嶼，供職藩垣。燕賀有心，鳧趨無（衍）〔術〕。謹遣陪臣○○○○○○等恭賫短疏，甫祝聖禧。伏願脱簪永巷，鷄鳴視夜於未央；誦《易》内庭，練服承歡於長樂。將見熊羆協夢，祥開八百之基；麟鳳凝庥，祚衍萬年之慶矣。臣某無任瞻天仰聖踴躍歡忭之至，謹奉表稱賀以聞。

擬册立東宮賀表

琉球國中山王臣尚某誠歡誠忭，稽首頓首，謹奉表上言。伏以□□□□，□治衍箕裘之緒；□□□□，□材詒丹臒之謀。日麗儲宮，裕養少年之主器；春融朱第，共瞻育德之元良。四海屬心，萬邦作則。恭惟皇帝陛下，經天緯地，奮武揆文。建極綏猷，堂構垂千秋謨烈；顯庸創制，瓜瓞綿百代宗祧。敬惟皇太子，氣禀岐嶷，英姿仁孝。圭璋令範，鶴禁親保傅名儒；斧藻王休，龍樓篤晨昏問豎。茲行册禮，立爲朱服。臣某備員海嶠，供職藩垣。仰少海之澄波，蟻封額慶；望前星之朗耀，雀躍歌呼。謹遣陪臣○○○○○○等虔具表章，叩陳丹陛。伏願宗安磐石，本鞏苞桑。銀榜輝煌，統祚集九疇之福；青車錯彩，祥符開八百之基。將見器車澤馬，駢臻跨昌姬之寶籙；甘露卿雲，爛縵軼炎漢之鼎圖矣。臣某無任瞻天仰聖踴躍歡忭之至，謹奉表稱〔聞〕。

登極賀表一

尚質

琉球國中山王世子臣尚某爲投誠事。伏以真人撫運，再闢大統之乾坤；聖主招携，惟馳一介之文告。輯瑞以朝群后，一代之令典維新；遣使以撫諸邦，萬國之具瞻攸係。歡騰朝野，喜溢寰區。臣質誠惶誠恐，稽首頓首。竊惟舞干而苗格，亘古不磨；因畾而崇降，于今爲烈。三代迨乎既降，大道久矣弗彰。文教失宣而武臣用奇，人不見德而惟威聞，是以邇不安而遠不至。茲蓋伏遇皇帝陛下，承天御籙，

〔執象臨人。復帝王巳〕淪之土宇，修宇宙既墜之綱常。建皇極而撫寰中，登泰階而平天下。顧謂柔遠乃創帝盛典，而修詞爲開國首務。爰命敕使，歷招諸邦。如臣朽鈍，亦沐恩光，敢不對揚休命，仰答深仁。歌頌太平，致華封之累祝；稽顙闕庭，效越裳之九譯。但天使降臨，序已屬乎三秋；而芹藻上陳，儀難辦于一時。欲投招撫之轄，恐冒愆期之譴。先脂護送之軸，恭致投誠之款。伏願至尊開天地之量，獻琛稍寬〔于〕來襆；〔鑒小國效順〕之誠，霈澤祈渙于今朝。臣無任〔瞻天仰聖歡忭踴躍之至，謹奉表隨使以聞〕。

登極賀表二

尚質

〔琉球國中山王世子尚質誠歡誠忭，稽首頓首上言。伏以聖武布昭，六合視揮鞭而作宅；王威丕振，兩階耀舞羽以爲容。聲靈已濯乎寰中，謳歌乃浹於海外。竊惟潛德興王，放〕古有云；天心眷治，於今爲烈。是以殊方效順，咸懷重譯之獻；異域投誠，共切朝宗之慕。況我清朝，實培世德。三十載之修平，遍慰雲霓；拾五國之驅除，悉調風雨。混同江上，紫氣鍾祥於東聞；廣寧寨外，瑞星拱極夫北闕。茲蓋伏遇皇帝陛下，仁涵日斧，義滿月弧。握玄符以御六龍，應赤籙而定九鼎。鑾旂高（摺）〔揭〕，到處張獲醜之雄；鐃曲清吹，所在攝負〔固〕之魄。然而神威北暢，抑且聖澤南流。前承〔丹詔既投誠〕而恐後，茲捧〔温綸繳敕印以〕上呈。望風拜朔，吹中國之有聖人；瞻雲修賀，快盛京之真天子。臣質愧居僻遠，奚補顯揚休誼；傾誠嚮化，敢攄祇肅微忱。徒測蠡而羨心海若，忻嵩祝以答響山靈。伏願金甌無缺，玉燭常調。馮夷浪靜，瀚海安木葉之波；仙掌雲開，玉關奉金行之朔。則千世萬世傳之無窮，而自西自東無思不服矣。臣無任瞻天仰聖踴躍歡忭之至，謹奉表稱賀以聞。

〔順治十年二〕月二十七日，琉球國中山王世〔子臣尚質〕謹上表。

登極賀表三

尚質

琉球國中山王臣尚質謹奉表稱慶，賀天子登極遠望嵩呼者。臣尚質誠歡誠忭，稽首頓首上言。伏以天佑下民，四時序而風雨順，五穀熟而人民育。恭惟皇帝陛下，承天受命，君師宇內。〔相以奠之，和以安之。是〕以克享天心，永膺寶曆。大一統文明之盛治，萬世際太平之昌基。臣尚質僻居海國，荷蒙聖育無窮，莫伸補報。臣國土產進賀，比獻芹曝之微忱。仰紫辰而三祝，祈聖壽以齊天。無任瞻天仰聖激切屏營之至，謹奉表稱〔聞〕。

康熙三年二月十五日，琉球國中山王臣尚質謹上表。

登極賀表四

尚敬

琉球國中山王臣尚敬誠歡誠忭，稽首頓首上言。伏以聖人繼統，千秋之金鑑重光；元后垂謨，一代之鴻圖永固。九天閶闔，宏開宮殿肅朝儀；萬國衣冠，共拜冕旒宣正朔。江河呈瑞，臣庶歡呼。恭惟皇帝陛下，離照當天，晉明出治。〔桑麻得地〕，沛雨露於田間；〔版籍歸王〕，羅山川於掌上。誠哉漢家文、景，允矣周室成、康。臣敬燕賀有心，鳧趨無術。謹遣陪臣翁國柱、曾曆等肅貢芹曝，叩首龍墀，代躬雀躍。伏願聖主秉乾，大人鳴豫。集夔、龍于殿上，敷揚禮樂三千；收頗、牧于禁中，保障山河百二。將見一心一德，欣瞻玉帛之同；來享來王，共覩車書之盛矣。臣敬無任瞻天仰聖踴躍歡忭之至，謹奉表稱賀以聞。

雍正元年。

登極賀表五

尚敬

琉球國中山王臣尚敬誠歡誠忭，稽首頓首上言。伏以皇德開天，周室覩貽謀之盛；帝〔德〕〔謨〕尊祖，夏王隆奕世之休。道冠千秋，前聖作而後聖述；恩敷九有，河出圖而洛出書。率土歡騰，普天慶溢。恭惟皇帝陛下，御籙登樞，乘乾握紀。坐明堂而朝百辟，玉帛來同；〔惠中國以綏〕四方，琪球畢集。臣敬藩垣末職，〔薄海〕微臣。際景運初啓之期，敢不引領戴德；值文明肇開之會，誰弗捫心承恩。謹遣陪臣向啓猷、金震等馳叩象闕，恭祝龍禧。伏願乾綱獨秉，泰運長亨。侯甸要荒，盡入職方之府；躬桓蒲穀，悉歸王會之圖。將見金甌永固，醴泉與芝草俱生；玉燭常調，彩鳳共祥麟立現矣。臣敬無任瞻天仰聖踴躍歡忭之至，謹奉〔表稱賀以〕聞。

乾隆二年。

擬登極賀表一

琉球國中山王臣尚某誠歡誠忭，稽首頓首，謹奉表上言。伏以聖人登黼座，億萬年之景運初開；哲后撫璇圖，千百代之祥符允洽。來王來享，咸慶風雲龍虎之遭；受共受球，共瞻郊藪鳳麟之瑞。臣民歸命，遐邇傾心。恭惟皇帝陛下，□□□□，□□□□。尊居辰極，撫六合而御八荒；正位乾坤，繞三才而參兩大。臣某備員海嶠，供職藩垣。仰泰階之昌期，鳧趨無術；覩光華之復旦，燕賀有心。謹遣陪臣〇〇〇〇〇〇等匍叩龍墀，代躬雀躍。伏願大業富有，盛德日新。累洽重熙，衍〔善繼〕善述之統緒；作求克配，綿卜年卜世之洪圖。將見扶桑高柳之鄉，罔不梯山而航海；浴日滔星之野，皆思獻琛而納琛矣。臣某無任瞻天仰〔聖踴躍歡忭〕之至，謹奉賀以聞。

擬登極賀表二

琉球國中山王臣尚某誠歡誠忭，稽首頓首，謹奉表上言。伏以仁主膺圖，萬方慶風雲之會；神靈建極，九邊仰日月之華。侯甸要荒，奉車書而執玉帛；躬桓蒲穀，瞻宮殿而肅冠裳。雲外嵩呼，波臣拜舞。恭惟皇帝陛下，聰明亶作，〔聖武布昭〕。□□□□，陬澨沐詩書雅化；權持地軸，海疆漸禮樂休風。臣某蜃宇微員，鮫宮末品。瞻六龍初御之日，莫遂鳧趨；仰九圍甫式之時，彌深燕賀。謹遣陪臣〇〇〇〇〇〇等肅賫短疏，叩祝聖禧。伏願凌古鑠今，光前裕後。躋一世于壽域，化奏蕩平；登兆姓于春臺，俗成熙皥。將見圖籙安磐石，永獲河清海晏之休；鼎祚鞏苞桑，長致雨澍風祥之瑞矣。臣某無任瞻天仰聖踴躍歡忭之至，謹奉〔賀以〕聞。

擬登極賀表三

伏以哲后承乾，六合慶泰階景運；興王御宇，八埏瞻雲漢光昭。孚文命於要荒，衆星咸思拱極；布王靈於陬澨，萬派共樂朝宗。慶洽普天，歡騰率土。恭惟皇帝陛下，神聰茂毓，仁孝挺生。握赤符而御六龍，海晏河清獻瑞；膺寶籙而定九鼎，星陳雲爛凝祥。臣某供職〔海島，備〕員域外。山皆貢瑞，知中國之有〔聖人；海不揚〕波，識太平之真天子。梟趨無術，燕賀有心。謹遣陪臣○○○○○等肅捧表章，代躬泥首。伏願都有一德，喜起載賡。飭紀陳綱，安内而兼攘外；宣威布德，緯武而復經文。將見玉帛萬方，長享時雍之世；輯班五瑞，永沾熙皥之休矣。臣某無任瞻天仰聖踴躍歡忭之至，謹奉表稱賀以聞。

進香表文一

尚　敬

〔伏以〕龍歸天漢，九霄日月藏光；弓挂橋山，萬里風雲變色。六十一載之憂勤惕厲，念切民依；千億萬年之寶籙皇圖，尚邀帝眷。普天泣血，率土攀髯。恭惟皇帝陛下，聰明天縱，仁孝性成。思創造之維艱，善述善繼；念守成之靡易，惟一惟精。聖祖仁皇帝德施九有，化被八荒。海晏河清，永示規模之備；〔仁深澤厚〕，宏開疆土之雄。宜壽與天齊，而筭〔同日〕永。詎蒼梧晏駕，哭二女於湘江；乃畢郢登霞，泣百男於岐水。臣敬世叨封典，念切愴悽。謹遣陪臣翁國柱、曾曆等齎捧凡儀，恭陳祭典。仰邀先皇在天之鑒，俯納遠臣一念之誠。伏願勵精圖治，垂拱凝庥。集一代之共球，祖述先志；綿萬年之曆數，佑啓後人。將見川瀆效靈，豈異漢家之文、景；江河呈瑞，不殊周室之成康、矣。臣敬無任瞻天仰聖激切屏營之至，謹奉表恭〔進以聞〕。

雍正元年。

進香表文二

尚敬

琉球國中山王臣尚敬誠惶誠恐，稽首頓首。鼎湖弓劍，九天同雨泣之誠；蒼野衣冠，萬國共霜凄之慕。望橋山而不見，瞻北極以永號。屬宇傾心，龍涎表愫。恭惟皇帝陛下，聰明天縱，仁孝性成。思創造之維艱，善述善繼；念守成之靡易，惟一惟精。〔世宗憲皇帝，德施九有〕，化被八荒。叠沛殊恩，永示規模之備；大敷聖澤，宏開疆土之雄。宜壽與〔天〕齊，而筭同日永。詎蒼梧晏駕，乃畢郢登霞。臣敬守職海藩，攀龍髯而不及；馳心法駕，灑鮫淚以無由。謹遣陪臣向啓猷、金震等齎捧凡儀，恭陳祭典。邀先皇陟降之鑒，表遠臣哀愴之誠。伏願念祖聿修，紹衣勿倦。道隆纂述，垂奕世而謨範可徵；治本昭明，迨萬年而典型無缺。將見麒麟獻瑞，永享熙熙之風；鳳凰來儀，長歌皞皞之〔盛矣〕。臣敬無任瞻〔天仰〕聖激切屏營之至，謹奉表恭進以聞。

乾隆二年。

擬進香表文一

伏以婺極星藏輝，華蓋鸞車歸閬苑；璇宫月沉彩，旌旛鶴馭上瑶池。楦樹荒凉，四海望堯門而雨淚；蕙幃寂寞，九重思母範而霜凄。萬姓哀號，六宫泣血。恭惟〔皇帝陛下〕，〔聰明天授〕，仁孝性成。寢掖承歡，遵懿訓而勤宵旰；闈門侍膳，承慈命而凛冰淵。○○○皇后，陰教修明，坤儀垂裕。德高任、姒，播聖善于中宫；風邁馬、劉，著柔嘉於秘殿。宜膺壽齡遐筭，永望含飴弄孫。詎風木生悲，乃荼蓼增苦。臣某備員環島，供職藩封。素欽聖母儀型，久賴洪慈普庇。謹遣陪臣○○○○○等肅賫藴藻，〔下闕〕保合太和，均調淑氣。海區叨覆載，中外頌五福之長；寰宇仰照臨，遐邇獻九如之祝。將見孝思作則，祥符揚景運之府；錫類無方，泰階歌昇平〔之〕象矣。

擬進香表文二

伏以鼎湖龍去，遐邇增霜露悽悲；蜀地鵑啼，中外痛山陵崩裂。鶴歸華表，留法駕以無從；弓挂橋山，思攀髯而不及。八音遏密，萬姓哀號。恭惟皇帝陛下，□□□□，□□□□。繼志述事，著梓材丹雘之勤；承烈顯謨，衍堂構箕裘之緒。○○○皇帝，經天緯地，奮武揆文。事業冠帝王，駕虞、夏、商、周而稱盛；德澤光宇宙，超漢、唐、宋、明爲獨隆。宜壽永河山，而筭符箕翼。詎蒼梧晏駕，空傳竹染湘烟；乃畢郢登霞，遥望河傾岐淚。臣某波中澤國，海外藩垣。志切愴悽，奚由叩梓宫而揮鮫泣；情深祭典，因特陳蘊藻而進龍涎。邀先皇陟降之靈，表遠臣哀思之念。伏願聿修不倦，□□□□。〔來玉帛〕於萬方，世德垂作求之盛；大車書於一統，詒謀開燕翼之休。將見圖籙鞏金甌，水鰈林鶼獻瑞；鼎祚調玉燭，金船銀甕凝庥矣。

擬進香表文三

伏以三殿風凄，四海麻衣明曉雪；九重雲黯，萬聲號慟隱春雷。珠集泥銜，瀟湘之粉淚染竹；龍盤鳳翥，橋陵之金粟堆風。率土攀髯，普天泣血。恭惟皇帝陛下，聰明天縱，仁孝性生。念負重於春冰，善繼善述；□□□於秋駕，丕顯丕承。〔○○○皇帝〕，道邁堯舜，功高文武。車書大一統，化洽鼓腹含哺；玉帛來萬方，風普耕田鑿井。宜膺鶴筭，壽與日月齊輝；應享椿年，齡共乾坤並永。詎鼎湖晏駕，空留弓劍於橋山；乃酆鎬賓天，猶傳卜書於金匱。臣某累叨寵眷，叠受恩波。頂踵難酧，涓埃未答。徒灑鮫淵之淚，願進龍涎之香。謹遣陪臣○○○○○等齎捧凡儀，恭陳祭典。邀堯皇之降格，鑒遠臣之悃忱。伏願樸劉常勤，□□□□。□□□□，綿圖籙之靈長；世德作求，慶泰階之景運。將見獻琛獻砮，清晏揚休；而受共受球，梯航畢集矣。

擬進香表文四

伏以乘鶴遊玉京，萬里之風雲變色；騎龍歸天漢，九霄之日月沉光。弓挂橋山，侍臣難挽鼎湖之駕；篁揮湘淚，帝女莫追蒼野之踪。兆姓哀思，千官流血。恭惟皇帝陛下，仁慈天亶，孝德性成。飭紀陳綱，彰倫物車書之盛；顯庸創制，大觀光揚烈之休。〔○○○皇帝〕，〔乃聖乃〕神，允文允武。深仁厚澤，治績冠四千餘年；峻德膚功，勳猷光二十一更。宜膺椿筭，而享鶴齡。詎一旦賓天，乃倏然晏駕。長抛中外，□□奄棄。臣某捧詔悲號，聞喪剺面。效顧長康傾河之淚，作李延年薤露之歌。謹遣陪臣○○○○○等虔捧凡儀，恭陳祭典。邀先皇九京之鑒，表微臣一縷之衷。伏願凌古鑠今，光前裕後。世臻熙皡，卿雲寶露齊輝；俗享蕩平，甘雨和風載道。將見鳥言皮服，咸□□而歸琛；鑿齒雕題，皆占雲而獻砮矣。

擬平定西方賀表一

伏以聖武昭回，底定暨流沙之域；皇靈浩蕩，奠安逾積雪之區。遠者至而邇者安，山無伏莽；荒服王而要服貢，海不揚波。朝野傾心，臣民歸命。恭惟皇帝陛下，仁符天覆，智協神功。六宇澄清，喜見戈韜甲櫜；八荒平治，不驚劍影弓聲。胡○○○肆厥跳梁，恃蟻封而作穴；○○○恣其頑梗，鼓螳臂以當車。遂奮天〔威〕，□□〔撻伐〕。人樂勵兵秣馬，士思敵愾從王。□□□驅，風馳霧捲。渠魁授首，叛黨伏辜。天子猶宏一視之仁，大臣用開三面之網。露布振於域外，鐃歌徹於寰中。臣某備員藩封，供職海嶠。梟趨無術，燕賀有心。謹遣陪臣○○○○○等肅捧表章，上陳帝座。伏願兵銷雲幄，甲洗天河。聞鼙鼓之聲，衷懷輒思將帥；重鎖鑰之寄，寤寐猶謹邊陲。將見受共受球，撫蕃宣於萬國；卜年卜世，奠鼎祐於千秋矣。（跳梁之跳字，改作陸字亦可。）

擬平定西方賀表二

伏以聖武常昭，掃欃槍於萬里；王靈遠播，舞干羽於兩階。雨洗甲兵，制豕狼而揚鉦鼓；雲迎露布，浄鯨鯢而蕩妖氛。喜動龍驤，歌興虎禁。恭惟皇帝陛下，智勇天錫，懷保性生。威振雷霆蕩滌，覲方隅底定；德光日月昭回，成宇内雍熙。胡封豕梟張，竟肆窮沙隱蜮；抑長蛇竄伏，自恃塞北遊魂。騎逞春郊，敢鳴騷畫角；馬肥秋塞，輒哨集清笳。○○○蠢爾戎心，○○○狡焉逞志。于是〔天子震怒〕，揚鐵鉞以專征；因之元帥雄行，奉謨誥□□旅。群思勵兵秣馬，咸樂敵愾從王。士馬歡騰，山川失險；旌旗整肅，草木皆兵。叛黨伏辜，渠魁授首。百姓壺漿恐後，三軍鐃鼓争先。雖將吏與有微勞，實皇靈獨操妙筭。臣某僻居海嶠，欣聽凱歌。謹遣陪臣○○○○○等肅捧表章，上陳帝座。伏願仁風普被，文教誕敷。咸五而臨，功遍乎要荒侯甸；奉三以治，道高於文武聖神。將見遠至邇安，奠金甌于百世；東漸西被，調玉燭于千秋矣。

擬平定海氛賀表

伏以聖武光昭，萬里蕩絃歌之頌；王靈遐播，八荒彰赫奕之威。掃狼豕之突奔，山無伏莽；靖鯨鯢之妖祟，海不揚波。慶溢龍驤，歡騰虎拜。恭惟皇帝陛下，英明廣運，文武兼資。九圍懷覆幬之慈，寰中樂利；四海奏廓清之烈，宇内雍熙。乃〇〇〇出没烟波，而〇〇〇巢穴渤澥。恃蜃窟而嘯聚刼掠，倚蟻垤而竄伏跳梁。化外自甘，海氛驟起。于是天子震怒，樹赤幟而泛舳艫；因之元帥督師，揮黄麾而陳樓櫓。人樂乘風破浪，士思擊楫浮海。電掣霆驅，雲馳霧捲。渠魁授首，叛黨勦平。雖將吏與有微勞，實皇靈獨操妙筭。臣某僻居海嶼，供職藩封。遥聽鐃歌，欣聞露布。謹遣陪臣〇〇〇〇〇等肅賫短疏，叩祝聖禧。伏願仁漸義摩，禮陶樂淑。修文偃武，調玉燭於千秋；服教畏神，息金鉦於百世。將見兵銷雲幄，永臻脱劍休風；甲洗天河，咸覩祥符美瑞矣。

附聯句

胡〇〇〇肆其跳梁，而〇〇〇恣其頑梗。秋風嘶馬，摇動關西；夜月引笳，震驚塞北。

胡〇〇〇肆其陸梁，而〇〇〇恣其跋扈。恃蟻封而作穴，鼓螳臂以當車。遂奮天威，特嚴誅討。人樂勵兵秣馬，士思敵愾從王云云。

乃〇〇〇萑苻（潢池）弄兵，而〇〇〇緑林煽衆。恃蟻封而作穴，鼓螳臂以當車。遂奮天威，特驅魑魅。人思勵兵秣馬，士樂敵愾從王。

卷　六

請封表文一

尚　貞

琉球國中山王世子臣尚貞誠惶誠恐，稽首頓首上言。伏以帝德宏敷，遐邇慶風雲之會；皇仁廣播，要荒沾雨露之恩。瞻化心傾，望〔綸綍而〕繼志；〔效忠〕念切，冀寵賜以承庥。恭惟皇帝陛下，道承三統，德總萬廷。惠心馳浴日之鄉，蛟廷享質；仁威震無雷之野，鳳穴來賓。固已沛湛恩於天末遐徼，皆荷眷顧；尤期普江澤於世守嗣服，邀襲藩封。臣貞僻處海陬，深慎繼先有愧；而忝任承祧，仰賴恩寵榮襲。令克繼乎先業，倍勉圖乎效忱。伏願不忘舊績，益擴新恩。俯念祖父之積忱，〔廣沛弘〕仁於後嗣。俾臣得光承舊物，永紹先〔猷。纘〕緒藉皇圖而並鞏，屏翰效奕世以長新。聖德溥被，殊方沾太液之波；皇仁丕播，異域沐春臺之潤。將見重譯而來，非止有九；而指車之錫，不僅有一。則侯甸要荒，永享熙朝之皞皞；東西朔南，長歌帝德之熙熙矣。臣貞無任激切翹首待命之至，謹奉表以聞。

康熙十九年九月三十日，琉球國中山王世子臣尚貞謹上表。

請封表文二

尚敬

琉球國中山王世曾孫臣尚敬誠惶誠恐，稽首頓首，謹奉表上言。伏以帝德徧乾坤，中國覲昭光之盛；皇恩彌宇宙，海疆沾熙皞之隆。開閶闔於九天，肅衣冠於萬國。普天慶溢，率土歡騰。恭惟皇帝陛下，慮周萬物，道貫百王。教孝教忠，作千古君父之謨訓；制儀制禮，昭百代聖賢之典型。侯甸要荒，盡入職方之府；躬桓蒲穀，悉歸王會之圖。臣敬僻處海疆，代供貢職。胙土分茅，隆聖朝之大典；請封襲爵，守先世之微忱。謹遣陪臣夏執中、蔡温〔等仰〕請綸音，望龍墀而悚慄；承祧襲爵，瞻鳳詔以遥頒。伏願覆育同天，光輝匝地。合軌同文，因舊典以廣新典；建官分職，由内臣而及外臣。將見文麟獻瑞，永享熙熙之盛；丹鳳來儀，長歌皞皞之風矣。臣敬無任瞻天仰聖激切屏營之至，謹奉表恭進以聞。

康熙五十五年。

請封表文三

尚穆

琉球國中山王世子臣尚穆誠惶誠恐，稽首頓首，謹奉表上言。伏以玉版恢圖，焕規模於舊制；寶綸沛澤，隆體統於藩臣。率土莫不尊親，衆星拱北；普天咸稱神聖，諸水朝宗。歡洽臣民，慶騰宇宙。恭惟皇帝陛下，覆育同天，光華匝地。躬桓蒲穀，悉歸王會之圖；侯甸要荒，盡入職方之府。臣穆世沐

〔帝澤，代〕守海藩。胙土分茅，自古之帝王大典；請封襲爵，今日之臣子微忱。謹遣陪臣毛元翼、蔡宏謨等仰請綸音，望龍墀而悚慄；叩希天眷，瞻鳳詔以遥頒。伏願至德彌崇，覃恩愈廣。制儀制禮，因舊典以廣新恩；教孝教忠，由内臣而及外吏。將見川岳效靈，九有覩昭光之盛；江河獻瑞，萬方沾熙皞之隆矣。臣穆無任瞻天仰聖激切屏營之至，謹奉表恭進以聞。

乾隆十九年十月二十二日，琉球國中山王世子臣尚穆謹上表。

擬請封表文一

伏以黼座春融，車書集河山一統；楓宸日麗，圖籙綿福祚萬年。采甸要荒，榮錫丹書鐵券；躬桓蒲穀，寵分胙土苴茅。遐邇傾心，臣民歸命。恭惟皇帝陛下，道符參兩，德含乾坤。〔飭〕紀陳綱，海濱沐詩書厚澤；揆文奮武，陬澨被禮樂淳風。臣某蟻垤彈丸，蝸居僻壤。承祧襲爵，恩榮仰藉龍章；韈線微材，繼先時懷蛟負。丹書寵賁，藩垣之統體攸隆；舊業光膺，島嶼之等威胥辨。謹遣陪臣〇〇〇〇〇〇等恭請玉册，匍叩金階。俾令克紹箕裘，仰望頻頒恩寵。伏願春回有脚，仁覆不毛。南面垂裳，時沛未央之澤；深宮緼瑟，常流太液之波。將見候月歸琛，奚止扶桑高柳；而占星獻砮，非徒笻笮越裳矣。

擬請封表文二

伏以聖主當陽，萬方鞏河山之帶礪；哲王御宇，八極膺茅土之胙苴。正朔宣於遐陬，咸仰玉册金書之錫；文命孚於薄海，共瞻寶函鐵券之榮。喜起揚休，泰交誌盛。恭惟皇帝陛下，聖神廣運，文武兼資。侯甸要荒，巾車司木革文物；信桓蒲穀，王制辨蕟柷等威。臣某海島藩垣，世沐册封曠典；中山守土，代供職貢天朝。雖屬蟻垤彈丸，纘緒翹瞻綸綍。祇恐駑駘末品，襲封時凜冰淵。謹遣陪臣〇〇〇〇〇〇等匍叩金門，仰領丹詔；俾承舊業，克紹先猷。伏願宵旰不忘，羹牆如見。列爵分土，廣玉帛之會於塗山；策命剖符，大封建之模於澗水。將見箕好風而畢好雨，百瑞洊臻；鳳遊藪而麟遊郊，千祥畢集矣。

擬請封表文三

伏以帝業鞏苞桑，泰交慶風雲之會；皇圖奠盤石，甽溢灑雨露之恩。奉正朔而受共球，河山長盟帶礪；肅衣冠而執玉帛，川嶽永錫懷柔。大地歡呼，普天踴躍。恭惟皇帝陛下，神奇天縱，恭默思凝。峻德膚功，治統駕唐虞之上；顯謨承烈，事業超文武之前。臣某雲外波臣，島中澤國。世受覃恩優渥，高厚未答涓埃。躬膺舊業纘承，覆餗彌深夙夜。第剖符班爵，允爲大典榮施；而嗣服請封，恪守子臣職分。謹遣陪臣〇〇〇〇〇〇等匍叩金門玉陛，仰宣寶册丹書。祖武是繩，島嶼藉鴻圖而並永；詒謀克繼，瀛壖恃鼎籙而偕綿。伏願道契三無，恩覃九有。漸仁摩義，各安桂海冰天；懷德畏威，咸儕春臺壽域。將見安瀾有慶，山鶼水鰈凝祥；海波不揚，銀甕器車獻瑞矣。

擬請封表文四

伏以黼座春融，車書集河山一統；楓宸日麗，圖籙綿福祚萬年。采甸要荒，榮錫丹書鐵券；躬桓蒲穀，寵分胙土苴茅。群歌雲日就瞻，共羨江河清晏。臣民歸命，遐邇傾心。恭惟皇帝陛下，德合坤乾，道符參兩。治功超蒲坂，八伯賡景慶之休；政教隆鎬京，九如獻岡陵之頌。揆文奮武，陬澨被禮樂淳風；飭紀陳綱，海濱沐詩書餘澤。臣某蝸居僻壤，蟻垤彈丸。韈線微材，繼先時懷蛟負；承祧襲爵，恩榮仰藉龍章。舊業光膺，島嶼之等威胥辨；丹書寵賁，藩垣之統體攸隆。謹遣陪臣○○○○○等匍叩金階，恭請玉册。俯令箕裘克紹，永作雲外蕃宣。仰叨恩寵頻頒，愈效華封呼祝。伏願春回有脚，仁覆不毛。南面垂裳，時沛未央之澤；〔深宫緼〕瑟，常流太液之波。將見候月歸琛，奚止扶桑高柳；而占星獻砮，非徒筇笮越裳矣。

擬請封表文五

伏以聖主當陽，萬方鞏河山之帶礪；哲王御宇，八極膺茅土之胙苴。正朔宣於遐陬，咸仰玉册金書之錫；文命孚於薄海，共瞻寶函鐵券之榮。典禮制度攸關，統體規模聿焕。泰交誌盛，喜起揚休。恭惟皇帝陛下，文武兼資，聖神廣運。□□□□，謨烈丕顯丕承；仁孝恒生，謀猷善繼善述。信桓蒲穀，王制辨鼗柷等威；侯甸要荒，巾車司木革文物。屏翰世及，榮分鷺序清班；藩服承祧，念切螭階殊寵。臣某中山守土，代供職貢天朝；海島藩疆，世沐册封曠典。乃若駑駘末品，襲封時凛衣袽；而蟻垤彈丸，纘緒翹頒綸綍。謹遣陪臣○○○○○○等匍叩金門玉陛，仰請鳳詔龍章。俾紹先猷，克承舊業。千秋異數，百代奇逢。伏願宵旰不忘，羹牆如見。列爵分土，廣玉帛之會於塗山；策命剖符，大封建之模於澗水。將見箕好風而畢好雨，百瑞洊臻；鳳遊藪而麟遊郊，千祥畢集矣。

謝封表文一

尚質

琉球國中山王臣尚質誠歡誠忭，稽首頓首上言。伏以紫氣承天，鳳曆茂萬年鼎鼐；黄扉輝日，龍章崇一德台衡。天壤騰歡，要荒綏乂。臣尚質誠惶誠恐，稽首頓首上言。竊惟天門日朗，光照窮簷；大地陽回，春生幽谷。是以殊方效順，咸懷重譯之忱；異域投誠，共切朝宗之慕。我清朝實資世德。三十載之修平，遍慰雲霓；十五國之驅除，悉調風雨。恭逢皇帝陛下，允文允武，乃聖乃神。斐鼎彝之銘，大箕裘之業。聲教所訖，到處知不愆而不忘；恩威攸布，所在悉由述而由舊。體先王柔遠之意，再錫彤章；承祖宗一統之休，復修文德。臣質僻處中山，向陽實同草木；愚卑嗣子，投新敢切共球。何幸天朝，遥頒芝詔。金章優錫，寶篆生花；玉幣重施，機紋炫彩。數年碧海澄波，早知中國之聖人；此日蒼璧龍光，緬懷有道之天子。顧寸心之感激，詎尺素所能宣。不揣專遣陪臣，謝兹寵眷。虔將貢〔物〕，聊表微忱。伏願聖人普利，鑒小國之來享來王；帝德崇隆，垂下濟而如礪如帶。將見中外臣鄰，祝一人之有慶；荒徼玉帛，頌萬壽於無疆矣。臣不勝激切屏營之至，謹奉表稱謝以聞。

康熙二年十月二十二日琉球國中山王臣尚質謹上表。

謝封表文二

尚　貞

琉球國中山王臣尚貞誠惶誠恐，稽首頓首，謹奉表上言。伏以典禮允成，九譯戴丹書之錫；綸音遠賁，十行承紫詔之恩。仰舜德以格心，難名浩蕩；誦堯言而率舞，永切瞻依。恭惟皇帝陛下，英明天縱，仁壽日升。秉鉞有虔，鼓雷厲風行之烈；垂衣而治，際河清海晏之期。可謂天生聖人，自是朝稱有道。臣貞藩垣小域，海澨微臣。僻處中山，久沐兩朝之雨露；叨榮繼世，彌依四表之光華。乃者恩及要荒，喜從天下。氣占星使，者自日邊。近臣臨存，不啻覩龍顏而有喜；宸章璀璨，敢不肅虎拜以揚休。御筆映雲漢爲章，率土欣日月同照。所慮纘承或替，有負聖明植立之仁；而拜獻微誠，聊將下國虔恭之誼。敬遣末員，薄陳方物。聊伸謝悃，仰冀睿慈。臣貞無任瞻天仰聖激切屏營之至，謹奉表稱謝以聞。

康熙二十二年十一月初二日。

謝封表文三

尚　敬

琉球國中山王臣尚敬誠歡誠忭，稽首頓首，謹奉表上言。伏以聖武弘昭，特重内屏之任；皇文丕振，復膺外翰之權。隆體統於藩臣，安内而兼攘外；焕規模於舊制，緯武而即經文。拜命增虔，撫躬益勵。恭惟皇帝陛下，道隆堯舜，德邁湯文。統六合而垂衣，教仁必先教孝；開九重以典禮，作君又兼作師。臣敬世守藩疆，代供貢職。荷龍章之遠錫，鮫島生輝；沐鳳詔之追諭，祖廟增色。對天使而九叩，望象闕以三呼。謹遣陪臣向龍翼、程順則等虔齎土物，聊表芹私。伏願乾行不息，澤沛彌崇。統王會以開圖，合車書者千八百國；占天時而應律，驗禎祥於三十六風。將見文麟獻瑞，彩鳳來儀矣。臣敬無任瞻天仰聖激切屏營之至，謹奉表稱謝以聞。

康熙五十八年。

謝封表文四

尚穆

琉球國中山王臣尚穆誠歡誠忭，稽首頓首，謹奉表上言。伏以帝澤旁流，九邊盡播史臣之册；皇德廣被，四海悉歸王會之圖。恩沛九重之膏，湛露時降；瑞兆五雲之彩，醴泉常生。歡溢臣民，慶騰宇宙。欽惟皇帝陛下，慮周萬物，治冠百王。乃聖乃神，煥規模於典禮；允文允武，隆體統於海陬。臣穆嗣守藩封，代供貢職。拜荷鳳詔褒封之典，社稷生輝；仰沐龍犀賜予之章，蝸居增色。對天使而九叩，望象闕而三呼。拜命增虔，撫躬益勵。謹遣陪臣馬宣哲、鄭秉哲等齎捧表章，恭陳帝座。伏願德合坤乾，恩同川嶽。感覆冒者萬國，莫不尊親；沾雨露者四方，盡皆頂祝。將見文麟獻瑞，調玉燭以無疆；彩鳳來儀，鞏金甌於有永矣。臣穆無任瞻天仰聖踴躍歡忭之至，謹奉表稱謝以聞。

乾隆二十一年十月十二日琉球國中山王臣尚穆謹上表。

擬謝封表文一

琉球國中山王臣尚某誠惶誠恐，稽首頓首，謹奉表上言。伏以泰階景運，三殿頒紫誥之榮；文治昌明，五方沐黄封之錫。化被滄溟山洞，鐵券馳及要荒；風行渤澥沙城，丹書播於陬澨。千八百國之共球丕振，三十六島之采物聿新。動地山呼，普天嶽誦。恭惟皇帝陛下，聰明睿智，文武聖神。黼座垂裳，普堯封之化雨；彤庭緼瑟，宏舜殿之薰風。來享來王，尺一丹書揚彩；獻棻獻雉，丈二印綬凝輝。臣某供職藩封，備員島嶼。何幸綸音遠賁，榮綰銀章；乃辱星使遥臨，光騰海宇。九京猶叨褒諭，寢廟之俎豆流馨；藐孤既受册封，祖武之弓裘克紹。惟駑駘末品，深懷蚊負之憂；而（辱）〔屢〕宇棲遲，匪遂凫趨之願。謹遣陪臣○○○○○○等肅賫土物，叩謝天恩。伏願聖德常躋，仁心無斁。寄屏藩於域外，向陽之草木生春；輸玉帛於島中，近水之樓臺得月。將見圖籙綿百代，河海呈清晏之休；鼎祚亘萬年，日月紀升恒之瑞矣。臣某無任瞻天仰聖激切屏營之至，謹奉表稱謝以聞。

擬謝封表文二

伏以文治昌明，三殿頒黄封之詔；泰階景運，五方沐紫誥之榮。風行渤澥滄溟，丹書播於陬澨；化被沙城山洞，鐵券馳及要荒。動地山呼，彌天嶽誦。恭惟皇帝陛下，聰明睿智，文武聖神。黼座垂裳，普堯疆之化雨；丹庭緼瑟，宏舜陛之薰風。臣某供職藩封，備員島嶼。何幸綸音遠賁，榮綰銀章；乃辱星使遥臨，光騰海宇。九京猶叨褒諭，寢廟之俎豆流馨；藐孤既受册封，祖武之弓裘克紹。惟駑駘末品，深懷蚊負之憂；而屬宇（樓）〔棲〕遲，匪遂梟趨之願。謹遣陪臣〇〇〇〇〇等肅賫土物，叩謝天恩。伏願聖德常躋，仁心無斁。寄屏翰於域外，向陽之草木生春；輸玉帛於島中，近水之樓臺得月。將見圖籙綿百代，河海呈清晏之休；鼎祚亘萬年，日月紀升恒之瑞矣。臣某無任瞻天仰聖激切屏營之至。

擬謝封表文三

伏以皇仁同覆載，車書集一統河山；帝德偏乾坤，要荒霑累朝雨露。來王來享，屏藩寵錫銀章；獻珙獻球，帶礪榮分鐵券。外邦溢慶，環海騰歡。恭惟皇帝陛下，道軼羲軒，業高堯舜。安内攘外，河清偕海晏揚休；緯武經文，雨澍共風祥呈瑞。咸頌太平天子，群歌有道聖人。臣某鮫島微員，屬宮荒服。代沐聖朝培植，躬膺王爵襲封。星使遥臨，如挹龍光而華祝；恩綸遠賁，惟虔虎拜以嵩呼。五色褒嘉，祖廟之蘋蘩映彩；十行丹詔，球陽之岳瀆增輝。册立覃恩，蟻私莫報；纘承舊業，蚊負懷慚。乃緣蝸處南隅，匪遂梟趨北闕。謹遣陪臣〇〇〇〇〇等肅賫方物，聊效葵傾；叩謝天恩，徒思曝獻。伏願仁聲廣訖，文德誕敷。披王會之山川，執玉帛者千八百國；攬職方之版宇，奠金甌於億萬斯年。將見璧合珠聯，常耀雍熙之世；而鳳儀獸舞，永遊浩蕩之天矣。

擬謝封表文四

伏以紫閣錫龍章，海嶠之河山焕彩；黄扉頒鳳詔，滄溟之草木生春。五色燦朝霞，珙球偕鼎圖而並峙；十行麗曉日，玉帛共帶礪而長新。域外咸歡，島中胥慶。恭惟皇帝陛下，惟精惟一，作君作師。緯地經天，兵農昭垂雅化；揆文奮武，禮樂黼黻太平。臣某環海藩垣，中山守土。歷朝而叨覆載，閱代而荷册封。天使遥臨，恍覩龍光於東渤；丹書遠賁，惟虔虎拜於南溟。祇緣僻處蝸居，莫遂凫趨之願；而以彈丸蜃宇，聊伸芹獻之私。謹遣陪臣〇〇〇〇〇〇等肅賫土物上陳，匍叩金階奏謝。伏願無逸作所，有道興歌。皇輿擁版宇之隆，黼座披治安策議。王會登幅幁之盛，楓宸誦大寶良箴。將見來享來王，遍浴日滔星之野；而獻琛獻䝴，匝扶桑高柳之鄉矣。臣某無任瞻天仰聖激切屏營之至，謹奉表稱謝以聞。

官生回國謝表一

尚　貞

琉球國中山王臣尚貞誠惶誠恐，稽首頓首，謹奉表上言。伏以布教溢中華，設席闡尼山之秘；覲光來異域，執經分泮水之光。《棫樸》篇中，時展縹緗歌夜月；杏花壇上，長垂衣帶拂春風。喜動儒林，歡騰海國。恭惟皇帝陛下，允文允武，乃聖乃神。王化廣敷，措一代於利樂賢親之内；文風遠播，範四方於詩書禮樂之中。臣貞觀海有懷，望洋徒嘆。眷中山而頒印綬，蟻封久叨帶礪之榮；入國學而奉典章，虎觀不遺駑駘之選。一之以聲音點畫，口誦心維；教之以節義文章，耳提面命。況夫冬裘夏葛，授衣盡内府之藏；兼之朝饔夕餐，賜食悉天厨之饌。恩深似海，難忘推解之隆；澤沛如天，莫報裁成之大。雖三年國子，敢云得九丘八表之微言；而一介豎儒，猶幸聞四書〔五〕經之大旨。祇爲養親念切，君門上重譯之章；何以逮恩殊天，〔九〕闕賜還鄉之詔。歸而言忠言孝，咸知君父之尊；因兹獻藻獻芹，聊表臣子之敬。伏願車書一統，玉帛萬方。有分土而無分民，到處珠璣生筆下；得大才方可大用，何人錦繡不胸中。行見耳目股肱，不出圖書之府；亦使東西南朔，無非翰墨之林矣。臣貞無任瞻天仰聖激切屏營之至，謹奉表稱謝以聞。

康熙三十一年十月二十五日琉球國中山王臣尚貞謹上表。

官生回國謝表二

尚敬

琉球國中山王臣尚敬〔誠惶誠恐，稽首頓首，謹奉表上言。伏以〕布教溢中華，設席闡尼山之秘；觀光來異域，執經分泮水之傳。《棫樸》篇中，時展縹緗歌夜月；杏花壇上，長垂衣帶拂春風。喜動儒林，歡騰海國。恭惟皇帝陛下，允文允武，乃聖乃神。王化廣敷，措一代於利樂賢親之内；文風遠播，範四方於詩書禮樂之中。臣敬觀海有懷，望洋徒嘆。眷中山而頒印綬，蟻封久叨帶礪之榮；入國學而奉典章，虎觀不遺駑駘之選。一之以聲音點畫，口誦心維；教之以節義文章，耳提面命。況夫冬裘夏葛，授衣盡内府之藏；兼之朝饔夕餐，賜食悉天厨之饌。恩深似海，難忘推解之隆；澤沛如天，莫報裁成之大。雖數年國子，敢云得九丘八素之微言；而一介竪儒，猶幸聞四書五經之大旨。祇爲養親念切，象闕上表陳情；何以逮下恩深，龍墀錫命返棹。歸而言忠言孝，咸知君父之尊；因兹獻藻獻芹，聊表臣子之悃。伏願車書一統，玉帛萬方。有分土而無分民，到處珠璣生筆下；得大才方可大用，何人錦繡不胸中。行見耳目股肱，不出圖書之府；亦使東西南朔，無非翰墨之林矣。臣敬無任瞻天仰聖激切屏營之至，謹奉表稱謝以聞。

雍正八年。

擬官生回國謝表一

琉球國中山王臣尚某誠惶誠恐，稽首頓首，謹奉表上言。伏以文治覃敷，朝陽之梧桐焕彩；仁聲遠被，泮璧之芹藻流香。黌序擁青氈，授業沐杏壇化雨；膠庠垂絳帳，執經拂函丈春風。慶洽書田，歡騰學海。恭惟皇帝陛下，菁莪造士，棫樸作人。異域樂觀光，廣植宫墻之桃李；寰區仰風化，宏儲藥籠之參苓。臣某識陋井蛙，學慚窺豹。彈丸澤國，獲膺封典之榮；一介竪儒，濫厠成均之列。春干秋羽，教以制義清真；朝誦夕絃，叶以中洲宫徵。博觀於石渠虎觀，涵濡於禮樂詩書。乃裘葛盡頒内府之藏，而饔餐仰給天庾之賜。讀中秘而窮經畢世，誦《蓼莪》而掩卷思親。籲司業以陳情，遂烏私而返棹。何幸金門筵宴，復加馳驛還鄉。頂踵難酬，涓埃莫答。謹遣陪臣〇〇〇〇〇等肅賫方物，叩謝天恩。伏願登五咸三，道同俗一。人文霞蔚，海宇産楩楠杞梓之材；英俊雲烝，山陬聚麴蘖鹽梅之品。

將見輝煌廊廟，皆文經武緯之猷；而黼黻休明，悉内聖外王之學矣。臣某無任瞻天仰聖激切屏營之至，謹奉表稱謝以聞。

擬官生回國謝表二

伏以文教昌明，泮璧燦鸞旂之彩；泰階景運，靈臺振鼉鼓之休。黌序欽羽儀，絳帳摳衣立夜雪；雍宫端模楷，青氊辯難坐春風。慶洽樵薪，光生芹藻。恭惟皇帝陛下，經天緯地，奮武揆文。道繼尼山，窺萬仞宫墻之美富；學宗鹿洞，接半畝方塘之源流。臣某觀海有懷，向隅徒嘆。龍光日麗，瞻天使而羡漢官威儀；聖訓春融，遣閥胄而厠圜橋聽講。羽干絃誦，悉教以禮樂文章；裘葛饔飧，盡頒於上方内府。虚縻廪餼，濫吹齊竽。乃采芑懷親，司業陳情請歸養；而金門筵宴，聖恩高厚賜還鄉。海島增榮，布衣殊遇。薄陳葵藿，叩謝天恩。伏願棫樸栽培，菁莪樂育。《卷阿》載咏，共慶梧桐車馬之輝；《天保》興歌，競獻月恒日升之頌。將見群英霞起，盡春華秋實之材；而多士雲從，皆東箭南金之品矣。

擬官生回國謝表三

伏以聖教普滄溟，雍宫揚鼓鐘之樂；文治光海甸，泮水流芹藻之香。棫樸栽培，夜雪牙籤披絳帳；菁莪雅化，春風玉麈拂青氊。藝苑歡騰，儒林喜動。恭惟皇帝陛下，功高千聖，道邁百王。講幄宏開，心源闡濂洛關閩之秘；經筵時御，道統接洙泗鄒魯之傳。臣某識陋管窺，情殷向若。球陽膺寵眷，宣賚册而綰銀章；島外切觀光，入成均而學干羽。驪黄不遺夫駑駘之選，絲麻無棄乎菅蒯之收。賫序執經，皆陶淑於詩書禮樂；圜橋聽講，盡涵濡於節義孝廉。教之以帖括文章，協之以中洲音語。三餘膏火，饌分太液之波；四季葛裘，衣授上方之用。裁成之恩深似海，樂育之德厚如山。乃一介書生，何幸歌梧桐之萋菶；而數年國子，不免陟屺岵以懷思。籲司業而上表陳情，錫王音而榮施返棹。謹遣陪臣○○○○○○等肅賫方物，叩謝天恩。伏願精一彌修，聖神愈懋。英才皆照乘，鸞坡誇陸海潘江；俊彦盡連城，鳳掖萃班香宋艷。將見男邦采衛，咸登於西園翰墨之林；而侯甸要荒，悉入於東壁圖書之府矣。臣某無任瞻天仰聖激切屏營之至。

擬官生回國謝表四

伏以敷教訖遐陬，膠庠垂尼山道統；觀光來異域，黌序聞鹿洞宗傳。瑞靄鱣堂，渤澥聆鼓鐘雅韻；春融絳帳，滄溟流芹藻芬芳。頌及九天，慶敷八極。恭惟皇帝陛下，道高廣運，學懋緝熙。緯武經文，駕虞夏商周而稱盛；豐功偉烈，軼漢唐宋明以獨隆。臣某觀海有懷，向隅徒嘆。累叨寵眷，叠沛恩綸。迎天使而瞻威儀，恍覲龍光於黼扆；遣閥胄而入國學，如聆聖訓於圜橋。鼓篋絃歌，教之以文章禮樂；諧聲會意，調之以齒舌唇喉。乃裘葛饔飧，盡頒於上方天庾；而圖書翰墨，悉供於芸局蘭臺。學海淵深，思窮經而卒業；鄉雲繚繞，切定省而懷歸。何幸榮賜還鄉，又兼筵宴馳驛。齊竽濫厠，太液騰波。歸而宣布恩威，因兹愈深忠孝。薄陳葵藿，叩謝天恩。伏願垂拱凝庥，勵精圖治。仁風廣洽，羅楩楠杞梓之英奇；文運聿新，普棫樸菁莪之雅化。將見東西南朔，咸説禮而敦詩；侯甸要荒，皆家絃而户誦矣。

史部·地理類

太平御覽·四夷·流求

〔宋〕李昉等 編

校點説明

《太平御覽》一千卷。宋太平興國二年（九七七），太宗命李昉等十四人編。書凡五十五門，卷七八四《四夷部五》收「流求」，係節引《隋書·東夷傳·流求國》文。經與《隋書》今所見本核對，二書時有異文。本書除誤字外，異文亦有優於《隋書》者。如言鬬鏤樹，《隋書》云「條纖如髮，然下垂」，本書作「條纖如髮，紛然下垂」，意更全；其他可供校勘者亦頗數，又於「建安」下多小注「閩川之東也」，亦有助於瞭解。鑒此，本書予以輯録，以資研究。

此次輯録取自中華書局一九六〇年影印本。

（李夢生）

太平御覽·四夷·流求

《(陰)〔隋〕書》曰：流求國居海島之間，當見建安郡東，水行五日而至。閩川之東也。土多出銅。其王（性）〔姓〕歡斯，名渴剌兜，不知其由來，有國代數也。彼土人呼之爲可老羊，妻曰多（快）〔拔〕茶。所居曰波羅檀洞，塹栅三重，環以流水，樹棘爲藩。王所居舍，其（十人）〔大〕十六門，雕刻禽獸。多鬭鏤樹，以橘而葉（蜜）〔密〕，條纖如髮，紛然下垂。國有四五師統諸洞，洞有小王。往往有村，村有鳥了帥，並以善戰者爲之，自相樹立，理一村之事。

男女皆以白紵纏髮，從頭盤遶。婦人以羅紋白布爲帽，織鬭鏤皮并雜色紵及雜花以爲衣，製裁不一。織藤爲笠，飾以毛羽。兵有刀、矟、弓、箭、劒、（鼓）〔鈹〕之屬。編紵爲甲，或以熊豹之皮。王乘木獸，令人舉之而行，導從不過數十人。國人好相攻擊，人皆驍健善走，難死而耐創。諸洞各爲部隊，不相救助，兩陣相當，勇者三五人相擊射，如其不勝，一軍皆走，遣人致謝，即共和解，收取鬭死者共聚而食之。食皆用手。無賦斂，有事則均稅。俗無文字，視月虧盈以紀時節，候草枯以爲年歲。人深目長鼻，頗類於胡人，縱年老髮多不白。無君臣上下之節，拜伏之禮。父子同牀而寢。婦人產乳必食子衣。以木槽曝海水爲鹽，木汁爲醋，釀米麴爲酒。遇得異味，先進尊者。凡有宴會，執酒者必待呼名而後飲。上王者酒，亦呼王名，銜盃同飲，頗同突厥。歌呼蹋蹄，一人唱，衆皆和，音韻哀怨。其死者氣將絶，舉至庭，浴其屍，以布帛纏之，裹以葦草，襯土而殯，上不起墳。爲子者數月不食肉。有熊羆豺狼，尤多猪鷄，無牛羊驢馬。厥田良沃，先以火燒而引水灌之，持一插，以石爲刃，長尺餘，闊數寸，而墾之。宜播種樹木，同江表，氣候與嶺南相類。俗事山海之神，祀以酒肴，鬬戰殺人，便將所殺人祭其神。

煬帝大業初，海帥何蠻等，每春秋二時，天清風静，東向依稀似有煙霧之氣，亦不知幾千里。三年，帝令羽騎尉朱寬入海求訪異俗，何蠻言之，遂與蠻俱往，因到流求國，言語不相通，掠一人并取其甲而還。時倭國使來朝貢，見之曰：「此夷邪久國人所用也。」帝遣武賁郎將陳稜、朝請大夫張鎮同率兵自義安浮海擊之，至流求。初稜將南方諸國人從軍，有崑崙人頗解其語，遣人慰諭之，流求不從，拒逆官軍。稜擊走之，進至其都，頻戰皆敗，毀其宮室，虜其男女數千人而還。

太平寰宇記·流求國

〔宋〕樂史　編著

校點説明

《太平寰宇記》二百卷，宋樂史編著。樂史（九六〇—一〇〇七），字子正，宜黄人。原仕南唐，入宋官著作郎直史館，轉太常博士。《太平寰宇記》體例仿唐《元和郡縣志》，記郡縣地理，又闢風俗、人物、物産等門，考證詳覈。惟唐、五代乃至宋初，中國與琉球並無交往，故此記載琉球事皆係組織《隋書·流求傳》而成，無多發明，然其影響却頗深遠，直到《明一統志》，仍以其記爲根本。

此篇録自中華書局二〇〇七年王文楚等點校本卷一百七十五。

（李夢生）

太平寰宇記・流求國

流求國，自隋聞焉。居海島之中，當建安郡之東，水行五日而至。閩川東也。土多山洞。其王姓歡斯，名渴剌兜，不知其由來、有國代數也，彼土人呼之爲「可老羊」，妻曰「多拔茶」。所居曰「波羅檀洞」，塹柵三重，環以流水，樹棘爲藩。王所居舍，其大十六間，雕刻禽獸。國有四五帥，統諸洞，洞有小王。往往有村，村有鳥了帥，並以善戰者爲之，自相樹立，理一村之事。男女皆以白紵繩纏頭髮，從後盤遶至額，婦人以羅紋白布爲帽，織鬭鏤皮并雜色紵及雜毛以爲衣，製裁不一。織藤爲笠，飾以毛羽。兵有刀、矟、弓、箭、劍、鈹之屬。編紵爲甲，或用熊豹之皮。王乘木獸，令人轝之而行，導從不過數十人。國人好相攻擊，人皆驍健善走，難死而耐瘡。諸洞各爲部隊，不相救助。兩陣相當，勇者三五人相擊射，如其不勝，一軍皆走。遣人致謝，即共和諧，收其鬭死者共聚而食之。

隋煬帝大業初，海帥何蠻等云：「春秋二時，天清風静，東望依稀，似有烟霧之氣，亦不知有幾千里。」三年，帝命羽騎尉朱寬入海求訪異俗，遂與何蠻俱往，因到流求國，言語不相通，掠人并取其布甲而還。時倭國使來朝，見之曰：「此夷邪久國人所用也。」帝遣武賁郎將陳稜、朝請大夫張鎮州率兵自義安今潮陽郡。浮海擊之，至流求。初，稜將南方諸國人從軍，有崑崙人頗解其語，遣人慰諭之，流求不從，拒逆官軍，稜擊走之，進至其都，頻戰皆敗，焚其宮室，虜其男女數千人而還。自爾遂絶。

風俗物産：其人食用手。無賦斂，有事則均税。無文字，視月虧盈而以紀時節，候草枯以爲年歲。人深目長鼻，頗類于胡人。縱年老，髮多不白。無君臣上下之節、拜伏之禮。父子同床而寢。婦人産乳，必食子衣。以木槽中曝海水爲鹽，木汁爲醋，釀米麴爲酒，其味甚薄。遇得異味，先進尊長。凡有宴會，執酒者必待呼名而後飲；上王酒者，亦呼王名，銜盃同飲，頗同突厥。歌呼蹋蹄，一人唱，衆人皆和，音頗哀怨。扶女子上膊，揺首而舞。其死者氣將絶，舉于庭，浴其屍，以布纏之，裹以葦草，襯土而殯，上不起墳。子爲父者，數月不食肉。有熊、羆、豺、狼，尤多猪、雞，無牛、羊、驢、馬。厥田良沃，先以火燒，而引水灌之，持一插，以石爲刃，長尺餘，闊數寸，而墾之。土宜播種，樹木同江表，多鬬鏤樹，似橘而葉密，條纖如髮，紛然垂下。氣候與嶺南相類。俗事山海之神，祀以酒肴。鬬戰殺人，便將所殺人祭其神。王之所居，壁下多聚髑髏以爲佳。

諸蕃志

〔宋〕趙汝适　撰

校點説明

《諸蕃志》二卷，宋趙汝适撰。

趙汝适（一一七〇—一二三一），宋宗室，南宋嘉定末至寶慶初（約一二〇八—一二二七）任泉州市舶司提舉，暇日閱諸蕃圖，并向海外商人咨詢各國國名、風土物産及道里遠近等，於寶慶元年（一二二五）著成本書。

《諸蕃志》上卷志國，載其風土人情，凡五十八國；下卷志物，載其物産資源，凡五十四篇。書收羅廣泛，是研究宋代海上交通及對外關係的重要文獻。

本書録自叢書集成所收《學津討原》本卷下。書中所載琉球國情況，仍承襲《隋書》，無多發明更新，僅末云「土人間以所産黄蠟、氂尾、豹脯往售於三嶼」，或得之親聞。

（李夢生）

諸蕃志

流求國

流求國當泉州之東，舟行約五六日程。王姓歡斯，土人呼爲可老。王所居曰波羅檀洞，塹柵三重，環以流水，植棘爲藩，殿宇多雕刻禽獸。男女皆以白紵繩纏髮，從頭後盤遶，及以雜紵雜毛爲衣，製裁不一。織藤爲笠，飾以羽毛。兵有刀、矟、弓、箭、劍、（鼓）〔鈹〕之屬，編熊豹皮爲甲。所乘之車，刻獸爲像，導從僅數十人。無賦斂，有事則均稅。不知節朔，眎月盈虧以紀時。父子同床而寢。曝海水爲鹽，釀米麴爲酒。遇異味先進尊者。肉有熊羆豺狼，尤多猪鷄，無牛羊驢馬。厥土沃壤，先用火燒，然後引水灌注，持鍤僅數寸而墾之。無他奇貨，尤好剽掠，故商賈不通。土人間以所産黄蠟、土金、氂尾、豹脯往售於三嶼。旁有毗舍耶、談馬顔等國。

島夷志略

〔元〕汪大淵 撰

校點説明

《島夷志略》二卷，元汪大淵撰。

汪大淵，江西南昌人，字焕章，約生于元武宗至大四年（一三一一），曾兩次隨中國商船到東洋、西洋。元順帝至順元年（一三三〇），由泉州第一次附海舶浮海，元統二年（一三三四）夏秋間返國，航海範圍以印度洋區域爲主。順帝至元三年（一三三七）冬，由泉州第二次附舶浮海，所遊範圍較第一次爲小，爲南洋諸地，至元五年（一三三九）夏秋間返國。《島夷志略》成書于至正九年（一三四九），初刻于至正十年（一三五〇）。全書共分一百條，前九十九條記其所訪諸地，是兩次浮海的親身見聞，第一百條是録前人舊記而成。卷上「琉球」條，概括記載琉球之山川、地理位置、風土、交通工具、服飾、生産飲食、民情、物産、貿易等。琉球多山，適宜耕種，物産豐富，交通工具没有舟船。貿易之貨「粗碗、處州瓷器」等表明當時已有中國商賈前去銷售貨物，反映出元代與琉球的商品貿易關係。末句特意指明「海外諸國，蓋由此始」，當時琉球是航行海外的起點。

琉球與中國交往，蓋起於明洪武五年（一三七二），此前各書記載琉球，於其地理位置多齟齬矛盾，《宋史》與《元史》均認爲與中國福建相近，《宋史》將彭湖誤屬琉球，《元史》則云「彭湖諸島，與瑠求相對」，後人遂認定元前文獻所載琉球皆小琉球，今屬臺灣省。從汪大淵所記内容來看，本書所説琉球確爲小琉球無疑。按，據《元史》，元人曾於至元二十八年（一二九一）、元貞三年（一二九七）兩次派兵往琉球，不知何故，此書無一言涉及；且稱國名亦略有異。

本書有民國初神州國光社《古學彙刊》本所收沈曾植《島夷志略廣證》，今即據以輯録。爲方便研究者對此書所述「琉球」方位之認識，特連類輯録「彭湖」節，以供參考。

（秦　潔）

島夷志略

彭湖

島分三十有六，巨細相間，坡隴相望，乃有七澳居其間，各得其名。自泉州順風二晝夜可至。有草無木，土瘠不宜禾稻。泉人結茅爲屋居之。氣候常暖，風俗朴野，人多壽眉。男女穿長布衫，繫以土布。煮海爲鹽，釀秫爲酒，採魚蝦螺蛤以佐食，爇火糞以爨，魚膏爲油。地産胡蔴、緑荳。山羊之孳生數萬爲群。家以烙毛刻角爲記，晝夜不收，各遂其生育。工商興販，以樂其利。地隸泉州晋江縣。至元年間立巡檢司，以週歲額辦鹽課中統錢鈔一十錠二十五兩，别無料差。

琉球

地勢盤穹，林木合抱。山曰翠麓，曰重曼，曰斧頭，曰大峙。《典録》作大崎之山。其山極高峻，自彭湖望之甚近。余登此山則觀海潮之消長，夜半則望暘谷之出，紅光燭天，山頂爲之俱明。土潤田沃，宜稼穡。氣候漸暖，俗與彭湖差異。水無舟楫，以筏濟之。男子婦人拳髮，以花布爲衫。煮海水爲鹽，釀蔗漿爲酒。知番主酋長之尊，有父子骨肉之義。他國之人倘有所犯，則生割其肉以啖之，取其頭懸木竿。地産沙金、黄荳、黍子、琉黄、黄蠟、鹿、豹、麂皮。貿易之貨，用土珠、瑪瑙、金珠、粗碗、處州磁器之屬。處州瓷器，龍泉窑也。西人譯博羅馬哥書，其稱中國佳磁，亦以處州言之。海外諸國蓋由此始。

異域志

〔明〕周致中　撰

校點説明

《異域志》二卷，原名《臝蟲録》，經後人重編改今名，明周致中撰。周致中，生平不詳，約生活於明初，曾任知院，并奉命出使。《異域志》廣採《山海經》、《酉陽雜俎》、《嶺外代答》等書，間據自身所歷，編輯成書，所記達二百十個國家與民族，可見當時航海業已很發達。

本書記琉球事雖寥寥數語，但值得注意的是，與他書不同，本書首次以「大琉球國」稱琉球，另立「小琉球國」一條，可見自明初琉球與中國交往後，中國人對琉球的地理位置認知雖不準確，但已有明顯的大琉球（今琉球群島）與小琉球（今臺灣）之分。

《臝蟲録》所記被歷次出使琉球者所作使録引用並批駁，引文亦與今所見略異，作：「琉球當建安之東，水行五百里。土多山峒，峒有小王，各爲部隊而不相救援。國朝進貢不時。王子及陪臣之子皆入太學讀書，禮待甚厚。」文優於今本。陳侃在《使琉球録》中即謂其不實，言琉球實離福建萬里，多山而少洞。「至於令子弟入太學，僅於洪武二十二年而創見之，嗣是唯遣陪臣之子」。郭汝霖等使録也多有類似的辨證。

本書録自中華書局一九八一年版校注本。

（秦　潔）

異域志

大琉球國

在建安之東，去海五百里，其國多山洞，各部落酋長皆稱小王，至生分彼此不和，常入中國〔進〕貢，王子及陪臣皆入太學讀書。

明一統志

〔明〕李賢等 撰

校點説明

《明一統志》，明李賢等奉敕撰，成於英宗天順五年（一四六一）。《四庫全書總目》謂「其時纂修諸臣，既不出一手，舛謁牴牾，疎謬尤甚」，僅可備一代之掌故。

《明一統志》中對琉球所作記載，仍停留在元以前的水平，取材則大致來自《太平寰宇記》及《隋書》，毫無新意。徐葆光《中山傳信録》序云：「前明洪武五年，中山王察度始通中國，而《明一統志》成於天順初，百年中爲時未久，故所載皆仍昔誤，幾無一實焉。」似有爲其轉圜之意。然自明陳侃以來，郭汝霖、蕭崇業等人出使琉球所記，莫不對《明一統志》逐條批駁，可謂不遺餘力。至清代，各使臣所作，亦視之爲繆窟，即徐葆光《中山傳信録》卷四批其記山川之誤即云：「前《明一統志》云黿鼊嶼在國西，水行一日。高華嶼在國西，水行三日。今考二嶼，則皆無有。又云彭湖島在國西，水行五日。按彭湖與臺灣、泉州相近，非琉球屬島也。」即此一例，可概其餘，至於風俗、物産，自與時俱進，不得以古例今。

本篇輯自四庫全書本卷八十九。

（李夢生）

明一統志

琉球國其地在福建泉州東海島中，其朝貢由福建以達於京師。

沿革　古未詳何國，漢、魏以來不通中華。隋大業中，令羽騎尉朱寬訪求異俗，始至其國，語言不通，掠一人以返。後遣武賁（良）〔郎〕將陳稜率兵至其都，虜男女五千人還。唐、宋時未嘗朝貢。元遣使招諭之，竟不從。本朝洪武中，其國分爲三，曰中山王、曰山南王、曰山北王，皆遣使朝貢。永樂初，其國王嗣立，皆受朝廷册封。自後惟中山來朝，至今不絶，其山南、山北二王蓋爲所併云。

風俗　去髭黥手，羽冠毛衣。《寰宇記》：人深目長鼻，頗類胡人，男子去髭鬚，婦人以墨黥手爲龍蛇文，皆紵繩纏髮，從頂後盤遶至額。男以鳥羽爲冠，裝以珠玉赤毛，婦以羅紋白布爲帽，織鬬鏤皮并雜毛爲衣，以螺爲飾，而下垂小貝，其聲如珮。無禮節，好剽掠。同上：無君臣上下之節，拜伏之禮，父子同床而寢。婦人産乳必食子衣。食用手，得異味先進尊者。死者浴其屍，以布帛纏之，裹以葦草，襯土而殯，上不起墳。無他奇貨，尤好剽掠，故商賈不通。人喜鐵器及匙筯。不駕舟楫，惟縛竹爲筏，急則群舁之，泅水而遁。殺人祭神，聚髏爲佳。同上：事山海之神以酒肴。鬬戰殺人即以所殺人祭其神。王所居壁下多聚髑髏以爲佳。所居地曰波羅檀洞，塹栅三重，環以流水，樹棘爲藩。殿宇多雕刻禽獸。無賦斂，不知節朔。同上：無賦斂，有事則均税。無文字，不知節朔，視月盈虧以知時，視草榮枯以計歲。

山川　鼊鼊嶼在國西，水行一日。高華嶼在國西，水行三日。二嶼俱隋陳稜率兵過此。彭湖島在國西，水行五日，地近福州、泉州、興化、漳州四郡界，天氣晴明，望之隱然若烟霧中。落漈《元史》：水至彭湖漸低，近琉球謂之落漈。漈者，水趨下不回也。凡西岸漁舟到彭湖遇颶風作漂流落漈，回者百一二。

土産　鬬鏤樹似橘而葉密。硫黄　胡椒　熊羆　豺狼

西洋朝貢典録

〔明〕黄省曾　撰

校點説明

《西洋朝貢典録》三卷，明黄省曾撰。

黄省曾（一四九〇—一五四六），字勉之，號五嶽山人，河南汝寧人，徙江蘇蘇州。嘉靖十年（一五三一）舉人，未仕。省曾嘗從王守仁、湛若水遊，以經學名，除本書外，有《五嶽山人集》。《西洋朝貢典録》作於正德十五年（一五二〇），乃採摭衆書而成，記録了二十三國之山川、風俗、物産等。

本書録自叢書集成所收《得月山房彙鈔》本卷上。祝允明《懷星堂集》卷二十五《西洋朝貢典録序》云：「其爲書也，法班、馬叙國境所在，風俗所殊；法《周官》，叙田畜；法《山海經》，叙山水、鳥獸、草木；法《禹貢》，叙貢物。每一島末，復著論以該未盡。事事有徵，言言非億。」即從此節録之「琉球國」篇視之，祝氏之言確鑿無虚。書中所記琉球事，其近實已超邁宋元，即同時之《明一統志》亦無法與其較長絜短，尤於物産更補前記所闕。末尾之論，獻疑發難，頗中肯綮。

（李夢生）

西洋朝貢典録

琉球國

其國在泉州之東。其地三分而多争，一曰中山王，二曰南山王，三曰北山王。高皇帝常有北山王怕泥芝之諭戒，其略曰：上帝好生，恐寰宇生民，自相殘害，特生聰明者主之，以育黔黎。邇使者自海中歸，云琉球三王互争，於農業少廢，人命頗傷，朕聞之不勝憐憫。今因使者往復琉球，特諭王體上帝好生，息征戰而育下民，可乎？

其山多抱合而峙，一曰翠麓之山，二曰大崎之山，三曰斧頭之山，四曰重曼之山，皆峻極不可以上。有黿鼊島、高華嶼、彭湖島。其土氣恒燠，耕田田稻膏腴宜穀，其利魚鹽。國無賦斂。其男女服大袖連袴之衫，造以花印之布。有甘蔗酒。其土人善詩書，好中國圖書古器。洪武中中山王遣子姪就業太學。其土物多沙金黄蠟，有石液焉，出于山谷，其色如鵝子，瑩浄而無夾，焚之有紫焰。其名曰硫黄，一曰崑侖王，能化五金，傅之已疥。多善馬。高皇帝常遣使鬻馬于國王察度，諭略曰：王居滄溟之中，崇山爲國，環海爲固，朕即位十有六年，王歳遣貢，朕甚嘉焉。特命尚佩監奉御路謙，報王誠禮。王復使來致謝。朕今更專〔遣〕内使監丞梁民，同前奉御路謙，賫符賜王鍍金銀印三顆，送使者歸，就于王處鬻馬，不限多少，從王發遣，故兹敕諭。其鼎峙大崎之山之東曰三島之國，羈事琉球。其民壘石依崖而居，以鼊漁爲業，多木綿。琉球之貢羈二載，洪武中，三王皆遣使奉銀箋貢馬及方物。永樂以來，國王嗣立，皆請命册封，現惟中山王來朝，每二年許貢一次，由福建以達于京師。其貢物，馬、硫黄、蘇木、胡椒、螺殻、海巴、刀、生紅錫、銅、牛皮、摺子扇、磨刀石、瑪瑙、烏木、降香、木香。

論曰：魏徵《隋書》言琉球無馬，及洪武間屢貢良馬，高皇帝遣使賜之符印，就令購馬，迺知前史多不足信也。蓋琉球漢魏以來不通中華，至煬帝令朱寬入海，求訪異俗，自是頻往，掠取人物而還耳。未嘗安然揖讓于其地，又何以得其詳也。

皇明四夷考

〔明〕鄭曉 撰

校點説明

《皇明四夷考》二卷，明鄭曉撰。

鄭曉（一四九九—一五六六），字窒甫，浙江海鹽人。嘉靖二年（一五二三）進士，授職方主事，以兵部侍郎總督漕運，禦倭有功，官至兵部尚書。尚著有《九邊圖志》、《吾學編》、《禹貢圖説》等。

鄭曉通經術，明地理，嫻習國家典故。所作《皇明四夷考》，參考了大量史籍、文集、檔册、筆記，内容豐富，剪裁的當。其記琉球國事，溯其源而叙其流，詳細介紹了明朝與琉球交往諸如朝貢、册封，遣陪臣子弟入國子監學習等事，又對琉球之風俗、服飾、官制、禮儀、物産等逐一記載，簡而不漏。依所記尋繹，除明前事作者參考了《通典》、《大明一統志》等書外，明代事及琉球國情多取自於陳侃《使琉球録》及《明實録》，即以《實録》言，粗略翻檢，即見於《太祖實録》卷二一七「洪武二十五年五月癸未」，《太宗實録》卷二六「永樂二年二月壬辰」，《英宗實録》卷一八七「景泰元年戊子」等。因其所記事事有據，故爲時人所重，如稍後的茅元儀《武備志》於「琉球」章完全照録本書，何喬遠《閩書》「琉球國」，亦以本書爲主幹。

本書初刊於明萬曆年間，華文書局收入《國學文庫》排印出版，此次校點，即以之爲底本。

（秦　潔）

皇明四夷考

琉球

琉球在海東南，自福建梅花所開洋，順飇利舶，七日可至。漢、魏至唐、宋，不通中國。隋嘗遣兵，虜其男女五千人。元遣使招諭，竟不從。洪武初，國分中山、山南、山北，稱三王，遣使朝貢。十五年，賜中山王察度、山南王承宗。鍍金銀印、金幣。使還言，三王爭雄相攻，賜詔諭之，并諭山北王帕(死)〔尼〕芝。十六年，賜山北王印、文綺，王妃、姪、相、寨官各有差。二十五年，中山遣子姪及其陪臣子弟入國學，上喜，禮遇獨優。賜閩人三十六姓善操舟者，令往來朝貢。永樂二年，察度卒，詔封其世子武寧嗣王。是年，山南王承察度卒，無子，令其從弟汪應祖攝國事。應祖使來請命，如山北王故事。諭蹇尚書遣使賜應祖冠服，嗣山南王。九年，中山王思紹令坤宜堪彌貢馬及方物，以其長史程復來見，表言：「長史王茂，輔導有年，乞陞國相兼長史事。」又言：「復本中國饒州人，輔臣祖察度四十餘年，不解于職。今年八十有一，乞令致仕還其鄉。」上從之，陞復琉球國相兼左長史，致仕還饒，茂國相兼右長史。景泰元年，中山王尚思達遣人朝貢。三王嗣封，皆請於朝。已而，山南、山北爲中山所并，中山遣使朝貢。令三年一貢，貢無過百五十人。察度後，五傳至尚圓嗣王。卒，子尚真嗣。嘉靖十一年，尚真卒，子尚清請嗣。遣左給事中陳侃、行人高澄，以太牢祀真，封清嗣王，賜王妃冠服、錦幣。使臣疏言：「弘治、正德時，修譔羅倫等嘗使安南，安南乞留詔敕爲鎮國之寶。倫爲請得留。即琉球請留如安南，海外遠，不得即請，乞下禮官議。」議請如安南。使至國，授封。王拜曰：「天朝詔敕，藏金匱者八葉于兹矣，請留。」使許之。比還，遣其王親寧吉、長史蔡瀚上表謝。使上《使琉球録》，言：「《大明一統志》中載琉球有落漈，王居壁下，聚髑髏，非實事。杜氏《通典》、《集事淵海》、《嬴蟲録》、《星槎勝覽》所述，亦皆傳者妄也。乞下史館。」從之。

其俗以盈虚爲晦朔，以草木爲冬夏，人皆去髭黥手，羽冠毛衣，無禮節，好剽掠。既遣人學於國學，夷習稍變。奉正朔，設官職，被服冠裳，陳奏章表，著作篇什，有華風焉。今其國中，王下有王親，不與政。次法司官，次察度官，司刑名。次那霸港官，司錢穀。次耳目官，司訪問。皆土官，爲武職，以上世及所轄地爲姓名。其大夫、長史、通事官，司朝貢，有定員，爲文職，皆三十六姓人及學於國學者爲之。王并日視朝，旦中昃凡三朝，群臣搓手膜拜，尊且親者入殿坐飲酒，卑疏者移時長跪階下。歲元日、聖節、長至，君臣冠服，拜龍亭祝慶。子爲親喪，數月不肉食。人死，以中元前後日浴屍溪水，去腐肉，取骨，纏以布帛，裹葦草，埋土中。王及諸臣家匣骨藏山穴，竅木爲小牖，歲時祭掃啓視之。地無貨殖，不通商賈。朝貢乘大舡海上，漁鹽泛小艇，無竹筏。信鬼畏神，神以婦人爲尸，號女巫。女巫之魁，稱女君。白日呼嘯，聚輒數百人，攜枝戴草，騎步縱横，時入王宫褻遊狎戲，一唱百和，音聲悽慘，倏忽往來，莫可踪跡。馮附淫昏，矯誣禍福，王及世子、陪臣皆頓首拜跪。

王居山巔，國門名歡會，府門漏刻，殿門奉神，朴素無金碧之飾。賦法略如井田，王、臣、民各分土爲禄食，上下爲征斂。有事一取諸民，事已即已。用刑甚嚴，盜竊即刵劓。家富貴者，瓦屋不過二三楹，餘皆茅土，風雨飄摇。以螺殼爨，爨無釜甑，耕無鐵。婦人嚼米爲酒，男子煮海爲鹽。市用日本錢，十當一，如宋季鵞眼、綖貫。人無貴賤，皆驍健，耐勞苦、飢寒，不知醫藥而無疾疫。兵甲堅利，射可至二百步，進止有金鼓，鄰國視爲勍敵。然好争狠鬭，輒刃殺人，度不能脱，即剖腹自斃。

其山川，黿鼊嶼、彭湖島爲大。或曰，國西古米山有礁，甚險，舟至輒敗，即落漈也。産馬、海巴、牛皮、磨刀石、硫黄、銅、錫、扇。山無猛獸，以故多野馬、牛、豕。鬭鏤木、蘇木、胡椒諸香，非其産也。又有小琉球，近泉州。閩人言：「霽日登鼓山，可望而見。」入國朝，未嘗朝貢，或曰并入琉球。琉球旁有毗舍那者，島中小夷。鳥語鬼形，袒裸盱睢，殆非人類，不通中國。

琉球圖説

〔明〕鄭若曾　撰

校點説明

《琉球圖説》一卷，明鄭若曾撰。

鄭若曾（一五〇三—一五七〇），字伯魯，號開陽，江蘇崑山人。嘉靖初貢生，曾入胡宗憲幕，多所謀劃。若曾少師魏校，又師湛若水、王守仁，於經世之學尤爲注意。著有《籌海圖編》、《鄭開陽雜著》等。

《鄭開陽雜著》爲清康熙三十七年（一六九八）鄭若曾五世孫起泓將若曾所作十種原單行的著作删汰重編而成，《四庫全書總目》云：「此十書者，江防、海防形勢，皆所目擊，日本諸考皆咨訪考究，得其實據，非剽掇史傳以成書，與書生紙上之談固有殊焉。」鄭若曾所作《琉球圖説》編入《鄭開陽雜著》卷七。書凡收圖一幅，分列琉球國考、世紀、山川、風俗、針路等八目。書參考了明代有關諸作，於稍前陳侃出使琉球歸後所作《使琉球録》採摭尤爲明顯，而與同時人鄭曉所作《皇明四夷考》内容幾乎相同而互有詳略，故稍後有關琉球的記叙或多或少當曾以之參考。

明代雖已多次派使者往琉球，然於其地理位置仍多謬誤。如本書於彭湖方位，仍襲《一統志》，清徐葆光《中山傳信録》卷四曾予以批駁，並云：「以針路所取彭家山、釣魚嶼、花瓶嶼、雞籠、小琉球等山，去琉球二三千里者俱位置在姑米山、那霸港左近，舛謬尤甚。太平山遠在國南二千里，鄭圖乃移在中山之巔歡會門之前，作一小山，尤非是。」

此次校點，即以康熙刊本爲底本，參校《四庫全書》本，并將《四庫全書》本卷八所收《萬里海防圖》之第六幅琉球部分附後。

（熊　輝）

目録

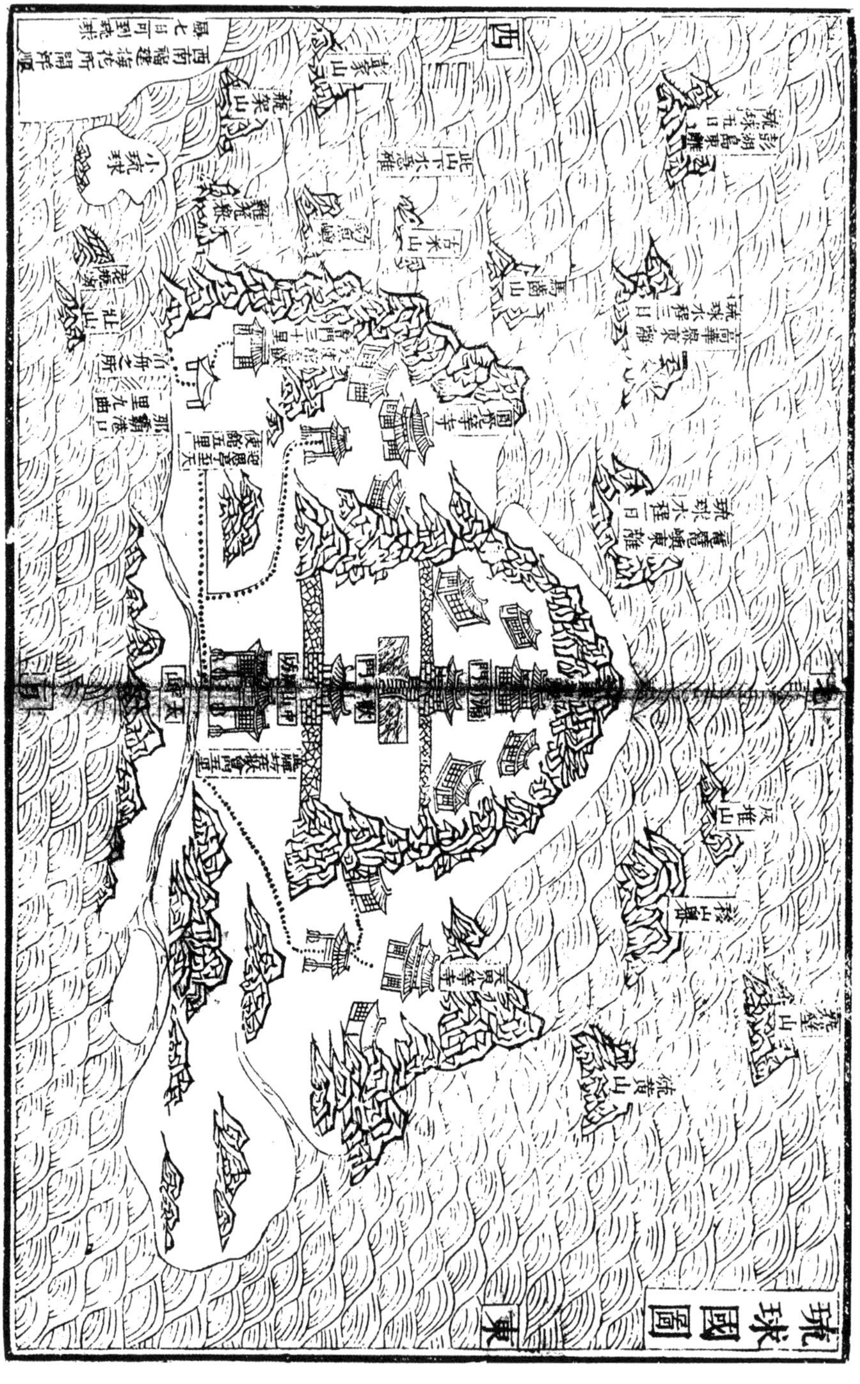
琉球國圖
東
西
小琉球
古米山
馬齒山
圓覺寺
天界寺

琉球圖説

琉球考

琉球國在福建泉州東、福州東北大海中，北與日本爲鄰。自福建梅花所開洋，順颸利舶，七日可至。其地漢、魏以來不通中國。隋大業中，令羽騎尉朱寬訪求異俗，始至其國，語言不通，掠一人以返。後遣武賁郎將陳稜率兵再往，擄其男女數百人還。唐宋時未嘗朝貢，韓昌黎文「海外雜國若耽浮羅流求」，即斯國也。元遣使招諭之，不至。明洪武初，行人楊載使日本，歸道琉球，遂招之，其王首先歸附，率子弟來朝。太祖嘉其忠順，賜符印、章服及閩人之善操舟者三十六姓，令往來朝貢，又許其遣子及陪臣之子來學於國學。其國中分爲三，曰中山王，曰山南王，曰山北王。中山王察度，山南王承宗，山北王怕（死）〔尼〕芝皆遣使朝貢。永樂以來，其國王嗣立，皆請於朝，受册封。自後，惟中山王朝貢不絶，其山南、山北二王俱爲所併。中山王世稱尚氏，居山之巔。我使者去必孟夏，來以季秋，乘風便也。厥貢方物率市諸他國，本國蓋無所有云。

又有小琉球，近泉州，霽日登鼓山可望而見，入明未嘗朝貢。

世紀

國主初姓歡斯氏，其先有名渴剌兜者，不知其有國世數也。明洪武初，國分中山、山南、山北，稱三王，遣使朝貢。十五年，賜中山王察度、山南王承宗鍍金銀印誥幣。使還，言三王争雄相攻，賜詔諭之。十六年，山北王怕（死）〔尼〕芝上表朝貢，賜印誥文綺，復賜中山、山南、山北三王各紵絲、紗羅、冠服，王妃、王姪、王相、寨官紵絲、羅絹，公服有差。二十五年，中山遣子姪及其陪臣子弟入國學，上嘉禮之。永樂二年，察度卒，封其世子武寧嗣王。是年山南王承宗亦卒，無子，令其從弟汪應祖攝國事。應祖使使來請命如山北王故事，諭尚書蹇義遣使賜應祖冠服，嗣山南王。九年，中山王尚思紹使使貢馬及方物，以其長史程復來見。表言長史王茂輔導有年，乞陞國相兼長史事。又言復本中國饒州人，輔臣祖察度四十餘年，不懈於職，今年八十有一，乞令致仕還其鄉。上從之，陞復琉球國相兼左長史致仕，還饒，茂國相兼右長史。景泰元年，中山王尚思達遣人朝貢。凡諸王嗣封皆請於朝，已而山南、山北竝爲中山所并。中山世通貢獻，自察度後凡五傳，至尚圓嗣王，卒，子尚真嗣。嘉靖十一年，尚真卒，子尚清請嗣，遣科臣陳侃、行人高澄弔祭，封清嗣王，賜王及妃冠服、錦綺。使臣至其國，尚清拜曰：「天朝詔敕藏金匱者八葉於兹矣，請留爲鎮國之寶。」比還，遣其王親寧吉、長史蔡瀚奉表入謝。并言《一統志》中載琉球有落漈，王居壁下聚髑髏非實事。杜氏《通典》、《集事淵海》、《嬴蟲録》、《星槎勝覽》所述亦皆傳聞之妄，乞下史館，從之。蓋海外荒服，欽承王化，漸革故習，君臣父子間彬彬有禮，文物之盛，迴殊他邦矣。

山川

黿鼉嶼

東離琉球水程一日。

高華嶼

東離琉球水程三日。隋遣武賁將陳稜率兵過此，掠男女數百人而還。

彭湖島

近福、泉、興、漳四郡界，天氣晴明，望之隱然煙霧中也。

古米山

在國西，有礁甚險，舟觸之輒敗。

風俗

國人類皆深目長鼻，去髭黥手，椎髻纏髪。男羽冠毛衣，婦白布繫首。望月盈虧爲晦朔，以草木榮枯爲冬夏。無禮節，好剽掠。既遣人學於國學，故習稍變，奉正朔，設官職，被服冠裳，陳奏表章，著作篇什有華風焉。今其國中王下有王親，不與政；次法司官，次察度官，司刑名；次那霸港官，司錢穀；次耳目官，司訪問。皆土官，爲武職，以上世及所轄地爲姓名。其大夫、長史、通事官司朝貢，有定員，爲文職，皆三十六姓人及學於國學者爲之。王并日視朝，旦、中、昃凡三朝，群臣（槎）〔搓〕手膜拜，尊且親者入殿坐飲酒，卑疏者移時長跪階下。歲元旦、聖節、長至，君臣冠服拜龍亭。祝慶婚娶以酒肴珠貝爲聘，或男女相悦，便相匹耦。子爲親喪，數月不肉食。人死，以中元前後日浴屍溪水，去腐肉，取骨纏以布帛，裹葦蓆，埋土中。王及諸臣家匣骨山穴，竅木爲小牖，歲時祭掃啓視之。地無貨殖，不通商賈。朝貢乘大航海上，魚鹽泛小艇或竹筏。信鬼畏神，神以婦人爲尸，號女巫，女巫之魁稱女君，白日呼嘯，聚輒數百人，攜枝戴草，騎步縱横，時入王宫狎戲，一唱百和，音聲悽慘，倏忽往來，莫可踪跡，矯誣禍福，王及世子、陪臣皆頓首拜跪。王居山巔，國門名歡會，府門名漏刻，殿門名奉神，樸素無金碧之飾。賦法略如井田，王臣民各分土爲禄食，上下無征斂，有事一取諸民，事畢即已。用刑甚嚴，盗竊即刵劓。家富貴者，瓦屋不過二三楹，餘皆茅土，風雨飄摇。以螺殻爨炊，無釜甑。耕無鐵，先以火燒，而引水灌，持一插，以石爲刃，長尺餘，闊數寸而墾之。厥田良沃，宜稻、粱、禾、黍、麻、豆、赤豆、胡黑豆。木有楓、栝、松、楩、楠、枌、梓、竹。畜有熊、豹、豺、狼，尤多猪、雞，無牛、羊、驢、馬。蔬果同於江表，氣候與嶺南相類。婦人嚼米爲酒，男子煮海爲鹽。市用日本錢，十當一，如宋季鵝眼綖貫。人無貴賤，皆驍健善走，耐勞苦飢寒，不知醫藥，而無疾疫。兵革堅利，有刀、矟、弓、箭、劍、鈹之屬，編紵爲甲，或用熊、豹皮，射可至二百步，進止有金鼓，鄰國視爲勍敵。

福建使往大琉球鍼路

梅花東外山開船，用單辰鍼、乙辰鍼，或用辰巽鍼，十更船，取小琉球。

小琉球套北過船，見雞籠嶼及花瓶嶼，至彭嘉山。

彭嘉山北邊過船，遇正南風用乙卯鍼，或用單卯鍼，或用單乙鍼，西南風用單卯鍼，東南風用乙卯鍼，十更船，取釣魚嶼。

釣魚嶼北邊過十更船，南風用單卯鍼，東南風用單卯鍼，或用乙卯鍼，四更船，至黄麻嶼。

黄麻嶼北邊過船，便是赤嶼，五更船，南風用甲卯鍼，東南風用單卯鍼，西南風用單甲鍼，或用單乙鍼，十更船，至赤坎嶼。

赤坎嶼北邊過船，南風用單卯鍼，及甲寅鍼，西南風用艮寅鍼，東南風用甲卯鍼，十五更，至古米山。

古米山北邊過船，有礁宜知避。南風用單卯鍼及甲寅鍼，五更船，至馬㠊山。

馬㠊山南風用甲卯鍼，或甲寅鍼，五更船，至大琉球那霸港泊船。

土官把守港口，船至此用單卯鍼及甲寅鍼，行二更，進那霸内港，以入琉球國中。

回鍼

出港用單申鍼放洋，辛酉鍼，一更半見古米山并麻山。用辛酉鍼，四更，辛戌鍼，十二更，乾戌鍼，四更，單辛戌鍼，五更，辛酉鍼，十六更，見南紀山。坤未鍼，三更，取台山，水深二十托，西邊過，取有横礁出水，用丁未鍼，三更，取黑麻桑山。單辛鍼，三更，取官塘山，入千户所、五虎門。

土産

熊　豹　豺　狼　海巴　豕　磨刀石　琉黄　銅　錫　扇　鬬鏤樹似橘而葉密，其皮可織爲布。

其餘所貢方物，悉市諸他國。

國朝貢式

祖訓：大琉球國朝貢不時，王子及陪臣之子皆入太學讀書，禮待甚厚。

貢道

由福建閩縣，以達京師。

即福建南臺外置番使館，使至館穀，遞入京。又設市舶提舉司官二員，專主琉球入貢、禮儀、互市。

貢期

二年一次。

貢例

每貢百人，多不過百五十人。

制限進貢方物

馬　刀　金銀酒海　金銀粉匣　瑪瑙　象牙　螺殼　海巴　擢子扇　泥金扇　生紅銅錫　生熟夏布　牛皮　降香　木香　速香　丁香　檀香　黄熟香　蘇木　烏木　胡椒　硫黄　磨刀石

鄭端靖公紀事附録

公諱藻，開封人，顯肅皇后兄子也。從宋南遷，歷仕太傅使相，封榮國公，謚端靖。著有《紹興奏議》、《乾淳紀事》、《行都雜録》，詩文集行世。

海外島彛有琉球國者，居東南海中大島上。國多山洞，彼中人呼其酋爲「可老羊」，妻爲「多拔茶」。所居曰「波羅檀」洞，塹栅三重，環以流水，樹棘爲藩。酋所居室一十六間，雕刻禽獸，制甚宏麗。多植鬬鏤樹，似橘而葉密，條纖如髪之下垂。酋下有四五帥，統諸洞，洞有小酋主之。洞各有邨，邨有鳥了帥，竝以善戰者爲之，自相樹立，主一邨之事。犯罪皆斷於鳥了帥，不服則請於酋，令群下共議定之。人皆驍勇善走，好相攻擊，難死耐創。諸洞各爲部隊，不相救助。兩軍相當，勇者三五人直前跳噪，交言相詈，因相擊射。不勝則一軍皆走，遣人致謝，即共和解。兵有刀、矟、弓、箭、劍、鈹，以少鐵故，刃薄小，率以骨角鑲嵌之。無文字，正朔望月虧盈以紀時節，草木榮枯以爲年歲。無君臣上下之禮，揖讓拜跪之文，父子同牀而寢。男女皆紵繩纏髮，從項後盤遶至額。男拔去鬚毫，用鳥羽爲冠，裝以珠貝，飾以赤毛。女以墨黥手，爲蟲蛇之文。用羅紋白布爲帽，織鬭鏤皮并雜毛爲衣，綴毛垂螺爲飾，雜色相間，下垂小貝，其聲如珮，綴璫施釧，懸珠於項，織籐爲笠，飾以毛羽。男女相悦，便成匹偶。婦人産乳，必食子衣。食無匙筯，遇得異味，先進尊者。凡有宴會，必呼名而後飲，進酋酒者亦呼酋名，然後舉爵共觴。歌呼蹋蹄，一人唱，衆人和，音頗哀怨。扶女子上膊，摇手而舞。酋出入乘木獸，令左右輿之，導從不踰十數人。小酋乘機，鏤爲獸形。俗事山海之神，祭以殺酒。戰鬭殺人，即以所殺者祭神。人死，氣將絶，舉至庭前，親賓哭泣相弔，浴其屍，以布帛纏繫，裹以葦席，襯土而殯。上下無賦斂，有事則均稅。以木槽中暴海水爲鹽，木汁爲酢，米（麪）〔麴〕爲酒。田沃可耕，風土氣候頗似嶺表。泉州東有島曰彭湖，煙火相望，水行五日可至。隋煬帝嘗遣舟師自義安即今潮州府浮海至高華嶼，又東行二日至黿鼊嶼，又一日至琉球，襲破國都，焚其宫室，擄其男女而歸。自唐以來，不通貢獻，亦不爲寇患。琉球旁有毗舍耶國，語言不通，袒裸盱睢，殆非人類。淳熙初，其酋嘗率數百輩猝至泉州水澳、圍頭等邨，多所剽殺。喜鐵器及匙箸，人閉户則免，但取其門鐶而去。擲以匙筯，則俯拾之，可緩數步。官軍擒捕，見鐵騎，競剜其甲，遂駢首就戮。臨敵用鏢，繫繩數丈爲操縱，蓋愛其鐵，惟恐失之。不駕舟楫，但以竹筏從事，可摺叠如屏風，急則群舁之，浮海而逃。

第六幅東南向
福洋三四月東南風汛番船自粤趨閩入于海南其始發
于走馬溪而奸徒交接之先宜于附海銅山玄鍾等哨兵
守之則賊不得泊必拋外浯嶼乃五澳地番之窟也宜哨
守浯嶼安邊等處又撥小哨守把要緊港門賊不敢泊
由此而于料羅烏沙有官澳金門哨守又及圍頭峻上有
深滬福金哨守又于福興若越此必經南日則有栰隊州
等處哨守又小埕則有海壇連盤等處在烽火門則有官
井流江力澳等處皆賊之必泊者而先會兵守之則賊衆
不得停去不得填水米有限人力易疲乘而攻之必勝矣
福寧州東南北三面當海倭船必先犯
此舊設水寨移徙不常最宜拔復八閩
地興泉二面當海福漳一面當海惡閩
要衝晉江之深滬獨窟興化之冲心平
海龍溪之海門漳浦之銅尾南靖之九
龍寨瀉皆是也莫如福寧州之尤險者

閩書

〔明〕何喬遠 撰

校點説明

《閩書》一百五十四卷，明何喬遠撰。

何喬遠生平，已見前録《名山藏》介紹。《閩書》爲何喬遠薈萃福建各郡縣志，廣採歷代載記而成，編於萬曆四十年（一六一二），後於萬曆四十四年至四十八年復作修改補充，全書分二十二門，以翔實著稱。

《閩書》雖屬方志類書，大致記一省之事，然體例又與其所作《名山藏》有相近之處，帶有史書性質。因福建瀕海，爲出使海外及與外國貿易之孔道，故書特闢「島夷志」一門，記海外諸國情况。其於「琉球」一章，亦如《名山藏》，記其地理方位、政治文化，并歷録琉球入貢中國及中國使臣出使册封琉球過程，所記内容，大致與《皇明四夷録》、《殊域周咨録》等明代著述相仿，而於琉球國之官職、地産、刑法等，顯然録之于陳侃、郭汝霖、夏子陽等先後所作之使録爲多，亦以見作者選材之精。明中葉以來，東南沿海頻遭倭患，故本書特載倭人對琉球之侵犯，以見敵愾之情。前人每記琉球貧乏，故外人亦無意欺之，自此已非舊觀矣。

本書録自福建人民出版社一九九四年校點本卷一百四十六《島夷志》，校以明崇禎二年（一六二九）刻本。

（秦　潔）

閩書

島夷志・琉球國

在閩東北大海中。曩時貢往來泉州，後移福州。册封朝使自長樂梅花所開洋，南風順利，十八日可至。操舟多用漳人，以子午針量其水道，古指南法也。其國繇漢周以來，不通中華。隋時嘗遣兵俘其男女五千人入閩中，竟不内附。元遣使諭之，不至。我明洪武初，國三分：中山、山南、山北，鼎峙稱王，各遣使朝貢。十五年，賜中山王察度、山南王承宗鍍金銀印、金幣。使還言，三王争雄，治兵相攻。賜詔諭之，并諭山北王怕尼芝。十六年，賜山北王印及文綺，王妃、相國而下有差。二十五年，中山王遣子姓及陪臣子弟入太學肄業，上禮遇之，賜閩人三十六姓習水善者，與往來朝貢。永樂二年，察度卒，詔封其世子武寧嗣王。是年，山南王承宗卒，無子，令其從弟汪應祖攝國事。應祖來請命如山北王故事，詔應祖嗣山南王，賜冠服。九年，中山王思紹令坤宜堪彌貢馬及方物，以其長史程復來見，表言：「長史王茂輔導有年，乞陞國相兼長史事。」又言：「復本中國饒州人，輔臣祖察度多歷年所，不懈於職。今年八十有一，乞令致仕還鄉井。」上從之，陞復琉球國相兼左長史，致仕還饒，茂相國兼右長史。宣德初，思紹卒，子巴志請嗣封。三年，遣内監柴山往。自是，以遣使册封爲故事。正統八年，巴志卒，子忠嗣，遣給事中陳傅往册封。十三年，忠卒，子思達嗣。景泰元年，中山王思達遣人朝貢。三王嗣封，皆請於朝。既而，山南、山北悉爲中山所兼，遣使朝貢，三年一至，人來無過百五十，著爲令矣。自察度後，五傳乃至尚圓。尚圓者，尚德之仲子也。長子宣威嗣位，未幾卒，不及封。成化十五年，圓卒，子真嗣。嘉靖四年，真卒，子清請封。十二年，遣給事中陳侃、行人高澄往，以太牢祀真，册清嗣王，并賜王妃冠服、錦幣。使臣疏言：「弘治、正德間，修撰倫文叙等使安南，安南乞留誥敕爲鎮國之寶。倫爲奏請，得留。即琉球有請如安南，海外遼遠，不得即請，乞下禮官議。」議從其請。使至國，奠册如禮。嗣王清稽首上告：「天朝詔敕，藏金匱八葉於兹矣，請留。」使者許之。比還，遣王親寧吉、長史蔡瀚表謝。侃、澄《使琉球録》言：「《大明一統志》載《琉球録》，有落漈，及王居壁下聚髑髏，非實事。又杜氏《通典》、《集事淵海》、《嬴蟲録》、《星槎勝覽》諸書，所記述皆傳者妄也。」嘉靖三十四年，清卒，子元嗣。四十年，遣給事中郭汝霖、行人李際春往。隆慶五年，元卒，子永嗣。萬曆二年，遣給事中蕭崇業、行人謝杰往，皆禮如初。然或以倭亂，或以風期，待渡於閩，凡三閲歲乃行。使旋，所録極其往來險阻艱辛狀。又其國貧，無以給使者傔從。十九年，復以嗣封請。於時倭犯朝鮮，海氛不靖，令其使者自齎詔册歸，使臣罷勿遣。更十餘年，朝鮮師解，復堅乞如故事。上嘉其爲不叛之臣，復許之。三十二年，命兵科給事中夏子陽、行人王（一）〔士〕楨往。始，杰册封琉球還，言：「其國有日本館，群聚數百人，待封使之舟轉，與市。其人出入挾利刃，琉球心懾之。」及子陽還，復言：「日本近千人，露刃而市，琉球行且摺於日本矣。」居一年，其國王果爲日本所執，且欲代日本求貢於我。中丞丁繼嗣、直指陸夢祖，因具疏請緩外貢，修我内備。許之。

琉球人深目多鬚，有職事者，以金、銀簪爲差等，厠賤，衹空髮束之。土人結髻於右，漢裔結髻於中，俱用色布纏首，紫黄爲貴，紅緑次之，以青爲下。衣則寬博廣袖，製如道士服。腰束大帶，亦以色布，稍貴者纏文錦，價可三五金。凡屋地多鋪板簟，潔不容塵。無貴賤皆着草履，入室則脱，惟謁見使臣始具冠履，殊苦束縛。然頃年讀書號秀才者，亦戴中國方素巾，足不草履而鞋矣。婦人以墨黥手外指爲花草鳥獸形，首不簪珥，顔無粉黛，足與男子同履，富室以蘇席藉屨底，略加皮緣。上衣之外，更用幅如帷，周蒙背上，見人則升之以蔽面。下裳褶細而制長，欲覆足，不令顯也。名族大姓之妻，出入戴箬笠，坐馬上，女僕三四從之。無羅紋布帽，織鬬（縷）〔鏤〕皮毛衣，螺貝之飾。

君臣上下，各有節級，王親雖尊，不敢與政理。武職則法司官、察度官，以司刑名；遏闥官、那霸港官，以司錢穀；耳目官，以司訪問。文職則設大夫、長史、都通事等官，以專司朝貢之事。王則并日視朝，自朝至日中晏，凡三次。群臣以搓手膜拜爲敬。尊且親者，延之殿内，賜酒饌；疏則移時跪階下，不輒起。遇聖壽、長至、元旦日，王統衆官，肅冠服嵩呼祝慶，儀同内地臣僚。父子幼雖同寢，長必異處。食用匙筯，削素木爲之。異味先進尊者。子居親喪，數月不肉食。死者以中元前後日用溪水浴其屍，去腐收骨，纏布裹草，櫬土而殯，上不起墳。若王及陪臣之家，則以骸匣藏山穴中，截木板爲牖户，歲時祭掃啓視。地無貨殖，商賈鮮通，時時資潤於鄰島之富者。有盗竊，輒加開腹剸刵之刑。鹽舶漁艇，制與中國小異。陪臣入貢，則乘巨艦，航海而至。縛竹爲（篋）〔筏〕，不駕舟楫。俗敬神，神以婦人不二夫者爲尸，降則數著靈異，能使愚民竦懼，王及世子陪臣莫不稽首下拜。故國有不良，神輒告王，指其人擒之。倭寇謀犯境，神輒易水爲鹽，化米爲沙，尋即解去。尸婦名女君，首從動至二三百人，各頂草圈，携樹枝，入王宫中。

王宫建於山巔，國門榜曰歡會，府門榜曰漏刻，殿門榜曰奉神，圜堞儼然，石壁矗矗。門前百武許，砌石梯數重，左下甃小池，水自石龍口噴出，榜曰瑞泉，王則汲之。殿宇渾素，不雕鏤爲奇巧。山則南有太平，出禾、苧，男女頗耕織其中。西有古米，出土絲。又有馬齒，地藪曠，饒樵牧。東北有硫黄、葉壁、灰堆、谿奴、野剌、普吉佳七島，雜出紫菜、魚鰲、海貝諸物。黿鼉等嶼，彭湖等島，蓋其大者。

樹有鳳尾蕉，四時不凋。野鮮熊、虎、豺、豹，而獨出鹿，且富牛、馬、羊、豕、鷄，形多瘦削，其價極廉。家不畜犬，愛養異色猫。有奇蛇可入藥。鳥、雀、榖、蔬、菓品、花木，稍同中國，獨不宜茶茗，即藝之，亦不萌。蟲有壁間蝎虎，聲大噪。海錯如龍蝦、螺、蟳，則味加閩越矣。

賦法略如井田，王臣民各分土爲食，有事暫取諸民，事竣即已。婦人嚼米爲酒，男子煮海爲鹽。燕會亦設中國金酒，侑以歌曲。陶冶如鐵耕、釜甑，王主其市易，有厲禁。爨皆自閩往，非所有也。地産貝甚多，顧獨用日本小錢，如宋季鵝眼、綖環，每十摺一。厥田沙礫瘠薄，樹藝鹵莽。日食飯僅一二碗。

地卑濕，氣候常温，隆冬沍寒，亦有小雪。陪臣子弟與凡民之秀，則請致士大夫教之，以儲長史、通事，習華言入貢。餘不慧者，宗倭僧，學書番字而已。間有學詩，僅曉聲律偶對。其地去彭湖不下數千里。宋志云：與泉州煙火相望；閩人嘗言：霽旦登鼓山，可望琉球，皆非也。又有小琉球，與閩海稍近，未嘗朝貢，或言并入琉球。饒甲矢，人武健，以金鼓爲節，鄰國目爲勍敵。其國西南則暹羅，東北則日本，聞東隅有人鳥語鬼形，不相往來，蓋毗舍那國云。

貢物曰馬，曰刀，曰金銀酒海，曰金銀粉匣，曰瑪瑙，曰象牙，曰螺殼，曰海巴，曰摺子扇，曰泥金扇，曰生紅銅，曰錫，曰生、熟夏布，曰牛皮，曰降香，曰木香，曰檀香，曰速香，曰丁香，曰黄熟香，曰蘇木，曰烏木，曰胡椒，曰硫黄，曰磨刀石。以上象牙等物進收，硫黄、蘇木、胡椒運送南京該庫，馬就於福建發缺馬驘站走遞，磨刀石發福建官庫收貯。

殊域周咨録

〔明〕嚴從簡　撰

校點説明

《殊域周咨禄》二十四卷，明嚴從簡撰。

嚴從簡，嘉靖三十八年（一五五九）進士，歷官行人司行人、刑科右給事中、揚州同知。

《殊域周咨録》記載與明朝廷有交往的四夷各國歷史、地理及與中國交往情況，内容豐富，「名以『周咨』者，因靡及之懷，勤採訪之博，蓋專以備使臣銜命外邦之猷，而帥臣敵愾干城之策亦具焉」（嚴清萬曆癸未序）。

本書輯録自明萬曆刊本卷四，記述了明洪武五年（一三七二）至嘉靖四十一年（一五六二）中琉兩國交往情況，尤以後兩次爲詳，相關内容，可參陳侃、郭汝霖《使琉球録》；而陳侃以前中琉兩國交往情況，可與《明實録》相互發明，亦廣爲後人如清周煌等人著作所採録。

（李夢生）

殊域周咨録

東　夷東南

琉球國

琉球國居東海，古未詳何國。漢魏以來不通中華，隋大業中，令羽騎尉朱寬訪求異俗，始至其國，語言不通，掠一人以歸。後遣武賁良將陳稜率兵自義安即今潮州地。泛海至其都，虜男女五千人還。唐、宋時未嘗入貢。元遣使招諭之，不從。

本朝洪武五年，遣行人楊載詔琉球曰：「昔帝王之治天下，凡日月所臨，無有遠邇，一視同仁，故中國奠安，四夷得所，非有意於臣服之也。自元政不綱，天下争兵者十有七年，朕起布衣，開基江左，將兵四征不庭，西平漢主陳友諒，東縛吴王張士誠，南平閩、越，勘定巴、蜀，北清幽、燕，奠安華夷，復我中國之舊疆。朕爲臣民推戴，即皇帝位，定有天下之號曰大明，建元洪武。是用遣使外夷，播告朕意，使者所至，蠻夷酋長稱臣入貢。惟爾琉球，在中國東南，遠據海外，未及報知。兹特遣使往諭，爾其知之。」其國分爲三：曰中山王，曰山南王，曰山北王，皆以尚爲姓，遂各遣使入貢。上嘉其至誠，命尚佩監奉御路謙往報禮，琉球王遣陪臣亞蘭匏等來謝。十五年，上令内使監丞梁民賜中山王察度鍍金銀印，并織金文綺帛紗羅共七十五匹。山南王承察度亦如之，亞蘭匏等賜文綺錦帛有差。時各王爭雄，長相攻擊，梁民歸言其故，乃遣使敕中山王察度曰：「王居溟海之中，崇山環海爲國，事大之禮既行，亦何患哉！近使者言琉球三王互爭，廢農傷民，朕甚憫焉。《詩》曰『畏天之威，於時保之』，王其能罷戰息民，務修爾德，則國用永安矣。」諭山南王承察度、山北王（怕）〔帕〕（充）〔尼〕芝曰：「上帝好生。寰宇之内生民衆矣，天恐互相殘害，特生聰明者主之。近使者自海中歸，言琉球三王互爭，廢棄農業，傷殘人命，朕聞之不勝憫憐。今遣使諭二王，能體朕之意，息兵養民，以綿國祚，則天必祐之，不然悔無及矣。」後又賜三王文綺、紗羅、冠服，王妃、王姪、王相亦各有賜。於是王遣其世子及國相之子皆來受學爲諸生，上賜寒暑衣服，有疾，則命醫賜藥。二十六年，諸生乃與雲南生非議，詔令皆治重罪。

三十一年，中山王察度遣亞蘭匏貢馬及硫黄、胡椒等物，世子武寧貢亦如之。初，王嘗遣女官生姑、魯妹在京讀書，至是亦來貢謝恩。上賜王閩人之善操舟者三十六户，以使貢使、行人來往。

永樂初，王師襲虜主脱古思於沙漠，其子天保奴、地保奴俘至中國，上命徙居琉球。其後每國王薨，世子必告於朝，請封、吊祭、册立如朝鮮王。其子弟來學者，例館餼於南雍卒業，蓋欲便其歸也。然惟中山王通使不絶，其山南、山北二王蓋爲所併云。

永樂三年，琉球遣使以閹者數人貢於朝。上曰：「彼亦人子，無罪而刑之，何忍！」命禮部還之。禮部臣曰：「還之恐阻遠人歸化之心，但請賜敕止其再獻進。」上曰：「諭之以空言，不若示之以實事。今不遣還，彼欲獻媚，必有繼踵而來者。天地以生物爲德，帝王乃可絶人類乎！」竟遣還之。

《聖聖相承録》曰：臣謂夷狄不可留於中國，亦不可使爲閹寺。漢有廢立之禍，唐有殺主之惡，此皆已然之昭鑒。我成祖繼體守成之初，斥而不用，遣還本國，有不忍人之心焉，謹華夷之辨焉，弭異日迷君誤國蠹政虐民之害焉。洞燭興亡，永絶諂媚，豈非防微杜漸之意哉！况五刑之中宫刑爲重。四刑不過殘人肢體，宫刑則絶人種類，其慘尅不仁尤甚。成祖哀矜閹寺，可謂重惜人命，不絶人嗣，誠能體天地生物之德者也。

洪熙改元，國王薨，遣正使柴山、副使阮〔鼎〕，暨給事中、行人等官往諭祭，并封其嗣尚巴志爲王。宣德二年，獨遣柴山頒詔。三年，國王遣使修貢。五年，上命柴山復往勞之。海中感佛光之祥，既至，作大安禪寺於海南岸以答神貺。有碑記。

《記》曰：宣德五年，正使柴山奉命遠造東夷。東夷之地離閩南數萬餘里，舟行累日，山岸無分，茫茫之際，蛟龍湧萬丈之波，巨鱗漲馮夷之水，風濤上下，捲雪翻雲，險釁不可勝紀。天風一作，烟霧忽蒙，潮門洊硑，聲振宇宙。三軍心駭，呼佛號天。頃之，忽有神光大如星斗，高掛危檣之上，耿焕昭明，如有所慰。衆心皆喜，相率而言曰：「此乃龍天之庇，神佛之光矣，何以至是哉！是咸賴吾將軍崇佛好善、忠孝仁德之所致也。」迨夫波濤一息，河漢昭回，則見南北之峰遠相迎衛，迅風順渡，不崇朝而抵岸焉。

既而奉公之暇，上擇岡陵，下相崖谷，願得龍盤虎據之地以爲安奉佛光之所，庶幾以答扶危之惠。於是掬水聞香，得其地於海岸之南，山環水深，路轉林密，四顧清芬，頗類雙林之景。遂鑿山爲地，引水爲池，捄之陝陝，築之登登，成百堵之室，闢四達之衢，中建九蓮座金容於上，拱南方丙丁火德於前，累石引泉，鑿井於後，命有道之僧董臨其事。内列花卉，外廣椿松，遠吞山光，平挹灘瀨，使巢居穴處者皆得以覩其光焉。此酬功報德者之所爲也。且東夷與佛國爲鄰，其聖跡海靈踵秀有素矣。此寺宇之建，相傳萬世無窮，良有以也。後人有原其事者，必指而言曰：此大安寺也。建寺者誰？天朝欽命正使柴公也。遂書以爲記。

八年，又敕福建布政司造舟，復命柴山、阮鼎賜衣冠儀物示嘉勞意，迺重建千佛靈閣。有碑記。

記曰：粤自大明開基，混一六合，東漸於海，西被於流沙，聲教迄於四海，凡在遠方之國，莫不捧琛執白而來貢焉。時東夷遁居東海之東，阻中華數萬餘里，水有蛟龍之虞，風濤之悍，陸有丘陵之險，崖谷之危。無縣郭之立，無丞尉之官。污樽杯飲，蓋其俗也。雖然，亦累獻所産於朝，永樂之間亦常納其貢焉。

洪熙紀元之初，遣正使柴山及給事中、行人等官，奉敕褒封王爵，頒賜冠冕，仍遣祭前至，使其知尊君親上之道，篤仁義禮樂之本，天朝之恩，無以加矣。當今聖人繼登龍馭，率由舊章，宣德二年，復遣正使獨掌其事，蒞臨以詢之，則見其王欽己於上，王相布政於下，其俗皆循禮法，熙熙如也。宣德三年，本國遣使歸貢於朝。迨夫五年，正使復承敕來兹，重宣聖化，渤海往返，滄波萬頃，舟檝之虞，風濤之患，朝夕艱辛，惟天是賴。思無以表良心，遂倡三軍墾地營基，建立佛寺，名之曰大安，一以報恩之勤，一以化諸夷之善。寺宇既成，六年，卒事復命。

迨宣德八年，歲在癸丑，天朝甚嘉忠孝，特敕福建方伯大臣重造寶船，頒賜衣冠文物以勞之。日夜棲跡海洋之間，三軍有安全之歡，四際息風濤之患。或夜見神光，或朝臨瑞氣。此天地龍神護佐之功，何其至歟！於是重修弘仁普濟之宫，引泉鑿井於宫之南，昪造大安千佛靈閣。凡在諸夷，莫不嚮化。寶閣既成，佛光嚴整。八月秋分，又有白龍高掛以應其祥，良有自也。遂立碑記以紀其事，使萬世之下聞而知者，咸仰天朝德化之盛，而同趾美於前人。因書之以爲記。大明宣德八年仲冬初二日，天朝欽差正使柴山、副使阮鼎立。

正統八年，遣正使給事中俞忭、副使行人劉遜册封國王尚忠。十年，琉球國陪臣蔡璇等數人以方物貿遷於鄰國，漂至廣東香山港被獲。守備軍官當以海寇，欲盡戮之。巡視海道副使章格不可，爲之辨奏，還其貲而遣之，國人頌德。十三年，遣給事中陳傳、行人萬祥册封國王尚思達。景泰三年，遣給事中陳謨、行人董守宏册封國王尚金福。七年，遣給事中李秉彝、行人劉儉册封國王尚泰久。天順七年，遣給事中潘榮漳州府龍溪縣人、行人蔡哲册封國王尚德。

潘榮《中山八景記》曰：大明統一萬方，天子文武聖神，以仁義禮樂君師億兆，故凡華夏蠻貊，罔不尊親，際天極地，舉修職貢，自生民以來，未有如今日之盛者也。

天順壬午春，琉球國遣使請立世子爲嗣君。上命臣榮、臣哲往封之。癸未夏六月，由閩藩發舟，天風自南，不數日而抵其國。奉宣德意，封爵典禮既行，自國王以下皆拜手稽首俯伏，頌上大恩不已。越仲秋八月，國大夫程均文達執卷謁使館，請曰：「文達敝居之東，新刱有寺，山水頗清奇，命工圖爲八景，願請登臨，留題詠以記盛美。」予念去君親客海外萬里，方怏怏於中，奚暇及他事。大夫均請之不置，因與皇華蔡君克智同往觀焉。

既至，是日白雲初收，天氣清明，山色秀麗，有松萬樹，所謂萬松山也。登山覩松，蒼然鬱然，堅貞可愛，因誦孔子歲寒後凋之語，凡與遊者皆興起動心。山之東行一里許，至軒曰潮月軒。軒中四面蕭爽，當天空夜静之際，開軒獨坐，水月交潔，心體明净，有志於當時者得不起高山景仰之思乎！軒之左鑿地爲井，井上植橘數株，泉甘足以活人，橘葉可以愈病。程大夫取井之義，是蓋古人之用心也。右則有徑，徑石奇形怪狀，旁列皆佳木異卉，可憩可遊。大夫長史諸君各酌酒，奉勸慇勤，禮意至再至三，因飲數杯。上馬至送客橋，士大夫愛重，過橋須下馬，於是各相携手，顧謂大夫曰：「昔子産聽鄭國之政，以其乘輿濟人於溱洧，孟子謂其惠而不知爲政。今均爲國大夫，此橋之作，豈特爲送客耶！將以濟病涉之民也。」過橋行數里許，至緣江之路，時天色漸暮，漁舟唱晚，但見羽毛之呈祥，鱗介之獻瑞，極目海天，胸次如洗，曾不知窮壤間復有所謂蓬萊也。由是而過樵歌之谷，樵人且歌且樵，熙熙乎，皞皞乎，我國家仁恩徧及海隅，太平之象其可忘所自乎！出谷，但聽瀏亮之音，洋洋在耳。大夫進而謂曰：「此即鄰寺鐘也。」因而至寺。老僧率衆十餘人迎拜於道。予既佳其山水之奇勝，且喜夷僧之知禮，因令人扣之曰：「大夫以鄰寺鐘列於八景者，僧知此義乎？」因告之曰：「此鐘晨焉而鼓，夷人聽鐘而起，俾之孜孜爲善，無乖争凌犯之作；暮焉聽鐘而入，俾之警省身心閉門而思過咎。國大夫命景之義，其有益於人如此！」僧唯唯謝曰：「謹當佩服斯訓。」他若山川之勝，景物之善，俱未及暇尋。

雖然，程大夫中華人也，用夏（蠻）〔變〕貊，漸染之，薰陶之，提（嘶）〔撕〕而警覺之，將見風俗淳美，中山之民物皆易而爲衣冠禮義之鄉。予忝言官，當爲陳之於上，俾史臣爲録之，將以爲天下後世道，豈但今日（三）〔山〕川景物之勝而已哉！姑書之以記歲月。

成化六年，國王蕘，來請襲爵。命給事中丘弘往彼册封之。弘既受命，未及行而卒。後以管榮代之。

李東陽文曰：國家用夏變夷，掃乾蕩坤，滌濯萬物，逮於百年，化治功成，五服之内，藩臬郡縣之所治，出賦税供使令者弗論，以暨於海外，風殊界别，以國稱者萬數，邇者先沾，遠者後被，冠纓椎髻，詩書甲胄，梯高航深，四面而至，充中庭，溢下館，禮部繁於奏納，鴻臚勤於奉引，相胥勞於通譯，自有中國以來，無若是盛者。若琉球國在海東南，諸國小大遠邇之間，煙火相望，順飈利舶，七日而至。然其始俗以盈虛爲朔望，以草木爲冬夏。粤自古昔，未通中國，時雖或窮征黷討，而賓服無聞。我國家號令所列，嚮風奔附，遂封爲中山王，齒於載版圖奉職貢者，日涵月照，潛移暗革，被服冠帶，陳奏章表，著作詞賦，有華士之風焉。

成化庚寅，其王世子當嗣封，遣其長史來請命。天子封之中山王，賜璽書冠服，遣正副使二人致命中山。户科都給事中上杭丘君弘實充正使之選，賜朱衣一襲以行，六科諸給事皆爲行餞，徵辭翰林。東陽於給事君同年進士，言在不讓，曰：「於戲！給事大丈夫入則居諫争，出則承使命，誠所願爲。今聖天子在位，賢大臣在列，嘉惠於彼外國。中山王謹畏孝順，不墮臣節，以俟我威命，而給事身負荷之。國體之所繫，小邦之所瞻，後世之所誦，胥此焉。在給事其克自重，感厲精發，山動海立，以宣達天子威德，國家之典章，式俾陪從，暨於閭巷，明識逆順，保其初心，惟億萬世服事，罔敢斁亦罔敢後。於戲，豈不真大丈夫哉！」給事君起曰：「使者職也，敢不勉於是！」諸給事驩曰：「使哉！」乃遵上供帳，三爵而後别。

八年，遣給事中管榮、行人韓文册封尚圓爲王。十五年，遣給事中董旻、行人司副張祥册封國王尚真。

李東陽贈旻詩曰：琉球東望海門開，聖代提封亦壯哉。萬里風濤纔七日，六年天使此重來。麒麟有服真殊寵，薏苡無車莫浪猜。歸憶皂囊封事在，殿前風采尚崔嵬。

又送祥詩曰：鯨波淼淼接天遥，海國塵空瘴癘消。貢賦遠通中服地，丹書元自太祖朝。南船去日占風信，凡使海國，以冬至日開洋。北闕歸時望斗杓。海舟惟視北門爲的。但使行囊無薏苡，嶺頭銅柱示須標。

十八年，遣行人左輔頒詔其國。輔自記瀛海浪仙，詩才清麗，國人悦服。

李東陽送輔詩曰：尚方新報賜衣成，玉節金書萬里行。嶺外方言通異俗，島中烟火望孤城。由來使者關風化，親見朝廷録姓名。不用慇懃宣聖德，遠人先賀海波平。

嘉靖二年，福建提督市舶司太監趙誠奏稱：「六月廿四日，有外夷人八名，在於南門，欲行進城，手執小旗一面，内寫稱琉球國人氏，因爲收買進貢儀物，於本年五月二十五日至於平海地方，是夜被風打破船沉，淹死三百餘人，番使六名，僅有十五名復生上岸。」本年八月初三日，又據福州府呈：「本年七月初六日，盤獲夷人三十二名，譯稱各於舊年二月，蒙國王尚真差隨使者馬三魯等坐駕寧字號船一隻，前往暹羅國收買貢儀，預備朝貢。至漳州外洋被風打船破，通事頭目人三百餘名俱溺水，幸存蔡淵等三十餘名，拾板浮水二十九日，漂至海邊登岸。」又據按察司經歷呈稱：「拘土通事林希眸等譯審得，原蒙發下夷稍八人，蔡淵等三十二名，俱係同船夷人。但夷情多詐，而近來浙江倭寇紛擾，地境相聯，難照常例區處。該臣會同鎮守福建御馬監太監尚春、巡按御史徐州議，日給夷人口糧，并撥官軍日夜提防。」時因倭使宋素卿等讎殺於寧、紹，差給事中劉穆往勘，上即命押付欽差官處，與浙江見監夷素卿等一同審鞫，毋輕縱還國，致墮奸計。

五年，尚真薨。十一年五月，世子清上表請封。上命給事中陳侃、行人高澄往祭，并封其子清。侃等至福建造船，至十三年造完。先期，清遣長史蔡廷美過海來迎，令通事林盛帶夷稍三十人爲侃等駕船，在五月初八日解纜開洋。洋中偶值逆風，船不可往，放回數百里，後遇順風，復往。因失針路，漂過琉球國交界地方名曰熱壁山，遂泊於此。尚清聞之，差大臣一員，帶夫四千餘名，駕小船四十餘隻至熱壁，將船挽回。五月二十五日方到彼國。尚清即遣儀從及文武隨龍亭迎詔敕諭祭文，至天使館奉安，擇日行禮。

六月十六日行祭王禮。諭祭文曰：「惟王嗣守海邦四十餘載，敬天事上，誠恪不渝，宜永壽年，爲朕藩屏，胡爲遘疾，遽爾告終。訃音來聞，良用悼惜！遣官諭祭，特示殊恩，靈其有知，尚克歆服。」七月二十日行封王禮，詔曰：「朕恭膺天命，爲天下君，凡推行乎庶政，必斟酌夫古禮，其於錫爵之典，未嘗以海内外而有間焉。爾琉球國遠在海濱，久被聲教，故國王尚真夙紹顯封，已踰四紀。兹聞薨逝，屬國請封。世子尚清德惟克類，衆心所歸，宜承國統。朕篤念懷柔之義，用嘉敬順之誠。特遣正使吏科左給事中陳侃、副使行人高澄賫詔往封爾爲琉球國中山王，仍賜以皮弁、冠服等物。王宜慎乃初服，益篤忠勤，有光前烈。凡國中耆俊臣僚，其同寅翼贊，協力匡扶，尚殫事上之心，恪盡臣藩之節，保守海邦，永底寧謐，用弘我同仁之化，共享太平之庥。故兹詔示，俾咸知悉。」又賜新王敕曰：「惟爾世守海邦，繼膺王爵，敬順天道，臣事皇明。爾父尚真自襲封以來，恭勤匪懈，比者薨逝，良用悼傷。爾以冢嗣，國人歸心，理宜承襲。兹遣正使吏科左給事中陳侃、副使行人司行人高澄賫詔封爾爲琉球國中山王，并賜爾及妃冠服、綵幣等物。爾宜祗承君命，克紹先業，守職承化，保境安土，以稱朕柔遠之意。欽哉！故諭。」一如儀注行禮，開讀以畢，設宴款留，禮意懇至。

侃等令儀從迎詔敕回館。尚清令通事致詞，欲留爲鎮國之寶。侃等猶未允，復令長史捧先朝詔敕來看，侃等始知留詔敕爲先朝故事，况已奉有明旨，始許其留。行禮既畢，即欲回，因海中風浪不測，惟順風而後可行。琉球在福建之北，去以南風，回以北風，故至九月二十日方可開船。計在彼國停泊一百十五日，日有廪餼之供，旬有問安之禮，月有筵宴之設，隨行人役皆給口糧，使之安飽。行時復具黄金四十兩爲贐。侃等以在福建時例有金帶銀器等物送用，尚不敢安受，况外國之物，以大義辭之。仍遣通事林盛帶夷稍十人爲偘等駕船。開船之後，二十一日晚颶風陡作，將偘等船中大桅吹摺，舵亦損壞，舟人皆震恐無措。命工修整，得保生還。十月初二日入福建省城。

偘等還朝復命，疏曰：「臣等切思三代以降，聖王不作，治化陵夷，以文德被海内者，尚不多見，况覃海外者乎！若越裳氏之重譯而來，以中國之有聖人耳。琉球國在海外無慮數千里，漢、唐、宋時皆未嘗内附。至元時遣將伐之而亦不從。至我太祖登極，首先臣附，率子弟來朝，此豈區區勢力所能服哉，要必有所以感之者耳！我太祖悦其至誠，待亦甚厚，賜以符印，寵以章服，遣閩人三十六姓爲彼之役，又許其遣子弟入國學，讀書習禮。彼亦感激，久而匪懈。迨今皇上御極以來，制禮作樂，聲教四敷，彼知中國之聖人復生，故欲竊餘光以跨耀他國，是以不避風濤之險，貢獻益勤，請封益篤。今日之舉，尤出誠懇，聞欽命，奔迎於海曲，見龍亭，匍匐於道周，非但不敢如緬甸之倨傲無禮，而亦不敢如尉佗之較量勝負也。臣等忝與使事，亦竊尊榮，無任感荷慶幸之至！」

國王又遣王親寧古、長史蔡瀚、通事梁梓表謝，并進黄金四十兩酬二使。疏曰：「伏念臣清僻居海邦，荷蒙聖育，封臣爲中山王，不勝感戴。除具表謝恩外，今有差來使臣二員，冒五月之炎暑，衝萬里之波濤，艱險驚惶，莫勞於此。臣等小國荒野，無以爲禮，薄具黄金四十兩，奉將謝意。此敬主及使，乃分之宜，酬德報功，亦理之常。二使懼聖明在上，堅不敢受，使臣情不能盡，無以自安。謹遣陪臣順賫貢奉，伏乞天語叮嚀，賜彼二使，庶下情盡而遠敬伸，無任激切感仰之至！」上嘉其敬慎，命偘等受之。偘等辭，疏曰：「臣等奉皇上之命遠使，琉球乃素知禮義之國，臣等至彼，正欲敷揚聖德，恪守臣節，爲中華增重，安敢受彼非禮之餽！故筵宴之設，必陳方物，具書固卻，至再至三，書備於《使琉球録》中，已塵御覽矣。臨行以金四十兩爲贐，堅不肯受。彼心不自安，冒瀆天聽，蒙皇上鑒彼敬慎之心，特下收受之命。但奉使奔走乃臣等職分之常，自揣無功，敢冒兼金之惠？伏乞上將此金收儲内帑，或命彼帶回，庶遂臣等之初心，而於君命斯可不辱矣。」疏上，不許辭。

侃等先是撰《使琉球録》一帙進於朝，疏曰：「臣等奉命往琉球國封王，行禮既畢，因待風，坐三閲月而後行。無所事事，因得訪其山川、風俗、人物、起居之詳，杜撰數言，遂成一録。録之意大略有二：臣初被命時，禮部查封琉球國舊案，因曾遭回禄之變，燒毁無存，其頒賜儀物等項請查於内府各監局而後明。福建布政司亦有年久卷案，爲風雨毁傷，其造船并過海事宜皆訪於耆民之家得之。至於往來之海道，交際之禮儀，無從詢問，特令人至前使臣家詢其所以，亦各凋喪而不之知。後海道往來皆賴夷人爲之用。其禮儀曲摺，臣等臨事斟酌，期於不辱而已。恐後之奉使者亦如今日，著爲此録，使之有所徵而無懼，此紀略所以作也。又嘗念國家大一統之治，必有信史，以載内外之事，如《大明一統志》者是已。志中所載琉球之事，所云『落漈者水趨下不回也，舟漂落漈，百無一回』。臣等嘗懼乎此，經過不遇是險，自以爲大幸。至其國而詢之，皆不知有其水，則是無落漈可知矣。又云王所居，壁下多聚髑髏以爲佳。臣等嘗疑乎此，意其國王兇悍而不可與言也。至王宫時，遍觀壁下，亦皆累石；國王則循循雅飭，若儒生然。在彼數月，雖國人亦不見其相殺，又何嘗以髑髏爲佳哉，是志之所載者皆訛也。不特志書爲然，杜氏《通典》、《集事淵海》、《嬴蟲録》、《星槎勝覽》等書，凡載琉球事者，詢之百無一實。若此者何也？蓋琉球不習漢字，原無志書，華人未嘗親至其地，胡自而得其真也？以訛傳訛，遂以爲志，何以信今而傳後？故集群書而訂正之，此質異之所以作也。兼以夷語夷字恐人不知，并附于後。臣等學問麤疎，言詞鄙俚，勉成此録，實不足以上塵睿覽。但念海外之事，知之者寡，一得之愚，或可以備史館之採擇，是以不避譴責，陡膽進呈。伏惟陛下恕其狂僭，下之禮部，詳議施行，不勝幸甚。」

侃等又心念海神救護，請立祠報功。疏曰：「琉球遠在海外，無路可通，往來皆由於海。海中四望惟水，茫無畔岸，深無底極，大風一來，即白浪如山，舟飄忽震蕩，人無以庸其力。斯時也，非神明爲之默祐，幾何而不顛覆也耶！臣等往來於海，驚險數次，皆藉神明之助，得保生還。是豈臣等菲德致此，皆由皇上一念精誠，感格天地，以致百神呵護，非偶然者。臣等不敢隱其功，謹歷數爲陛下陳之：嘉靖十三年，臣等初去時，將底其國，忽逆風大作，舟遂發漏。於是群呼求救於神，剪髮以說誓。俄而風遂息，舟少寧，得保無虞。使是風更移時不息，舟之沉必矣。此其功一也。回時遇颶風，將大桅吹折，舵葉又壞。忽有紅光若燭籠然者，自空來舟，舟得無事。當風雨晦冥之時，紅光何自而發？謂非神之精靈不可也。此其功二也。時衆皆知舵當易而不敢任，於是請命於神。得吉兆，衆遂躍然，起易舵，風恬浪止，倏忽而定。定後，風浪復厲，神明之助不可誣也。此其功三也。有一蝶飛繞於舟，一雀立於桅，是夜果疾風迅發。臣等懼甚，相與發願，海神救我，當爲之立碑。誓言訖，風若少緩，舟行如飛，徹曉已見閩之山矣。此其功四也。有夷舟進表謝恩者，與臣等同行，遇二十一日之風，漂回本國，至今年三月方到福建。臣等之舟止行八日，直底閩江，不致漂流失所者，皆神之功也。臣等感其功，不敢不厚其報，在福建時已嘗致齋設醮，修廟立碑矣。但奉聞之言既出於口，不敢有負於心，謹摭顛末，上瀆聖聽。詞若涉於荒唐，心實本於誠懇，伏望下禮部詳議，令福建布政司與祭一壇，庶天恩浩蕩而幽冥有光矣。臣等切思名山大川之神，在舜時已有望秩之祭，我太宗文皇帝時遣太監鄭和下海，嘗立祠於海濱，時加致祭。況《禮》云『能禦大災則祀之，能捍大患則祀之』。今一救援之功，遂保數百人之命，其爲大災大患莫此是過。伏惟聖明詳察。」上從其言，命翰林院撰祭文一通，行令福建布政司官致祭一次。

侍讀屠應埈贈侃詩曰：絶域天王使，三年諫省郎。星辰傳鳳沼，冠冕授蠻王。蜃氣鴻濛合，潮聲日夜長。錦帆滄海上，南望有輝光。其一 南荒饒霧雨，窮島接風濤。下瀨樓船迥，馳封使者勞。夷官趨弁服，海色照麟袍。若道唐虞際，應瞻日月高。其二 帝遣辭青瑣，乾坤屬壯遊。九霄持漢節，萬里赴炎州。日抱蛟龍躍，天涵島嶼浮。遥憐張博望，銀渚問牽牛。其三

主事唐順之贈澄詩曰：天王玉册頒三殿，漢使星槎下百蠻。鬼國至今通象貢，樓船何處是龍關。海迷南北惟憑日，雲起蓬壺忽見山。壯志不愁經歲去，安流應是計程還。

陳侃使事紀略曰：嘉靖戊子，琉球世子尚清表請襲封，事下禮部，移文長史司覈實，申部上請，差二使往封如故事。癸巳五月，至福州造舶艦如式，以鐵藜木爲柁幹。閩人不諳海道，方切憂之，忽報琉球國使至，乃世子遣長史蔡廷美來迓予等。長史進見道：「世子遣問意。」又道：「世子慮閩人不善操舟，特遣看針通事一人率夷水手至，代充其役。」看針者，船中司指南針者也。予等善其來，得詢其詳。初洪武、永樂間使海外諸國者二使，禎於瀕海之處，經年造二巨舟，中有

艙數區，貯器用若干，各藏一空柩，柩前刻「天朝使臣之柩」，上繫銀牌，重若干兩。倘遇風波之惡，知不免，仰卧柩中，以釘錮之。舟覆而任其漂泊，欲俾漁人見之，取其物，舁柩置於山島，俟後使者過載以歸。予二人被命，與閩藩三司計，一舟所費二千五百兩有奇，若二使各一舟，則不惟倍官費，抑亦非所謂同舟共濟者也。至於藏空柩與上繫銀牌，則近來使者無此事，縱有之，亦無益也，今有司不設備。

甲午三月，船艦工畢。舶之制與江河間所謂坐船者不同。坐船上下適均，八窗玲瓏，明爽開豁，真若浮屋然，坐其中者，不覺其爲舟也，且出入甚便。此則艙口與艦面平，高不過二尺，深至艦底，上下以梯，艱於出入，面雖啓小牖，亦如穴隙。蓋以海中風濤甚巨，艦高則衝，低則避也。艙外前後俱護以遮波板，高四尺許，雖不雅於觀美，實可以濟險。長一十五丈，闊二丈六尺，深一丈三尺，分爲二十三艙。前後竪五桅，大者長七丈二尺，圍六尺五寸餘，以次而短。舶後作黄屋二層，上安詔敕，中供天妃。舶中之器具無不備。舵設四具，用其一而置其三，以防不虞。櫓三十六枝，遇風微逆，或求以人力勝之。大鐵貓四，約重五千斤。大綷八，每綷圍尺許，長百丈。小划船二，不用則載以行，用則藉以登岸。水四十櫃，海中惟甘泉難得，勺水不以惠人，多備以防久泊也。通舶以紅布爲幔，五色旗幟大小凡三十餘。更多儲刀、鎗、弓、箭之屬，佛郎機二架。駕舟水手一百四十餘人，護送軍百餘人，千户一員、百户二員領之。通事、引禮、醫生、識字人、各色匠役復百餘人。人給以銀十二兩爲衣裝費，仍名給工食銀五兩三錢五分有奇。舊用四百餘人，今省十分之一。

二十六日，予等啓行，三司諸軍送至南臺。是晚宿於舟中。翼日，至長樂。長史舟亦隨行，中途爲淺所傷，臭厥載，具狀伏於堦下求援。予等欲藉其爲前驅，判詞下提舉司，令申海道假（緣）〔環〕海衛所禦寇之舟與之歸。適海道與分守都閫諸君繼至，海道亦以王事爲急，遂從之。五月朔，予等至广石，祭海登舟。是日北風大作，晝昏如夕，連日皆風逆，至五日始發舟，不越數舍而止，海角尚淺。八日，始出海口，風微順，波濤亦不汹湧，船艦與夷舟相爲先後。出艙視之，四顧茫然，雲物變幻無窮，日月出没可駭，誠一奇觀也。九日，隱隱見一小山，乃小琉球也。十日，南風甚迅，舟行如飛，過平嘉山、釣魚嶼、黄花嶼、赤嶼，目不暇接。兼三日之程，而夷舟帆小不能及，相失在後。十一日至夕，始見古米山，問知琉球境内，夷人鼓舞於舟，喜達家鄉。夜行徹曉，忽風轉而東，進寸退尺，失其故處，竟一日始至其山。有夷人駕小舟來問，夷通事與之語而去。是日風少助順，即抵其境。十三日風又轉北，逆不行，欲泊山麓，慮亂石伏於下，謹避之，不敢近，舟蕩不寧。十四日，至夜聞舟有聲，若欲迸裂者，蓋大桅以五小木攢之，束以鐵環，孤高衝風，摇撼不可當，環忽斷其一，衆恐遂擢，驚駭喧呶，亟以釘鉗之，聲少息。造舟時用釘少，又黏縫不密，至是海水滲入數寸，以轆轤引水而出，莫能止。衆曰：「不可爲矣。」齊呼天妃而號。予與高君徹夜不寢，坐以待旦。忽予家人匍匐入艙，抱予足，口（禁）〔噤〕不能言，良久曰：「速求神救，船已壞矣。」予二人莫知所出，嘆曰：「各抱詔勅，以終吾事，餘非所計也。」是時惟舵工數人，乃漳人，漳人以海爲生，童而習之，至老不休者，風濤中色不少動，但云：「風不足懼，速求罅縫而塞之，可保無虞矣。」衆亦知其然，然舟蕩甚，不能立，心悸目（弦）〔眩〕，何罅之求？於是有倡議者曰：「風逆則蕩，順則安，曷若回舟以從順。衣袽有備，尚可圖也。」一人執舵云：「不可。海以山爲路，一失此山，將無所歸，漂於他國，未可知也。守此尚可以生。」夷通事從旁贊之。然衆戰慄怖畏，啼號不止，姑從衆以紓其憂。旋轉之後，舟果不蕩，執燭尋罅，皆塞之固，水不能入，衆心遂定。翼午，風自南來，舟不可東，又從而北，始悔不少待也。

計十六日旦，當見古米山。至期四望惟水，杳無所見。執柁者曰：「今將何歸？」衆始服其先見，傍徨躑躅，無可奈何。予二人亦憂，亟令人升桅以覘，云：「遠見一山，微露如角，小山伏于其旁。」詢之夷人，曰：「此熱壁山也，亦本國所屬，但過本國之東三百里，若更從而東，即日本矣。」申刻，果至其山泊焉。十八日，世子遣法司官一員來，具牛羊酒米瓜菜之物，爲從者犒，亦有酒果奉予二人。通事致詞曰：「天使遠臨，世子不勝忻踴，聞風伯犯，從者迷道，世子益不自安，欲窮自遠迓，國事不能暫離，謹遣小臣具菜果將問安之敬。」予二人愛其詞，受之。世子復遣夷衆四千人，駕小艦四十艘，欲以大纜引予舶前。通事白于二人曰：「海中變出不測，豈宜久淹從者？世子不遑寢食，謹遣衆役挽舟以行，敢告。」艦列左右，各分纜迤邐而牽行於海中，亦一奇觀也。晝夜行百餘里。十九日，風甚逆，不可以人力勝，遂泊于移山之澳。所遣法司官夷率衆環舟而宿，未嘗敢離左右。泊至五日，予衆因在舟久，鬱隆成疾，求登岸避之而不可得，泣訴于予。予曰：「乘桴浮海，子路喜之，未知浮海之險若此也。」二十三日，世子復遣王親一人，益以數舟而來，風亦微息，始復行。至二十四日猶未克到，世子復遣長史來，曰：「世子刻期拱候，海中怒風驚濤，恐爲從者之憂，謹遣小臣奉慰。」予二人謝之。二十五日，方達其國。泊舟之所名曰那霸港。計發舟至此一月矣。

是日登岸，岸上翼然有亭，榜曰迎恩。世子先遣陪臣大小凡百餘員，隨龍亭而至，候于亭下。予二人捧詔敕，安于龍亭，衆官行五拜三叩頭禮。前行導引至天使館，距港約五里。不移時而至，龍亭安于中堂，衆官行禮如初。繼見予二人，亦行禮而退。予二人呼長史問曰：「世子不迎詔敕，何也？」對曰：「洪武禮制，凡天朝詔敕至國，世子候於國門之外，數代相承，不敢有違。」聽之。然世子雖不至館，館中皆官正莅事，每三日遣大臣一員具酒二壺、果盒二架，酒酌于斗，進予二人，跪曰：「世子令小臣問候起居。」予二人受之飲。復獻牛羊菜果於館。初皆麾之，復見其誠懇，間亦或受。每一餽予二人，亦遍及于從者，館餼無弗均。六月三日，報長史舟至境。又越五日，始抵國都。較之予舟，浹旬始至。詢其故，柁摺帆傾，非夷衆熟于操舟，幾何而不葬魚腹也。

十六日，行祭王禮。王墓不知所在，寢廟一所在國門外，即於廟祭焉。先迎祭品往廟陳設，後用龍亭迎諭祭文。予二人隨行，將至廟，世子素衣黑帶，候於門外，戚乎其容，儼然若憂服之中也。予二人拱而入，至廟，神主位東西向，予二人位西東向，龍亭居中南向，世子位南北向。宣諭祭文畢，世子出露臺，北面謝恩，進廟與予二人交拜，揖至中堂。予二人南向坐定，世子令長史致詞曰：「清處蝸角，辱玉趾遠臨，當匍匐奔迓，有制不敢違越，徒懷慙悚。今又辱賁先人，幽明倍感，敬具清酤二卣，以獻左右，聊用合歡爾。」予二人諾之。酒數行，皆親獻。坐少頃別去。隨遣法司官同長史至館致詞曰：「今日勞從者爲先人寵光，小國無以爲獻，具黄金十兩爲壽。」予二人却之：「世子知道，乃亦以此浼我乎？」令持去。不從，作書與之。世子得書，不復再饋。

七月三十日，行册封禮。先五日，長吏請儀注習之。是日黎明，世子令陪臣候於館門之外，導引詔敕往國。國門距館三十里，介在山海之間，路險巇不平。將至國，五里外有綽（禊）〔楔〕一座，扁曰中（正）〔山〕。自此以往，路皆平，可容九軌，旁壘石牆，亦若百雉之制。世子候於此，龍亭前先行五拜三叩頭禮，導至國門，門曰歡會，門内數步，即王之宫也。宫門扁曰漏刻，門三層，層有數級之堦。正殿巍然在山之顛，扁曰奉神。設龍亭于正中，國王升降進退，舞蹈祝呼，肅然如儀。禮畢，導予二人至别殿，復行見禮，衆官亦拜見如初。王暫退，出臨群臣，與一國正始，群臣四拜爲賀。臣之尊者親者捧觴爲壽，蓋夷俗以此爲敬，故君臣之間亦行之。朝罷，别殿設宴，金鼓笙簫之樂翕然齊鳴。王奉酒，酒清而烈，來自暹羅者，醺人不須一盞。予二人但嘗之而已。籩豆之實，備水陸之珍，然不能自製也，皆假予艦舶庖人爲之。蓋夷俗無宴享醵會之事，不知烹飪調和之法，不過假以文其陋耳。獻酬交錯，至晡而止，予二人復令儀從迎詔敕至館，王再拜曰：「小國無以爲寶，璽書以爲寶。先朝詔敕藏之金匱，已八葉於兹矣。今辱賁臨，幸留此鎮國，不爾予小子自底不類，爲先人羞。」予二人令啓金匱，驗其留否。既而長史數人各捧詔敕一道而來，遂許留之。

王喜甚，重拜而别。予二人至館，王親一人同長史來餽儀物。厲色麾之，長跪不起，不得已，姑各取扇布二物，以答其誠，復與一書。二十日設宴，名曰拂塵。蓋凡使琉球與他國不同，安南、朝鮮陸路可行，使事既畢，不過信宿遄返。琉球在海外，候北風而後可歸，日久與王不免多會，會多則不免情褻，勢所必至。是宴之設，籩豆尚簡，不復陳方物，但令夷童歌夷曲爲夷舞以侑觴，傴僂曲摺，亦足以觀。舞罷，令世子介子執弟子禮奉酒三斝。將行，復親捧玉盃，乃武宗所賜者，引滿勸白。辭以不善飲，一酌而止。

二十五日，向昏，颶風暴雨，頃刻而至，茅舍皆席捲去，館屋亦撼摇。予寢不能寐，起坐中堂，門牖四壁蕩無存者。因念港口之舟，恐不及維，遣人視之，僉曰：「昏黑不辨牛馬，盍少待。」風雨正惡，亦不能强。黎明往視，則王已差法司率夷人數百守于船側矣。詢之舟人，乃半夜時至。法司亦夷官之尊者，路且遥，衝風冒雨而行，不辭艱險，夷之君臣其可感也夫。中秋節，夷俗亦知爲美，請賞之，因得遍遊諸寺。寺在王宫左右，不得輕易往來。有曰天界寺，有曰圓覺寺，此最鉅者，餘小寺不暇記。二寺山門殿宇，各弘廠壯麗，亞于王宫。正殿五間，中供佛像，左右皆藏經數千卷。夷俗尚佛，故致之多。上覆以板，繪以五彩，下用席數重，清潔不可容履。殿外鑿小池，甃以佳石，池上雜植花卉。有鳳尾蕉一本，樹似椶，葉類鳳尾，四時不改色，諸夏所無者。徜徉容與，塵慮豁然。但僧皆鄙俗，不可相語，彼亦不敢見吾輩。亦曉烹茶之法，設古鼎於几上，水將沸時，盃投茶末一匙，以湯飫之，少頃奉飲，味甚清。是日王因神降，送迎無暇陪，遣王親侍遊，至未刻，邀坐宴，不甚豐，情意款洽。召諸從人至階下，令通事勸飲，旅進旅退，各以班序，至醉而止。向夕回館，月明如晝，海光映白，令輿人緩步，縱目所適，心曠神怡，忘其身之在海外也。二十三日，王始至館相訪，令長史致詞曰：「清欲謁左右久矣，因日本人寓此，狡焉不可測，俟其出境而後行，非敢慢也。」予二人亦具核殽留坐，移時别去。

二十九日，請予二人餞行，布筵水亭中，觀龍舟之戲。舟之制與舉棹之法皆效華人，亦知奪標以爲樂。但舉棹人皆小吏與大臣子弟，各具綵服，簪金花，雖濡于水而不顧，以示誇耀之意焉。九月九日，復請餞。予二人訝其煩，深拒之，懇請再三後行。至則見其食品所列，山蔬海錯，糗餌粉酏，雜陳于前，製造精潔，味甚適口，但止數品，不能如昔之豐也。詢之左右，乃知前此諸設皆假手閩人，此則宮中妃嬪所自製者。臨行，長史捧黄金四十兩，王言：「餽贐之禮，古今所有，非清敢自褻，天使其毋辭。」予二人曰：「王之餽贐，於義可受，但予輩承君命至，受此而歸，是以君命貨之也，惡乎敢！」王愕然曰：「天使言必稱君，動必遵義，清知過矣。」乃不敢强。持泥金倭扇二束贈曰：「天使遠來，此别不復得會，夏日揮之，或可繫清一念耳。」予二人受之，各答以所持川扇。王喜不自勝，因再拜而别。

十二日，登舟，官民送者如蟻，皆慕漢官威儀，有至海濱不忍去者。從泊舟之港出海僅一里，中有九曲夾岸之石，惟風息而後可行，坐守六日，王日使人侍側，且致慰詞，仍命看針通事一員、夷役數人護送，又遣王親長史等官進表謝恩。十八日，風少息，挽舟出海。舟斜倚岸，衆恐其傷於石，大驚。幸前月予二人親督修黏，故不爲石所傷。復停海口，二十日始克開洋。夷舟同行。二十一日，至夜颶風陡作，大桅五木攢者既摺，須臾舵葉亦壞，幸鐵梨木爲幹，得獨存。舟之所恃以爲命者，桅與柁也。當此時，舟人哭聲震天，予輩亦自知决無生理，相顧嘆曰：「天意果如此，計免者得之矣！」是時舟人無所用力，但大呼天妃求救。予二人亦爲軍民請命，叩首不已。果有紅光燭舟，舟人相報曰：「天妃至矣，吾輩可以生矣！」舟果少寧息。翼日風如故，尚不敢易舵，衆廢寢食以待斃，不復肯入艙。同行夷舟遂相失不知所往。二十三日，黑雲蔽天，風復將作，有欲易舵者曰：「舵無尾不能運舟，風弱尚可支持，烈則將何以救？」不欲易者曰：「當此風濤，去其舊而不得安其新，奈何？」衆不能决，請於予二人。予二人曰：「風濤中易舵，静則可以生，動則可以死。」惶惑亦不能决。令其珓請于天妃，得吉，衆遂躍然起舵。舵幹甚重，約有二千餘斤，平時百人舉之不足，是日數十人舉之有餘，兼之風恬浪寂，頃刻而定。定後風浪復惡，神明之助不可誣也。舵易，衆始有喜色。

二十六日，忽有一蝶飛繞於舟，舟人曰：「岸將近矣。」有疑者曰：「蝶質甚微，在樊圃中飛不過百步，安能遠涉滄溟乎？此殆非蝶也，神也。或將有變，速令舟人備之。」復有一黄雀立於桅上，令舟人飼以米，雀如常禽飛下，啄盡乃去。是夕果疾風暴發，怒濤拍天，巨艦如山，飄蕩僅如一葦。梢後距水不下數丈，水經過之，持舵者衣盡濕，艙中受水可知也。風急，水聲助之如雷，不忍見聞，衣服冠而坐，欲來速溺，相顧嘆曰：「聖天子威德被海外，百神皆爲之效職，天妃獨不能相救乎？」言訖風若少緩，舟行如飛。達曉，則已見閩山矣。舟人皆踴躍呼舞，以爲再生，稽首於天妃之前者若崩厥角。二十八日，至定海所。十月二日，入城。痛定思痛，凡接士大夫必叙所歷驚怖諸狀，無不爲之慶幸。區區二人何能得此？實荷聖天子威福，以致神明之佑，不偶然也。今越旬日，而同行之舟尚未至，或不免漂溺之患焉，嗚呼危哉！嗚呼危哉！因是而有感矣。

夫浮海以舟，駕舟以人，二者皆濟險之要也。官之尊者，因非己事，不屑經理船艦之役；官之卑者，因此難遇，惟思圖利侵剋船價爲事耳。故造作之間，種種不如法。駕舟之人，皆欲乘便質易，竄名於籍，而不知操舟之術者。予前所述古米山之險，其明效也。後之使夷浮海者，當先擇委有司二員造舟，約令隨使往來修整，則彼軀命所在，利害相關，始造必不爲之苟矣。告之藩臬不從，以請於朝可也。水手貴精不貴多，須擇慣下海善操舟者而用之。如此立法，則可以節國之費，衛衆之生矣。若則蕃王領封之説，則肇自前輩之使占城者。此時正副畏溺，不肯航海，曠持日久，王子不獲已而至中國，館於海濱，受封後，有司遂乞蕃王世子遣陪臣來奏請封者，當命使臣賫詔敕駐海濱，待其來以賜之，未獲俞旨。嘗稽古諸侯嗣立，俱以士服入見天子受封。今之四夷即古荒服諸侯也，雖不克覲天子，俾其於海濱領封，亦無不可。蓋不俾中朝之使遠冒乎險以錫命，而小國之君坐享其爵而偷安，尤爲萬世可守之法也。故不惜辭煩而爲後使者忠告。

自後琉球商人有漂至瓊州者，執送廣州，按察僉事經彥寀爲請於朝，撫恤之歸，遠人感德。三十七年，國王尚清薨，遣使告哀。

三十八年，上命給事中吴時來及行人李際春往行册封禮。適時來有疏論大學士嚴嵩奸邪狀，嵩言其畏航海之役，故生事妄議，上怒，廷杖時來，謫戍廣西，改命給事中郭汝霖爲正使，與副使際春同往。至福建省城造船，遭值連年倭患，阻遲海口，未得開洋。四十一年五月内，海口頗靖，乘隙而出。五月二十八日，在於長樂縣梅花地方開洋。閏五月初五日，行至赤嶼山，阻風三日，漂過琉球山一日。幸彼處夷人在山哨望，知爲封船，乃發䑸牽引回其境内。至初九日登岸，到於彼國。尚元即遣官及舉國臣民迎導詔敕至天使館安奉。

郭汝霖《息思亭説》曰：琉球天使館自門而入，正堂三間，自正堂引至書房三間。余處於東，李君處於西。房之後再三間，官舍輩處之，兩旁翼以廊房各六間，門書輿皂寓焉。暑月藴隆，促促數步内，琉之人爲余弗安也，卜後垣空地，砌土瓦茅竪柱而亭之，余因扁曰息思。夫人情久相離則思，余馳驅上命，何敢言思？然舍桑梓，涉波濤，遠君親，旅外國，而鴻賓雁弟，玉樹芝蘭，數月各天，寥寥音問，余安能不用情哉！昔謝太傅江海人豪，中年與親知别數日作惡，余嘗竊歎其懷。陽明子曰：七情之發，過處爲多。余又惡夫情之過而惡也，斯亭之登，願少息焉。圖書在前，琴瑟在御，以吟以咏，以絃以歌，庶幾造化者游而忘其身之在異鄉矣！

汝霖等擇六月初九日行祭王禮，六月二十九日行册封禮。封詔曰：「朕受天明命，主宰寰宇，凡政令之宣布，惟成憲之是循，其於錫封之典，遐邇均焉。爾琉球國遠處海陬，聲教漸被，修職效義，閱世已久。故國王尚清顯荷爵封，粤踰二紀，兹者薨逝，屬國請封世子元。朕念其象賢，衆心歸附，是宜承紹國統。特遣正使刑科右給事中郭汝霖、副使行人司行人李際春齎詔往封爲琉球國中山王，仍賜以皮弁、冠服等物。王宜謹守禮度，益篤忠勤。凡國中官僚耆舊，尚當同心翼贊以佐王，飭躬勵行，用保藩邦，庶幾無疆惟庥。故茲詔示，咸俾悉知。』復賜敕曰：『惟爾先世享有爵封，恪守海邦，職貢罔缺。爾父尚清事上益恭，茲者薨逝，訃聞，良用嗟悼。爾爲冢嗣，國人歸心，宜令掌乃國土。特遣正使刑科右給事中郭汝霖、副使行人司行人李際春齎詔封爾琉球國中山王，并賜爾及妃冠服、綵幣等物。爾宜服膺君命，圖紹先業，秉禮循義，奠境保民，以副朕懷柔之意。』

封禮既畢，仍乞留詔敕，汝霖等如制許之。十月初九日，登舟，風阻哪霸港口。至十九日，始得開洋。二十一日，在洋中摺舵，既而得全。十一月初二日，歸至福建省城。其琉球國王尚元遣王親原德、長史蔡朝器等另駕一舟，隨同上表謝恩，亦以初十日到於福建海口。汝霖等還朝畢事，疏曰：「臣惟唐虞三代之盛，四夷來王，漢唐以下，雖有屬國叛服不常，琉球在海島中，乃能永堅一心，歸化無渝。臣等到彼，供應廩餼，趨走承順，如郡縣然。非聖朝文德漸被之極，何以致此！我皇上十三年既册其父，茲者又封其子，聖壽萬齡，天威萬里，視祖宗有光而軼唐虞三代不二矣。臣等雖當海驚風波之險，猶得周旋使事之榮，臣無任感荷欣忭之至。」

郭汝霖重刻《使琉球録》曰：嘉靖三十四年六月，琉球國中山王尚清薨。三十七年正月，世子尚元差正議大夫、長史等官到京，請乞襲封王爵。禮部以請勘俱係彼國官民，乃不復行勘，奏請如故事，差正副使二員，齎詔敕皮弁、冠服往。時科中應行者吴君時來，行人司則李君際春也。命下二月十六日矣，部咨翰林院撰文，各衙門造該用儀物。延之三月，終未行，而吴君有戎事，汝霖乃同李君承乏焉，四月初二日也。部中監前畏避之嫌，促日起程。霖等亦以重命不可再緩，遂請詔書易名，改賜品服，初八日慨然解舟南下。

七月初，抵江西地方。霖意海警連年，事須巧速，因一面差人至福建布政司令作速委官伐木造船，九月中，親至閩坐督，刻次年春汛必行。奈地方多事，賊報交馳，當事者已疑不能必往，又皇皇剥膚之災，而視外及爲稍緩，管工官亦泄泄，於是船自十一月起工至次年四月僅完其半。賊報緊急，不俟工完，四月初四日出塢。尹參將令百户嚴繼先等接至鎮駕守。十一日午刻方至鎮，未刻賊已接踵，相望數里，不爲所奪，倖也，亦尹之力也。是年，倭奴輳集福州城外稱數萬，城門閉者三月。余等亦日日上城，同有司巡守。先是戊午冬，琉球世子差來迎迓長史梁（桉）〔炫〕等住柔遠驛，盡爲所掠，六月始得脱逃。七月終，各役奔命者漸復，欲召之行，而風汛過矣。聲息轉聞琉球，三十九年正月蔡廷會等來修貢，傳其國有領封之情，呈文該司，該司以時事艱難，國體所繫，遂爲轉奏。本下部議，以舊典難遽變，俟海警稍寧，必期渡海終事。時勘合到遲，將届六月，倭寇伺候海中者又比比。予召漳州火長、舵工等役，中途又爲賊阻，各役依山緣徑而來，動經月餘，至則又七月矣。前船既有傷損，久住内港，烏蜍叢生。烏蜍者，生於淡水，則墜於鹹水，生於鹹水，則墜於淡水也。一至海則垂，垂而墜，船板精華俱爲所蝕，油灰不能復住，水從罅隙而入，何可止也。余時與諸司議，但挾數十人從夷舟往。夷舟頗小，舉動敏捷，既不爲賊覘覦，又可藉以濟事。有司固執以堂堂天朝，爲此舉動，何以威臨四夷？若事不易濟，寧修船俟時，無得而論。欲從權濟事，亦須上聞，不然他日誰任其咎？余時聆諸君正論，亦不能奪，且念事體重大，人役頗多，又非可一人微服行者，於是内愈熱而情益苦。李君迺曰：「既不能行，毋徒躁動，不若專意修船靜俟，地方事大，非一手可掩，他日當有人諒也。」余然之。火長、舵工等因呈乞有司改造前船。八月再定艎，至十一月畢工出塢。

越嘉靖四十年春二月，予遂召集漳州等處各役，亦先期來。余欲挾之先出海口而守。各役謀以海口風濤難泊，公若往，内各兵船亦往；各兵船往而内港虚矣。不然，探聽消息，有急而行可也。三司諸君亦曰：「既不能出内港，豈能出外洋乎？今歲傳聞賊或不至内地，姑俟之。」蓋大船出内港，水淺，必潮平而後行，日不數里。自南臺而旺崎，而閩安鎮，而广石，須十數日而後至定海梅花開洋之處，滯重逶迤，謀犯之者其力易及，封舟之不能速行爲此也。若洋中汪洋浩蕩，予固知他舟不易犯，即犯之，封舟之威可施。夫萬里之外洋，尤可無慮，而數日之内港，乃能阻人，聞者豈能知之。

守至四月，忽值内地廣兵之變，既平定，長樂又報福清之賊，既又傳福寧之報。余于是朝而側目，夜而側耳，盻盻然日守一日，惟恐報鼓之聲也。五月初六則有賊二百餘至閩安鎮之下江。時各役告請行糧，余亦牒有司漸次散給。兵道楊君來言曰：「今事急，且不論行，即船將如何守，欲發之閩安鎮駕守，又已近賊；欲行張漢入守，閩安鎮又曠無人。」予曰：「各役已散行糧，行期旦夕，若復動摇，人心解散，豈能再集。百姓官銀到手，寧不支用，不行而復追之，敲朴日繁矣。」楊君曰：「事果難如是？」予因曰：「君來自部中，莫謂予等有畏避之嫌，今可目覩之。（具）〔且〕今乃一小報，前兩年遑遑，時刻緊急，不同何如也！蓋船既重大，不惟行之難，而造之亦難；不惟造之難，而守之亦難。三者惟地方無事者可也。若如己未年，賊旗既到，上下紛擾，雖委造官，皆奔走守城之役，廠中材料又誰復查理？當其時非予亟於收拾纖毫，豈可望耶！後來改造諸料猶得應用，亦必有自矣。至於守之難者，謂一於用不行者則踐踏震撼，視舟全無愛惜之心。一於用同行者，則水木鬱蒸，行時必多暴露之疾。余不得已，乃參而用之，令其輪班更迭，將就全事。」聞安鎮初六之報，令許嚴等牽船前十餘里，又行張漢與嚴繼先、陳孔成、馬魁道等嚴密偵賊向往。又請於軍門劉公，令張漢若有急即自座守。既賊乃從下江口由長樂松下澳入福清，而船始報安焉。

五月十九日，船至長樂取水，與李君二十五日起行。撫按三司餞於南臺府縣，别於新港。二十六日辰刻，至長樂。時自二十三日起連有南風，各役以二十九日夏至恐風尚未定，三司諸君送者仍欲守候。予曰：「天時難測，今已南風，又疑其未定而欲俟其定，何時乃定？且夥長輩皆予所需以決事者，今臨事率不敢擔當，事在一人，信矣！」遂決而行。二十七日至广石。二十八日祭海登舟，别三司諸君。二十九日至梅花開洋。幸值西南風大旺，瞬目千里。長史梁炫舟在後不能及。過東湧、小琉球。三十日過黄茅。閏五月初一日過釣嶼。初三日至赤嶼焉。赤嶼者，界琉球地方山也。再一日之風即可望姑米山矣。奈何屏翳絶驅，纖塵不動，潮平浪静，海洋大觀，真奇絶也。舟不能行，住三日。初六日午刻，得風乃行，見土納巳山。土納巳山，琉球之案山，洋路從姑米山而入正也。時東南風正旺，用舵者欲力駕而東，勢既未捷，至申刻乃見小姑米山。小姑米山在琉球之西，稍過即熱壁山。幸而小姑米山夷人望見船來，即駕小舺來迎。有二頭目熟知水路，且曰：「既不能從大姑米山入，何可傍（內）〔土〕納巳山而入，其中多礁。」予等聞之駭。二頭目一面令夷船入報，渠遂躬在余船道駕，從小姑米山而入。且云：「得一日一夜之力，即未（據）〔遽〕登岸，可保不下熱壁山矣。」予等厚賞賜之，晝夜趕行。初七日未刻，望見王城哪霸港焉，然東風爲多，相隔僅五十里不能輒近。世子遣王親問勞，致牲菜酒米，詞恭禮肅，法司官夷舟五十餘集封舟前，每舟一老人，鬚眉皓然，見封船皆踴躍呼拜，欲用先年輓入故事，而風勢方旺。至次日，法司官督衆益嚴，誓以不即挽登岸，倘有疎虞，必先開肚。余屢慰曰：「風豈人力能勝？船已至此，不勞再急。」然竟亦不能行。至初八日午刻，有衝風暴雨。予曰：「可整舟挽而行。」諸人疑之。既而果行，初九日辰刻，遂達岸焉。蓋風旺三日而復暴急，予臆其必將止，若暴先發則旺勢未衰，此理之常，何足疑哉！既抵岸，三日後，有傳賊船從其境上過者，蓋篷力小，大洋中自不相及。

初九日，登岸，迎詔敕至天使館。世子日遣長史大夫等官參謁，導從巡警俱如中國之儀。三日，遣王親一員同長史大夫問安，廩餼俱仍舊，軍稍行匠人日米一升半，乾魚四兩，略有海菜，外給錢五文買蔬菜。問候之日，俱有猪牛羊等，各官廩給口糧者又差盛。始軍稍疑錢太少，乃查之舊案無增也。夷人篤於守舊，而客者不無厚望，且贏乏不同時，下民豈能盡量？至世子各官之意，則恭而有禮矣。世子又嘗問其臣曰：「今者天使勞涉，比之往益不同，吾欲先一快覩，以遂仰瞻之心何如？」法司等力以舊章止之。六月初九日祭王，世子敬戚之容，宛乎可掬。王既得諭祭之後，世子仍令其國僧修佛事，以伸追慕。至二十九日，乃行封王禮。厥明，世子遣各官候於館門，自先王廟列儀衛巡警，導引至國門外，世子拜謁，躬導詔敕至王殿，嵩呼拜舞，皆先期習熟。世子見詔敕，儼恪益如，禮儀卒度，亦如原録所云，群臣將事，無不肅。是日履王位，該國臣民行朝賀禮，余等退居西堂。王率群臣謁叩，設宴，饌盛樂繁。事竣，乞留詔敕。余等令其捧前此聖製來驗，因如旨錫之。王與群臣讙呼拜謝。至七月十九日，設拂塵諸宴。八月中秋，設觀渡宴。作書辭之曰：「蓋聞酒以成禮，不繼以淫，義也。霖等欽奉上命前來，佳禮既行，華筵亦既洽矣。兹又辱過招，無乃大繁乎？敬此以辭。向祭封之日，兼承褭蹄之惠，雖王中心致敬之誠，而辭受以義，又使人素有成規，而不敢失者也，敢并全璧，伏惟以德相愛，以道相處，共守天朝之大閑，安臣子之大義，而不區區於儀物之末，幸甚！」十八日，王乃躬至使館相訪，亦如舊，略備筵款之，併及群臣從者。九月十九日，王請餞行，亦具黄金四十兩爲贐，余等嚴却之。次日，復使法司、大夫、長史等官持來，辭甚懇惻。復作一書，令參隨各官往還之，曰：「封舟瀕行，領宴餞兼惠褭蹄，已嘗面辭矣。兹辱法司、大夫、長史等復來，夫承筐是將，雖賢王好我之誠，而不受篤寶，實使人自守之矩。且天朝清議光昭，非禮授受，具有明辟。余雖欲於王，如朝廷之大法何？惟王知所以愛，而尅其非所以愛可也。《傳》有之，私惠不歸德，君子不自留焉。王其念之！」王得書，不復令人來强。

是年九月十九日立冬，舵工等擬必北風盛發，然數日竟未有。十月初五，巨風發後，乃以九日登舟圖回。往者封船既至，琉人亦招集各島夷船，以觀天使爲名，實亦因之滋貿易也，是年則琉人務假防護之名，時雖有商船一隻，亦逐出之，而各役所帶纖毫行李俱不能售，於是盡舉而歸之琉人。琉人故（證）〔蹬〕而賤之，而各役之情苦矣。登舟之後，方圖舉帆，而風雨驟至，阻於哪霸港口。港口險隘，僅容一舟，稍有偏側，船輒不保。船之兩旁繫以大纜。至十五夜，右纜忽斷，陳孔成見之，忙吹號舉砲。夷人二千餘來加索牽轉，再加新纜，船乃得安。十八夜，天忽朗霽，月光如晝，四更時諸人與夷官稍乃導出港，東北風旺，舟行如飛。二十日午後，忽有黑雲接日，冥霧四塞，舟人懼曰：「此颶徵也。」頃刻果颶風至，守之益慎。至夜二鼓，劈烈一聲，舵已去矣，舟遂大顛。吴宗達等遂落大篷，舉舟哭聲震天，黑夜無措。余乃速止曰：「即如此，命也，哭何所濟？」時陳孔成擇漳人僅五十，將各艙所載重者一面丢拋，一面令李子顯等，倡言舵雖摺，尚有邊舵，决保無虞，容某等漸處。余諗曰：「静以禦變，極是。」但舵何時可換，吾不舉大篷，但張二篷三篷，任其漂流，至後可補鍼也。陳大韶、曾宏俱向從陳高過洋者，來大言曰：「往年亦如此。然往年船不固，今此船固；往年船發漏無邊舵，今不漏有邊舵；往年摺舵并摺桅，今桅尚存。」余聞其言，心亦頗定。然播蕩反側，無頃刻寧。幸而天明，促之换舵，而風勢愈烈。余石、孔成來曰：「事將奈何？」孔成曰：「海中行船，此事所有，但持之，觀明日如何？」至次日，風又不息。余乃口爲文，令吏陳佩床前書之，以檄天妃。適一晨刻，風稍定，始得换舵。舵既定，諸人頗有生望，但牽舵大纜兜之自尾至船首者，又忽中斷，則海水鹹厲，繩纜不能久。舵工等又懼舵不能穩，稍擺動，金口開，船分兩片矣，此尤危也。乃用銀重賞一夷人，繫其腰，令之下海接之，竟不能接。吴宗達來稟，欲穿二艙三艙，透繩繫舵，而不能決。余聞即概然是之。乃鑿而度繩，舵始得安。蓋艙近繫繩，比之兜肚遠者，其力尤大。行之至二十六日，許嚴等來報曰：「漸有清水，中國將可望乎？」二十七日，果見寧波山。歷温、歷台，閩人未能盡曉浙中山嶼，疑迷莫測，仍懷憂思。至二十九日，忽至福寧，見定海臺山，心始安焉。從五虎入。十一月初二日，入省城，追想前迹，爲之惻然。士夫相會，真同再世。往讀陳、高使録，説者皆謂其過，余亦疑之，至是親歷，知其字字不虚，且中間險苦尚有筆楮不能盡者。嗚呼痛哉！

霖録又曰：是年閏五月初四日，至赤嶼，無風，舟不能行，當晝有大魚出躍，從者謂如一舟然，旁有數小魚夾之。至暮，舟震撼衝擊，莫知其故。自艙上觀之，則風浪静，而舟之顛危次日愈甚。余與李君目眩心悸，召長年問之，皆謂無風而船如此，事誠可怪。所嘉者船力勞壯堅固，决保無虞，慰安余二人。既退，余使人偵之，則皆稽首天妃之前禱矣。中夜顛危益甚，李君曰：「事將何如？」余曰：「造船用人，乃人事之可盡者，此以外豈復能與？且余二人所捧者朝命也，皇上德被幽明，海神必且效若。」時余二人既不能安枕，中夜見忽有明光燭舟，舟稍安嚴，百户舵工等俱得異夢。六日辰刻，夥長舵工請余二人拜風，且謂有所愛之物可施之。余思出京時曾有人惠《金光明佛經》，又舵工陳性能作彩舟以禳。余曰：「事無害於義，從之可也。」余二人官服以拜，口爲文以告，道人等用經與彩舟舁之艙口祈之，而風忽南來，諸從者尚未回謝天妃之前，咸仰呼曰：「風到風到。」遂滿篷而行。至初九日登岸，神明之貺顯矣。

又按十月十九日開洋回國，東北風旺，至二十日午刻，忽有麻雀一隻，宛宛來泊艙篷。陳大詔等見之，即心動曰：「此神雀報信，又往年陳、高二爺回時之兆。」倏忽間黑雲接日，冥霧四塞，冷雨颶風，號呼大發。余令吴宗達等謹備之。行至夜一鼓，舵忽摺去，舉舟哭天，而叩天妃。余亦呼天妃告曰：「此華夷五百人性命，豈可易易！」至天明，風連旺不止，舵不能換。二十二日辰時，余眩瞑甚矣，蓋五日不一粒，生死余亦已决度外，惟是五百人尚不能忘念，乃召書吏陳珮具筆札床前，余口爲文授之，令書以檄天妃。前舟中雞鴨牲口之類尚多，余問之庖人，曰不知何時靡孑遺矣，惟一鵝尚存。余令宰之，告曰：「霖等欽奉上命，册封琉球，仰荷神祐，公事既完，兹當歸國，洋中摺舵，無任驚惶。惟爾天妃海岳，皆國家廟祀正神，兹朝使危急，華夷五百生靈所繫，豈可不施拯救？若霖有貶心之行，即請殛之於床，無爲五百人之累。若尚可改過而自新也，神其大顯靈威，俾風恬静，更置前舵，庶幾可以圖全。神其念之，毋作神羞！」既祭後，風稍息，諸人亦求珓於天妃，許之，遂易新舵。諸人大發願心，祈修醮典，余亦許歸朝奏請，如例遣祭。舵工陳興珙又善降箕，乃用李君一家僮併不能字者扶之，字皆倒書，曰：「有命之人，可施拯救，欽差心好，娘媽保船都平安也。」嗟呼！鬼神冥邈，談者未有不疑，然此四無邊岸之中，宛弱隻雀何從而來？易舵之後，又一鳥常據於桅尾，何從而來？孰謂世間事可盡以常理臆决哉！到岸日，凡諸人祈許，余令一一修還。所謂毋使行負神明，何敢以險既平而遽忽諸！

郭汝霖等復新天妃廟於广石，勒碑爲文記之。

霖《广石廟碑文》曰：广石廟，廟海神天妃者也。天妃生自五代，含真蘊化，没爲明神，曆元迄我明，顯靈鉅海，禦災捍患，拯溺扶危，每風濤緊急間現光明身，著斡旋力，《禮》所謂有功於民，報崇祀典。而广石屬長樂濱海地，登舟開洋，必此始，廟之宜，舊傳自永樂内監下西洋時創焉。成化七年，給事中董旻、行人張祥使琉球，新之。嘉靖十三年，給事中陳侃、行人高澄感板異復新之。板上所書，即董、張新廟月日也。

皇帝三十七年，琉球世子尚元乞封，上命汝霖充使往，而副以行人李際春。余承命南，一長老多教余致敬天妃之神，弭節閩臺造舟，百凡按陳、高使録行。惟广石廟遭倭寇焚，乃耆老劉仲堅等聞余至，亦來言廟事。余檄署篆孫通判大慶，考其遺址，並材料工價值百金。往陳、高捐俸二十四金助，余與李君如之。往從行者各歛銀一星得三十兩餘，今則從行者尚未定名。往長樂民力饒可以鳩工，今則連年有兵務。往劉知縣尹邑久，今孫乃署篆，且未久也。於是七十餘金無從得。余因言於代巡樊公斗山，樊逐標罰贖餘成其事，且命通判速工，請記於余。不兩越月，廟貌鼎新，巍然焕然，瞻趍有所，人心起敬，他日飛航順便，重荷神貺者，樊之功哉。

或因是以鬼神事質於余。余曰：是説也，薦紳先生難之矣。考孔子曰「敬而遠」，夫謂之敬，必有以也，謂之遠，特不專是以徼媚云耳。故其「祭神如神在」，「鄉人儺，朝服立阼階」，孔子豈無見耶？而初學小生稍談鬼神，則冒然稱茫昧，避諂瀆譏，及遇毫髮事，輒俛首叩禱不暇，果能知事人等鬼者乎？今夫航海之行，尊皇命也，一舟而五百人在焉，彼溟洋浩蕩中無神司之，人力曷能張主？學者知是説，則知予非惑樊非狥，而是廟之祀，可以勒諸將來。樊名獻科，字文叔，浙縉雲人。其巡閩也，酌時機，務省約，而事之關體要者，獨無所惜云。

《祖訓》中載有大琉球、小琉球之别。小琉球不通往來，未嘗朝貢，則今之奉敕封爲中山王者，乃大琉球國也。其國政令簡便，雖非如華夏之嚴，而亦有等級之序。王之下則王親，尊而不預政事；次法司官，次察度官，司刑名；次那霸港官，司錢穀；次耳目之官，司訪問，皆上官而爲武職者也。若大夫、長史、通事等官，則專司朝貢之事，設有定員，而爲文職者也。王日視朝，自朝至於日中昃，陪臣見之，皆搓手膜拜，尊者、親者則延至殿中，賜坐飲酒，卑疏者則移時長跪於階下。凡遇聖節、正旦、長至日，王率陪臣具冠服設龍亭行拜祝禮。至於賦歛，則寓古人井田之遺法，但名義未詳備。王及臣民各食分土，故酋長咸遵理，不科取於民。至於有事如封王之類，所用布帛粟米力役以供天使者，則暫徵之，不爲常例。雖無曆官及陰陽卜筮之流，然亦諳漢字而知正朔。至於作詩，未必盡效唐體，而弄文墨參禪乘者，間亦有之。蓋久漸文教，非復曩日之純陋也。

其俗男子蟠髮，作髻于頂之右。凡有職者貫以金簪，漢人之裔髻則居中，俱以色布纏其首，黄者貴，紅者次之，青緑者又次之，白斯下矣。王首亦纏錦帕，衣則大袖寬博，製如道服，每束大帶，各如纏首布之色，辨貴賤也。足則無貴賤皆着草履，入室宇則脱之，蓋以跣足爲敬。又席地而坐，恐塵污地故。王見神、臣見王及主見賓，皆若是也。惟接見天使，則加冠具履，行揖遜之儀，然疾首蹙額，弗勝其束縛之勞矣。婦人黥手而爲花草鳥獸之形，首反無飾，髮如童子之緫角在後，不知足而爲之屨，男女皆可用也。第富室則以蘇席襯屨底，少加皮緣，即爲美觀。上衣之外，更用正幅，如帷覆於背，見人則手引之前，蒙其首而蔽其面，下裳如裙而倍其幅，褶細且長，取覆足也。其貴家大族婦女出入，則帶箬笠，坐於馬上，女僕三四從之。蓋男未嘗去髭鬚，戴羽冠，女未嘗有布帽毛衣螺佩之飾。亦無産乳必食子衣之事，如《統志》所云也。父之於子，少雖同寢，及長而有室，必異居。食兼用匙箸，得異味先進尊者。子爲親喪，數月不肉食，亦其俗之可嘉。

俗以中元節爲重，自七月十三日迄二十六日，俱晝夜男女喧雜，往來不禁。死者以中元前後日溪水浴其屍，去其腐肉，收其遺骸，布帛纏之，裹以葦草，襯土而殯，不起墳。若王及陪臣之家則以骸匣藏於山穴中，仍以木板爲小牖户，歲時祭掃則啓鑰視之，蓋恐木朽而骨暴露也。

地無貨殖，故商賈不通，摽掠之事間不能無。然其國小法嚴，凡有竊物者，重則開肚，次則問守別方，犯者故少。志謂其性好摽掠。雖設榜夾之刑，而多不用。朝貢往來俱乘大舶，海邊漁鹽亦泛小艇，未嘗縛竹爲筏也。人善泅水，有刳木爲舟者，如猪食兜，兩三人處之横海中，顛風巨浪不懼，水泛則覆出之而後棹焉。俗畏神，神皆以婦人爲尸祝，經二夫者則不復用之矣。王府有事，則哨聚而來，王率世子及陪臣皆稽首百拜。所以然者，國人凡欲媒爲不利，神即夜以告王，王撲滅之。昔倭寇有欲謀害中山王者，神禁其舟，易水爲鹽，易米爲沙，旋亦就擒，惟其守護兹土，威靈赫然，是以國王以下人皆敬事之。

尸婦名女君，首從三五人，入王宮中遊戲，各戴草圈而攜樹枝，有乘馬者，有徒行者，一唱百和，聲音慘哀，來去不時，惟那霸港等處則不至，以此地人多非良，及家有漢人故耳。此則真有，而殺人祭禱之事則無也。

郭汝霖曰：是年封王日，四更時，女君果降，將五更即散矣。凡我通事及庖人聞其聲嗚嗚然。

國王之宮建于山巔，四圍皆石壁，無有波羅檀洞之名，亦無多聚（髏髑）〔髑髏〕之説。門外有石砌，下有小池，泉自石龍口中噴出，名曰瑞泉，王府汲之供飲食，取其甘潔也。道路坦夷，不設塹，插棘以爲險。殿宇樸素，亦不雕禽刻獸以爲奇。國之山亦無翠麗、大崎、斧頭、重曼四名，形勢卑小不高，林木亦不茂。地方多沙礫，田土薄瘠。民間耕種亦鹵莽，未見糞多力勤者，是以五穀雖生而不繁碩焉。牛羊雞豚之類多瘦削不堪用。氣候亦不常熱，雨過即凉。造酒則以水漬米，越宿令婦人口嚼手搓取汁，爲之名曰米奇，非甘蔗所釀。其南蕃酒則出自暹羅，釀如中國之露酒也。

陪臣子弟與凡民之俊秀皆令習讀中國書，以儲他日長史、通事之用，其餘但從倭僧學書識蕃字而已。古畫銅器非所好，惟好鐵器與木綿，蓋其地不産此二物。民間炊爨多用螺殼，女工織衽惟事麻縷。如欲以釜甑爨以鐵耕者，必易自王府然後敢用之，否則犯禁而有罪焉。地不産金，亦無黄蠟，通國貿易惟用日本所鑄銅錢，薄小無文，每十摺一，每貫摺百，殆如宋季之鵝眼錢也。曾聞其國用海巴，今弗用矣。然與其用是錢，孰若用海巴之猶類于貝哉！人甚重財帛，即夫婦亦各私其財，或相忤，則各挾所有而别處，數日乃復其家。男婦唯嗇於衣食，日食不過飯一二碗，略充飢而已。魚肉之類絶少用，故賤而無售者，大抵其俗儉而不勤也。

其山曰黿鼊嶼國西，曰彭湖島。國西，近福、興、漳、泉四郡界，天氣晴朗，望之若霧。其川曰落漈。水至彭湖漸低，漁舟多漂不回，録中謂無此水。其産：鬬鏤樹似橘，密葉、硫黄、胡椒、熊、羆、豺、狼，鳥則鷗鷺、鴿鶉之類，亦間有之。其貢：馬、硫黄、蘇木、胡椒、螺殼、海巴、刀、生紅銅、錫、牛皮、擢子扇、磨刀石、瑪瑙、烏木、降香、木香。其地在福建泉州之東，自福州視之則在東南，來必孟夏而去必季秋，乘風便也。其貢二年一期，每船百人，不得越一百五十人。其道由福建達於京師。

按琉球之承德維藩，雖不克如朝鮮之每歲廷實，而亦恪恭不二。其陪臣之子弟來入太學觀光習禮者，迄今不絶，可謂守王章重文教者矣。萬曆改元，適國王尚元卒，今世子尚永告哀請封。上命禮部照例行勘，則詔使之行，固將有期，而浮海之録，亦且更新矣乎！

咸賓録

〔明〕羅曰褧 撰

校點説明

《咸賓録》八卷，明羅曰褧撰。羅曰褧，生卒年不詳，江西南昌人。萬曆十三年（一五八五）舉人。著有《雅餘》、《咸賓録》。《咸賓録》分東西南北四向，通叙明中前期周邊各國及我國邊遠地區地理山川、風土人情及往來狀況，内容豐富，叙事則多糅雜。

本書所録輯自民國《豫章叢書》本卷二《東夷志》。所記琉球事，則與《明實録》、《殊域周咨録》等書相彷，且有明顯採用了陳侃等人《使琉球録》之痕迹，雖與前此多書同得之傳聞，然可信程度大大提高。

（李夢生）

咸賓録

琉球

琉球，東南海中大國也。漢、魏至唐、宋不通中國。隋煬帝令朱寬入海求訪異俗，得（河）〔何〕蠻言，知有琉球，遂與（河）〔何〕蠻俱往，其國言語不通，掠一人而返。明年，令寬往撫之，不從，取其布甲而歸。於是遣將陳稜等討之，至其都，焚其宫室，虜其男女千餘人并雜物産，得金荆榴木數十斤，色如真金，甚香，遂班師歸。是時，其王姓歡斯氏，名渴剌兜，不知其由來，有國世次也。自陳稜攻破之後，絶無聞。

琉球旁有毗舍那者，小夷也。鳥語裸形，殆非人類。宋淳熙間，其國之酋豪嘗率數百輩猝至泉之水澳、圍頭等村，肆行殺掠。性喜鐵器及匙筯，人閉户則不入，但刓其門環而去。擲以匙筯，則俯拾之，可緩數步。見鐵騎則争刓其甲，遂駢首就戮而不知悔。臨敵用鏢鎗，繫繩十餘丈爲操縱，蓋愛其鐵，不忍棄之。不駕舟楫，惟縛竹爲筏，可摺疊如屏風，急則群舁之浮水而逃。此夷之最小而險者也。

元至元中，海船副萬户楊祥請以六千軍往降琉球，不聽命則遂伐之。元主從其請。繼有書生吴志斗者上言：生長福建，熟知海道利病。若欲收附，且就彭湖發船往諭，相水勢地利，然後興兵未晚也。

元遂命楊祥、吴志斗、阮鑒等，並給金銀符往使琉球，竟不能得其要領而還。及元貞初，遣鎮撫張浩等討之，禽生口百餘，竟不服也。

我朝洪武初，遣行人楊載招諭日本還，復遣往琉球。琉球遣使者隨載入朝貢獻，詔所貢方物俱於福建行省驗入。頃之，其國分中山、山南、山北，稱三王，各遣使請命。詔賜中山王察度、山南王承宗、山北王怕（死）〔尼〕芝印幣。永樂中，中山王思紹遣使入貢，表言：「長史王茂，中國饒州人也。輔臣祖察度四十餘年，不懈於職，今年已八十，請命還鄉。」從之。中山王遣子姪及其陪臣子弟入國學，上喜，禮遇獨優。賜閩人三十六姓善操舟者，令往來朝貢。三王嗣封皆請於朝，以爲常。

至景泰時，山南、山北爲中山王尚思達所并，遣使朝貢。嘉靖初，國王尚真卒，世子尚清上表請封，我遣給事中陳侃、行人高澄往弔尚真，并封尚清中山王。至閩，尚清遣長史蔡承美等來迎。以五月朔日祭海登舟，自是風濤浩蕩，幾汩舟者數矣。越十八日，至熱壁山。山去琉球三百里。夷人曰：至此始可免憂。遂泊焉。頃之，尚清遣法司官具羊酒菜果等物來迎。言：「天使遠臨，世子不勝忻（痛）〔踴〕，聞風伯爲從者驚，敬遣小臣奉迓。」侃等以其詞雅，受之。踰旬日，方抵其國。先頒祭禮畢，至七月二日，乃頒册封詔敕。尚清冠服之飾、跪拜之儀，悉如中國，蓋其先期習之熟也。其宴使者禮甚恭，仍用金鼓笙簫樂。凡烹調之味，皆假使者庖人，惟奉餞則出自宮嬪親製，以表獻芹之意者，精潔芳旨，但不過數十品而已。侃等以九月十三日回舟，王及陪臣送至江滸，無不相泣重別者。行數日，颶風驟作，桅摺舵壞，舟人失色，但呼天妃求救。頃之，有紅光燭天，舟人曰：「天妃至矣。」舟果得安。至二十六日，忽一蝶飛繞舟中，復有一黄雀立於桅上，時舟人有識者曰：「蝶、雀神類，天妃遣來告我風也，宜善自防。」是夕，果大風作，浪濤驚天，舟漏，齊呼天妃。尋有蝶數萬銜泥塞舟，舟復得安。次日，遇順飈，舟行如飛。又次日，遂行至定海泊焉。出使外國者，惟琉球最險，而其神亦最靈，故詳録之。

未幾，尚清上表貢獻，言：《大明一統志》中所載琉球有落漈及聚髑髏事，皆非實。杜氏《通典》、《集事淵海》、《嬴蟲録》、《星槎勝覽》所述，亦傳者之妄，乞下史館。從之。落漈者，琉球水也。其水最險，舟到彭湖，遇颶風作，漂至落漈，回者百無一二。聚髑髏者，言其國王所居壁下多聚死人枯骨以爲佳，而民間門户上亦安獸頭骨角。此言出自《寰宇記》諸書，而《隋史》、《北史》亦載之，故其國欲改去云。

其地居海島中，多山洞。國有四五帥，統諸洞。洞有小王，往往有村，村有鳥了帥，並以善戰者爲之，各理一村之事。其初，國俗以盈虛爲晦朔，以草木爲冬夏。人皆去髭、黥手、羽冠、毛衣。無禮節，好剽掠，自相攻擊。鬬死者，收取聚食之，仍以髑髏獻至王所，王則賜之以冠，便爲隊帥。犯罪者，輕則用杖，重則繩縛以大鐵錐鑽頂而殺之。人死氣將絶時，舉至庭，浴其屍，纏以布帛，裹以葦草，襯土而殯。其南境有人死邑里共食之者。男女相悦爲婚，婦人産子必食子衣。年老者，髮多不白。事山海之神，祭以酒肴。鬬戰殺人，即以其人祭神。此皆其未通中國時俗也。迨今遣人入國學，夷習稍變，有華風焉。

凡司刑法錢穀等官，皆土人，爲武職。其大夫、長史、通事官司朝貢爲文職，皆三十六姓人及學於國學者爲之。信鬼神，女巫最尊。女巫之魁曰「女君」。白日呼嘯，聚輒數百人，携枝戴草，騎步縱横，時入王宫，褻遊狎戲，一唱百和，音聲悽慘，倏忽往來，矯誣禍福，王及世子陪臣皆頓首拜跪。云國人不軌，神即夜以告王。昔倭奴有欲謀害中山王者，神即禁錮其舟，水變爲鹽，米變爲沙，寇尋就戮。惟其守護斯土，故國中敬且憚之，第未嘗殺人而祭之也。

王居山巔，宫殿樸素，亦未聞聚髏事。富貴家稍有瓦屋，餘皆茅茨。地不産鐵，故以螺殼爨。炊無釜，耕無鋤。人皆耐飢渴勞苦，寒暑不能侵，亦無殘疾疲癃者，不知醫藥，而亦不夭札，不生疾疫，蓋其薄滋味、寡嗜慾之驗也。男子結髻，用五色布纏頭，以辨貴賤。女人上衣外更加幅布如帷，見人則取以蔽面。下用細帽長裙，以覆其足。無去髭、毛衣、羽冠之飾，亦無産子必食子衣之事也。賦法略如井田，王及臣民各分土爲禄食。無征税。國有事，然後取之。此皆近日風俗得王化之漸陶者。第刑嚴峻，盜竊即剕劓。人皆驍健，便走善射，鄰國視爲勍敵。然好争狠鬬，輒刀殺人，度不能脱，即剖腹自斃。

其譯語天爲「甸尼」，地爲「只足」，日爲「非禄」，月爲「都及」。其山川：黿鼊、岙、古米山、最險，損舟。彭胡島。近福、泉、漳、興四郡界，天晴望之，若烟霧中。其國旁有沙華公國，肆行劫掠，商舶飄至，則擒人燒食之。又有小琉球，亦近泉州，霽日登鼓山，可望而見，其人矗俗，少入中國。其産無牛羊驢馬，惟鬬鏤樹、似橘，條細可織。木皮布、緝木皮爲布，闊三尺餘。金荆榴。可爲几枕，勝於沈香。雖入貢時或有諸物，皆自他國貿易來者，非本國所産也。

論曰：琉球僻居海島，雄視東南，自以爲鳩巢之固也，用是歷代以來不褻朝貢。隋、元臨之以兵卒，不奉命。至我國家，嚮化獻琛，胄子就學。其殆可以德綏，未可以威劫者耶！俗本夷也，今變華風，其漸染深矣。語云「夷進中國，則中國之。」余謂琉球有焉！

潛確居類書

〔明〕陳仁錫　編

校點説明

《潛確居類書》，一百二十卷，明陳仁錫編。

陳仁錫（一五八一——一六三六），字明卿，號芝臺，室名潛確居，長洲（今江蘇蘇州）人。天啓二年（一六二二）一甲進士，授編修。崇禎中官南京國子祭酒。曾與修神宗、光宗兩朝實録。

《潛確居類書》抄撮群書，凡經史百家、詩文别集，皆在採摭之列。全書分玄象、歲時、區宇、人倫、方外、藝習、稟受、遭遇、交與、服御、飲啖、藝植、飛躍十三部，部下分若干目，全書共有一千四百餘目，每目皆有標題，有些内容爲他書所未備。清乾隆年間，以「四夷」、「九邊」二門語有違礙，被列爲禁書。區宇部「四夷」、「東南夷」下「琉球」條，簡要介紹了琉球的地理方位、琉球與中國的册封朝貢關係，以及國内的政治、經濟與民風民俗等有關情况。其來源未溢出《隋書》、《明一統志》等書之外，或未見前此使臣所作使録，故離當時事實甚遠。

本書據北京出版社《四庫禁燬書叢刊》影印明刊本輯録。

（秦　潔）

潛確居類書

東南夷·琉球

琉球，在海東南，自福建梅花所順風七日可至。漢、魏至唐、宋，不通中國。元招諭不從。洪武初，首先歸附，率子弟來朝。太祖嘉之，賜符印、章服及閩之善操舟者三十六姓，許其遣子及陪臣之子來入國學。分其國爲三，曰中山王、山南王、山北王。景泰間，中山遂并取二國云。我使者去必孟夏，來以季秋，乘風便也。無他奇貨，厥貢方物，率市諸他國。二年一貢，每船止許百人，多不過百五十人。

其深目長鼻，頗類胡人。男子去髭鬚，婦人以墨黥手，爲龍蛇文。皆紵繩纏髮，從頂後盤繞至額。男以鳥羽爲冠，裝以珠玉、赤毛。婦以羅文白布爲帽。織鬪（縷）〔鏤〕皮并雜毛爲衣，以螺爲飾而下垂小貝，其聲如佩。婦人産乳，必食子衣。食用手。得異味，先進尊長。子爲親喪，數月不肉食。人死，以中元前後日浴屍溪水，去腐肉取骨，布纏草裹埋土中。其貴戚，匣骨于山穴，竅木爲小牖，歲時祭掃啓視。尤好剽掠，故商賈不通。人喜鐵器及匙筯。不駕舟楫，惟編竹爲筏，急則群舁之，泅水而遯。事山海之神以酒殽。鬪戰殺人，即以所殺人祭其神。無文字。不知節朔，視月盈虧以知時，視草榮枯以計歲。亦無君臣上下之節、伏拜之禮，父子同床而寢。既服屬，奉正朔，被服冠裳，陳奏表章，著作篇什，頓有華風。王日三視朝，臣下膜拜。尊且親者入殿坐飲酒。歲元旦、聖節、冬至，君臣冠服拜龍亭祝慶之。宫室樸素，無金碧之飾。富貴者瓦屋不過三楹，餘皆茅土。王所居，壁下多聚髑髏以爲佳。所居地曰波羅檀洞，塹栅三重，環以流水，樹棘爲藩。殿宇多雕刻禽獸。賦法略如井田，王臣民各分土爲禄食。無征歛，有事一取諸民，事竟即已。用刑甚嚴，盗竊即刵劓。人無貴賤皆驍健，耐勞苦、飢寒。不知醫藥，亦鮮疾疫。兵甲堅利，射可至二百步，進止有金鼓，鄰國畏之。然好鬭狠，輒手刃人，度不能脱，即剖腹自斃。琉球旁有毗舍耶者，島中小夷。鳥語鬼形，裸袒睢盱，殆非人類，不通中國。其譯語，呼天爲「甸尼」，地爲「只」，日爲「非禄」，月爲「都及」。土産：鬬鏤樹、硫黄、胡椒、熊、羆、豺、狼。

武備志

〔明〕茅元儀 撰

校點説明

《武備志》二百五十卷，明茅元儀編撰。

茅元儀（一五九四—一六四〇），字止生，號石民，浙江歸安人。崇禎中官副總兵，守覺華島，旋以兵譁遣戍漳浦，憤鬱而卒。除本書外，尚著有《嘉靖大政類編》、《石民四十集》等。

《武備志》成書於萬曆四十七年（一六一九），是明倭患興起後衆多兵書之一，内容則多採自前人所作。其卷二百三十六「占度載」所録「四夷·琉球」，則全録自鄭曉《皇明四夷考》，僅個别字詞有出入而已。

本書輯自遼沈書社一九八九年《中國兵書集成》影印明天啓元年（一六二一）刊本。

（秦　潔）

武備志

琉球

琉球在海東南，自福建梅花所開洋，順颷利舶，七日可至。漢、魏至唐、宋，不通中國。隋嘗遣兵，虜其男女五千人。元遣使招諭，竟不從。洪武初，國分中山、山南、山北，稱三王，遣使朝貢。十五年，賜中山王察度、山南王承宗鍍金銀印、金幣。使還，言三王争雄相攻，賜詔諭之，并諭山北王怕（死）〔尼〕芝。十六年，賜山北王印、文綺，王妃、姪、相、寨官各有差。二十五年，中山遣子姪及其陪臣子弟入國學，上喜，禮遇獨優。賜閩人三十六姓善操舟者，令往來朝貢。永樂二年，察度卒，詔封其世子武寧嗣王。是年，山南王承察度卒，無子，令其從弟汪應祖攝國事。應祖使來請命如山北王故事。諭蹇尚書遣使賜應祖冠服，嗣山南王。九年，中山王思紹令坤宜堪彌貢馬及方物，以其長史程復來見，表言：「長史王茂輔導有年，乞陞國相兼長史事。」又言：「復本中國饒州人，輔臣祖察度四十餘年，不懈于職。今年八十有一，乞令致仕還其鄉。」上從之，陞復琉球國相兼左長史，致仕還饒，茂國相兼右長史。景泰元年，中山王尚思達遣人朝貢。三王嗣封，皆請於朝。已而山南、山北爲中山所并，中山遣使朝貢。令三年一貢，貢無過百五十人。察度後，五傳至尚圓嗣王。卒，子尚真嗣。嘉靖十一年，尚真卒，子尚清請嗣。遣左給事中陳侃、行人高澄，以太牢祀真，封清嗣王，賜王妃冠服、錦幣。使臣疏言：「弘治、正德時，修撰羅倫等嘗使安南，安南乞留詔敕爲鎮國之寶。倫爲請得留。即琉球請留如安南，海外遠，不得即請，乞下禮官議。」議請如安南。使至國，授封。王拜曰：「天朝詔敕，藏金匱者八葉于兹矣，請留。」使許之。比還，遣其王親寧吉、長史蔡瀚上表謝。使上《使琉球録》，言：「《大明一統志》中載琉球有落漈，王居壁下，聚髑髏，非實事。杜氏《通典》、《集事淵海》、《贏蟲録》、《星槎勝覽》之所述，亦傳者妄也。乞下史館。」從之。其後爲日本所脅，事見《日本考》中。

其俗以盈虚爲晦朔，以草木爲冬夏，人皆去髭黥手，羽冠毛衣，無禮節，好剽掠。既遣人學於國學，夷習稍變。奉正朔，設官職，被服冠裳，陳奏章表，著作篇什，有華風焉。今其國中，王下有王親，不與政。次法司官，次察度官，司刑名。次那霸港官，司錢穀。次耳目官，司訪問。皆土官，爲武職，以上世及所轄地爲姓名。其大夫、長史、通事官，司朝貢，有定員，爲文職，皆三十六姓人及學於國學者爲之。王并日視朝，旦中昃凡三朝，群臣搓手膜拜，尊且親者入殿坐飲酒，卑疏者移時長跪階下。歲元旦、聖節、長至，君臣冠服，拜龍亭祝慶。子爲親喪，數月不肉食。人死，以中元前後日浴屍溪水，去腐肉，取骨，纏以布帛，裹葦草，埋土中。王及諸臣家匣骨藏山穴，竅木爲小牖，歲時祭掃啓視之。地無貨殖，不通商賈。朝貢乘航海上，漁鹽泛小艇，無竹筏。信鬼畏神，神以婦人爲尸，號女巫。女巫之魁，稱女君。白日呼嘯，聚輒數百人，携枝戴草，騎步縱横，時入王宫，褻游狎戲，一唱百和，音聲凄慘，倏忽往來，莫可踪跡。馮附淫昏，矯誣禍福，王及世子、陪臣皆頓首拜跪。

王居山巔，國門名歡會，府門滬刻，殿門奉神，朴素無金碧之飾。賦法略如井田，王、臣、民各分土爲禄食，上下無征歛。有事一取諸民，事已即已。用刑甚嚴，盗竊即刵劓。家富貴者，瓦屋不過二三楹，餘皆茅土，風雨飄摇。以螺殼爨，爨無釜甑，耕無鐵。婦人嚼米爲酒，男子煮海爲鹽。市用日本錢，十當一，如宋季鵞眼、綖貫。人無貴賤，皆驍健，耐勞苦、飢寒，不知醫藥而無疾疫。兵甲堅利，射可至二百步，進止有金鼓，鄰國視爲勍敵。然好争狠鬭，輒刃殺人，度不能脱，即剖腹自斃。

其山川，黿鼊嶼、彭湖島爲大。或曰，國西古米山有礁，甚險，舟至輒敗，即落漈也。産馬、海巴、牛皮、磨刀石、硫黄、銅、錫、扇。山無猛獸，以故多野馬、牛、豕。鬭鏤木、蘇木、胡椒諸香，非其産也。又有小琉球，近泉州。閩人言：「霽日登鼓山，可望而見。」入國朝，未嘗朝貢。或曰，并入琉球。琉球旁有毗舍那者，島中小夷。鳥語鬼形，袒裸盱睢，殆非人類，不通中國。

天下郡國利病書

〔清〕顧炎武　撰

校點説明

《天下郡國利病書》，清顧炎武撰。顧炎武（一六一三—一六八二），字寧人，號亭林，江蘇崑山人。明末諸生，明亡，曾官魯王職方郎中，後漫遊天下，以著述爲事。著有《亭林詩文集》、《日知録》等。《天下郡國利病書》是記載中國明代各地區社會政治、經濟狀況的歷史地理著作。根據二十一史，全國府、州、縣志，歷代奏疏文集，明代實録分類輯録有關民生利害部分而成。原編共一百二十卷，三十四册。

本書輯自上海古籍出版社《續修四庫全書》影印本。

（秦　潔）

天下郡國利病書

福建使往日本針路

梅花東外山開船，用單辰針、乙辰針，或用辰巽針，十更船，取小琉球。小琉球套北過船，見鷄籠嶼及梅花瓶、彭嘉山。彭嘉山北邊過船，遇正南風，用乙卯針，或用單卯針，或用單乙針，西南風，用單卯針，東南風，用乙卯針，十更船，取釣魚嶼。釣魚嶼北邊過，十更船，南風，用單卯針，東南風，用單卯針，或用乙卯針，四更船，至黄麻嶼。黄麻嶼北邊過船，便是赤嶼。五更船，南風，用甲卯針，東南風，用單卯針，西南風，用單甲針或用單乙針，十更船，至赤坎嶼。赤坎嶼北邊過船，南風，用單卯及甲寅針，西南風，用艮寅針，東南風，用甲卯針，十五更船，至古米山。古米山北邊過船，有礁宜知畏避，南風，用單卯針及用甲寅針，五更船，至馬岳山。馬岳山，南風，用甲卯或甲寅針，五更船至大琉球。大琉球那霸港泊船。土官把守港口，船至此用單卯及甲寅針行二更進那霸内港，以入琉球國中。

琉　球

琉球一島，僻在海外，如黑子彈丸耳。然自我明之興，其奉貢唯謹，則來享來王之國也。今上丙子，琉球以嗣封請，上命户科左給事中蕭崇業、行人謝杰持節册以往。杰，吴航人也。歸言琉球有日本館，群聚數百人，待封使之舟，轉與爲市，其人出入挾利刃，琉球心慊之，疑不可嚮邇云。越辛卯，又以嗣封請。于時倭犯朝鮮，海氛弗靖，議令琉球自齎詔册以歸，使臣罷勿遣。更十餘年，朝鮮師解，琉球堅以往例陳乞。上嘉其爲不叛之臣，復許之。甲辰，命兵科左給事中夏子陽、行人王士楨又持節册以往。丙午冬，子陽竣事還，私向余言日本近千人露刃而市，琉球行且摺於日本矣。且使臣入彼國，若不聞焉。其所以事天朝，至淺鮮也。操縱伸縮，惟是諸陪臣與吾之通事，表裏爲姦。區區兩使臣，威所不能加，法所不能禁也。倘異時者再銜命涉滄溟，其辱國彌甚，君其識之。余聞給舍言，愴然有感于心。乃今數年，日本狡焉啓疆，而琉球之君爲虜，臣爲僕矣。且陽借脩貢之途，以陰行假道之計，撤我藩籬，窺我虚實，日引月長，將何以固吾圉乎？玉關之謝，抑其末耳！《詩》曰：「肇允彼桃蟲，拚飛惟鳥。」當事者勿泄泄焉而視之，若桃蟲然則幾矣。

海上紀略

〔清〕郁永和 撰

校點説明

《海上紀略》一卷，清郁永和撰。郁永和（一六四五—?），字滄浪，浙江杭州人。曾入福建知府王仲千幕，康熙三十六年（一六九七）奉命赴臺灣採硫，次年歸撰本書。《海上紀略》所述爲琉球、日本、紅夷、西洋等國歷史、地理等，間及「海吼」、「天妃」等事，叙述簡賅精到。

本書録自《昭代叢書》所收世楷堂刊《裨海紀遊》本。所記以琉球土産較他書爲詳，然言以其貧而鄰國不侵，則失考證。

（李夢生）

海上紀略

琉　球

琉球國在閩南正東，去中國最近，然最小弱，又最貧，商舶從無貿易琉球者，以其貧且陋也。諸國鄙其貧弱，不萌侵奪之念，彼反得以貧弱自安。其於中國率三歲一貢，所貢琉黄、皮紙而已。其所攜財貨惟螺與蚌殼，螺可爲觱篥吹，即城頭曉角是，蚌殼斲之可以鑲帶。外此則有紙扇、煙筒，其製陋劣，吾鄉俗語謂厭憎之物輒曰琉球貨，陋劣不自今日始，古語已云然矣。

琉球記略

〔清〕高士奇 撰

校點説明

《琉球記略》一篇，題清高士奇撰。

高士奇（一六四五—一七〇四），字澹人，號瓶廬、江村，浙江錢塘人。以知遇康熙帝，命供奉内廷，官至禮部侍郎，卒謚文恪。生平著作甚夥，有《天禄識餘》、《清吟堂集》、《江村銷夏録》、《金鼇退食筆記》等傳世。

本文見收於鷺江出版社《傳世漢文琉球文獻輯稿》第二輯，題爲絹臼瑣録本，今即據以校點。文蓋廣輯明代諸使臣所作出使録而成，重在風俗、物産。首叙土産，次宴客，次選舉、刑法，次服飾，次語言，次婚喪，次名勝，編次雜亂，頗疑不出江村之手。

原文錯字較多，今已盡力予以改正。

（李夢生）

琉球記略

琉球，海中小國也。土産惟蕉布、琉璜，其烟刀、紙張、摺扇、漆器之類來自日本國，有米麥，祇可供應王府，民皆食番茄，狀如薯蕷。宴賓客席甚簡薄，觔肉樽酒，可享數人，一席不過一二器。即夫妻兒女，從不同飡，食之所餘皆棄之。客來相訪，不分上下東西，任隨客意自坐。盤膝于地，坐下方叩一首，烟酒茶湯接踵而至。如客返，亦叩一首竟出，主人不送迎，若無聞也。

設官之法，自唐、宋至元，王之長子應襲爵者，至中國入國子監讀書習禮，其父薨始歸國受封。至洪熙時，憫其來往風波，驚險不測，特免之。賜三十六姓人教化三十六島子孫，世襲通使之職，習中國之語言文字，至今請封、謝恩、朝貢皆諸姓之後，俱有姓名，若〔上〕〔土〕官有名無姓也。取士之法，不尚文，不考試，舉賢良方正，由秀才歷法司。設官長，無衙門從役，惟百姓輪直。其執法其嚴，不拘情面，即官長父子兄弟犯法，輕則徒流，重則處死。百姓見官長經過，男女皆去簪脱屣，俯伏道傍，俟過後敢行。道不拾遺，夜不閉户，甚有太古之風。有犯罪者，大夫聞之法司，法司察其因由曲直，令曲者死，亦不敢遲留也。有犯罪重者，竟自刎頸投繯，不敢妄辨求生。

男女不剃胎髮。男至二十成立，娶妻之後，將頂髮削去，惟留四餘，挽一髻于前額，右傍簪小如意。如意亦分貴賤品級，國王用金而起花者，王之伯叔兄弟用光金，三法司、紫巾大夫用銀起花者，大夫、通使等職用光銀，百姓用玳瑁、明角、竹簪而已。婦女亦然。衣服敞袖長袍，腰繫全幅錦緞，長丈餘，兩傍插扇子、烟袋、小刀之類。足穿無根皮鞋。冠以紙爲胎，紬布裹之，分貴賤，長七寸，闊二分，週迴三轉共爲一圈。王用五色花綾，王之伯叔兄弟子姪用黄花綾，宗族用黄光綾，法司、紫巾用紫花綾，大夫、通使等官用紅絹。初進士府者爲秀才，用紅光絹。王府役人及雜職用紅布，百姓皆用青緑布。此定制也。語言則與中國大别，金曰額膩，銀曰喀難，爺曰安知，大曰倭捕煞，小曰彌煞，紅曰呀噶煞，白曰十六煞，男曰會耕噶，女曰會南宫，幼小曰蛙藍璧，父母曰倭牙，吃曰米小利，飯曰安班，酒曰薩几，好曰優噠煞，不好曰控煞，醉曰威帝，睡覺曰殷帝。人名俱有四五字者，如馬爛敏達、羅如喀難、顧司姑之類，惟有阿彌多、夜弗蘇二名呼喚者甚多。

國中有迎恩亭，即天使登岸之所，離海口三里許，在那壩〔庵〕〔港〕地方。其間里巷相連，人居稠密。風俗女子自幼即刺黑點於指上，年年加刺，至十二三歲出嫁時竟成梅花，至衰老手背皆黑矣。髮長四五尺，頭梳一髻，光如油，黑如墨，不修眉鬢，不帶釵鐶首飾，不施脂粉，穿大領衣，色尚白，有時以手扯裳，有時以衣覆腦若兜衣之狀。如有夫之婦犯奸淫，男女俱死。亦有女子不嫁人者，竟離父母自居，專接外島貿易之客，女之親戚兄弟毋論貴賤，仍與外客親戚往來，不以爲恥。若遇本處有室者，亦不苟合也。

那壩港至中山王城約二十餘里，殿在山頂。其殿康熙元年冬天火焚，殿後有一小峰名虎崒。殿前有石壁，高數丈，闊二十餘丈，平如斧削。中間有一穴，穴口嵌一鐵龍頭，龍口内有泉水噴出，從空注下，即大旱之年亦不竭。王城西北里許有大池。又一山，松柏参天，名花四布。王城西南有中山王之祖塋，塋中無塚，惟石碑上刻「琉球中山王祖塋」。塋前五峰相對，左右有情，後有靠山，沙水相映，明堂廣闊，可容萬馬，遠山圍抱。那壩之東北三里有三清殿，殿東有天妃廟。廟雖穿隘，幽邃可觀。廟東有演武埸，埸南有長虹橋，闊有丈餘，長五里。橋下大水，名曰（曼）〔漫〕湖，通海。過橋有松嶺，嶺長二十里許，皆松楸，滿目蒼然菀然，亦琉球之一景也。其國南北四五千餘里，四面濱海，無盜賊。爲治簡朴，頗有華風。敦尚禮教，宗族親睦。